아베 시대 일본의 국가전략

아베 시대 일본의 국가전략

초판 1쇄 인쇄 2018년 12월 5일
초판 1쇄 발행 2018년 12월 10일

지은이 박철희 외
펴낸이 성낙인
펴낸곳 서울대학교출판문화원

출판등록 제15-3호

주소 08826 서울 관악구 관악로 1
대표전화 02-880-5252 | 팩스 02-888-4148
홍보마케팅팀(주문 상담) 02-889-4424, 02-880-7995
이메일 snubook@snu.ac.kr
홈페이지 www.snupress.com

ISBN 978-89-521-2036-6 93340

아베시대

일본의 국가전략

박철희 외 지음

서울대학교출판문화원

머리말

이 책은 2017년 현대일본학회 연구진들이 공동으로 진행한 '아베 시대 일본의 국가전략' 연구 결과를 한데 모은 것이다. 2017년도 현대일본학회는 학회의 정체성을 살리고 학회 본연의 업무인 학제적 공동 연구의 발판을 마련한다는 의미에서 매월 월례연구회를 개최하면서 아베(安倍) 시대의 일본 연구를 지속했다. 매월 둘째 토요일 오후 한국고등교육재단 세미나실에서 연구진들이 만나 연구 결과를 발제하고 토론하여 공동 학습하는 장을 이어갔다. 이 책은 1년간에 걸쳐 학회 회원들이 연구한 결과를 엮은 것이다.

현대 일본정치사회의 근본적인 변화를 이끌어가려는 아베 시대를 조망하면서 연구진들은 다음과 같은 기본 인식을 공유한 바 있다. 첫째, 한국의 세간에 알려진 아베 시대의 일본에 대한 이해는 부분적이거나 선택적이며 심지어 편향되어 있는 관계로 심도 있는 현대 일본의 이해에 이르지 못하고 있다. 따라서 아베 시대를 관통하는 시대정신을 읽어냄으로써 좀 더 깊이 있고 객관적인 아베 시대의 일본을 분석하는 것이 중요하다. 둘째, 아베 시대의 특징은 지금까지 우리에게 익숙해진 이른바 '전후 일본'과는 다른 질서를 추구하고 있다. 그러나 전전의 일본으로 회귀하려 한다는 대중적인 이해와는 거리가 있다. 따라서 아베 시대에 들어 일본이라는 국가가 추구하고 있는 전략을 ‘아베’라는 한 정치가를 넘어서서 종합적이고 체계적으로 이해하는 것이 필요하다. 셋째, 아베가 이끄는 자민당이 지향하는 국가와 사회질서는 야당으로 전락한 일본 민주당이 지향했던 정책 방향과 다른 점이 많다. 따라서 보수적인 자민당이 추구하는 전략 방향을 전 정권인 일본 민주당의 정책노선과 대비하여 무엇이 같고 다른지를 이해하는 것이 필요하다. 넷째, 아베 시대의 일본이 추구하는 국가전략이 한국의 국가전략과 다른 면이 많지만, 한국과 일본이 가지는 경제 및 사회 발전, 국제환경의 유사성들 때문에 일본이 추구하는 전략이 한국사회에 주는 함의와 파급효과를 잘 파악할 필요가 있다.

본 공동연구에 참여한 연구진들은 이와 같은 네 가지 기본인식을 공유하면서 자신들의 전공영역인 일본의 정치, 외교, 경제, 사회문화 각 방면에서 일어나고 있는 변화를 깊이 있게 분석하고 있다. 아베의 보수화 정치전략, 개헌 시도는 물론 글로벌 외교전략, 방위정책의 수정, 아시아 외교의 전환과 같은 상부정치의 변화를 다루고 있는가 하면, 아베노믹스, 산업정책 및 노동정책 변화 등 경제 분야 저변에서 일어나고 있는 변화를 추적하고 있다. 나아가 에너지정책의 변환, 관광정책 및 지방창생전략 등 사회문화 전반에 걸친 변화 시도를 총체적으로 분석하는 데 역점을 두었다.

아베 시대에 접어들어 본격화되고 있는 국가전략의 전환 시도를 아베 개인의 정치적 신조의 결과로 파악하는 것은 부분적일 수밖에 없다. 일본사회 전체가 처한 국내외 환경, 인구 및 사회경제 환경의 변화, 동북아 정세 및 국제화의 진전 등을 염두에 둔 전략적 시도들이 나타나고 있다는 점을 이 책의 저자들은 주장하고 있다. 아베 내각이 지금까지 추진한 전략은 아베 총리가 2018년 9월 자민당 총재에 다시 선출되었기 때문에 변함 없이 추진될 것이다. 민주사회에서의 역동성과 변화 가능성을 염두에 둔다면, 아베 내각이 추구한 전략적 시도들이 국내정치적 변화 및 국제환경의 변화에 따라 변동될 가능성은 얼마든지 있다. 하지만 전후 일본의 총리 중에서 이례적으로 장기 집권을 하고 있고 국민적 인기를 얻고 있는 아베 시대에, 일본은 국가를 어떻게 변모시키고 있는지를 치밀하게 추적해보는 것은 의미있는 시도라고 자부한다.

이 책이 아베 시대라는 현대 일본의 한 시기에 국가의 힘을 모아 나라 전체를 개혁해보려던 시도의 일면들을 분석하여 타산지석의 교훈을 얻는 데 도움이 된다면 더 바랄 나위가 없다. 이 기회를 빌려 아베 시대를 이해하기 위해 전심전력했던 모든 연구진과 학회 회원 여러분께 감사드린다. 이 책에 실린 공동연구는 '아시아연구기금'의 지원으로 지속가능한 형태로 이루어졌다. 다시 한 번 지원에 감사드린다. 마지막으로 이 연구의 진행을 위해 지원을 아끼지 않았던 학회의 총무이사 이기태 박사, 최은미 박사, 오승희 박사, 그리고 실무적인 지원을 위해 애써준 조비연 조교에게 고마움을 전한다.

2018년 11월

서울대학교 국제대학원 연구실에서

박철희

차례

표 차례

그림 차례

서론

아베 시대의 일본, 무엇이 어떻게 달라지고 있나?

박철희 朴喆熙 | Park, Cheol-Hee

현재 서울대학교 국제대학원 교수다. 서울대학교 정치학과를 졸업하고, 같은 대학 대학원에서 정치학 석사학위를 취득, 1998년 미국 컬럼비아대학교에서 정치학 박사학위를 취득했다. 일본 정책연구대학원대학 조교수, 외교안보연구원 조교수를 역임하고, 컬럼비아대, 게이오대, 고베대 객원교수를 역임했다. 이 외에도 외교부 자체평가위원, 국방부 정책자문위원, 한일포럼 대표간사, 2012~2016년 서울대학교 일본연구소 소장, 2017년 현대일본학회 회장, 2016~2018년 서울대 국제대학원장을 역임했다. 주요 저서로 『代議士のつくられ方(일본의 국회의원이 만들어지는 법)』(문예춘추, 2000), 『자민당정권과 전후체제의 변용』(서울대학교출판문화원, 2011), 공저로는 *Japan's Strategic Thought toward Asia*(Palgrave Macmillan, 2007), *Changing Power Relations in Northeast Asia*(Routledge, 2011), *U.S. Leadership, History, and Bilateral Relations in Northeast Asia*(Cambridge University Press, 2011), 『동아시아 세력전이와 일본 대외전략의 변화』(동아시아재단, 2014), 『일본 민주당정권의 성공과 실패』(서울대학교출판문화원, 2014), 『일본의 집단적 자위권 도입과 한반도』(서울대학교출판문화원, 2016), 『한일관계 50년 비교사적 이해』(대한민국역사박물관, 2016) 등이 있다. 2005년 일본연구 및 한일관계 개선에 대한 공헌을 인정받아 제1회 나카소네 야스히로상을 수상했다.

아베 시대 일본에 대한 편중되고 선택적인 이해를 넘어서

한국의 현대 일본에 대한 이해는 역사적 편견과 관념적 선입관, 그리고 자기 선별적 이해방식으로부터 자유롭지 않다.

우선, 일본의 식민지로부터 해방된 지 70년이 지난 지금에도 과거사의 그림자는 일본을 이해하는 부정적 프리즘으로 작용하고 있다. 어느 누구도 한일 양국의 과거사로부터 자유로울 수는 없다. 하지만 과거사의 연장선상에서, 그리고 과거사의 틀을 중심으로 일본을 이해하려는 방식은 한정적일 뿐만 아니라 우리의 시각을 불가피하게 선택적으로 만든다.[1] 과거사에 대한 집착이 일본에 대한 전체상과 객관적 이해를 가로막는 장애물이 되기도 한다. 한편 한국은 일본과 지리적으로 가장 가까운 나라로 한일관계는 전략적으로나 실리적으로나 중요할 수밖에 없다. 그러한 지리적 접근성 때문에 일본을 이해할 때 한일관계라는 양자관계 중심의 틀로 일본을 바라보는 습관이 우리에게 배어 있다. 우리에게 익숙한 관념에 일본을 잡아두고 있어 더 큰 일본의 모습을 바라보는 데는 인색하다. 아울러, 일본에 대한 근대사적 이해의 연장선상에서 일본을 지나치게 크게 보거나 역으로 지나치게 과소평가하는 경향도 우리의 마음에 내재되어 있다. 일본을 한국을 침략할 수 있는 공격적인 국가로 보는 경향이 있는가 하면, 섬나라의 한계를 벗어나지 못하는 대국 추종국가로 보는 경향이 공존한다. 이러한 관점들의 연장선상에서 본 일본은

1 원로 일본연구자인 최서면 국제한국학 연구원장은 한국 사람들이 일본을 볼 때 색안경, 굴절안경, 확대경이라는 세 가지 안경을 쓰고 보는 습관이 있다고 이야기한다.

한국과 특수한 관계에 있는 나라이자 한국과는 사뭇 다른 나라다. 따라서 한일 양국이 가진 공통의 과제와 문제점에 주목하기보다는 양국이 서로 다르게 인식하는 부분이 강조되어 나타난다.

2012년 12월에 등장한 2차 아베(安倍) 내각을 바라보는 한국의 시각도 이러한 일반적 경향에서 자유롭지 못하다. 아베가 우파 정치인인데다 위안부 및 영토, 교과서, 개헌 문제 등에 대해 강한 의견을 보이고 있는 관계로 아베가 시행하는 정책에 비판적인 것은 이상할 게 없다. 그러나 아베라는 개별 정치가의 개인적 속성(personal attributes)에 지나치게 착목한 나머지 아베 내각이 추진하고 있는 전반적인 국가개조전략에 대한 이해는 일천하기 그지없다. 아베를 한 명의 정치가로 보기보다는 일본을 담지한 지도자의 한 명으로 파악하려는 현실적 시각이 요구되는 이유다. 또한 과거사라는 프리즘으로 보는 아베의 일본은 한국에 부정적이며 강경 일변도로 이해되어 우호적인 이해를 어렵게 만든다. 하지만 이같은 이해방식은 한국이 가장 관심을 보이는 과거사 이외의 총체적 일본에 대한 이해를 단순화하는 오류를 가져오고 있다. 일본은 아베 시대를 맞아 우리가 익숙해 있던 '전후 일본(戰後日本)'과도 다르고 우리가 비판의 선봉에 서 있는 '전전 일본(戰前日本)'과도 다른 새로운 일본을 만들어가려 하고 있다.[2] 우리가 가지고 있는 역사와 영토 부분의 이해를 넘어서서 일본의 다양한 정책 분야 및 사회변화의 모습을 파악하는 것이

2 박영준 교수는 일본 외교안보정책의 변화를 추적하면서 군국주의 시대의 일본을 '제1의 일본'으로, 전후 평화헌법하의 일본을 '제2의 일본'으로 파악하고 21세기에 들어 일본은 '제3의 일본'으로 변화해가고 있다는 시각을 제시한 바 있다(박영준, 2008).

중요한 연유다.[3]

아베 시대의 일본은 변화하고 있고 우리는 변하는 일본의 실상을 등신대(等身大)의 모습으로 파악해야 할 필요성에 직면해 있다. 아베 일본 총리가 직면한 외교안보적·경제적·사회문화적 과제들이 우리의 그것들과 일맥상통하는 측면이 있다는 문제인식도 요구된다. 미국과 동맹을 유지하면서 자주적인 방위 능력을 가지고자 하는 점, 저출산·고령화 사회의 도래 속에서 균형재정의 원칙을 지키면서도 사회복지를 충만하게 하고자 하는 점, 새로운 신성장산업을 통해 21세기의 변화에 적응해가려는 노력, 에너지 수급의 안정성을 높이는 동시에 원전의 위험에서 벗어나려는 노력, 자국을 개방하면서 무역과 관광을 통해 국가경쟁력을 높이려는 노력 등은 한국이 직면한 과제들을 풀어가려는 정부의 노력과 대동소이한 점이 많다. 일본이 먼저 해결을 시도한 부문도 있고, 우리가 앞서가는 부문도 있다. 하지만 한국과 일본이 이질적인 사회라는 인식을 떨쳐버린다면, 일본이 걸어간 길과 정책적 성공과 실패에서 배워야 할 점은 셀 수 없이 많다.[4]

이 책은 아베 시대의 일본이 추구하는 국가개조와 국가전략의 전모를 총체적으로 파악함으로써 추상적·관념적·편중적인 일본 이해를 벗어나 넓고 깊게 일본을 이해하려는 시도 중 하나다. 아베 시대가 얼마나 지속될지는 미지수다. 하지만 아베 총리의 리더십하에

3 6년 3개월간 한국일보 동경특파원을 지낸 황영식 기자는 고정관념에서 벗어나 맨눈으로 일본을 바라보는 시도가 중요함을 강조한다(황영식, 2003).

4 한 예로 김현철 교수는 일본의 저성장 시대 일본 기업들이 혁신을 통해 살아남으려 시도했던 경험들을 분석하면서 한국의 기업들이 배워야 할 점과 피해야 할 점들을 소개하고 있다(김현철, 2015).

변화하고 있는 일본의 모습이 예전의 일본과는 사뭇 다르다는 점에 착목할 필요가 있다. 물론 이러한 변화가 바람직하다고만 할 수 없는 부분도 많고, 변화의 결과가 가져올 지역적·국제관계적 파장이 긍정적이지만은 않은 부분도 있다. 하지만 현재 아베 시대의 일본이 어떤 목표를 세우고, 무엇을 바꾸어나가고자 하며, 어떤 일본을 만들어가고자 하는가에 대해 객관적으로 이해하는 것은 매우 중요하다.

아베의 일본은 새로운 시작을 예고한다

현대일본학회의 연구진들이 아베 시대의 국가전략에 주목한 이유는 아베 시대가 새로운 시대로의 진입을 시도하고 있다는 점 때문이다.

아베 총리는 스스로 '전후체제로부터의 탈각'을 전면에 내세우면서 새로운 일본의 건설을 주장한다. 2006년 처음 총리가 될 무렵, 아베는 『아름다운 나라로(『美しい国へ)』에서 '아름다운 나라'를 꿈꾸었고(安倍晋三, 2006), 2012년 다시 총리로 선출되기 직전 이 책의 개정판에서 '새로운 나라 일본'을 주창했다(安倍晋三, 2012). 아베가 꿈꾸는 일본을 단적으로 말하자면, '강한 일본', '대국 일본'의 건설이다. 일본이 전후체제에서 익숙해왔던 방식으로 새로운 시대의 흐름에 적응한다면 일본이 점점 힘들어지고 약해질 것이기 때문에 새로운 전략을 가지고 강한 나라로 거듭나야 한다고 주장한다. 미국의 트럼프 대통령이 2016년 대선 캠페인에서 '미국을 다시 위대한 나라로 만들자'고 외쳤지만, 아베는 이미 2012년에 '강한 일본을 되찾아오자(強い日本を取り戻す)'고 외쳤다. 외부적으로는 경제성장을 바탕으로 지역의 패권국가를 지향하는 중국의 움직임에 자극받은 측면이 강하며, 국내적으로는 경제침체가 이어진 이른바 '잃어버린 20년(失われた20年)'으로부터 벗어나야 한다는 강박관념도 깔려 있다.

아베 내각이 우리가 익숙해왔던 '전후 일본'을 부정적으로 인식하고 이러한 질서로부터 벗어나려 하고 있기 때문에 아베의 움직임은 위험스럽게 느껴진다. 전후 질서의 한 축을 형성하고 있던 '평화'의 개념을 새롭게 규정하려 하고 있고, '평화헌법'을 바꾸고자 하며, 전쟁과 식민지에 대한 '반성과 사죄'로부터 자유로워지려고 한다. 아시아와의 공존이라는 사명을 가볍게 여기고 미일동맹의 확대를 통한 글로벌 파워(Global Power)로의 진입을 시도하고 있다.

이와 같은 일련의 움직임은 많은 사람에게 '전전 질서로의 회귀'를 연상시킨다. 민주와 평화, 인권과 반성에 기초한 전후 일본의 기본질서를 복고주의적으로 바꾸어 강하고 영향력을 확대하는 일본으로 만들어가려는 움직임으로 비쳐지기 때문이다. 하지만 아베가 '전전으로의 회귀'를 갈망하고 있다는 인식은 일본의 대중정치에 대한 현실적인 이해와 배치된다. 아베와 정권 일부의 세력이 전전의 일본을 일부 미화하고 있는 듯 보이지만, 일본의 유권자를 설득하여 전전으로 회귀하는 것은 그리 쉬운 일이 아니다. 현재 일본이 서 있는 질서의 기본은 민주주의이기 때문이다. 국민의 동의 없는 질서의 혁명적 변화는 어렵다. 다만, 아베 총리가 추구하는 보수주의 이념이 복고주의적인 면이 있다는 것은 사실이다.[5] 그는 일본의 자긍심을 높이기 위한 복고주의적 이념과 일본을 세계에 개방된 글로벌 파워로 만들고자 하는 신국제주의적 이념을 결합시키고 있다. 아베가

5 이와 같은 비판적인 관점에서 아베 정권을 해석하는 시도로는 渡辺治(2013)의 연구가 있다.

추구하는 일본의 근저에 복고주의와 신국제주의가 결합된 '신보수주의'가 자리잡고 있다.

아베 총리는 새로운 일본의 모습을 만들기 위해 여러 분야에서 '전략적 변화(strategic transformation)'를 시도하고 있다. 아베 총리가 추구하는 새로운 일본은 전전의 폐쇄적이고 자국중심적인 패권질서와는 구분된다. 그의 '지구본을 바라보는 외교'는 미국을 중심으로 한 개방적이고 자유주의적인 국제질서를 유지하고 수호하기 위한 움직임이다. 현존하는 자유주의적 국제질서(liberal international order)에 도전하고 이를 파괴하려는 시도라기보다는 오히려 미국이 중심이 된 국제질서를 다른 해양국가들 및 민주국가들과 단합하여 지켜나가자는 데 방점이 놓여 있다. 힘을 사용한 국제질서의 변화에 반대하고 국제법 질서를 단호히 지켜나가자는 점에서 보자면, 아베의 일본은 국제질서에 대한 도전자(challenger or revisionist)가 아니라 국제질서의 수호자 역할을 자임하고 있다(박철희, 2014). 그러나 아시아 국가들의 입장에서 보면, 글로벌한 차원으로의 일본의 도약은 아시아로부터의 탈피라는 측면도 동시에 가지고 있다. 19세기 말 근대 일본이 저개발되고 피폐하며 분열된 아시아로부터 벗어나 서구열강에 합류하자는 '탈아입구(脫亜入欧)' 노선을 추구했듯이, 21세기 아베의 일본도 아시아에 가까이 다가가면서 아시아 국가들과의 통합적 질서를 구축하기보다는 서구열강들과 어깨를 나란히 하면서 적극적 국제공헌을 통해 '국제적 책임국가 일본'으로 거듭나겠다는 지향점을 보여주고 있다. 전쟁과 식민지의 역사로 점철되어 역사와 영토 문제로 성가신 아시아에 묶여 있기보다는 국제사회에 대한 공헌을 늘려가면서 일본의 영향력 확대를 추구한다는 점에서 아베 총리가 추구하는 국제관은 탈(脫)아시아적인 측면이 강하다.

아베 총리는 기본적으로 '강한 일본의 복원'을 시도하면서 '반성적 평화(reflective peace)'에 기반하여 아시아에서의 힘의 공백(power vacuum)을 메우고자 했던 전후 일본의 소극적 모습에서 벗어나 적극적 평화주의에 기반을 두고 지역 및 국제 질서의 한 축을 이루는 책임국가를 지향한다는 점에서 대국적이다. 하지만 반드시 자국이 중심이 된 폐쇄적 질서를 추구하는 것이 아니라 민주적 해양국가들과 자유주의적 국제질서를 지켜나가는 일원이 되고자 하는 점에서 패권적 질서를 추구했던 '전전의 일본'과는 다른 길을 걸어가고자 하고 있다. 즉, 아베 총리는 '전후 일본'과도 다르고 '전전 일본'과도 다른 새로운 일본을 만들어가려는 국가전략을 추구하고 있다.

아베 시대 국가전략 구성방식은 무엇이 새로운가?

새로운 일본을 만들어가려는 아베 시대의 국가전략 구현방식은 예전의 시도들과는 확연히 구분되는 측면이 있다.

첫째, 아베 시대의 일본은 '국가 이익(national interest)'에 기초한 국가전략의 주체적인 입안과 실행에 주안점을 두고 있다. 전후 일본의 대부분의 기간, 일본은 전전 일본에 대한 반성과 회한에 기초하여 소극적이고 수동적인 전략의 편성에 집중하곤 했다. 특히 두드러졌던 점은 이른바 '반응형 국가(reactive state)'의 정책지향이었다(Calder, 1988: 517-541). 이는 일본이 주도적인 국가 이익의 실현에 노력하기보다는 외국, 특히 미국의 압력을 거울삼아 이에 반응하는 방식으로 국가 이익을 정의하는 방식이었다. 일본이 적극적으로 자기 이익을 내세우고 실현하려 하기보다는 대국인 미국의 외압을 바탕으로 이에 반응하는 형태로 자기 이익의 한정적 실현에 노력했다는 게 일본의 모습이었다. 다른 하나의 모습은 '적응형 국가(adaptive state)'의 모습이었다. 일본이 국가로서 주체적인 이익을 정의하기보다는 세계와 시대의 흐름을 잘 읽고(reading the trends of the time) 이에 적응하는 방식의 국가 이익 실현을 도모해왔다는 것이다. 반응형 국가 모델과 같이 일본이 바깥세계의 흐름에 잘 '적응하는 전략(coping strategy)'을 통해 발전과 성장을 지속해왔다는 것이 냉전기와 탈냉전기 일본의 모습이었다. 마이클 그린은 일본이 냉전이 끝난 후 현실주의적인 모습을 보이면서도 상당히 꺼려하는 모습을 보인 '내켜 하지 않는 현실주의(reluctant realism)'의 양상을 보여주었다고 분석한다(Green, 2001). 하지만 아베 시대에 접어들어 일본은 소극성과 수동성을 탈피하고 자국의 이익을 주체적으로 정의한 바탕 위에서 자국 이익을 외부로 확산하려 하는 주도적인 모습을 보여주고 있다. 아베 내각은 전후 처음으로 '국가안보전략(national security strategy)'이라는 문서 작성을 통해 자국의 이익을 정의하기 시작했으며, '적극적 평화주의(proactive pacifism)'라는 이름으로 자국의 이익을 실현하기 위한 수단들을 주도적으로 채택하기 시작했다. 시대 변화 상황을 반영하면서 국가 이익을 극대화하기 위한 '전략적(strategic)'인 움직임을 스스럼없이 실행에 옮기고 있는 것이 아베 시대의 가장 두드러진 특징이다.

둘째, 아베 시대에 접어들어 일본은 자국의 정체성을 단지 선진국이나 문화국가에 두지 않고 '대국(great power)' 인식을 본격화하기 시작했다. 일본은 1970년대 후반에 이미 선진국 반열에 접어들었으면서도 자국을 문화국가나 선진국의 일원으로 간주하면서 미국 등 다른 국가들과 어깨를 나란히 하기보다는 다른 국가들과의 협조적 노선 추구를 통해 국제질서를 지탱하거나 지지하는 역할을 수행하는 '지지자(supporter)'로 스스로를 규정해왔다(Inoguchi, 1986: 95-120). 국제 문제에 스스로 전면에 드러나기보다는 국제협력을 고양하는 역할에 집중하는 모습이었다. 하지만 아베 시대에 접어들어 일본은 자국을 미국에 비견되는 영향력 있는 국가이자 '대등한 파트너(equal partner)'로 규정하고 미국과 함께 국제질서를 지켜나가는 서방의 일원으로 자리매김하기 시작했다. 집단적 자위권(集団的自衛権)의 용인이 대변하듯이 일본은 자국에 채워진 방위 분야의 족쇄를 걷어내고 필요하면 미국 중심의 국제질서에 도전하는 세력에 대해 공동 대응하겠다는 의지를 숨기지 않고 있다(박철희, 2016). 미국의 트럼프 대통령이 탈퇴한 환태평양경제동반자협정(Trans-Pacific Partnership, TPP)을 미국을 뺀 11개국이 지켜나가야 한다는 의지도 강력하다. 이 같은 움직임은 아베 시대의 일본이 자국의 국가정체성을 '국제 대국'으로 규정하면서 자신의 영향력 확산 범위를 극동이나 아시아 지역, 나아가 아태 지역을 넘어서서 전 지구적 범위로 확대하고 있는 데서도 나타난다. 일본이 미국과 더불어 추구하는 '인도·태평양전략(Indo-Pacific Strategy)'도 일본이 국제적으로 확대지향적인 전략을 구사하기 시작했음을 보여주는 징표다. 일본은 자기정체성 규정과 전략적 이익의 수호범위 규정 및 국제적 활동범위의 설정 등에서 범지구적인 모습을 드러내고 있다. 이는 일본이 스스로를 소국이나 지역 강국이 아닌 국제대국으로 자리매김하기 위한 움직임이라고 할 수 있다.

셋째, 아베 시대에 접어들어 일본은 각 분야별로 총체적이고 체계적인 종합(comprehensive) 국가전략을 수립하고 있다는 점에도 주목할 필요가 있다. 아베의 국가전략은 정치 및 외교안보 분야에 국한되지 않는다. 경제 및 사회문화, 지방 및 에너지 등 다양한 분야가

하나의 목표를 향해 유기적으로 연결된 전략적 밑그림을 그리고 있다. '일본이라는 국가의 재생'에 초점을 맞춘 맞춤형 전략을 구상하면서도 각 분야에서 실행되는 정책의 상호정합성 및 유기적 연관성을 염두에 둔 전략들이 눈에 띈다. 이러한 모습은 예전의 일본이 수상관저나 여당의 적극적인 조정이나 주도적 역할 없이 분절적으로 다원적인 정책을 추진하던 시절과 대별된다.[6] 분권화된 체제하에서 정치인과 관료들이 상호 연결되지 않은 영역에서 각 분야의 최적화된 정책을 추구하던 '분권형 구조'에서 탈피하여, 수상관저가 중심이 되는 집권형 체제를 구축하고 정책의 핵심 엘리트들이 각 분야를 상호 조정하고 제어하는 상호정합성이 높은 체제로 이행하고 있는 것이다. 이러한 집권적(centralized), 일체형 전략 추구는 전후 일본의 정책결정구조에 잉태되어 있는 '일본 문제(Japan Problem)'를 극복하려는 복합적인 반성을 기초로 하고 있다고 보여진다. 일본의 자신감 결여와 체념을 극복하고 분절화된 각개 약진형 이익 추구가 가져오는 불균형성을 넘어서는 동시에 국가의 미래상에 대한 일관되고 정합성 있는(penetrating and cohesive) 전략을 추구해보자는 염원에 기반을 두고 있다. 물론 이러한 전략의 추구가 성공을 거둘 것이냐는 별개의 문제지만, 아베 시대에 들어와 집권적 체제 구축을 통해 종합적이고 유기적인 국가전략을 모색하기 시작했다는 점은 주목할 부분이다.

마지막으로, 아베 시대에 들어서서 달라지는 국가전략의 추구는 단지 정치적 구호나 선전을 넘어서서 국가의 법적·제도적 틀을 개혁하는 동시에, 이러한 정치적 움직임을 추진할 수 있는 지지세

6 분절적 다원주의에 대해서는 Muramatsu and Krauss(1987: 516-554) 참조.

력 확보에까지 연결시키고 있다는 점이다. 이는 보수세력의 장기집권과 정권 연장까지를 염두에 둔 포석으로서, 정치의 장을 근본적으로 변화시킴으로써 정치적 어젠다의 설정부터 실행까지 담보할 수 있는 사회적 기반 형성을 시야에 넣고 있다는 점에서 이전과 구분되는 움직임이다. 법과 제도의 변경을 통해 현상만족적인 세력에게 경종을 울리고, 새로운 제도적 틀을 지지할 수 있는 이념적 기반과 정치적 지지세력 확보에도 열정을 쏟는 것은 이례적이다. 개헌과 같은 전후 일본의 금기영역에 손을 대면서 담론의 확장을 시도하는 점은 대담하기까지 하다.

각 분야에 나타난 아베 시대 국가전략의 현주소

이 책의 각 장에서는 아베 시대에 접어들어 추구하고 있는 국가전략 추구의 현주소를 가감 없이 분석하고 있다.

제1장은 수상관저가 주도하는 신보수화 개혁 정치의 본질을 추적한다. 이주경 박사는 일본정치가 예전의 관료주도에서 점차 수상 및 관저 주도의 정치로 전환되고 있으며, 아베 총리는 관저에 집중화된 권력을 활용하여 신보수화 전략을 추진하고 있음을 밝히고 있다. 아베가 추진하고 있는 신보수화 전략은 다면적이어서, 정당 간 관계를 보수 중심으로 재편하는 것과 더불어 여당의 정책결정과정도 관저가 이끌어갈 수 있도록 하는 체제 전환이 이루어지고 있는데다, 유권자와 지지기반의 공고화에 있어서도 보수세력의 이익이 더욱 대표될 수 있도록 하는 개혁을 지속적으로 추진하고 있음을 밝힌다.

제2장은 헌법 개정 시도를 통한 아베 총리의 보통국가화 추구

를 분석한다. 한의석 박사는 이 장에서 일본 자민당이 중심이 되어 전후 추진해왔던 헌법 개정 논의의 내용과 경과를 검토한 바탕 위에서 아베 총리가 추진하는 헌법 개정의 요체를 보통국가화 전략으로 파악하고 구체적인 쟁점과 정당 간 타협과정을 밝히고 있다. 개헌 추진과정에서 나타나는 일본의 국가 미래상을 분석해보고자 하는 데 이 장의 의의가 있다.

제3장은 아베 내각이 추진하는 지방창생정책이 지역경제 구조개혁을 위한 틀의 전환과 연관되어 있음을 밝히고 있다. 일본은 전후 중앙집권적 성장발전전략을 채택해왔으나, 1990년대 이후 탈중앙집권 및 지방 분권을 강조하는 방향으로 전환한 바 있다. 이정환 박사는 아베 총리를 중심으로 전개하는 지방창생전략의 요체가 국가의 전반적인 전략적 구상의 바탕 위에서 지역경제를 활성화하기 위한 새로운 정책적 시도임을 밝히고 있다. 지방도시권의 인구감소 및 재정 악화에 대응하기 위한 지방창생전략이 중앙에 의해 추진되면서도 지방정부와의 연계에 기초한 것임을 밝힌다.

제4장은 아베 내각이 지구규모 문제 공헌을 통해 적극적 글로벌 외교를 전개하고 있음을 밝히고 있다. 아베 시대의 외교전략을 살펴보면 이전의 내각과는 달리 정책추진방식이 전략적이고 주도적이며, 대상 지역을 글로벌한 영역으로 넓혀가고 있음을 확인할 수 있다. 이기태 박사는 아베 시대의 일본이 지구규모 문제에 대한 공헌을 적극화하는 방식을 통해 대국외교를 현실화하고 있음을 보여준다. 여성문제, 개발원조외교, 국제평화외교의 전개를 통한 일본의 새로운 외교 활력 창출을 구체적으로 분석한다.

제5장은 아베 총리가 중심이 되어 평화국가 일본을 전쟁 가능한 일본으로 전환하기 위해 안보정책을 전환하고 있음을 밝힌다. 황세

희 박사는 일본의 안보정책 전환의 요체가 전쟁 가능한 일본의 창출에 있다는 논지를 전개한다. 냉전 이후 '땀 흘리는 일본'이라는 국가상을 바탕으로 수동적·피동적·소극적 안보정책을 지속적으로 추진해왔던 일본이 아베 시대에 들어 적극적으로 전후체제의 한계를 탈각하고 '피를 흘릴 수 있는' 전쟁 가능한 국가로 전환해나가고 있다는 것이 저자의 주장이다. 2000년대 이후 방위계획의 대강에 대한 자세한 분석을 바탕으로 일본의 방위정책이 전환되고 있음을 밝힌다.

제6장에서 오승희 박사는 아베가 강한 일본의 구축을 위해 아시아를 타자화하고 있다고 주장한다. 아베 총리의 글로벌 외교 전개에도 불구하고 궁금증으로 남아 있는 것은 왜 아베가 이끄는 일본이 중국과 한국, 북한 등 가장 가까운 아시아 국가들에 대해 비판적이고 갈등을 양산하는 외교를 지속하고 있는가 하는 점이다. 저자는 이 현상을 아베가 강한 일본을 만들기 위해 아시아 국가들을 타자화하고 있다는 논지를 전개한다. 위협적이고 갈등적인 아시아가 아베의 국가전략에 도움이 된다는 점을 정치적으로 활용하고 있다는 것이다.

제7장은 아베 내각이 추진하는 아베노믹스가 디플레이션 탈출을 겨냥한 전략임을 밝히고 있다. 아베 총리가 가장 성공하고 있는 이유는 아베 내각이 주도하고 있는 경제정책이 주효하고 있다는 점이다. 이 장에서는 아베노믹스라고 불리는 아베 내각의 경제정책의 요체를 파헤친다. 이창민 박사는 아베노믹스의 목적이 디플레이션의 탈출이라는 목표에 맞추어져 있으며, 이러한 목적 실현에 부분적으로 성공하고 있음을 밝힌다. 다만, 아베 내각의 경제정책이 가져온 결과는 '저온호황'이었다는 점을 주장함으로써 향후 정책적 귀추에 주목할 필요성도 밝힌다.

제8장에서 윤대엽 박사는 산업경쟁력 강화를 위한 성장전략 재편이 아베 경제전략의 핵심임을 밝힌다. 버블경제가 붕괴된 이후 일본 경제와 산업이 직면한 과제는 과잉규제, 과소투자, 과당경쟁이라는 '3과(過) 문제'를 어떻게 풀어가느냐 하는 것이었다. 저자는 미래투자전략을 중심으로 하는 신성장전략 마련을 위해 아베 내각이 거버넌스 구조를 전환하는 동시에 산업경쟁력 강화를 위한 다양한 시책을 시행하고 있음을 분석한다. 아베는 정부의 힘에만 의지하기보다는 민간의 활력과 지혜를 활용하기 위한 다양한 시도를 하고 있음을 밝힌다.

제9장에서 최은미 박사는 아베 내각이 TPP 추진을 통해 지역경제 안보 이익을 확보하려고 노력하고 있음을 설명한다. 일본의 국제경제전략은 지역전략과 밀접한 연계 속에서 추진되고 있다. 아베 시대에 들어 추진하는 국제경제전략의 핵심에는 TPP의 추진이 있으며, 이는 미국을 위시한 환태평양 국가들의 경제적 연계를 통해 중국을 견제하려는 시도의 하나다. 하지만 미국의 트럼프 대통령이 TPP 탈퇴를 선언하면서 미국이 빠진 TPP인 'TPP 11'을 추진하고 있다. 일본은 이를 통해 자유주의적 무역질서에 기반한 국제질서를 지키면서 동시에 부상하는 중국을 견제하는 지역전략을 전개하고자 한다.

제10장은 아베 내각이 에너지 문제에 대한 발상의 전환을 통해 원자력으로의 회귀를 시도하고 에너지시장 자유화를 통해 수급구조를 개혁하려 함을 밝힌다. 일본은 2011년 3.11 동일본대지진을 경험한 이후 일본 민주당 정권에서 '원전제로'정책을 국가전략으로 채택하고 이를 강하게 추진해왔다. 하지만 아베 시대에 들어와 국가 에너지 수요에 대한 재평가를 바탕으로 원자력으로의 회귀를 지속적

으로 추진하는 동시에 에너지시장을 공유하는 방식을 통해 에너지 수급구조를 개혁하려는 의지를 보여주고 있다. 임은정 박사는 이 장에서 중앙과 지방에서의 에너지에 대한 논란의 상이성을 보여주면서도, 아베 시대에 들어 새로운 에너지정책 방향을 추진하고 있는 현실을 에너지 백서 및 통계자료 분석을 통해 생생하게 보여준다.

제11장에서 송지연 박사는 아베 내각의 노동정책이 경제회생과 노동력 부족 극복을 위한 것임에 주목한다. 일본이 직면한 가장 큰 사회경제적 위기는 저출산과 고령화에서 비롯한 인구문제가 사회경제적 과제를 불러오고 있다는 것이다. 이 장에서 송 박사는 아베 시대 일본이 경제를 회생하고 노동력 부족을 극복하기 위해 어떠한 노동개혁정책을 도입하고 있는가를 실증적으로 밝혀내고 있다. 노동의 유연성 확대, 여성 및 고령자 활용을 통한 노동력 공급 확대, 그리고 노동시장의 불평등 해소를 위한 다양한 대책이 가져오는 정책효과를 분석한다.

제12장에서는 조아라 박사가 아베 내각의 관광입국정책이 지역재생과 소비 확대를 겨냥하고 있음을 밝힌다. 1990년대 이후 일본경제가 침체하면서 과거 일본 정부들은 '관광입국'을 내세우면서 경제 재생을 위한 방법의 하나로 관광 증대를 꾀해왔다. 하지만 관광객의 실제적 증대와 수입 증대가 일본경제 활성화 및 대외적 이미지로 이어진 것은 아베 내각에 들어서다. 이 장에서 조 박사는 아베의 관광정책이 어떻게 지역의 재생과 소비의 확대라는 구체적인 성과로 이어지고 있는가를 밝힌다.

아베 시대 국가전략의 취약성

아베 내각이 추진하고 있는 일본의 국가전략은 총체적으로 개혁적이며 새로운 일본을 건설하려는 지향성이 아주 강하다. 전후 일본의 이념적 기반과 제도적 틀을 흔들어 새로운 방향성을 제시하면서도 전전 일본으로의 회귀를 제어하려는 의지도 엿보인다. 각 부문의 정합성 제고를 통해 국력을 종합적으로 향상시키려는 시도이기도 하다.

전반적으로 일본의 경제가 활성화되고 일본의 국제적 가시성이 높아지고 있으며, 외교적 역할이 늘어가고 있는 것은 사실이다. 그럼에도 아베 시대의 국가전략이 성공을 담보하고 있다고 평가하기에는 아직 이르다.

아베 시대의 일본 국가전략 추구는 몇 가지 취약점을 잉태하고 있다. 우선, 아베류의 국가전략이 지배적인 이념으로 등장하고 있으나, 이에 대한 '대안적 미래(alternative future)'는 아직 제시되지 않고 있다. 일본이 민주주의 국가이고 민주주의 국가에서는 대안을 끊임없이 모색해야 한다는 점에서 여당 내에서도, 정계 전반에서도, 시민사회로부터도 유효한 견제세력이나 이념적 지향성이 부재한 현 상태는 오히려 이례적이다. 관료도, 전문가도, 여당 정치인들도 반대의 목소리가 순화된 국가전략의 추구는 수상관저 독주의 함정에 빠질 수 있다.[7] 야당과 시민사회는 정치적 세력화에 실패하면서 무력감에 빠져 있다. 이는 견제 없는 독주와 자만의 위험성을 잉태하

7 2018년 3~4월에 제기된 모리토모 학원, 가케학원 문제, 방위성 방위일보 은닉 문제 등은 수상관저 독주체제의 문제를 가시화하고 있다.

고 있는 것이라 할 수 있다. 아베가 추구하는 국가전략이 모든 국민이 동의하고 추인하는 국민적 컨센서스에 기반한 '팔방미인전략(goldilocks strategy)'이라고 보기는 어렵다.[8] 아베가 중심이 된 수상관저가 절대 권력의 자기 함정에 빠져 있는 것은 아닌지 우려되는 측면도 있다.

또한 아베가 추구하는 국제전략에는 '아시아로부터의 탈각'이라는 자기구속적 구상의 한계가 있다. 아베가 추구하는 국제전략의 근저에 중국에 대한 경계심과 위협감이 자리잡고 있고, 역사문제에 대한 반성과 사죄를 회피하려는 정치전략이 놓여 있어서 중국과 한국에 대한 접근법에 한계를 드러내는 경우가 많다. 하지만 일본도 아시아국가의 일원이라는 점을 감안할 때, 근린국가들과의 원만한 관계가 확보되지 않은 지역 및 국제 전략은 불균형성과 불안정성을 내포하고 있다고 보아야 할 것이다.

나아가, 아베가 강한 일본의 건설을 위해 지나치게 국가중심적(state-centered)이고, 군사력, 경제력 등 경성권력(hard power)에만 중점을 두고 있는 점도 균형을 상실한 측면이 있다. 전후 일본의 강점은 연성권력(soft power)의 확충에 있었다. 국제기관에 대한 아낌없는 기부와 배려 깊은 공헌, 발전도상국들 및 저개발국들에 대한 대규모 무상원조, 갈등 지역에서의 평화구축 및 전후 재건 노력 등은 일본의 국제적 이미지 향상에 기여한 바 크다. 하지만 아베 시대에 접어들어 '현실주의(realism)'에 바탕을 둔 힘의 증대에 초점을 두고 방

8 새뮤얼스 교수는 일본이 이제까지 대동아공영권 건설이라는 고노에(近衛) 합의와 전후 요시다 노선이라는 두 번의 팔방미인전략에 합의한 바 있다고 소개하고 있다(Samuels, 2007).

위력, 경제력의 자기 기반 확충 및 자국 이익을 위한 활용에 더 힘을 쏟는 모습이 두드러지고 있다. 다른 국가들과 비교할 때 일탈적인 모습이라고 할 수는 없으나, 지나친 경성권력의 추구는 일본의 강점이었던 연성권력과 매력을 반감시키는 측면도 강하다.

아베 시대의 일본 국가전략이 강한 일본의 부활을 상정하고 있지만, 한 정권의 국가전략이 과연 장기적인 국가의 쇠락을 방지하는 데 얼마나 성공할지는 미지수다.[9] 아베 내각의 집요한 노력에도 불구하고 저출산·고령화라는 인구사회학적 경향과 구조는 역전이 불가능하며, 경제의 국제화로 인한 취약성의 증대도 한 정부나 정치인들이 넘어설 수 없는 요소가 있기 때문에 늘 불안정하고 취약한 구조를 가지고 있다고 보는 것이 현실적일 것이다.

9 이오키베 교수는 일본의 국력이 쇠락하고 있다는 주장에 대해 반론을 제기하고 있다(五百旗頭真, 2014).

제1장

관저주도의 신보수화 개혁정치

이 글은 『한국정치학회보』 제52집 1호(2018)에 「일본의 정치개혁과 보수화의 메커니즘」이란 제목으로 실린 필자의 논문을 수정·보완한 것이다.

이주경 李柱卿 | Lee, Ju-Kyung

현재 부산대학교 한국민족문화연구소 전임연구원이다. 일본 호세이대학에서 정치학 박사학위를 취득했다. 박사학위 논문으로 「自民党一党優位体制における自民党の政策変更メカニズム」(2011)를 연구했고, 주요 저서로 『자민당 정권의 정책 변경 메커니즘』(아연출판부, 2014)이 있다. 「中央一地方マルチレベル(Multi-level)からみた自民党の政策と組織運営」, 『日本研究』(2016), 「자민당의 정책변경과 중앙-지방조직의 상호작용」, 『일본연구논총』(2016), 「일본 정치개혁 이후 자민당의 정책변경 분석」, 『21세기정치학회』(2016), 「일본 참의원 선거와 정당의 집표전략」, 『현대정치연구』(2015) 등 다수의 논문이 있다.

들어가며: 일본정치의 질적 변화와 아베 시대

현재 일본은 이른바 '전후체제로부터의 탈각(戦後レジームからの脱去)' 이라는 슬로건하에 정치, 경제, 사회 전 영역에 걸쳐 개혁이 진행되고 있다. 더불어 아베 신조(安倍晋三) 수상을 주축으로 한 신우파적 정치세력을 중심으로 일본 정치지형이 보수화되었다는 견해가 지배적이다(나카노, 2016; 기노시타, 2014; 塚田穂高 編, 2017). 하지만 이는 일본사회의 우경화와는 구별되며, 다수 유권자의 정책선호와 신우파적 정치기획이 연동하고 있지는 않다는 것이 정설로 받아들여지고 있다(竹中治堅 編, 2015; 谷口将紀, 2015). 그럼에도 현재 일본 정당정치는 2012년 자민당이 재집권한 이후 세 번의 중의원 선거에서 연이어 과반수 확보에 성공함으로써 자민당 1강구도로 굳어져가고 있으며, 동시에 정당 간 경쟁 및 당내 정치에서도 반대세력이 약화된 것이 사실이다(高安健将, 2014; 待鳥聡史, 2015; 牧原 出, 2016; 中北浩爾, 2017). 그 결과 아베 수상이 주도하는 일련의 보수화 개혁이 진행되고 있다. 일본의 정치지형이 우경화된 것이 아니라 신우파 정치세력 주도의 개혁 또는 야당의 실패에 기인한 것이라면, 우리는 이러한 일본 정치의 변화를 어떻게 규정할 수 있을까?

이 장에서는 정치세력의 대응전략에 착안하여, 아베 시대의 보수화(conservative political shift)가 어떻게 도출되고 심화되었는가를 밝힘으로써, 위의 질문에 대한 답을 찾고자 한다. 만약 신우파 정치세력 주도로 일본의 보수화가 발현되고 있다고 한다면, 정치세력이 구사하는 전략적 대응이 정치-사회영역, 선거과정-정책과정에서 어떻게 작용하는가를 명확히 할 필요가 있기 때문이다. 예컨대 보수화를 주도하는 정당 및 정치 엘리트 측의 전략적 대응은 무엇에 기인하는

가, 보수화 개혁정치의 유효한 선거전략은 무엇인가, 보수화 정책은 어떠한 과정 속에서 가속화되는가, 더불어 자민당의 지속적인 국정 선거 승리와 보수화 개혁을 추진하는 아베 자민당의 정권운영 퍼포먼스는 어떠한 연관이 있는지에 대한 유기적인 검토가 요구된다. 이에 이 글은 아베 수상 개인의 정책지향 및 리더십에 주목하는 단선적인 이해에서 벗어나, 선거과정과 정책과정을 연계한 다층구조(정부-정당-지지기반 차원)의 변화상에 주목하여 일본 정치세력의 전략적 대응과 정치과정의 구조적 변화와의 상관을 알아보고 이러한 작업을 통해서 아베 시대의 보수화 현상을 객관적으로 파악해보고자 한다.

한편 일본의 보수화 현상에 관해서는 국내 학계의 관심이 뜨겁다. 특히 국내 정치과정 분석에서는 수상 및 당 리더의 권한 증대와 카리스마적 정치(한의석, 2014), 사회·경제적 관점에서는 경기침체와 사회구조 변화(이정환, 2014; 김용복, 2016), 세대교체에 따른 정치행위자의 구성 및 의식 변화(고선규, 2014; 박철희, 2014; 이이범, 2015; 경제희, 2017), 전통적 지지기반 및 후원회 쇠퇴 등의 조직운용의 변화(김상준·김지강, 2013; 이주경, 2016) 등 보수화를 추인하는 다양한 요인이 규명되었다.

위 연구들은 분석대상과 연구방식에서는 차이가 있지만, 다음과 같은 이유에서 아베 시대의 변화상을 이해하는 논리적 실마리를 제시하고 있다. 첫째, 보수화 현상에 대한 합리적 접근을 시도하고 있다는 점이다. 일본 국내 정치지형이 보수화되었는가, 또는 무엇을 기준으로 보수화 또는 우경화로 규정할 것인가에 대해서는 논란의 여지가 있으나, 아베 시대에 접어들면서 자민당이 보수주의 정당(conservative party)으로서 스스로 이념적 위치를 강조하고 있음은 객관적인 사실이다. 그런 의미에서, 정치세력의 의식 및 행동양식의 변화, 사회세력의 반응과 평가에 기초한 위 분석들은 군국주의로의 회귀 또는 역사 수정주의를 우려하는 '일본우경화'론과는 차별화된 일본 정치의 실상에 대한 객관적 분석을 기조에 두고 있다.

둘째, 정치과정의 변화를 해명하는 일본의 주요 실증연구들과 정합성을 갖고 있다는 점이다. 주지하듯이, 일본 연구자들의 주된 관심은 보수화 현상에 대한 해명보다는 1990년대 이후 정당정치, 정책결정, 그리고 유권자 투표행태 등 정치과정 전반에서 변화를 거듭하고 있는 일본 정치의 유동성을 파악하는 데 주안을 두고 있다. 그 가운데 수상주도형 정책결정의 심화(牧原 出, 2013; 高安健将, 2014; 待鳥聡史, 2015), 개별 정치쟁점에 대한 정치 엘리트의 선호 변화(谷口将紀, 2015; 建林政彦, 2017), 이데올로기보다는 정권담당 능력에 주목하는 유권자 투표행태(平野 浩, 2015; 山田真裕, 2017) 등이 공통적으로 지적되고 있다. 여기서 주목되는 것은 이러한 연구들이 앞서 제시한 일본의 보수화 현상 분석과 동일한 요인을 공유하고 있으며, 결과적으로 일본 정치의 질적 변화에 대한 직간접적인 해명과 맞닿아 있다는 점이다.

그러나 아베 시대의 보수화를 이해하기 위해서는 추가적인 분석 또한 필요하다. 특히 보수화 정책기조가 어떠한 과정을 통해서 형성되고 심화되고 있는지를 체계적으로 검토할 필요가 있다. 〈그림 1〉은 아베 시대 보수화 개혁의 형성 및 심화 과정을 파악하기 위해서 제시하는 대안적 분석틀이다.

이 분석틀의 특징은 첫째, 정치과정을 구성하는 두 가지 구조, 즉 투입과정(input process)과 산출과정(output process)으로 나누어 분석한다는 점이다. 우선 투입과정을 통해서 보수화 정치기획이 어떻게 발현되었는지를 검토하고, 산출과정을 통해서 보수화가 어떻게 심화되었는지를 확인할 것이다. 둘째, 보수화의 다층구조(multi-layered

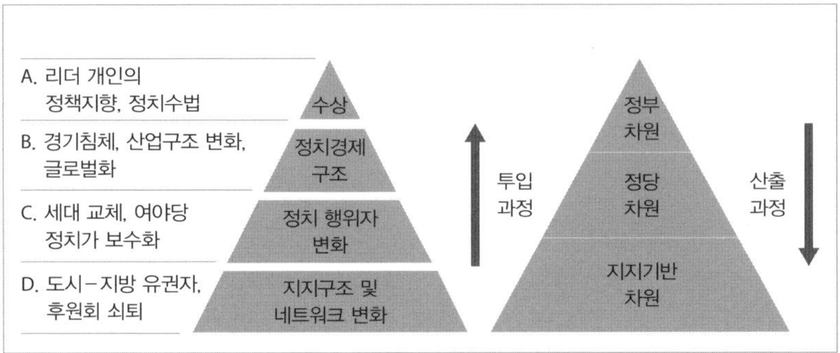

〈그림 1〉 일본 정치의 질적 변화와 보수화 정치과정의 다층구조

structure)를 염두에 두고 있다. 보수화를 주도하는 정치세력의 전략적 행동에 주목하되, 이들의 행동양식이 정부-정당-지지기반의 각 차원에서 어떻게 투영되는가를 체계적으로 논의하기 위해서다. 예컨대 보수화 개혁이 어떠한 방식으로 조합·축적되었으며, 이것이 어떠한 과정을 통해서 정책으로 산출되었는가, 또한 해당 정책은 어떻게 지지세력을 규합하는 전략과 연계되어 있는가를 선거-정책을 잇는 정치과정의 순환구조 속에서 유기적으로 분석하는 것이다. 이때 아베 시대의 정치개혁이 어떠한 변화를 가져왔는지, 이것이 보수화의 도출-심화 과정과 어떻게 연동되어 있는지를 정부-정당-지지기반의 각 영역에서 확인하고자 한다.

구체적인 분석내용은 다음과 같다. 우선 투입과정에서는 정당-유권자 관계 변화를 중심으로 정당 간 정책대립축 및 자민당이 제시한 정책위치(policy position)의 변화를 확인함으로써 아베 시대의 보수재건 프레임이 어떻게 도출되었는가를 밝히고자 한다(제2절). 다음으로 산출과정에서는 정부-정당-지지기반의 세 가지 차원에서 검토한다. 먼저 정부 및 당 차원에서는 정책결정의 구조적 변화가 보수화를 심화하는 핵심기제임을 명확히 할 것이다(제3절). 더불어 일반

유권자와 지지집단(하부조직, 당원, 지지단체)에 대한 대응전략의 변화 유무를 관찰하고, 이를 토대로 아베 자민당이 어떠한 방식으로 지지기반 재편(partisan realignment)을 유도하고 있는지를 살펴볼 것이다(제4절). 끝으로 분석결과를 토대로 일본 정치의 보수화 메커니즘을 밝히고, 현행 일본의 정치과정의 구조적 변화와 관련하여 이 연구가 갖는 현재적 함의를 제시하고자 한다(제5절).

보수화의 투입과정:
개혁의 시 · 공간축 이동과 전략적 유효성

일본에서 '개혁'은 과거 30년 동안 지속적으로 정치적 장에 등장해 왔다. 여기에는 1990년대 이후 일본을 둘러싼 급격한 국내외적 환경 변화에 따른 내부의 위기의식이 고조되는 가운데, 기존의 일본형 시스템을 대체할 대안체제 구축이 시급하다는 인식이 정치-사회적 공감대를 형성하고 있었기 때문이다. 한편 개혁은 시기에 따라 그 대상과 범위를 달리하면서 오랜 시간을 두고 진행되었지만, 여전히 일본사회에서 개혁의 필요성이 강조되고 있다. 아베 시대의 전후체제로부터의 탈각 또한 개혁의 연속선상에 있다. 하지만 이는 일본의 역사적·구조적 특수성을 내포한 '전후'라는 포괄적 영역을 개혁의 대상으로 삼고 이를 대체할 총체적 체제 변환을 도모한다는 점에서 개혁의 대상과 범위를 명확하게 규정한 기존의 개혁들과는 차별화된다. 행정, 교육, 경제, 고용, 중앙-지방 관계, 외교·안전보장 전반에 걸친 구조 전환과 더불어, 이를 포괄하는 헌법 개정을 통해 시대 변화에 상응하는 국가체제로 이행하기 위한 포괄적·총체적 사회

개혁에 해당하기 때문이다. 그렇다면 이러한 개혁 방향이 도출된 이유는 무엇일까? 아래에서는 정당 간 정책 경쟁, 유권자 대응, 그리고 보수화의 당내 과정의 세 차원에서 자민당이 전후체제로부터의 탈각을 핵심 개념으로 한 포괄적 '사회개혁'을 도출했음을 명확히 하고자 한다.

정당 간 경쟁과 정책대립축 차별화 전략: 개혁의 공간축 이동

아베 시대의 개혁 프레임이 도출되는 과정에서 첫 번째 주목할 것은 정당 간 경쟁과의 상관이다. 주지하듯이 1990년대 이후 일본 정치개혁의 핵심은 정당 간 정책경쟁을 중심으로 정권교체가 가능한 체제를 구축하는 것이었다. 더불어 이것이 실현된 2000년대 중반 이후 개혁의 방향을 두고 정당 간 정책대립축 또한 변화했다. 〈그림 2〉에서 제시하는 바와 같이 신자유주의 구조개혁을 추진해온 고이즈미(小泉純一郎) 정권(경제·사회 C)에 대한 반향은 신복지국가와 동아시아 공동체로 대별되는 차별화된 정책노선(외교·안보 B, 경제·사회 B)을 내건 민주당 정권 성립을 가능하게 했다. 그리고 정권교체에 따른 정부시책 변경과 시행착오를 거치는 과정에서 자민당 또한 기존의 정책위치를 변경함으로써 민주당 정부 노선과 정반대의 공간으로 정책위치를 이동시켰다.

2012년 12월 이후 아베 자민당은 외교·안보 차원에서는 대미기조 국가안보와 군사현실주의(외교·안보 D)를, 경제·사회 차원에서는 집단·전통적 가치와 성장(경제·사회 D)을 표방함으로써 민주당에 대항하는 담론과 정책방향을 제시했다. 먼저 외교·안보 차원에서 아베 자민당의 전략은 적극적 평화주의와 헌법 개정을 통한 보통국가화로 집약된다. 이는 미국에 의한 지역안보 제공에 대한 기대를

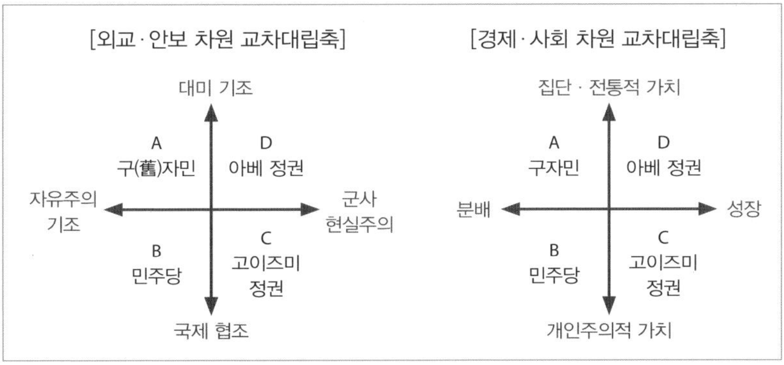

〈그림 2〉 정책위치의 공간축 구분

출처: 정책대립축 및 정책지향을 4차원으로 구분하여 제시한 田中愛治·河野 勝(2009: 15–26), 박철희(2011: 491–491)를 토대로 필자 작성.

반영한 국제협조, 즉 대미협조 노선과 미일동맹 강화 노선을 중심으로 일본의 자주적인 방위력 강화를 도모하는 보통의 군사국가화를 지향하는 의도를 갖고 있다. 그리고 경제·사회 차원에서 제시한 전략은 신자유주의와 국가주의의 조합에 의해 형성되어 있다. 작은 정부, 자유경쟁에 기반한 경제구조 개혁 및 성장을 도모한다는 점에서 고이즈미 정권의 신자유주의 기조를 계승하고 있으나, 성장을 추인하는 사회적 동력을 일본 고유의 전통과 문화, 가족-지역사회-국가와의 유대에 기반한 강한 국가의 부흥 및 재건에서 찾고자 한다는 점에서 차별화된다. '아름다운 나라 일본', '강한 국가', '일본을 되살리자'는 캐치프레이즈에도 드러나듯이 아베가 제시하는 사회문화적 가치관은 전통적 보수의 견해와 유사한 국가주의적 기조가 반영되어 있다.

이처럼 구(舊)자민 정치(A면)로 회귀하지 않는다는 정치개혁의 당위성을 전제로 스스로의 정책위치를 재조합한 것이 바로 아베 자민당이라 할 수 있다. 현재 자민당은 민주당과 차별화된 정책공간으로 궤도를 수정했으며, 개혁을 주도했던 역대 정부의 정책 노선과도 차별화된 공간으로 이동했다. 이는 기존의 일본형 시스템을 대체할 대안체제 구축이라는 개혁의 연속성, 새로운 국가 비전을 염원하는 국민적 요구를 동시에 충족하는 이념적·정책적 좌표에 위치하고 있다는 점에서 정권복귀에 성공한 자민당 정책노선의 전략적 유효성이 인정된다.

유권자 대응전략과 연계 설정: 개혁의 시간축 이동

1990년대 정계재편 이래 자민당이 추진한 개혁은 행정, 경제, 사회 개혁으로 구별된다. 〈그림 3〉에서 제시한 것처럼 1990년대 말 하시모토 류타로(橋本龍太郎) 정권에서는 행정개혁에 중점을 두고 수상 및 내각의 리더십 강화를 위한 제도 정비를 서둘렀다. 그리고 2000년대 초반 고이즈미 정권에서는 경제구조 개혁으로 우선순위를 전환했다. 이 개혁을 통해 지방 및 국내 산업 보호를 고수하던 기존의 정책기조에서 벗어나, 신자유주의적 경제구조 강화가 본격화되었다. 한편 2012년 12월 정권에 복귀한 2차 아베 정권 이후로는 경제, 외교, 사회를 관통하는 핵심기제로 국가정체성 회복과 국가경쟁력 제고에 주력하고 있다. 이 과정에서 고이즈미 시기의 신자유주의적 경제개혁을 계승하면서 이념적 보수를 강조하는 '사회개혁'을 최우선 과제로 설정하고 있다.

이와 같은 개혁과제 설정은 정당-유권자 간 연계(party-voters linkage)방식을 고민해온 자민당의 대 유권자 전략과 무관하지 않다.[1]

1 정당(정치가)-유권자 간 연계방식의 다양성과 정당의 전략적 선택에 관해서는 Kitshelt and Wilkinson(2007: 1-49)을 참조.

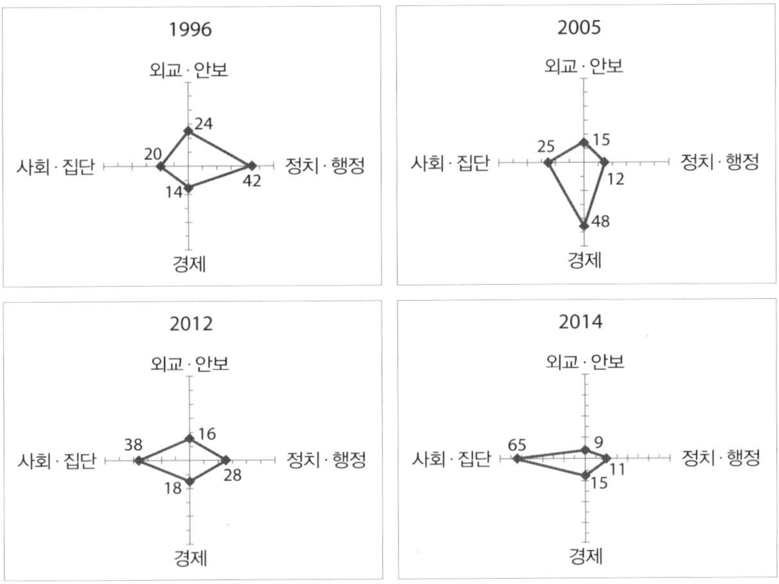

〈그림 3〉 자민당의 중의원 선거공약과 정책 우선순위 변경

주: 위 데이터는 정당의 정책위치와 변화를 파악하기 위한 방법 중 하나로 ECPR(European Consortium for Political Research)이 제안한 선거공약 코딩 방식을 적용한 것임. 구체적인 코딩 방식은 Budge(1987)를, 이를 적용한 분석 예로 Mair(1987), 이주경(2014)을 참조.
출처: 자민당 홈페이지(自由民主党, 「政策パンフレット」, https://www.jimin.jp/policy/pamphlet/)에 게재된 '자민당 선거공약'을 토대로 필자 작성(선거 각년).

주지하듯이, 경기 침체, 산업구조 변화, 글로벌화 등 일본 정치를 둘러싼 사회경제적 환경변화에 따라 그동안 자민당이 높은 비용을 들여 유지해왔던 후견주의적 연계(clientelistic linkage)가 사실상 어렵게 되었기 때문이다. 표와 이익을 교환하는 이익유도형 정치에 기반한 자민당-유권자 관계는 전형적인 후견주의 연계에 해당한다.[2] 지방

2 정당(정치가)-유권자 관계는 정치가가 어떠한 형태의 편익을 누구에게 할당해서 지지를 동원하는가에 따라 연계방식이 달라진다. 예를 들면 수혜자를 특정 지역으로 한정하는 지방교부금 및 공공사업, 또는 특정 산업에 한정하는 보조금 및 투융자 정책 등은 전형적인 후견주의 연계로 분류된다. 이에 대해 안보, 거시

에 대한 교부금 및 공공사업, 그리고 농업, 상공·중소기업 등 국내 후진산업에 대한 보조금 및 투융자 정책이 오랫동안 표와 이익의 교환 메커니즘으로 작동해왔기 때문이다. 더불어 분권적 조직구도, 재정 규모 및 운용의 자율성, 장기 집권을 통한 정부 공공재원의 독점으로 자민당은 오랜 기간 후견주의적 연계를 유지할 수 있었다. 그러나 1990년대 이후 연립정부 시대의 도래, 경기 침체로 인한 재정 감소, 일반 도시 유권자의 상대적 박탈감에 기반한 반(反)후견주의 정서가 강화되면서 정치 비용이 많이 필요했던 기존의 후견주의 네트워크를 유지하기가 어려워졌다(이주경, 2016: 216).

자민당은 정당-유권자의 관계 변경을 고심하지 않을 수 없게 되었으며, 다음과 같이 새로운 연계의 방식과 대상을 설정하는 과정에서 각 시기의 개혁전략이 도출되었다. 〈표 1〉에 정리한 것과 같이 후견주의 탈각을 시도한 하시모토 정권에서는 행정개혁 추진을 통해 연계 이행을 위한 제도 마련에 돌입했다. 그리고 고이즈미 정권에 들어서자 후견주의 탈각에서 비롯되는 과도기적 리스크를 다수 대중과의 직접 연계를 통해 극복하고자 했으며, 이를 추진하는 동력으로 신자유주의적 경제개혁을 단행했다. 한편 아베 정권에서는 후견주의 탈각이 진행되는 과정에서 나타난 유권자 지지의 유동성을 막고, 지지공고화를 위한 전략으로 이념적 보수주의를 기축으로 한 사회개혁에 착수했다(이주경, 2016: 219-226). 이는 대체 가능한 연계 방식으로 전환하는 과정에서 이행에 필요한 제도 마련, 다수 대중과 직접적 연계를 순차적으로 적용해왔던 자민당이 본격적으로 이념적

적 경제성장, 완전고용, 환경 등 수혜자가 배타적이지 않으며 국민 전체를 대상으로 하는 이념적·규범적 색채를 띠는 정책 등은 프로그래매틱 연계로 볼 수 있다(Kitschelt and Wilkinson, 2007: 10-11).

〈표 1〉 자민당의 개혁과제와 유권자 연계 선택 전략

시기	개혁 과제	연계 선택	전략
1996~1998년 하시모토 정권	행정개혁	탈후견주의 도입	연계 이행을 위한 제도 마련
2001~2006년 고이즈미 정권	경제개혁	탈후견주의 본격화	연계 이행 리스크 해소 (다수 대중과의 직접적 연계)
2012년~ 아베 정권	사회개혁	연계 이행 추진	지지 공고화 (이념적 보수 강화)

연계를 지향하는 새로운 연계방식을 전개하게 되었음을 말해준다.

보수화 사회개혁 구체화의 당내 과정

아베 시대 사회개혁의 핵심은 국가 위상 및 경쟁력 제고라는 국가적 가치관을 구심력으로 사회 결속을 도모함으로써 국내외 과제에 대응하는 것이다. 이는 응집력과 일체성 제고를 통해 정책 추진력을 강화한다는 정치개혁의 방향성을 정부-정당 차원을 넘어 사회(유권자)에까지 확대 적용한 자민당의 준비된 개혁 프로젝트라 할 수 있다.

당 개혁은 이미 2005년 무렵에 전형이 갖춰지기 시작했다. 2005년 11월 자민당은 아베(당시 간사장대리)의 주도로 작성된 새로운 '이념'과 '강령'을 결당 50주년 기념 당대회를 통해 최종 결정했다. 우선 이념에서는 "자국의 안전과 자신의 안전을 기한다. 일본의 전통과 문화를 존중하며 그 발전을 도모한다"고 명시했다(自由民主党, 2005a). 더불어 강령에서도 '새로운 헌법 제정'을 서두에 제시하고 '높은 의지를 가진 일본인을 육성' 등을 명기했다(自由民主党, 2005b).

한편 2007년 9월 아베 수상이 퇴임한 이후에는 조직적·정책적 보완 또한 진행되었다. 우선 당 조직 개혁 면에서는 고이즈미 정권을 계승한 신자유주의적 개혁을 통한 무당파층의 지지만으로는 당세가 불안정하다는 점에 주목하고, 자민당의 독자적인 이념으로 사회적 보수를 강조하여 지지기반을 재구축하고 있다(中北浩爾, 2014: 221-225). 이를 토대로 자민당 정책노선의 기축이 되는 강령 개정에 주력하기 시작했으며, 2009년 이후에는 야당으로 전락한 당내 위기감이 더해지면서 정권 창출을 위한 새로운 이념을 정립할 필요성이 강하게 요구되었다. 그 결과 당의 정치이념을 구체화하기 위한 정책체계 구축을 목표로 '정권구상회의'가 설비되었으며 2010년에 또다시 신강령을 공표하기에 이른다.

2010년에 공표한 신강령은 2005년 강령의 증보판으로 볼 수 있으며, '유대(絆)를 중심으로 한 일본다운 보수주의(日本らしい保守主義)'를 명시하고 있다는 점에서 기존 강령의 보수주의적 특성을 강화한 측면이 있다(自由民主党, 2010). 즉 신강령을 통해 현재 보수주의를 지향하는 자민당의 이념 좌표를 완성한 것으로 풀이할 수 있다. 보수주의 정당으로서 자민당의 위치를 재확인하는 작업을 통해 민주당과의 대결구도를 강화하려는 인식이 당내 여론을 압도하고 있었기 때문이다. 이는 자민당이 야당 시기에 이념적 보수주의를 당 개혁과 연동시키면서 당의 핵심이념으로 확장시켰음을 말해준다.

이듬해인 2011년 당 강령은 이념에서 정책으로 구체화되기에 이른다. 이때 결정적인 계기가 된 것이 바로 2011년 3.11 동일본대지진이다. 재해 이후, 자민당은 '일본재건을 위한 8가지 중점정책'을 제시한 정책집을 발행했다. 여기에는 재해, 지방, 경제, 장래, 농업, 교육, 영토, 일본의 8가지 항목으로 구성되는 자민당 중요정책이 명시되어 있다(自由民主党, 2011). 더불어 가족-지역사회-국가와의 유대를 중심으로 한 일본 재건이 개별 중요정책들을 잇는 논리로 작용하고 있다. 이는 해당 시기를 거치면서 보수화 개혁 프레임이 사회 재건 및 부흥과의 정합성을 갖게 되었으며, 이념적 보수주의가 정책으로 구체화되었음을 말해준다. 특히 사회 재건과 부흥은 이른바 국토강인화(国土強靱化, national resilience)를 통한 국가 리스크 관리와 연계되는 가운데, 지방부흥을 위한 공공사업 재개의 물꼬를 트게 되었다. 이는 후술하듯이 ① 이익유도형 정치에서 유래하는 자민당의 전통적 보수세력과, ② 보통국가화를 지향하는 신보수세력 간 규합을 도모하는 아베 시대의 이념적 보수화 개혁을 뒷받침하는 대내외 정책의 기축을 형성하는 계기를 마련했다.

보수화의 산출과정(1): 정부–여당 정책결정 방식 변경과 개혁의 가속화

기존의 타협형 정치체제에서 탈피하여 수상 및 정치리더 중심의 일원화된 정책결정을 지향해온 일본 정치개혁의 연속성은 정부-여당 간 응집성과 일체성을 강조하는 내각주도(하시모토 정권), 수상주도(고이즈미 정권), 정치주도(민주당 정권)에 당위성을 부여했으며, 아베 시대를 맞아 관저주도 체제로 구조화되었다. 이를 바탕으로 아베 정권은 보수화 개혁과제에 대한 정책추진의 가속화, 시책의 가시화를 기하고 있다. 아래에서는 정부 및 당 차원의 정책결정 방식이 어떻게 변화했는지를 확인하고, 이 과정에서 보수화 개혁이 산출되는 구조를 살펴보고자 한다.

정부 차원: 심의회 체제에서 정책회의 체제로

관저주도 체제는 아베 시대를 특징짓는 주요한 용어 중 하나다. 이것은 아베 시대에 접어들면서 정책결정의 주요 행위자와 의결방식이 관저를 주축으로 한 소수의 정책결정자에게 집중되는 방식으로 변화했음을 뜻한다.[3]

아베 시대 정책결정의 특징적 변화는 다음의 세 가지로 집약된다. 첫째, 관료 및 족의원의 영향력이 강하게 작용하는 기존의 심의회 체제에서 벗어나 ○○본부, ○○회의 등의 명칭으로 설치되는 정책심의 방식(이하, 정책회의)이 증가하고 있다는 점이다. 정책회의는 수상의 사적자문회의가 확장된 형식으로 외부 전문의원(有識者) 구성이 자유롭고 관할 성청을 대변하는 관료의 조직적 대응이 쉽지 않다는 점에서 과거 나카소네 정권의 제2차 임시행정조사회, 고이즈미 정권의 경제재정자문회의 등 수상의 사적자문회의와 유사하다. 〈그림 4〉에 제시한 역대 정권이 개최한 정책회의의 증가 추이에서도 알 수 있듯이, 수상의 정책결정 권한이 확대된 2000년대 이후 정책회의는 자민-민주 간 정권교체 시기에도 꾸준히 양적으로 증가하고 있었음을 알 수 있다. 이는 일본의 개혁정치가 지향해온 내각, 수상, 정치주도형 정책결정이 아베 시대의 관저주도 체제를 추인했음을 시사하고 있다.

두 번째 특징은 정책회의의 질적 팽창이다. 30년간 진행되어온

3 마치도리(待鳥)는 역대 수상의 면접 자료를 토대로, 55년 체제하 자민당 수상은 여당 일반의원과의 접촉이 강했던 반면, 현재는 관방장관과 각료 등 내각 중추부와의 접촉 비율이 높아졌다고 주장한다(待鳥聡史, 2015: 29). 이는 자민당 수상이 좁은 범위의 네트워크 안에서 주도적 역할을 강화하고 있으며, 수상 주변을 중심으로 정부-여당의 의사결정에 변화가 나타났음을 의미한다.

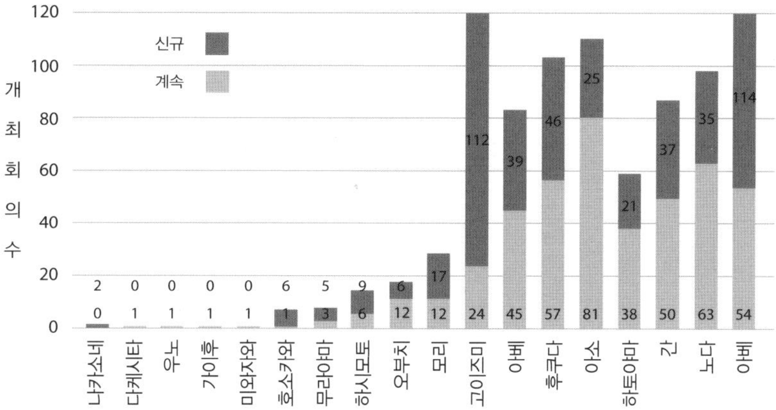

〈그림 4〉 역대 정권이 개최한 정책회의 수

출처: 野中尚人·青木 遥(2016: 77–78)을 재구성함.

정책회의의 양적 증가가 개혁의 연장선에 있다고 한다면, 질적 팽창은 아베 시대의 정권 운용의 전략과 연관되어 있다. 즉 2차 아베 내각 이후 정책회의가 정부의 주요 정책을 결정하는 핵심적인 기제로 활용되고 있기 때문이다. 정책회의는 법률에 따른 각의결정 외에도 수상의 결정으로 조직할 수 있기 때문에 아베 정권에서는 각의결정을 위한 중요정책 및 정부-여당 내부에서 합의를 도출하기 곤란한 사안을 추진할 경우 수상 결정에 따른 정책회의 결정방식을 적극 활용하고 있다. 그 결과 정책결정 행위자 간 불협화음이 배제됨으로써 정책결정 및 시책 추진이 가속화되고 있다.[4]

4 예컨대 논란이 되었던 집단적 자위권 행사의 결정과정을 보면, 1차 아베 정권기에 만들어진 '안전보장법제간담회'를 재배치하고, 이곳의 보고를 바탕으로 집단적 자위권 행사에 관한 헌법 해석 변경을 결정했다. 이 과정에서 헌법 해석 변경에 소극적이던 내각법제국 장관을 경질하고, 외무관이자 적극적 용인론자를 법제국 장관에 임용했다(신도, 2015: 324).

세 번째는 정부의 주요 현안에 관하여 수상과 그 주변의 정책 지향이 강하게 반영된다는 점이다. 법률에 기초한 기존의 심의회 체제와는 달리, 정책회의는 수상 및 수상 주변 정치가, 관료, 외부 전문가를 주축으로 구성되며, 설립 목적 및 근거, 구성원 조직, 운영방식이 유동적이다. 또한 구성원 간 논의의 장이기보다는 수상 및 대신 참여하의 승인의 장으로 작용하고 있기 때문에 절차상 수상의 의향이 정책에 반영되기 쉬운 구조다(野中尚人·青木 遥, 2016: 110-126). 또한 2014년 설립된 내각인사국(内閣人事局) 등 간부급 관료에 대한 관리체제가 구축됨으로써 정책회의와 더불어 수상관저의 정책결정 권한을 간접적으로 뒷받침하고 있다.[5]

한편 연립여당으로서 정권운영의 한 축을 담당하고 있는 공명당(公明党)이 정책결정에 미치는 영향력은 제한적이다. 주지하듯이 선거협력에 기초한 자민-공명 연립이 선거과정에 미치는 파급효과는 매우 크다. 더불어 일상적인 예산안과 법률안 성립을 위한 국회운영, 후보자 공천 조절 및 선거협력에 관하여 자민-공명 연립의 운영방식이 확립되어 있기도 하다.[6] 하지만 정책기획 능력 및 정권 운영의 주도권의 소재를 기준으로 한다면 아베 자민당 주도를 부정하기는 어렵다. 현재 정부의 정책방침을 결정하는 것은 수상 및 수상

5 아베 정권은 정치주도의 행정운영을 실현한다는 구상을 토대로, 고위급 국가공무원의 인사관리를 관할하는 전략적 중추기능을 담당하는 조직으로 내각인사국을 신설하고자 했다. 관련 안은 2013년 내각에서 각의 결정을 통과하고, 2014년 '국가공무원법 등의 일부 개정법'으로 국회에서 가결 성립되어, 같은 해 5월 30일 내각관방 산하기구로 설립되었다.

6 자민-공명 연립의 지속은 중의원 소선거구에서의 공유된 이익과 참의원 1~2인 선거구의 자민당 이익과 연립내각 참여라는 공명당의 이익이 공존했기 때문에 가능했다. 이러한 공유된 이익이 정책과 이념의 차이에도 불구하고 자민-공명 연립을 가능하게 하는 요인이다(김용복, 2015: 283).

관저이며 여당 간 정책협의 기구의 영향력은 이를 압도하지 못하고 있다.[7] 그로 인해 공명당이 정권운영에 미치는 영향력 또한 한정적이다. 주지하듯이 2차 아베 내각 발족 이후 공명당은 특정비밀보호법, 집단적 자위권 문제 등과 관련해서는 양보를, 선거와 직결되는 소비세 경감률 문제와 같은 경제사회 영역에서는 협조를 도출했다. 즉 연립정권에서 공명당이 보수화 정책에 브레이크 역할을 담당할 것으로 기대되지만,[8] 자민-공명 양 당은 상호 자율성을 존중하면서 정권 유지를 우선한 합의 도출을 중시하는 방식을 선호한다.[9] 공명당 스스로도 자민당과의 선거협력을 자민당 주도의 국가권력 속에 편입함으로써 사회복지 및 교육 등의 개별정책에서 연립참여 효과, 관료조직과 입안 등의 통치연합 이익을 중시하는 입장이다.[10]

7 1990년대 이후 일본은 연립정부 형태가 지속되고 있다. 그러나 현재 자민-공명 연립정부에서는 정부 여당 간 정책협의기구가 정부 정책결정의 핵심은 아니며, 성청 관료가 각각의 당과 협의(네마와시, 根回し)를 거쳐, 각의 결정을 도출하는 성청매개형 협의방식이 주를 이루고 있다(내각부 소속 관료 인터뷰: 2016. 1. 30).

8 2000년대 이후 세이와카이(清和会)가 자민당 내부를 압도하기 시작하면서 안보정책, 교육정책 면에서 매파적 성향이 강화되었으며, 특히 개헌론을 주장하는 정책노선이 전면에 부상하면서 공명당과의 정책노선과는 괴리가 심화되었다. 2차 아베 내각 발족과 함께, 자민당과 공명당은 연립합의 문제를 공표했다. 인플레이션 목표 2% 등의 경제정책 면에서는 문제가 없었으나, 헌법개정, 원전추진 등의 정책에서는 합의 도출이 어려웠다. 아베가 내건 보수우파적 정책에 대한 협조를 요구받으면서 현재 공명당은 내부적으로 노선 문제에 직면하지 않을 수 없게 되었다(薬師寺克行, 2016: 226-229).

9 공명당은 창당 이래 집단적 자위권을 반대해왔기 때문에, 기존의 입장을 고수하고 연립을 파기할 것인가, 아니면 타협을 통해 연립을 유지할 것인가를 심각하게 고민하지 않을 수 없게 되었다. 당시 자민-공명 양 당은 이 문제를 두고 2013년 말부터 논의를 시작했으며, 결과적으로 연립이탈은 고려하지 않는 방향에서 공명당 측이 세 가지 조건을 부가하는 형태로 타협의 가닥을 잡게 되었다(薬師寺克行, 2016: 9-10).

10 공명당 관계자 인터뷰(일시: 2017. 8. 10).

당 차원: 총재직속기관 중심의 사전심사제 활용

정책결정과정에서 수상의 정책지향과 리더십이 강하게 발현되는 아베 시대의 관저주도 체제를 뒷받침하는 배경에는 높은 내각지지율과 연이은 국정선거 승리가 있다. 2012년 총선거에서 3년 만에 정권에 복귀한 자민당 내부에서 이와 같은 아베 시대의 정권운용에 대한 반론을 제기하기 어려운 측면이 있으며, 이것이 관저주도를 가능하게 하는 중요한 원인이기도 하다. 그러나 한편으로는 앞서 정부의 정책결정 방식과 유사하게 당 내부에서도 관저주도를 뒷받침하는 구조적 변화가 나타나고 있다.

이와 관련하여 주목되는 것은 정부-여당 간 정책을 도출하기까지의 당내 의사결정이다. 55년 체제하 파벌구도, 정무조사회, 족의원 등 자민당의 분권적·병렬적 의사결정 시스템이 일본 정치개혁의 주된 대상이 되어왔음은 주지의 사실이다. 이에 자민당 또한 집권적인 의사결정 시스템을 구축하는 데 심혈을 기울여왔으며, 민주당 정권하에서 나타난 당내 분열에 대한 학습효과가 더해지면서 정권 획득 및 유지를 위해서는 당 내부의 정치적 일체성(unity) 및 정책적 응집성(cohesion)이 담보되어야 한다는 인식이 강해졌다.

아베 시대는 당내 정책과정에서도 몇 가지 특징적인 변화가 관찰되고 있다. 우선 총재의 정책지향이 당의 정책방향을 강하게 구속하고 있다. 정당 본위가 정권 선택의 중요한 요소로 자리매김한 이후 당내 의사결정에서 아베 총재의 권한과 재량이 비약적으로 증대했기 때문이다.

당내 의결과정에서 가장 혼란을 겪었던 두 가지 사례는 당의 경제·통상 정책의 기축이 되는 환태평양경제동반자협정(Trans-Pacific Partnership, TPP) 참가 문제, 그리고 외교·안보 노선의 기축이 되는 집단적 자위권 행사 문제였다. 2012년 12월 정권에 복귀한 이후 아베가 가장 먼저 추진한 것이 바로 TPP 참가 결정이다. 2012년 총선거 당시 자민당은 TPP 신중론을 견지하고 있었으며, 자민당 국회의원의 과반수 이상이 TPP 신중론을 견지하고 있었다. 하지만 당내에서 논의를 시작한 지 불과 1개월 후인 2013년 3월, TPP 참가를 용인하는 당의 결의가 정식 채택되었다(李柱卿, 2016: 102-105). 집단적 자위권에 관해서도 유사한 양상이 전개되었다. 2014년 당시 총무간담회(総務懇談会) 및 정책연구회에서는 신중한 접근이 필요하다는 의견이 속출했으나, 3월에 총재직속기관인 '안전보장법제 정비추진본부(安全保障法制整備推進本部)'를 설치하고 논의의 장을 전환함으로써 당의 결의를 도출했다.

이와 같은 의사결정 방식의 변화와 관련하여 자민당의 일체성을 담보해왔던 기존의 의사결정 방식인 사전심사제(事前審査制)의 질적 변화가 주목된다. 사전심사제는 정책 분야별로 정무조사회(政務調査会) 산하 부회와 위원회에서 당내 사전 조율과정을 거친 뒤 최종의 결기관인 총무회(総務会)에서 만장일치 방식으로 승인을 얻어냄으로써 자민당 의원의 당의구속(党議拘束)을 가능하게 하는 상향식 의사결정 제도다. 2005년 우정민영화 사례에서 관찰되듯이 당내 사전심사제의 구속력을 배제하고자 했던 고이즈미 정권과는 달리 아베 시대는 당의구속을 위해 사전심사제를 활용하고 있다는 점에서 큰 차이가 있다.

그러나 기존의 족의원을 중심으로 각 부회별 병렬식, 상향식 의사결정이라고 보기는 어렵다. 즉 정무조사회 및 총무회의 최종의결을 거쳐야만 당의 정식 결정으로 구속력을 가지는 것에는 변함이 없으나, 실질적인 논의의 장을 총재직속기관으로 대체함으로써 정무조사회 부회의 논의 방향이 제한되지 않을 수 없다. 반면 1차 아베 내각에서는 4개에 불과했던 총재직속기관은 현재 20곳으로 늘어났으며, 이것이 수상관저 및 내각부에서 정책회의를 설립한 아베 정권의 중요정책과 연동하고 있다는 점에서 정부-여당 일원화 및 당의 응집성 도출을 위한 핵심기제임을 유추할 수 있다(표 2).

이처럼 아베 시대의 관저주도 체제는 수상관저 및 내각부의 권한 증대와 더불어 당내 논의를 한정하는 폐쇄적 정책결정 방식이라는 점에서 상향식 정치, 숙의형 정치와는 거리가 있다. 그러나 한편으로는 고이즈미 정권의 수상주도 체제와 민주당 정권의 정치주도 체제와의 연속선에서 일본 정치개혁의 과제로 남겨졌던 정부-여당 일원화를 완성한 것이기도 하다. 〈그림 5〉의 모형도에서 제시한 것과 같이 중요 정책회의가 증가함에 따라 정책회의 또한 체계화가 진행되었다. 고이즈미 정권의 경제제정자문회의 사례를 통해서 정책기본방침 책정과정(A영역)의 원형이 만들어졌다고 한다면, 민주당 정권의 국가전략회의의 운용과정에서 정책평가 및 수정과정(B영역)의 전형인 이른바 PDCA(Plan → Do → Check → Act) 사이클이 구체화되었다.[11]

아베 정권에서는 정책의 방향을 결정하는 기본방침을 결정하는 A영역에서 총재직속기관 및 사전심사제를 통해 당의구속을 가함으로써 당내 반대파의 영향력을 배제하는 대신 이를 점검하고 조

11 A과정에서는 정책의 방향을 결정하는 기본방침을 정책회의에서 결정하고 이를 바탕으로 각 성청이 법안화를 수행, 각의에 부쳐 국회에 제출된다. B과정에서는 관련 정책의 효과를 공표하거나 점검하는 회합을 설치하고, 분야별 실시 상황을 확인한다. 이는 기본방침에 따른 법제화를 국회 제출 전에 정책회의에서 확인하는 점, 법제화된 결과에 대해서 사후 평가가 이뤄진다는 점 등에서 고이즈미 정권기와는 차이가 있다.

〈표 2〉 자민당 총재직속기관과 주요 활동 내용

총재직속기관명	주요 활동 내용
국가전략본부	중장기적인 정책입안
행정개혁 추진본부	공무원제도 개혁
북한 납치문제 대책본부	납치문제
당 제도개혁 실행본부	국회 및 당의 개혁
도주(道州)제도 추진본부	지방 6단체와의 조정문제
헌법 개정 추진본부	국민투표법 개정
동일본대지진 부흥 가속화본부	부흥정책 제언
선거제도 개혁문제 총괄본부	의원 정수 삭감
일본경제 재생본부	디플레이션 탈각
외교재생 전략회의	외교의 기본방침
외교·경제 연계본부	TPP 대응
2020년 올림픽 동경대회 실시본부	도쿄올림픽 추진
매력 있는 도시·지역 창조본부	지역대책
농림수산업·지역활성 창조본부	농업부흥
일본을 활기차게 하는 국민운동 실시본부	소득 증가 기운의 확대
지방창생 실행 통합본부	지방활성화
여성활약 추진본부	여성 활약 추진
1억 총활약 추진본부	저출산·고령화 대책
교육재생 실행본부	교육개혁 검토
평화안전법제 추진본부	안보법제 추진

출처: 『朝日新聞』(2013. 11. 15) 및 이후 개설된 총재직속기관을 추가하여 필자 작성.

정하는 B영역에서 족의원 및 정무조사회 부회의 역할을 부각시키고 세부적인 시책 마련의 기회를 부여하고 있다. 즉 정책결정 과정에서는 배제의 논리를, 그리고 수정과정에서는 포섭의 논리를 적용함으로써 지금까지 반응성(political responsiveness)에 초점을 두어왔던 족의원의 역할을 정책설명과 시책 마련에 주력하는 책임성(political accountability)에 주력하도록 전환한 것이다.[12] 이는 고이즈미 정권 및

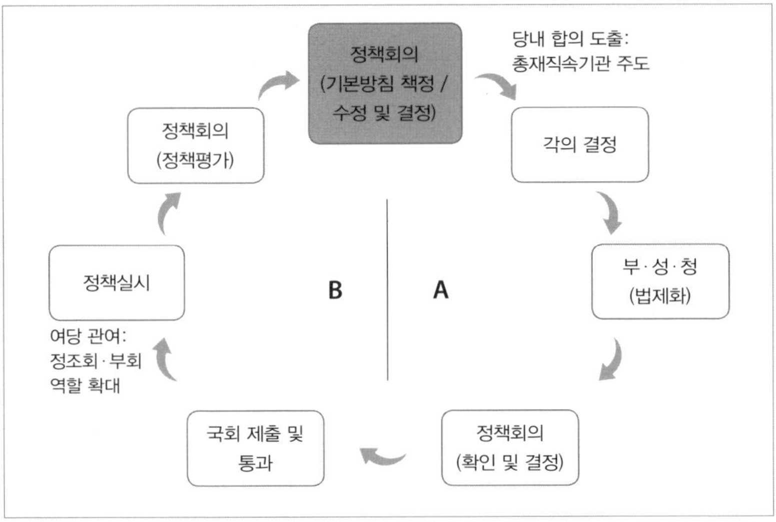

〈그림 5〉 중요 정책회의–당내 합의 모형도

민주당 정권의 과제로 남아 있던 당내 분열 및 반대를 최소화하기 위한 아베 시대의 당내 거버넌스 전략에서 유래한 것이며, 이를 통해 정책회의 연동형 당내 합의방식을 구조화한 것이다. 결과적으로 아베 시대를 통해서 정부-여당 일원화를 뒷받침하는 관저주도 체제가 확립된 것이다.

12 대표적인 예가 TPP 교섭의 정치과정이다. 2013년 3월 TPP 참가과정에서는 당내 반대파를 배제하고 정부의 TPP 대책본부(정책회의) 및 자민당 총재직속기관인 외교·경제 연계중심으로 참가 합의를 신속하게 도출했으며, 이후 추진과정에서는 정부주도의 TPP 대책본부를 중심으로 교섭과정 및 관련 정보 제공을 주도했다. 반면, 2015년 10월 TPP 타결 이후에는 자민당 농림부회가 전면에 나서 대책의 골격을 제시하고, 시책을 담당하는 농림수산부 장관에 대표적인 농림족(農林族)이자 TPP 신중론자인 모리야마 히로시(森山裕)를 등용함으로써, 농업계의 의견을 수렴하는 회유방식이 적용되었다(李柱卿, 2016).

보수화의 산출과정(2): 지지기반 재편의 구체화

한편 지속적인 개혁의 결과로 도출된 관저주도형 정책결정을 바탕으로 아베 정권은 일반유권자들에게 민주당 정권과는 차별화된 정권담당 능력의 우위를 어필하고 있다. 실제 최근 2017년 중의원 선거결과 연구에서도 아베 내각의 정책 능력을 투표자의 과반 이상이 높게 평가했으며, 자민당의 정책 능력과 정권담당 능력이 크게 진화했음이 확인되기도 했다(이이범, 2017). 이와 동시에 아베 정권에서는 '전후체제로부터의 탈각', '강한 국가', '일본을 되돌리자' 등의 개혁 메시지를 발신하면서 이념적 보수를 포괄하는 지지기반 양면 전략을 펼치고 있다. 아래에서는 일반유권자와 지지집단(하부조직, 당원, 지지단체)에 대한 대응방식의 변화 유무를 관찰하고, 이를 토대로 아베 시대의 보수화 지지기반 재편전략의 동향과 과제를 명확히 할 것이다.

일반유권자 대응전략

아베 정권이 고안한 자민당 생존전략은 보수주의의 이념적·규범적 원리를 적용하여 유동적인 유권자 지지를 구조화하는 것이다. 시장원리를 중시하는 신자유주의적 개혁을 추진하여 무당파층의 지지를 획득함과 동시에, 헌법개정을 명확하게 내걸어 풀뿌리 보수를 구축해나가는 전략이다(中北浩爾, 2012: 157-158).

그러나 실제 유권자들이 관심을 기울이고 있는 정책을 살펴보면, 아베 시대의 중요정책과 유권자의 선호(political preference)가 정합적이지는 못하다. 〈그림 6〉을 보면 1990년대 말 이후 현재에 이르기까지 유권자들의 관심은 경기대책, 의료·연금 및 고령사회대책 등의 사회복지 부문, 고용·노동대책 등에 집중되고 있는 데 반해, 방

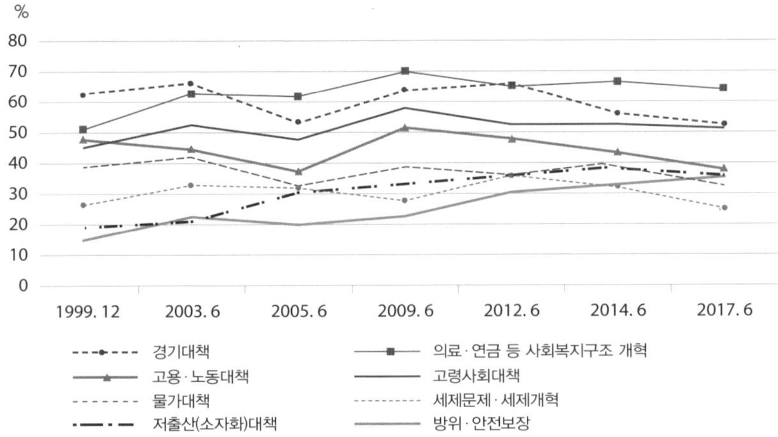

〈그림 6〉 정부에 대한 요망의 변천 추이

주: 투표자만 응답 가능, 복수회답 가능, 역대 상위 6개 항목의 변천 추이를 모두 포함함.
출처: 내각부가 매년 조사하는 '정부에 대한 요망'(https://survey.gov-online.go.jp/index.html) 중 중의원 선거 시기를 반영하여 필자 작성.

위·안전보장 등 아베 정권의 주요 정책으로 분류되는 안보법제 및 헌법 개정은 우선순위가 그다지 높지 않다.[13]

이에 아베가 심혈을 기울인 것이 바로 경제정책 확립이었다. 1차 아베 내각 당시 경제정책을 자신의 약점으로 여겨왔던 아베 수상은 양적완화를 통한 디플레이션 탈각과 경제성장을 목표로 한 아베노믹스를 제창했다. 해당 정책의 이면에는 재정 출동과 성장전략을 양립시켜 신자유주의 개혁을 둘러싼 대립을 지양함으로써 사회적 보수의 규합을 저해하는 요소를 차단하고자 하는 전략적 측면이 있다. 과연

13 한편 2017년 10월 중의원 선거 결과에서는 자민당 또는 보수적 사고에 대한 지지가 있었다. 아베 수상은 '국난 타결 선거'로 중의원 해산을 규정하는 한편, 여기에 북한 위협을 부각했다. 자민당의 대승은 이러한 아베 수상의 인식 및 설명에 동의하는 유권자가 많다는 것으로 해석할 수 있으며, 향후 안보위기가 지속되는 상황에서 보수정당인 자민당이 승리할 가능성이 높다는 것을 예시하는 것이기도 하다(이면우, 2017: 11).

아베노믹스가 경제구조를 전환하고 경기를 활성화할 수 있는 성장 동력이 될 것인가, 성장-복지를 양립할 수 있는가에 대한 평가는 여전히 엇갈린다.

하지만 이 정책이 민주당 정권운영에 대한 실망에 대응하면서 경기 복구에 민감한 유권자의 기대를 흡수하는 데 유효했음은 주지의 사실이다. 최근의 선거 결과 분석 및 투표행태 연구에서도 밝혀졌듯이 쟁점 설정을 둘러싼 야당의 이니셔티브가 약화된 가운데 유권자 차원에서는 일본경제의 국가경쟁력 제고에 대한 기대, 엔저를 촉진하면서 주식 상승을 현실화했다는 업적 평가, 나아가 향후 경기 회복에 대한 기대감이 자민당에 유리하게 작용하고 있다(前田幸男·平野浩, 2015).

이와 더불어 아베 수상이 제안하는 새로운 경제·사회 시스템은 개인과 지역사회의 자조에 바탕을 두는 사회 구축을 선결 과제로 하고 있다. 즉 국제사회의 외압을 강조하면서 국가의 위상 및 경쟁력 제고라는 국가주의적 가치관을 구심력으로 사회적 반대세력을 봉인하거나 비효율 부문의 자조적 전환을 유도했음은 잘 알려져 있다. 아베 정권의 이념 강화 전략이 정책에서 가장 가시적으로 나타나는 것이 외교·안보 분야인 것은 틀림이 없다.[14] 하지만 고용, 저출산 및 고령화, 지방창생, 여성 활약, 교육 개혁 등 사회적 주요 현안에 접근하는 방식, 개별 정책의 지향점, 시책의 추진에 이르기까지 일반유권자 대응과 연관된 공공재 배분에 있어서도 국가주의적 가치관이 포괄적으로 적용되고 있다.

14 2013년 12월 특별비밀보호법안 성립, 2014년 7월 집단적 자위권 행사 각의(閣議) 결정 및 2015년 안전보장법제(安全保障法制) 개정, 이후 2017년 중의원 선거를 앞두고 헌법 개정에 강한 의욕을 표현하고 있는 것이 그 일례가 된다.

지지집단 대응전략

아베 시대에 자민당이 추진해온 지지집단 대응전략은 크게 세 가지로 나누어볼 수 있다. 첫째, 지방조직 강화 및 당원 확보다. 자민당의 강점 중 하나는 타당을 압도하는 지방조직 세력이 존재한다는 점이다.[15] 이에 당 활성화 및 당원 확보의 거점을 지방조직에 두고 당세 확장을 도모하고 있다. 예컨대 2014년 이후 자민당은 '120만 당원확보운동'을 실시하고 있으며, 개별 국회의원 및 지방의원에게 확보 당원 수의 목표치를 설정해 두고 있다.[16] 당원 확보가 중요한 이유는 약체화가 지속되고 있는 후원회 강화와 직결되기 때문이다. 주지하듯이 소선거구제도 도입 이후에도 자민당-유권자를 잇는 기축이 되는 것은 여전히 개인 후원회다. 여기서 한 가지 문제가 되는 것은 후원회 조직구성이 갖는 특수성이다. 후원회는 오랫동안 지역 대표자와 업계 단체로 구성된 인적 네트워크에 기반하고 있기 때문에 이념형 조직과는 거리를 둔다. 즉 비당파적 성격을 갖는 지역사회 네트워크에 기초한 후원회를 통해 지지를 흡수하는 선거운동 방식을 구조적으로 전환하기는 여전히 용이하지 않다.

둘째, 이념적 보수주의를 강화하는 방식으로 지방조직의 운

15 총무성 조사에 따르면, 2015년 통일선거를 기점으로 자민당 소속의원은 1,338명으로 전체의원 2,675명 중 50.5%에 해당한다. 2위를 기록한 민주당은 11.6%를 점하고 있다(総務省自治行政局選挙部, 2015: 10). 지방의회가 자민당 1강의 거점임은 이론의 여지가 없다. 더불어 국정 차원에서는 정치개혁 및 현안에 따라 의석 수에 큰 차이가 있지만, 지방의회는 정계재편 및 정치개혁의 영향력을 그다지 받지 않는다는 것이 정설이다(辻 陽, 2008).

16 국회의원은 일률적으로 1,000명의 당원 확보를, 지방의원은 지방조직별로 당선 횟수에 따라 100~500명의 당원 확보를 목표로 설정했다. 달성률은 지역별로 차이를 두지만, 농촌지역의 전통적 보수지반(地盤)일수록 달성률이 높다(자민당 도도부현 지부연합회 관계자 인터뷰: 2015. 9. 28).

용 원리의 변경을 시도하고 있다. 현재 자민당 당원은 두 가지 유형으로 분류된다. 그 하나는 보통국가화를 추구하는 신보수세력이며, 다른 하나는 이익유도형 정치에서 유래하는 전통적 보수세력이다. 2015년 11월 아사히신문(朝日新聞)에서 실시한 자민당 당원·당우 의식조사에 따르면 전자의 경우 아베 내각에 대한 평가 및 헌법 개정에 긍정적인 반면, 후자는 유보적이거나 부정적인 경향이 강한 것으로 나타났다.[17] 이것이 의미하는 바는 아베 시대의 지지기반 대응전략이 풀뿌리 보수를 구축하는 것에 있다 하더라도 실제 지지층에서는 전통적 보수와 보통국가화 지향형 신보수 사이에 정책지향과 가치관의 괴리가 있음을 시사한다. 이와 관련하여 2015년 자민당의 지방조직 대응이 주목된다. 당시 안보법제를 추진 중이던 자민당은 도도부현 지부연합회(都道府県支部連合会)를 대상으로 두세 차례 강연회를 개최하며, 해당 정책의 취지와 방향을 설명하는 장을 마련했다.[18] 당시 농촌지역의 자민당 당원 대다수는 TPP 교섭 및 향후 농업의 전망에 대한 관심이 높았던 것에 반해, 당 중앙의 정책설명은 경제문제와 관련해서는 자조를 유도하면서 아베 정권의 외교·안보 정책에 대한 이해와 지지를 강조하는 움직임이 강하게 나타났다. 여기에 이념적 연계를 통해 당원의 응집성을 강화하려는 아베 정권의 하부

17 조사에 따르면, 존경하는 역대 정치가를 묻는 질문에서 아베 19%, 고이즈미 17%, 그리고 다나카 가쿠에이(田中角栄)가 6%를 차지했다. 최근 자민당이 당원 및 당우의 의견을 당 운영과 정책에 반영하는가를 묻는 질문에서는, 반영하고 있다가 28%, 그렇지 않다가 54%를 차지했다. 헌법 개정을 신속히 실현하는 것이 좋은가에 대한 질문에서는 신속히 실현할 것(34%), 서두를 필요 없다(57%) 등의 답변이 나왔으며, 헌법 9조 개헌과 관련해서도 개정하지 않는 것이 좋다(43%)는 의견이 개정하는 것이 좋다(37%)를 앞지르는 결과가 도출되었다(朝日新聞, 2015. 11. 30).

18 도도부현 지부연합회 관계자 인터뷰(일시: 2015. 9. 28).

조직 운용 방침을 짐작할 수 있다.

셋째, 탈후견주의 시대를 맞아, 기존의 직능대표제 집표조직의 보완기제로써 보통국가화를 지향하는 사회집단의 정치세력화를 도모하는 것이다. 2013년 참의원 선거 이후 직능대표형 지지단체는 자민당과의 관계를 다시금 강화했다. 또한 지지단체와의 관계를 중요시하는 아베 정권에서는 우정사업 관련, 건설업계, 일본의사회 등 고정 지지단체와의 관계 회복이 이루어졌음은 잘 알려져 있다. 그러나 후견주의 연계를 바탕으로 한 직능대표 방식, 즉 전국단위의 이익집단의 조직화된 집표력은 전반적으로 감소 추세임을 부정하기 어렵다. 이와 대비하여 현재 자민당의 유력한 지지집단으로 특히 주목되는 것이 신도정치연맹(神道政治連盟), 신사본청(神社本庁), 영유회(霊友会), 불소호념회교단(佛所護念会教団) 등으로 대표되는 보수종교단체, 더불어 이들과 연계된 일본회의(日本会議) 등이다.[19] 대항 미디어 등장 및 매체의 다원화와 더불어 지금까지 일본사회에서 소수파로 자리매김해왔던 우파세력의 발언의 장을 확보하고 있으며, 아베 수상을 비롯한 다수의 자민당 정치가 또한 이들의 사회적 발신력을 활용하고 있는 측면도 강하다.[20]

19 일본회의에 관한 대표적인 연구로는 菅野 完(2016), 青木 理(2016), 俵 義文(2016) 등이 있으며, 보수 종교단체와 정치의 관계에 관한 대표적인 연구로는 塚田穂高(2015), 塚田穂高 編(2017)을 꼽을 수 있다.

20 한편 실제 이들이 직능대표제를 보완할 수 있는 집표력을 가지고 있는지, 자민당의 우경화를 촉진하는 요인인지에 관해서 유보적인 견해도 있다. 현재 집표력이 강한 신도정치연맹 지원 후보조차 최근 참의원 선거에서 당선 가능선인 20만 표를 얻지 못하는 실정이며, 집표력 또한 감퇴하고 있다. 결과적으로 자민당과 일본회의의 방향성이 일치하는 것은 맞지만 일본회의의 영향력 증대가 자민당의 우경화를 촉진한다는 견해는 맞지 않다는 주장도 있다(中北浩爾, 2017: 212).

〈표 3〉 고이즈미 정권과 아베 정권의 대응전략 비교

	고이즈미 정권	아베 정권
개혁전략	• 경제개혁(구조개혁)	• 사회개혁(보수화)
정책 기조	• 신자유주의 • 제한적 우경화	• 신자유주의 + 이익유도형 정치 양립 • 우경화(보통국가화)
정책결정 프로세스	• 수상주도	• 관저주도
당내 거버넌스	• 파벌, 족의원 배타적 • 사전심사제 파괴	• 파벌, 족의원 포섭 • 사전심사제 활용
유권자 대응	• 유권자와 직접적(카리스마적) 연계 • 무당파층 중시	• 이념적 연계 모색 • 지지기반 중시

이처럼 자민당의 과제는 고이즈미 정권 이후 약체화된 자민당 지지기반을 어떻게 복구할 것인가에 있었다. 이에 대한 구체적인 대안을 실행한 것이 바로 아베 시대다. 아베 정권은 고이즈미 정권과는 방향성을 달리한다. 고이즈미 정권이 신자유주의 경제로의 이행과 파벌정치 타파를 주장하며 일반유권자와의 직접적 연계를 통해 지지를 흡수했다면, 아베 정권은 약체화된 지지기반 대응에 주목했다. 자민당의 전통적 지지기반을 회복하고, 이와 더불어 보통국가화를 추구하는 보수적 사회세력과 규합하는 이념적 연계를 바탕으로 지지기반을 구축하고자 한 것이다(표 3). 적극적 금융완화, 공공사업 등의 재정출동, 규제완화를 비롯한 성장전략을 기축으로 하는 아베노믹스 또한 고이즈미 정권 이후 자민당의 고민거리였던 신자유주의 개혁의 모순을 지양하는 의미를 갖고 있기도 하다. 더불어 공공사업비와 토지개량 예산을 증액하는 추세에서도 알 수 있듯이 국토강인화로 대표되는 공공사업 및 지방부흥을 중요시하는 전통적 지지기반의 이해관계는 지방조직을 중요시하는 아베 시대의 사회개혁

과 상호침투적인 요소를 가지고 있다.

결론: 일본 개혁정치의 결과와 과제

아베 시대의 보수화는 자민당 정치의 구조적 변화와 맞닿아 있다. 즉 정치개혁이 지속되는 동안 일본 정치는 개혁의 방향과 방식을 다양하게 시도해왔으며, 이것이 아베 수상 및 자민당의 대응전략과 결부되면서 결과적으로 보수화를 도출하고 심화한 것이다.

〈그림 7〉에서 도식화한 것처럼 우선 정치개혁의 투입과정에서 보수화가 도출되었다. 1990년대 이후 탈후견주의를 내건 일련의 정치개혁이 지속되면서 이념적 보수를 지향하는 자민당의 총체적 사회개혁이 새로운 일본형 시스템 구축을 위한 대안으로 부상했기 때문이다. 또한 이는 정권교체기에 나타난 자민-민주 양대 정당 간 정책경쟁과 시행착오의 결과, 자민당이 선택 가능한 차별화 전략이자 정권창출을 위한 대항담론으로 작용했다는 점에서 선거전략적 유효성을 갖고 있기도 했다.

그리고 정치개혁의 산출과정을 통해서 보수화가 한층 심화되고 있다. 정부-여당 일원화를 추진해온 일본 정치개혁의 연속선에서 관저주도 체제가 강화되었으며, 이를 토대로 정책결정 방식의 구조적 변화가 나타난 것이다. 현재 보수화를 추인하는 기제로 가장 주목되는 것은 관저주도 체제를 기축으로 한 정책과정의 변화다. 이것은 정부 차원에서는 정책회의의 관례화, 당 내부에서는 총재직속기관의 영향력 증대로 표출되고 있으며, 여기에 수상 및 당 지도부의 정책지향에 강하게 구속되는 아베 시대 정책결정의 구조적 특성이

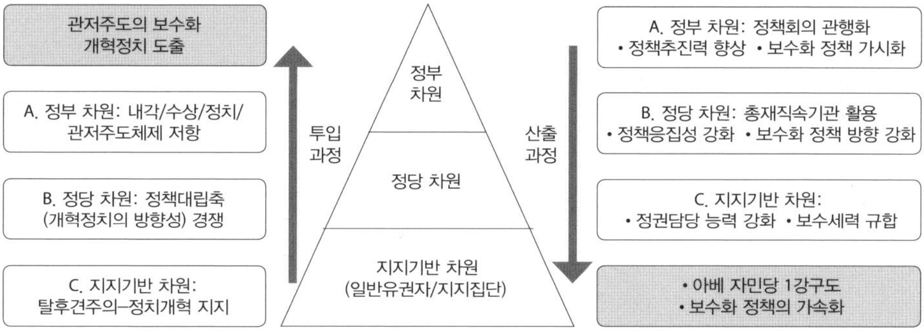

〈그림 7〉 보수화 정치과정의 다층구조

명확히 드러난다.

한편 정부–여당 일원화형 정책결정 방식은 고이즈미 정권, 민주당 정권에서도 지속적으로 지향해온 것이다. 당내 유력 정치지도자들 간 정책 대립이 격화될 경우 정부의 정권운영 퍼포먼스의 강화는 기대하기 어렵기 때문이다. 정권교체기를 거치는 가운데 당내 대립이 정권담당 능력을 손상시킬 수 있다는 경험적 학습효과가 더해지면서 아베 수상은 자신이 추진하는 보수화 개혁과제에 대한 여당 내부의 정책적 일체성과 응집성을 강화하는 데 성공할 수 있었다. 이때 족의원 및 정무조사회 부회를 포섭하는 당내 거버넌스를 통해 족의원의 역할의 장을 전환함으로써 보수화 개혁과제에 대한 정책결정 과정의 간소화 및 정책추진의 가속화가 나타나게 된 것이다.

정책추진의 가속화, 시책의 가시화는 결과적으로 보수화 정책의 심화를 촉진하고 있다. 그럼에도 정부–여당의 일체성과 응집성은 자민당의 지지기반 공고화에 기여하고 있다. 민주당 정권과는 차별화된 정권 여당의 이미지가 자민당의 정권담당 능력 증대로 치환되면서 다시금 자민당 우위체제로 환원되고 있기 때문이다. 보수화 개혁 메시지를 지속적으로 발신하는 아베 시대의 개혁전략 또한 고이즈미 정권 이후 약체화된 자민당 지지기반 재건을 위한 유효한 대안으로 자리매김하고 있으며, 이는 전통적 보수와 신보수를 규합한 아베 시대의 신보수화 개혁전략과 연동하면서 강화되어왔다.

아베 시대를 맞아 자민당은 연이어 국정선거에서 안정적인 과반수 확보에 성공했다. 이는 민주당 정권 실패 및 야당세력의 다극화와 맞물려 상대적으로 고정표가 많은 자민당에 유리한 선거구도가 작용하고 있기 때문이기도 하다. 하지만 정당 간 경쟁에서 자민당의 상대적 우위가 바뀌기는 쉽지 않아 보인다. 정권담당 능력, 지방조직 및 지역사회, 업계단체와의 관계에서 자민당이 보유한 권력자원은 타 정치세력을 압도하고 있기 때문이다. 그 결과 반대세력(정당 차원, 당 차원)의 약체화가 두드러지는 가운데 일본 정치는 다시금 개혁의 대상이 되어왔던 자민당 일당우위체제, 나아가 아베 1강구도로 굳어지는 아이러니한 현상이 나타나고 있으며, 개혁의 방향 또한 관저주도의 보수화 정책의 가속화로 환원되고 있다.

하지만 이와 같은 자민당의 행보는 단기적으로는 정권유지에 안정적인 듯 보이지만, 장기적으로는 정권교체를 촉진하는 잠재적 요인들을 내포하고 있음에 유의할 필요가 있다. 보수화로 치환된 일본 개혁정치의 투입-산출구조는 다음과 같은 구조적 한계를 갖고 있기 때문이다. 첫째, 향후 투입과정에서 자민당 측이 일반유권자의 지지를 흡수할 수 있는 대안담론을 제시하기가 쉽지 않아졌다. 그 이유는 자민당의 정책 탄력성(flexibility)이 협소해졌기 때문이다. 당내 일체성과 응집성 강화에 주력해온 결과, 기존 정책노선의 궤도 수정 및 대안담론을 마련하기 위한 당내 논의가 사실상 활성화되지 못하고 있다. 자민당이 정권 유지에 실패한 1990년대 초반, 2000년대 후반의 경험적 사례를 통해서도 알 수 있듯이 민의반영 기제로 작용하는 당내 정책경쟁이 둔화되었을 때, 자민당의 정책변경 진폭은 매우 협소했다. 이것이 결과적으로 정권교체를 촉진한 중요한 요인 중 하나임을 상기한다면 과거의 정권교체 사이클은 지금도 순환하고 있는 셈이다.

둘째, 관저주도 체제의 정책결정에서 나타나는 산출구조의 경직성(rigidity) 문제다. 아베 시대에 접어들어 정부정책의 경직성은 과거 어느 시기보다 심화된 것이 사실이다. 관저주도 체제하의 정-관 관계는 신속한 정책결정과 시책 마련을 가능하게 하지만, 정책 전문성과 정치적 중립에 기반한 관료조직의 행동양식을 강하게 제약하는 측면이 있다. 이것이 문제가 되는 이유는 일본 정치개혁이 지향해온 제도설계가 기본적으로 정권교체를 상정한 통치시스템 구축에 있었음에도 불구하고, 아베 정권에서는 수상이 주력하는 정책실현에 맞추어 정-관 관계가 재정립되었기 때문이다. 그 결과 관료기구의 중립성과 자율성을 제고하기 위한 노력 또한 아베 시대 이후 자취를 감추었다. 민주당 정권이 정-관 대립구도에서 벗어나지 못했던 것과는 대조적으로 아베 자민당은 관료조직을 적절하게 활용했다는 점에서 정권운용의 전략적 유효성을 평가할 수 있지만, 동시에 관료조직에 대한 과도한 관여와 제약을 초래했음을 부정하기 어렵다. 정-관관계 설정 및 명확한 역할 분담, 이에 기초한 합리적이고 투명한 정책결정 시스템을 구현해내지 못한다면 일본 정치개혁이 추구해온 통치구조 재편은 완결될 수 없으며, 향후 자민당 정권담당능력의 우위 또한 보장하기 어려워진다.

마지막으로 보수화 개혁전략과 일본 정치개혁의 부정합성(unconformity)을 지적할 수 있다. 아베 시대 자민당이 고안해낸 보수화 개혁전략은 정권 복원에 유효하게 작용했지만, 선거과정에서 정권교체를 통한 책임정치 실현을 목표로 해왔던 일본 정치개혁의 청사진과는 차이를 둔다. 일본형 시스템을 대체할 새로운 체제, 즉 급변하는 국내외 환경 변화에 민첩하게 대응 가능한 체제, 정당본위를 기반으로 한 정책경쟁, 정부-여당 간 정책결정의 신속성과 투명성을 담보하는 시스템 구축이 바로 유권자가 정치개혁에 당위성을 부여한 근본적인 요소다. 하지만 기존의 개혁 목적은 '보통국가 실현을 통한 국가정체성 회복'이라는 아베 시대의 개혁 아래 이를 추진하기 위한 수단으로 변화했다. 신속한 대응과 일원화된 정책결정이 정치적 반응성을 담보하지 못하게 된다면 정치세력 주도의 보수화, 혹은 강경우파 세력의 과대대표화라는 비판에서 자유로울 수 없다.

전후 일본 정치사를 되돌아보면 일본이 위기에 대처할 수 있었던 원동력은 '기성세력의 자기혁신'에서 비롯된 것이었다.[21] 향후 자민당은 어떠한 방식으로 포스트 전후의 새로운 체제를 구축해나갈 것인가. 정치과정의 선순환을 기하는 자민당의 자기혁신 또한 향후 일본이 개혁을 완성하는 데 필요한 조건 중 하나일 것이다.

21 정치사회사적 관점에서 일본 정치를 통찰하는 아마미야 쇼이치(雨宮昭一)는 전시-전후체제의 연속과 비연속성의 기저에 '기성세력의 자기혁신(既成勢力の自己革新)'이 작동했음을 지적한다. 그는 지자체 차원에서 지역 명망가의 제2·제3세대가 사회를 재통합해온 과정에 주목하고, 이를 지방정부 차원, 나아가 국정 차원으로 연결되는 정치변화의 핵심으로 파악한다(雨宮昭一, 1997). 더불어 향후, 전전과 전후 시스템에 대한 재검토를 중심으로, 포스트 전후체제를 고민해야 함을 제안한다(雨宮昭一, 2013).

제2장

헌법 개정 시도를 통한 보통국가화 추구

이 글은 『동서연구』 30권 1호(2018)에
「일본의 헌법 개정 논의와 아베 총리의 개헌 구상」이란
제목으로 실린 필자의 논문을 수정·보완한 것이다.

한의석 韓義錫 | Han, Eui-Suok

현재 성신여자대학교 정치외교학과 조교수다. 미국 서던캘리포니아대학교에서 정치학 박사학위를 취득했다. 박사학위 논문으로 "The Politics of the Growth of Regional Inequality in Japan"을 연구했으며, 주요 저서로 『전후 일본 패러다임의 연속과 단절』(공저, 청아출판사, 2017), 『한국의 민주주의 어디로 가고 있는가』(공저, 푸른길, 2017) 등이 있으며, 「21세기 일본의 국가 안보전략」, 『국제정치논총』(2017), 「일본 정치의 변화와 정당-유권자 연계」, 『한국정치학회보』(2014) 등 다수의 논문을 발표했다.

서론

아베 총리의 재집권 이후 헌법 개정을 위한 노력이 계속되고, 해석개헌을 통해 집단적 자위권이 용인되면서 일본의 보수화 또는 우경화를 우려하는 목소리가 더욱 커지고 있다. 아베 총리는 헌법 시행 70주년(2017년 5월 3일)을 앞두고 실시한 요미우리신문과의 인터뷰에서, 헌법 개정을 실현하여 도쿄올림픽이 개최되는 2020년부터 시행하는 것을 목표로 하고 있다고 밝혔고(読売新聞, 2017. 5. 3), 2018년이 되자 개헌 의지를 강력하게 표명하고 있다.

헌법 개정을 위한 노력이 아베 정권에서만 있었던 것은 아니다. 1955년 자민당이 설립될 때 자민당은 헌법 개정을 당의 주요 목표로 제시했으며, 지속적으로 개헌론을 제기했다. 하지만 호헌세력과 여론의 반대로 1960년대부터 개헌론은 크게 쟁점화하지 못했다. 다만 자위대의 위헌성 등을 중심으로 논란이 계속되었고, 자민당 정부는 헌법 해석을 통해 이에 대응했다.

개헌론이 다시 불거진 것은 탈냉전 이후 국제정세의 변화 때문이다. 특히 1990년대 초반 오자와(小沢一郎)의 보통국가론 제시로 더욱 활성화된 개헌 논의는 단지 헌법 9조의 개정뿐 아니라 환경권, 프라이버시권, 총리의 권한 및 인권 강화 등 다양한 쟁점을 담고 있다는 점에서 과거와 구별된다고 할 수 있다. 2000년 중·참의원에 헌법조사회가 설치되고 각 정당들이 이에 대응하면서 개헌 논의가 본격화했다. 자민당은 2005년 '신헌법초안'을 발표했으며 2012년에는 '일본국헌법개정초안'을 제시했다. 이처럼 개헌 논의가 계속되는 가운데, 관심이 주로 자위대 문제에 집중되면서 일본의 보통국가화 및 군사대국화 가능성에 대한 논의가 대다수를 이루고 있다.

헌법은 국가의 통치구조는 물론 국민의 기본권, 국가의 정체성 및 지향점 등을 포함하는 것으로, 일본의 헌법 개정 논의는 자위대 문제는 물론 천황제, 교육, 긴급사태 등 다양한 내용을 담고 있다. 따라서 현재 자민당과 아베 총리가 추진하려는 개헌안은 일본이 미래에 어떠한 국가가 되고자 하는지, 어떠한 사회를 구성하고자 하는지를 이해하기 위한 텍스트로서 중요한 분석 대상이라고 할 수 있다. 그렇다면 아베가 추구하는 새로운 일본은 어떤 모습이고, 헌법을 통해 어떠한 목표를 달성하려 하는가? 이 글에서는 개헌론의 전개 과정을 기술하는 한편, 아베의 정치적 성향과 목표 등에 대한 이해를 바탕으로 아베 시대 일본이 추구하는 일본의 국가정체성, 국가전략의 방향성을 살펴볼 것이다.

헌법 개정 논의 전개과정

전후 일본헌법의 제정과 개헌 논의

패전 후 연합군 총사령부(General Headquaters, GHQ)는 새로운 일본을 건설하기 위해 신헌법 제정을 추진했고, 일본 정부에 헌법 개정안을 제출하도록 했다. 1945년 10월 일본 정부는 헌법문제조사위원회를 설치하고 1946년 2월 헌법 초안을 제출했으나 천황제의 유지 등 메이지헌법(明治憲法)에서 크게 벗어나지 못했다는 평가와 함께 거부되었고, 맥아더가 제시한 이른바 '맥아더 3원칙'[1]을 기초로

1 '맥아더 3원칙'은 천황이 국가수반이며 헌법에 의해 제한받는다, 전쟁을 폐기하고 교전권을 부인한다, 봉건제도를 폐지한다는 내용을 담고 있다.

1946년 10월 신헌법이 성립되었다(김재호, 1999: 6). 이 과정에서 일본 정부의 헌법문제조사위원회 위원장이던 마츠모토(松本烝治)는 GHQ의 강요가 있었다고 주장했으며, 이후 일본의 헌법이 미국에 의해 강요되었다는 주장이 확산됨에 따라 개헌론자들이 개헌의 당위성을 주장하는 근거가 되었다.[2] 한편 1950년 한국전쟁 발발 이후 경찰예비대가 발족하면서 재군비를 둘러싼 찬반 논쟁이 시작되었고, 자위대가 결성됨에 따라 합헌성 문제가 제기되었다(전황수, 2000: 311). 냉전체제의 심화로 개헌 논의가 활발하게 진행되었는데, 1952년 창당된 개진당(改進党)과 하토야마(鳩山一郎)가 이끄는 민주당은 자주적 헌법의 제정과 군대 창설을 주장했으며, 1954년에 각각 당내에 헌법조사회를 설치했다(전진호, 2007: 6). 특히 하토야마는 1955년 '개헌추진자주헌법기성의원동맹'을 발족하면서 점령당국에 의해 강요된 헌법이므로 국민에 의해 개정되어야 하며, 주권국가로서 자위력을 보유하기 위해 헌법 9조를 개정하는 한편, 국가원수로서 천황의 지위를 명확하게 할 것을 주장했다(전황수, 2000: 312). 반면 사회당은 1955년 '헌법옹호국민회의'를 설립하는 등 호헌세력을 결집했으며, 도쿄대학 헌법연구회 등 학자들이 중심이 되어 천황의 권한 축소, 완전 비무장화 및 인권 제한조항 폐지와 같이 다른 관점에서의 개헌 논의를 제기하기도 했다(전진호, 2007: 6).

1954년 12월 하토야마 내각이 성립되면서 개헌 문제가 크게 쟁점화되었지만, 1955년 2월 중의원 선거에서 개헌 의석 확보에 실패

2 야가사키는 당시 총리이던 시데하라(幣原喜重郎)의 주장과 라우엘(Rowell) 문서를 분석한 신도 에이치(進藤榮一)의 연구 등을 근거로 일본헌법 '강요론'에 의문을 제기했다(야가사키, 2003: 223).

했다(김재호, 1999: 8). 1955년 11월 결성된 자유민주당은 당의 사명(使命)과 정강(政綱)에 헌법을 자주적으로 개정하고, 점령체제를 재검토한다는 등의 내용을 명기했다.[3] 1956년 6월에 헌법조사회법이 공표되어 1957년 8월에는 내각 헌법조사회가 발족되었다. 하지만 1960년 기시(岸) 내각에서 추진한 미일안보조약 개정이 사회적 혼란과 국론 분열로 이어지고, 사회당과 공산당 및 시민사회가 개헌을 강력하게 반대하면서 개헌 논의가 수면 아래로 가라앉게 되었다. 다만 1950년대 중반에는 개헌론과는 별도로 자위대 합헌화를 위한 헌법 9조의 '해석개헌'을 시도했다(전진호, 2007: 7).

강력한 개헌론자인 나카소네(中曽根康弘)가 1961년 월간지 『정론(正論)』에 '고도민주주의 민정헌법초안'을 발표하고 퇴진한 기시 총리가 '자주헌법제정국민회의' 의장을 맡는 등 개헌을 위한 노력이 계속되었지만(박철희, 2008: 73), 안보투쟁 직후 성립된 이케다(池田勇人) 내각 이후 자민당은 개헌 문제로 인한 정쟁을 피하고자 경제성장에 더욱 집중했다(김재호, 1999: 8; 전진호, 2007: 7). 1957년 내각에 설치되었던 헌법조사회가 1964년 7월 3일 보고서를 제출하고 해산했다. 1969년 5월에는 자주헌법제정국민회의가 결성되었고, 같은 해 10월에는 경제단체인 닛케이렌(日経連)이 개헌을 촉구하기도 했으나, 큰 영향을 미치지는 못했다(전황수, 2000: 313). 자민당은 1971년 당내에 헌법조사회를 설치하여 천황 지위의 명확화, 자위력의 인정, 참의원 개혁 등을 담은 '자민당 헌법개정대강 초안'을 작성하기도 했으나 발표하지 못하고 폐기되기도 했다(전진호, 2007: 9). 1980년 중·

3 자민당 홈페이지, https://www.jimin.jp/aboutus/declaration/#sec03(검색일: 2017. 8. 5) 참조.

참의원 동시 선거에서는 자민당이 압승을 거두어 개헌 논의가 더욱 활발해졌지만, 스즈키(鈴木善幸) 총리는 국회 답변에서 자민당이 3분의 2 의석을 확보해도 개헌하지 않겠다고 발언했다. 한편 우파 종교단체와 사회단체 및 작가, 문화인들이 1981년 결성한 '일본을 지키는 국민회의'는 헌법 개정을 통한 천황의 국가원수화 등을 제시했다(전황수, 2000: 313). 자민당은 창당 30주년이던 1985년 발표한 신강령(新綱領)에서 기존 헌법의 원칙과 정신을 존중하지만 시대에 맞게 헌법을 수정하려는 노력을 계속하겠다고 언급했다(전황수, 2000: 314). 하지만 개헌론자로서 당시 총리였던 나카소네는 자신의 내각에서는 개헌을 정치과제로 하지 않는다고 언급했다(박철희, 2008: 73).[4]

이처럼 냉전기에는 자위대 문제 및 몇몇 사안을 중심으로 개헌 논의가 계속되었지만, 혁신 세력 및 여론의 강한 반대로 개헌 논의가 정치적 부담이 되면서 본격적으로 개헌을 논의하기는 어려운 상황이었기 때문에, 자민당 정부는 내각법제국(内閣法制局)을 통한 해석개헌 등을 통해 상황에 대처했다. 하지만 해석개헌의 한계로 논란은 계속될 수밖에 없었다.

탈냉전과 개헌 논의의 확대

탈냉전과 국제정세의 변화는 개헌 논의가 다시 활발해지는 계기가 되었다. 특히 1990년 걸프전의 발발과 유엔의 평화유지활동(Peace Keeping Operation, PKO)에 대한 공헌이 쟁점이 되었는데, 1992년 1월 요미우리신문은 일국평화주의와 일국번영주의가 더는 '국제

4 나카소네 총리는 "나는 의원 개인으로서는 개헌론자이지만, 내각으로서는 개헌을 정치 일정으로 올리지는 않겠다"라고 했다고 한다(전진호, 2007: 9).

국가' 일본으로 통용되지 않는다고 주장하면서 신문사 내에 '헌법문제조사회'를 설치하기도 했다(박철희, 2008: 68). 걸프전 이후 1992년 6월 15일 PKO 법안이 통과되면서 자위대의 해외파견 등에 대한 논란이 가속되었고, 1993년의 북핵 위기는 일본이 미일동맹하에서 유사시 어떻게 미군을 후방 지원할 수 있는가에 대한 질문을 던졌다(박철희, 2008: 68-70). 특히 일본의 국제적 공헌을 강조하며 오자와(小沢一郎)가 제기한 '보통국가론'은 개헌론이 재등장하는 중요한 계기가 되었다. 오자와는 헌법 전문이나 헌법의 기본원칙 등은 유지해야 하지만 자위대의 해외파병이 가능하도록 하여 유엔을 통해 일본이 적극적으로 공헌할 수 있도록 개헌해야 한다고 주장했다(전진호, 2007: 10).

1990년대의 가장 큰 특징은 야당들이 개헌론에 가세했다는 점이다. 1992년 창설된 일본신당(日本新党)은 강령을 통해 헌법 개정을 주장했으며, 민사당(民社党)의 지지자들로 구성된 '민사당과 대화하는 모임'은 1992년 12월에 제출한 보고서에서 "헌법 해석상 집단적 자위권 행사는 가능하고, 국제공헌을 위해 이의가 제기되지 않도록 헌법 9조를 개정해야 한다"고 주장했다(전황수, 2000: 315). 한편 1994년 자민당과 연립정부를 구성한 사회당은 미일동맹을 긍정하고 자위대의 존재를 인정하는 등 노선을 전환했다. 이처럼 야당에서도 개헌론이 제기된 배경에는 해석개헌에 의존하는 것만으로는 일본이 탈냉전 이후의 국제환경 변화에 능동적으로 대처할 수 없다는 시각이 있다(전진호, 2007: 10). 또한 사회당과 같은 호헌세력이 약화되고 새로운 보수정당들이 지지를 확대하게 되었다는 정치적 변화가 있었다. 개헌 논의는 1994년 11월 요미우리신문이 '헌법개정시안'을 발표하면서 더욱 본격화되었는데, 그 내용은 현행 헌법의 원리를 존중하되 국제적 책무를 적극 수행하는 한편, 인권 강화와 가치관의 다양화에 대응하자는 것이었다(전황수, 2000: 316). 이러한 인식을 배경으로 개헌에 대한 지지도 높은 수준으로 나타났는데, 요미우리신문의 여론조사에 따르면 1993년 4월에는 개헌에 찬성하는 응답자가 50.4%, 반대하는 응답자는 33%였으며, 1999년 3월 조사에서는 찬성 53%, 반대 31%로 나타났다(読売新聞, 1999. 4. 9, 전황수, 2000: 325에서 재인용).

1997년 2월에는 자민당의 헌법조사회가 본격적인 활동에 돌입했으며, 당시 제1야당이던 신진당(新進党)은 당 대회에서 개헌이 필요하다는 입장을 밝힘에 따라 초당파적인 '헌법조사위원회 설치 추진에 관한 의원동맹'이 설립되었다(전황수, 2000: 316; 전진호, 2007: 11). 1999년 오자와 자유당(自由党) 대표는 유엔 상비군 신설과 헌법재판소 설치, 자위권의 인정 등을 내용으로 하는 '일본국 헌법개정시안'을 제시했다(전진호, 2007: 13). 같은 해 공명당에서도 개헌 대신 가헌(加憲)이라는 용어를 사용하며 개헌론에 참여했으며, 민주당도 개헌을 지지하는 여론을 배경으로 논헌(論憲)·창헌이라는 명분으로 개헌 논의에 합류했다(전진호, 2007: 21). 예를 들어, 민주당의 하토야마(鳩山由紀夫)는 일본의 평화주의를 존중해야 한다는 원칙과 함께, "헌법의 문안과 현실 사이에 괴리가 생기면 필요에 따라 헌법 개정을 논하는 것이 성숙한 민주주의의 길이다"라고 주장했다(이경주, 2000: 169). 사회당과 공산당의 반대가 있었지만 1999년 7월에는 중·참의원에 헌법조사회(憲法調査会)를 설치하는 국회법이 통과되었고, 2000년 1월에 양원에 설립된 헌법조사회는 2005년 4월 최종보고서를 제출했다.[5] 특히 자민당은 양원의 헌법조사회에 대응하여 모리(森喜朗) 전

5 헌법조사회를 국회에 설치할 수 있었던 배경에는 1997년 310명의 초당파적 의

총리를 위원장으로 하는 '신헌법기초위원회'를 설치했으며 2005년 10월 '신헌법초안'을 발표했다(박철희, 2008: 74).

탈냉전 이후 일본의 개헌 논의는 현행 헌법 정신의 존중을 바탕으로 국제정세의 변화에 대응해야 한다는 논리와 함께, 천황의 국가원수화와 자위대 해외파병, 집단적 자위권 행사 등을 중심으로 이루어졌다(전진호, 2007: 12). 또한 알권리·환경권 등 새로운 조항의 추가와 참의원 문제, 수상공선제 도입과 총리권한 강화, 사학조성과 헌법개정발의 여건 등이 개헌 논의의 주요 쟁점이 되었다(전황수, 2000: 304-310). 하지만 사회당과 공산당을 중심으로 하는 호헌세력은 국민의 알권리, 환경권, 인권조항, 사생활 보호 등을 쟁점화해 이를 구실로 헌법 9조를 개정하려는 것에 불과하다고 비판했다(朝日新聞, 2000. 5. 3, 전황수, 2000: 324에서 재인용).

2000년 헌법조사회의 설치와 각 정당의 개헌 논의

2000년 1월부터 활동을 시작한 헌법조사회는 2005년 4월 국회에 최종보고서를 제출했다. 헌법조사회 설치 이후 각 정당도 이에 대응하여 개헌 논의를 위한 기구를 당내에 설치했다. 자민당과의 연립정부에 참여한 공명당은 국민주권, 항구평화주의, 기본인권의 존중이라는 3원칙과 헌법 9조의 유지를 기초로 환경권이나 프라이버시권과 같은 내용을 더할 수 있다는 가헌론을 제시했다(전황수, 2000: 322; 박철희, 2008: 81-82). 민주당은 2004년 6월 '헌법제언 중간보고'

원모임으로 결성된 '헌법조사위원회설치추진의원연맹'이 있었으며, 이후 '헌법조사추진의원연맹'으로 개칭하고 헌법 96조의 정비에 중점을 두었다(高見勝利, 2017: 107).

그리고 2005년 10월 31일 '헌법제언(憲法提言)'을 발표했다. 민주당은 현행 헌법의 긍정적 역할을 높이 평가했지만, 헌법 해석의 문제가 있고 국제사회의 요청이나 시대변화에 대응하기 어렵다는 점을 인정하면서 총리주도, 분권화, 인권과 국제협조주의 등을 반영하는 창헌의 필요성을 확인했다(박철희, 2008: 78-79). 한편 자민당은 2005년 11월 '신헌법초안'을 발표했는데, 특히 주목할 것은 헌법 9조의 2항을 전면 개정하여 총리가 최고지휘자가 되는 '자위군'의 보유를 명기하는 것이었다. 자민당은 헌법 개정 논의를 통해 일본의 전통과 가치, 국민의 의무와 책임, 국제평화활동에 대한 적극적 참여 등을 강조했다(전황수, 2000: 320; 박철희, 2008: 85). 2007년 8월, 헌법조사회를 계승한 헌법심사회(憲法審査会)를 설치했다.

당시 헌법 9조의 개정에 대한 반대는 상당했지만, 개헌에 대한 여론은 대체로 우호적이었다고 할 수 있다. 니혼게이자이신문(日本経済新聞)에 따르면 2007년 헌법기념일을 앞둔 5월의 조사에서 응답자 중 찬성 51%, 반대 35%였으며, 마이니치신문(毎日新聞)의 조사에 따르면 찬성 51%, 반대 19%로 나타났다.[6]

아베 총리의 정치적 신념과 개헌 문제

아베 총리의 정치적 배경

아베는 자민당 정치의 목표로 두 가지를 언급하고 있다. 하나는 경제성장에 의한 풍요로움의 실현이고, 또 하나는 '전후체제로부터

6 http://www.nikkeibp.co.jp/sj/2/column/y/58/ 정리본, p. 40(검색일: 2017. 8. 6).

의 탈각'이다. 아베는 자민당이 제1의 목표는 달성했으나 제2의 목표를 뒤로 미루었으며, 자신의 사명이 바로 제2의 목표를 완수하는 것이라고 주장한다(와타나베 오사무, 2007a: 89). 즉 '전후체제로부터의 탈각'이 아베의 정치적 지향점인데, 이를 위해서는 헌법 개정이 필수적이라고 할 수 있다.[7]

아베는 외할아버지인 기시 노부스케의 정치적 성향을 이어받은 것으로 잘 알려져 있다. 아베의 어머니 아베 요코(安部洋子)는 2003년 기고문에서 "정책은 할아버지 기시 노부스케와, 성격은 아버지 아베 신타로와 유사하다"고 기술했는데, 이는 국가관이나 사상, 정치노선에서는 기시의 영향을 강하게 받았고, 정치가로서의 자질이나 생활, 정치수법에서는 아버지와 비슷하다는 의미다(塩田潮, 2016: 20). 특히 기시는 전후 일본국 헌법에 부정적 의견을 피력했는데, 자신의 회고록에서 점령 초기의 기본방침이 일본의 군사력과 공업력을 말살하는 것은 물론 일본인의 정신구조를 변혁하는 것이었다고 주장한다. 그는 전후 정책이 일본 국민의 얼을 빼앗고 도덕을 파괴하는 데 중점을 두었으며, 일본 국민생활의 전 분야에 강제, 간섭, 감시가 가차 없이 실시되었다고 주장했다(塩田潮, 2016: 24-25). 아베도 기시와 동일한 관점을 가지고 있는 것으로 보인다. 자신의 저서에서 아베는 "전후 일본의 틀은 헌법은 물론, 교육정책의 근간인 교육기본법까지 점령시대에 만들어진 것이다. 연합군의 최초의 의도는 일본이 다시는 열강으로 대두하지 않도록 하는 것이었다. 국가의 골격은 일본인 자신의 손으로, 백지상태부터 만들어내야 한다. 그래야 비로소 진정한

7 강력한 개헌론자이던 나카소네는 총리 취임 후, '전후정치의 총결산(戦後政治の総決算)'을 강조했다.

독립을 회복할 수 있다. 헌법 개정이야말로 독립 회복의 상징이다"라고 주장한다(安倍晋三, 2006: 28-29).

아베는 1997년 8월 나카가와 쇼이치(中川 昭一)와 '일본의 미래와 역사교육을 생각하는 젊은 의원들의 모임'을 결성하여 사무국장을 맡았다. 한편 우파 성향 정치단체의 핵심이라고 할 수 있는 '일본회의(日本会議)'가 1997년 5월 30일에 결성되었다. 아베 2차 내각의 경우 아베를 포함한 19명의 각료 중 13명이 일본회의 소속이라는 점은(이지원, 2014: 77), 아베 정권에서 일본회의의 중요성을 잘 보여준다. 따라서 일본회의의 주장은 아베의 정치적 지향점을 반영하고 있다고 할 수 있다. 일본회의는 강령을 통해 "유구한 역사로 길러진 전통과 문화를 계승하고, 건전한 국민정신의 부흥을 꾀한다", "나라의 영광과 자주독립을 유지한다"는 등의 설립 목적을 공표하고 있으며, 설립취의서(設立趣意書)에는 "도쿄재판사관의 만연은 외국에 대한 비굴한 사죄외교를 초래하고 다음 세대를 짊어질 청소년의 나라에 대한 긍지와 자신감을 상실하게 했다", "숭고한 윤리감이 붕괴되고 가족이나 교육 등의 심각한 사회문제가 발생했다"는 등의 현실 인식을 보여주고 있다.[8] 일본회의는 또한 1차 아베 정권이 추진했던 교육기본법 개혁을 지원하기도 했는데, 전전(戰前)의 도덕으로 회귀하는 것을 목표로 하고 있다는 비판을 받고 있다(樋口陽一·小林節, 2016: 147).

2006년 12월 아베는 1947년 제정된 교육기본법을 처음으로 개정했는데, 이는 천황 중심의 사상과 군사대국화 필요성 등을 젊은 세대에게 각인시키려는 시도였다(이기완, 2013: 135). 즉 아베의 관점

8 http://www.nipponkaigi.org/about(검색일: 2017. 8. 11).

에서 현재의 일본 헌법은 '강한 일본'이 아닌 '약한 일본'을 만들기 위해 제정된 것이며, 국가에 대한 자부심과 '일본적' 가치를 담고 있지 않기 때문에 반드시 개정되어야 하는 것이다.

수정주의적 역사 인식과 국가주의

아베의 정치적 이념과 지향점은 그의 저서인 『아름다운 나라로(美しい国へ)』에 잘 나타나 있다. 아베는 보수라는 것이 이데올로기가 아니라 일본과 일본인에 대해 생각하는 자세라고 규정하면서, 일본의 오랜 역사 속에서 이어진 전통이 왜 지켜져왔는지에 대한 사려 깊은 인식이 보수의 정신이라고 주장한다(安倍晋三, 2006: 27). 아베는 또한 군국주의 시기를 긍정적으로 평가하려는 인식을 보여주고 있는데, "1932년, 33년의 신문에 '단호히 싸우라'는 글귀가 두드러진다. 열강이 아프리카, 아시아의 식민지를 기득권화하는 중에 언론을 포함한 민의의 다수가 군부를 지지한 것은 아닌가"라고 하면서 역사라는 것이 선악으로 단순하게 나눌 수 있는 것이 아니라고 주장하고 있다(安倍晋三, 2006: 25-26). 또한 아베는 소학교 4학년이던 1964년 도쿄올림픽 당시를 회상하면서, "이때까지 우리들은 세계에서 일본이 아직 작은 나라라는 이미지를 가지고 있었다. 따라서 일본이 세계를 향해 그 존재를 이렇게 과시할 수 있다는 것을 신선하게 생각했고 놀라워했다. 어린 마음에도 자랑스러운 기분을 가진, 최초의 체험이었다"고 기술하고 있다(安倍晋三, 2006: 77-78, 남상욱, 2014: 170에서 재인용).

아베는 자신의 아버지와 일본의 경제발전에 대해 나누었던 대화를 소개하면서, 일본인의 근면성이 발전의 원동력이라고 생각했던 자신과 달리 아베 신타로는 천황이라고 대답한 일화를 통해 일본의 국가성을 나타내는 근간이 천황제라고 주장한다(安倍晋三, 2006: 101). 또한 2차대전 중 전사한 와시오 가츠미(鷲尾克己)[9] 소위의 일기를 소개하며, 그는 죽음을 눈앞에 둔 순간에도 일본의 유구한 역사가 계속되기를 원했다고 하면서, 현재의 풍요로운 일본은 그들이 바친 고귀한 생명 위에 성립되었다고 주장한다(安倍晋三, 2006: 107). 아베는 이러한 희생을 부정적으로 바라보는 현재의 관점에 대해 자학적(自虐的) 역사관이라고 비판한다. 아베는 전후 일본에서 전쟁의 원인과 패배의 이유를 오로지 국가주의로 규정한 결과, '국가는 나쁘다'라는 생각이 지배적이기 때문에 국가 차원에서의 발상이 거의 없다고 주장한다(安倍晋三, 2006: 202). 반면 영국의 경우 수탈의 역사가 있음에도 불구하고 국내에 자학적 역사관이 나타나지 않는다고 지적한다(安倍晋三, 2006: 203). 계속해서 아베는 대처(M. Thatcher) 총리가 교육개혁을 통해 역사에 대해 균형적으로 서술했으며, 식민지 노예노동의 부정적 측면도 서술했지만 선구적으로 노예제도를 폐지한 사실을 서술했음을 지적한다(安倍晋三, 2006: 204). 이러한 논의는 결국 교육개혁으로 이어지는데, 교육의 목적은 뜻있는 국민을 기르고 품격 있는 국가를 만드는 것이라고 주장한다(安倍晋三, 2006: 207). 특히 가족의 모델을 제시하지 않는 일본의 교육에 대해 비판하며(安倍晋三, 2006: 215-218), 젊은이들에게 우선적으로 향토애를 양성하고, 그 연장선상에서 국가에 대한 소속감이 조성될 것이라고 주장한다(安倍晋三, 2006: 95).

이처럼 아베는 자신의 저서를 통해 국가지향적인 가치관을 잘 보여주고 있다고 할 수 있다. 와타나베는 천황과 일본 고유의 특색

9 가미가제 특공대원으로 오키나와 전투에서 전사했다.

에 대한 강조, 가족과 공동체, 국가를 강조하는 아베의 정치사상을 내셔널리즘과 신보수주의로 규정한다(와타나베 오사무, 2008: 113-119). 다만 아베의 신보수주의는 신자유주의와 결합되어 있다는 점에서 모순적인 측면이 존재하는 변형된 사상이라고 지적했다(와타나베 오사무, 2008: 120).

한편 대외관계에 있어 아베는 미일동맹에 대한 자신의 확고한 신념을 보여주고 있다. 아베는 1970년의 미일안보조약 연장에 대한 고등학교 시절의 일화를 소개하고 있다. 비판적 견해를 보인 선생님에게 "새 조약에는 경제조항이 있습니다. 거기에는 미일 간의 경제협력이 명문화되어 있는데 어떻게 생각하십니까?"라는 질문을 던졌으며, 자신은 안보조약이 일본의 발전에 큰 의미가 있다고 주장했었다고 진술하고 있다. 대학에 들어가서는 안보조약이 일본의 장래에 있어서 '사활적(死活的)' 조약임을 확신하게 되었다고 한다(安倍晋三, 2006: 20-21). 미국과의 동맹 강조는 일본의 진정한 자주독립이라는 관점에서는 모순적일 수 있지만, 현실주의적 인식을 바탕으로 하고 있다는 점에서 전후의 반미주의적 자주론자들과는 구분된다고 할 수 있다.

아베 총리의 집권과 개헌을 위한 노력

2006년 총리에 취임한 아베는 9월의 취임 연설(전후체제로부터의 새로운 출발)에서 "21세기에 적합한 새로운 헌법 제정을 위해 몰두하고, 자신의 정권과제로서 헌법 개정을 국민에게 호소"한다고 표명했다(김태홍, 2015: 219). 이는 자민당의 28명 총리 중 국회 소신표명연설에서 헌법 개정을 내세운 두 번째 사례로, 초대 하토야마 총리 이후 처음이다(塩田潮, 2016: 103). 아베는 특히 헌법 개정을 위한 첫 단계로서 헌법 96조의 개정 절차를 명확하게 하고자 했으며, 2007년

5월 통과시킨 국민투표법(日本国憲法の改正手続に関する法律)을 통해 이를 구체화할 수 있었다. 또한 집단적 자위권의 해석개헌을 추진했는데 2007년 5월 이에 부정적이던 내각법제국 장관을 퇴임시켰다(김태홍, 2015: 220). 한편 아베 총리의 주도로 구성된 사적 자문기관인 '일본의 안전보장의 법적 기반 재구축에 관한 간담회'는 2008년 보고서를 통해 집단적 자위권 행사를 위한 헌법 해석 변경이 가능하다는 결론을 제시했다.

2012년 재집권하게 된 아베는 2차 내각 성립 후 집단적 자위권을 용인하는 해석개헌과 헌법 개정을 수년 내에 실현한다는 정치 일정을 표명했다. 아베 총리는 북한의 도발, 중국과의 충돌 등을 이유로 헌법 9조의 해석을 변경하여 집단적 자위권을 행사하고자 했는데, 일본이 집단적 자위권을 통해 미국을 도울 수 있다면 미일동맹이 더 견고해진다고 주장했다(김석근, 2016: 152). 2013년에는 헌법 개정 요건의 완화를 위한 96조의 개정을 주창했으나 '선행개헌'이라는 비판과 함께 여론의 반대에 직면하여 논의가 중단되었다. 아사히신문의 설문 조사에 따르면, 응답자의 54%가 반대했으며 38%가 찬성을 표명했다.[10]

아베 총리는 2013년 8월 고마츠(小松一郎)를 내각법제국 장관으로 기용하고, 국가안전보장 기본법을 통과시켰으며 2014년 7월 1일에는 '신3요건'하에 집단적 자위권을 행사할 수 있도록 해석개헌을 단행했다.[11] 신3요건이란 첫째, 일본 또는 밀접한 관계에 있는 타

10 http://jp.wsj.com/articles/SB10001424127887324582304578488313061482222 (검색일: 2017. 5. 7).

11 http://www.cas.go.jp/jp/gaiyou/jimu/pdf/anpohosei.pdf(검색일: 2018. 3. 31).

국에 대한 무력 공격으로 인해 일본의 존립이 위협받고 국민의 생명, 자유, 행복권이 전복될 위험이 있음. 둘째, 일본의 존립을 완수하고 국민을 보호하기 위해 다른 적절한 수단이 없음. 셋째, 필요최소한도의 실력 행사를 요건으로 한다. 하지만 해석개헌은 이후 내각의 변화나 교체와 함께 변경될 수 있다는 문제가 있기 때문에 명문개헌을 하지 않는 한 논란의 여지가 있다고 할 수 있다.[12] 이후 2015년 5월 국가안전보장회의 및 각의에서 평화안전법제(안보법안)가 결정되었고, 7월 15일에는 중의원에서 그리고 9월 19일에는 참의원을 통해 가결되었다. 이 법안에는 자민당, 공명당, 차세대당, 신당개혁, 일본을 건강하게 하는 모임 등이 찬성했다(김석근, 2016: 153).

2016년 7월 참의원 선거 이후 중·참 양원에는 개헌세력이 3분의 2 이상을 차지하고 있는 상황이다. 중의원에서 개헌을 지지하는 자민당, 공명당, 유신회의 의석 수가 이미 3분의 2 이상을 차지한 상황에서, 개헌 4당인 자민당, 공명당, 유신회, 일본의마음당(日本のこころ)과 개헌을 지지하는 무소속 의원들이 참의원 242석 중 165석을 차지하게 되었다.[13] 2017년 5월 아베 총리는 헌법을 개정하여 2020년 시행하는 것을 목표로 하고 있다고 발언하면서, 구체적인 개정 내용으로 헌법 9조에 자위대에 관한 조문을 추가하는 것과 고등교육의 무상화 등을 제시했다.[14] 한편 아베는 2012년 제시된 자민당

12 일본 정부 내에서 헌법 해석은 1차적으로 각 법령을 소관하는 각 성청에서 하고 있다. 성청에서 헌법 해석에 의문이 있는 경우나 성청 간 헌법 해석이 일치하지 않는 경우 내각법제국에서 의견을 제시하도록 한다.

13 https://www.nippon.com/ja/features/h00143(검색일: 2018. 4. 2).

14 http://www3.nhk.or.jp/news/html/20170503/k10010970011000.html(검색일: 2017. 5. 7).

의 개정 초안을 고집하지는 않는다고 밝혔다.[15] 아베의 발언에 대해 공명당과 일본유신회는 개정 절차 돌입에 긍정적 반응을 보였으나 공산당은 절대 반대의 입장을 밝혔으며, 민진당은 부정적이지만 헌법 개정 논의의 필요성에 대해서는 인정하는 반응을 나타냈다.[16] 아베 총리가 교육무상화를 제시한 것에 대해서는 가헌을 주장하는 공명당이나 개정에 신중한 민진당 등 보다 많은 정당이 개정에 찬성할 수 있도록 하기 위한 의도라는 주장이 있다.[17] 실제로 아베는 헌법 9조의 개정에 가장 우선을 두고 있는 것으로 보인다. 시오다는 아베 총리가 2006년 10월 해외 언론과의 인터뷰에서 "시대에 맞지 않는 조문으로 전형적인 것이 9조"라고 언급했다는 점을 들어, 아베가 개헌의 최대 표적으로 생각하는 것이 9조의 개정임을 강조하고 있다(塩田潮, 2016: 266). 먼저 개헌에 대한 아베 총리의 생각을 알아보기 위해 국회에서 행한 소신표명연설을 살펴보면 〈표 1〉과 같다.

아베 총리는 첫 집권기의 국회 소신표명연설에서는 전통을 강조하는 보수주의적 가치와 신자유주의적 개혁, 그리고 헌법 개정에 대해 적극적 견해를 드러냈지만, 2012년 재집권 이후에는 아베노믹스를 앞세운 경제성장을 강조하고 있으며, 국제무대에서의 적극적인 외교를 강조하고 있다. 헌법 개정에 대해서는 국민적 논의의 중요성을 강조하고 있는데, 과거의 실패를 바탕으로 조심스럽게 접근

15 http://www.yomiuri.co.jp/politics/20170501-OYT1T50087.html(검색일: 2017. 5. 7).

16 http://www3.nhk.or.jp/news/html/20170503/k10010970011000.html(검색일: 2017. 5. 7).

17 http://www.yomiuri.co.jp/editorial/20170502-OYT1T50231.html(검색일: 2017. 5. 7).

하고 있는 것으로 보인다. 한편 〈표 1〉과 같이 아베가 소신표명연설을 통해 헌법 개정 문제를 지속적으로 제기하고 있음에도 불구하고, 구체적인 개헌안이나 내용에 대해서는 거의 언급하지 않고 있다는 점은 헌법 9조 이외의 쟁점들에 대해서는 거의 관심이 없다는 반증이 될 수 있다.

그렇다면 헌법 개정에 대한 여론은 어떠할까? 2017년 3~4월에 진행된 요미우리신문의 전국여론조사에 따르면,[18] 유권자들이 헌법 중 제일 관심을 두고 있는 것으로(복수응답), 전쟁 포기와 자위대 문제 63%, 천황과 황실 문제 42%, 환경문제가 33%를 차지했으며, 다음으로 헌법개정 문제(32%)와 생존권 및 사회복지 문제(32%)가 꼽혔다. 헌법의 개정에 관해서는 개정을 지지하는 의견과 지지하지 않는다는 의견이 각각 49%로 동률을 이루었다. 한편 헌법 9조에 대해서는 어떻게 하는 것이 좋은지에 대한 응답으로 '지금과 같이 해석과 운용을 통해 대응'하는 것이 좋겠다 42%, '해석과 운용으로 대응하는 것은 한계가 있으므로 개정'해야 한다가 35%로 나타났다. 헌법 시행 70주년을 앞두고 실시한 NHK의 여론조사에서는 개정할 필요가 없다고 생각한다 57%, 개정할 필요가 있다고 생각한다 25%였으며, 아사히신문의 여론조사에서는 바꾸지 않는 편이 좋다 63%, 바꾸는 편이 좋다 29%로 나타났다. 또한 마이니치신문에 따르면 개정하지 말아야 한다 46%, 개정해야 한다 30% 등 대체로 부정적인 견해를 보여주었다.[19]

18 http://www.yomiuri.co.jp/feature/opinion/koumoku/20170501-OYT8T50009.html(검색일: 2017. 5. 7).

19 https://www.j-cast.com/2017/05/03297160.html?p=all(검색일: 2017. 5. 7).

〈표 1〉 아베의 총리대신 소신표명연설

일시	주요 내용
2006. 9. 29* (165회 국회)	• 향후 바람직한 일본의 방향을 용기를 가지고 국민에게 제시하는 것이 최고 지도자가 완수해야 할 사명이다 • 목표로 하는 나라의 모습은 활력과 기회와 부드러움이 넘치고, 자율 정신을 중시하는 세계에 열린 '아름다운 나라, 일본'이다 • '아름다운 나라'의 모습은 다음과 같다 첫째, 문화, 전통, 자연, 역사를 소중히 하는 나라 둘째, 자유사회를 기본으로 하고, 규율을 아는 위엄 있는(凛とした) 나라 셋째, 미래를 향해 성장하는 에너지를 가지고 있는 나라 넷째, 세계에 신뢰받고, 존경받고, 사랑받고 리더십이 있는 나라 • 활력이 충만한 개방경제사회 구축 • 재정건전과 행정개혁 단행 • 건전, 안심사회 실현 • 교육재생 • 주장하는 외교로의 전환 • 국가의 이상, 모습을 이야기하는 것이 헌법이다. 점령시대에 제정된 헌법이 60년 가까이 지났다. 새로운 시대에 어울리는 헌법에 대한 논의가 활발하다. 헌법의 개정 절차에 관한 법률안의 조기 성립을 기대한다. 일본은 오랜 역사, 문화, 전통을 가진 나라다. 새로운 국가 창조를 시작할 때다
2007. 9. 10** (168회 국회)	• 퇴진해야 한다는 의견도 있다는 것을 잘 알고 있다 • 교육기본법 개정과 공무원제도 개혁법 성립 등 새로운 시대에 맞는 국가 골격 만들기를 진행했다 • 저출산 · 고령화와 국제화에 견딜 수 있는 강한 경제를 위한 새로운 성장전략을 추진해왔다 • '나눠먹기(ばらまき)'와 '호송선단(護送船団)'이라는 과거 정치 수법으로의 회귀는 절대 없다 • 신뢰할 수 있는 연금 재구축 • 개혁의 과실을 지방이 실감할 수 있도록 • 교육재생 구체화 • 안심생활 사회 실현 • 지속적 경제성장 실현, 간소한 정부 • 주장하는 외교의 전개 • 국가의 모습과 형태를 말하는 헌법에 관해, 국민투표법이 성립하여 개정에 관한 논의를 심화하는 환경이 되었다. 국민의 기대에 부응하는 논의가 진행되기를 희망한다

2013. 1. 28*** (183회 국회)	• 나는 병으로 총리직을 사임하고 큰 정치적 좌절을 경험한 사람이다. 과거의 반성을 거울 삼아 진지하게 국정 운영을 담당해나갈 것을 맹세한다 • 경제재생 • 진재부흥 • 외교안전보장 – 미일동맹 강화, 지구의(地球儀)를 바라보듯 전 세계를 부감(俯瞰)하여 자유, 민주주의 등 기본적 가치에 입각한 전략적 외교 전개
2013. 10. 15**** (185회 국회)	• 부흥의 가속화 • 성장전략의 실행 • 강한 경제를 기반으로 사회보장개혁과 재정건전화 • 현실을 직시하는 외교·안전보장정책의 수립 – 적극적 평화주의, 국가안전보장전략 책정 • 헌법 개정에 대해서 국민투표 절차를 갖추고, 국민적인 논의를 더욱 심화해나가야 한다
2014. 9. 29***** (187회 국회)	• 재해에 강한 국가 만들기 • 부흥의 가속화 • 지방창생 • 지구의를 바라보는 외교 – 적극적 평화주의 • 성장전략 실행
2016. 9. 26****** (192회 국회)	• 재해복구 · 부흥 • 아베노믹스의 가속 • 1억 총활약 • 지방창생 • 지구의를 바라보는 외교 • 헌법은 어떠해야 하는가? 일본은 어떤 국가를 목표로 하는가? 결정은 정부가 아니라 국민이 하는 것이다. 그 방안을 제시하는 것이 국회의원들의 책임이다. 여야의 입장을 넘어 헌법심사회에서의 논의를 심화시켜야 한다

출처: 수상관저 홈페이지.

*http://www.kantei.go.jp/jp/abespeech/2006/09/29syosin.html(검색일: 2017. 11. 4).

**http://www.kantei.go.jp/jp/abespeech/2007/09/10syosin.html(검색일: 2017. 11. 4).

***https://www.kantei.go.jp/jp/96_abe/statement2/20130128syosin.html(검색일: 2017. 11. 4).

****https://www.kantei.go.jp/jp/96_abe/statement2/20131015shoshin.html(검색일: 2017. 11. 4).

*****https://www.kantei.go.jp/jp/96_abe/statement2/20140929shoshin.html(검색일: 2017. 11. 4).

******https://www.kantei.go.jp/jp/97_abe/statement2/20160926shoshinhyomei.html(검색일: 2017. 11. 4).

2012년 자민당의 '일본국헌법개정초안'

아베와 자민당이 추구하는 일본의 모습은 현재의 일본국헌법(日本国憲法)과 2012년 자민당이 제시한 일본국헌법개정초안(日本国憲法改正草案)을 비교함으로써 파악할 수 있을 것이다.[20] 먼저 전문(前文)을 보면 일본국헌법초안은 현행 헌법과 달리 '오랜 역사와 고유한 문화,' '국민통합의 상징인 천황,' '세계의 평화와 번영에 대한 공헌,' '가족과 사회 전체가 상호 돕는 국가,' '활력 있는 경제활동을 통해 국가를 성장시킨다,' '전통과 국가를 오래도록 자손에게 계승하기 위해' 등의 표현이 포함되어 있다. 이러한 변화는 아베와 자민당의 내셔널리즘적·신보수주의적 가치와 함께 보통국가론을 지향하고 있음을 보여주고 있으며, 신자유주의적 성향을 담고 있다고 할 수 있다. 하지만 복고주의 또는 신보수주의와 신자유주의가 공존하고 있다는 점에서 모순적이라는 지적도 있다(樋口陽一·小林節, 2016: 148-149). 헌법학자인 고바야시와 히구치는 자민당 법무족(法務族), 특히 개헌론자들의 상당수가 세습의원이라는 점과 과거로의 회귀성향이 밀접하게 연관되어 있다고 주장한다(樋口陽一·小林節, 2016: 30).

헌법 개정에 있어 가장 관심을 받고 있는 헌법 제9조의 경우, 2012년 자민당 개정초안은 9조 1항은 그대로 두되 2항에서 "전항의 규정은 자위권 발동을 방해하는 것은 아니다"라는 문구를 삽입하고, '국방군' 보유를 명기하는 것을 제안하고 있다. 또한 헌법 개정과 관련된 96조에 대하여 헌법 개정에 필요한 조건을 의원 3분의 2 이상

20 https://jimin.ncss.nifty.com/pdf/news/policy/130250_1.pdf(검색일: 2017. 8. 4).

에서 '각 원의 총의원 수의 과반수'로 낮추는 안을 제시하고 있다. 이는 1990년대 이래의 보통국가화 주장을 실현하려는 제안이라고 할 수 있을 것이다.

그 밖에 두드러지는 내용으로, "모든(すべて) 국민은 개인(個人)으로서 존중된다"는 현행 헌법 13조를 2차 초안에서는 "전체(全て) 국민은 인간(人)으로서 존중된다"고 변경하고 있다. 이는 일본사회에 개인주의가 만연하다는 시각과 서구의 천부인권설에 대한 부정적 관점을 보여주는 것으로(舛添要一, 2014: 4), 자민당 개헌론자들이 개인주의로 인해 일본의 사회적 연대가 사라졌으며 공동체가 붕괴되고 도덕적 해이가 발생했다는 주장을 반영하고 있다(樋口陽一·小林節, 2016: 68-69). 자민당은 「일본국헌법개정초안 Q&A 증보판 [국민의 권리와 의무] Q.14」에서 "인권규정도 우리나라의 역사, 문화 전통을 감안할 필요를 생각해봐야 한다고 생각합니다. 현행 헌법의 규정 중에 서구의 천부인권설에 기초한 것으로 생각되는 규정이 여기저기 있어서 규정을 개정할 필요가 있다고 생각합니다"라고 주장하고 있다(樋口陽一·小林節, 2016: 71). 히구치와 고바야시는 물론 2005년도 자민당 1차 헌법개정초안(신헌법초안)의 책임자였던 마스조에는 자민당의 헌법개정초안이 헌법에 도덕적 가치를 담으려 한다는 비판을 제기하고 있다(舛添要一, 2014: 5; 樋口陽一·小林節, 2016: 138-139). 또한 헌법 36조의 경우 고문이나 잔혹한 형벌을 '절대적'으로 금지한다는 조항에서 '절대적'이라는 표현이 삭제된 점, 98조의 총리의 '긴급사태' 선언에 대한 조항 삽입, 99조의 긴급사태의 효과에 대한 규정 등은 국가의 자의적 권력행사에 대한 우려를 낳고 있다(舛添要一, 2014: 5; 樋口陽一·小林節, 2016: 104-105).

그렇다면 아베가 구상하고 있는 개헌안은 무엇인가? 아베의 측근인 에토(衛藤晟一)는[21] 아베가 목적하는 개헌안의 내용에 대해 묻자, "지금 자민당 총재로 당연히 다니가키 총재 시대의 개정초안"이라고 대답했다(塩田潮, 2016: 267). 중의원 의원인 후나다(船田元)도 비슷한 견해를 보였는데, "우리는 12년의 일본국헌법초안이 아베 총리가 생각하는 헌법 개정의 모습이라고 이해한다. 2005년의 자민당헌법초안 보다 12년의 초안이 야당 시대여서 더욱 과감했고, 아베 또한 관여했고 본인의 의견도 상당히 반영되었다"고 주장했다(塩田潮, 2016: 268). 물론 아베는 계속해서 2012년 자민당의 개헌안에 얽매이지 않고 국회와 국민적 합의에 따른 개헌을 지향한다고 밝히고 있지만, 현재와 같이 구체적이고 명확한 개헌안 제시 없이 개헌을 하겠다는 입장만 표명하는 상황에서는 자민당의 일본국헌법개정초안이 상당 부분 반영되거나 또는 2017년 중의원 선거에서 제시한 주요 4개 항목에 집중된 개헌을 추진할 가능성이 높은 것으로 보인다.

중의원 선거와 개헌 논의

재집권 이후 아베는 헌법 개정 문제를 어떻게 다루어왔는가? 여기서는 2012년 이후의 중의원 선거와 선거 전후 아베 총리의 기자회견을 통해 자민당과 아베 총리가 개헌 문제에 대해 어떻게 논의하고 있는지 살펴보고자 한다.

〈표 2〉에 나타난 바와 같이 자민당은 야당으로서 집권을 위해 경쟁하던 2012년 중의원 선거에서는 일본국헌법초안 중 주요 내용을 공약으로 내세웠다. 하지만 집권 후 치른 2014년 중의원 선거에서는 헌법에 대해 세부적인 공약을 제시하지 않았으며, 선거쟁점화

21 참의원 의원. 아베 정부의 내각총리대신 보좌관을 역임했다.

〈표 2〉 최근의 중의원 선거와 헌법개정 관련 공약

중의원 선거	공약 내용
2012. 12*	• 국민주권, 기본적인권의 존중, 평화주의의 세 원리를 계승 • 일본국과 일본국민통합의 상징인 천황을 받드는 나라로 규정 • 국기는 일장기, 국가는 기미가요로 함 • 평화주의를 계승하면서 자위권의 발동을 방해하지 않는, 국방군의 보유 명기 • 가족의 존중, 환경보전의 책무, 범죄피해자의 배려를 신설 • 무력공격과 대규모 자연재해에 대응하는 긴급사태조항 신설 • 헌법 개정의 발의 요건을 중 · 참의원 과반수로 완화
2014. 12**	• 국민의 이해를 얻으면서 헌법 개정 원안을 국회에 제출, 헌법 개정을 위한 국민투표 실시, 헌법 개정을 목표로 함 • 헌법 개정을 위한 선거권 연령을 앞당겨 18세 이하로 함
2017. 10***	• 국민주권, 기본적인권의 존중, 평화주의 세 가지 기본원칙을 견지 • 국민의 폭넓은 이해를 얻고, 중 · 참의원 헌법심사회에서 논의를 심화하고 각 당과 연대하여 자위대의 명기, 교육무상화·충실화, 긴급사태 대응, 참의원 합구(合区) 해소 등 4개 항목을 중심으로 헌법 개정을 목표로 함

출처: 2012, 2014, 2017년 중의원 선거 자민당정권 공약.

*https://jimin.ncss.nifty.com/pdf/seisaku_ichiban24.pdf(검색일: 2017. 12. 1).

**https://jimin.ncss.nifty.com/pdf/news/policy/126585_1.pdf(검색일: 2017. 12. 1).

***https://jimin.ncss.nifty.com/pdf/manifest/20171010_manifest.pdf(검색일: 2017. 12. 1).

에 큰 노력을 기울이지도 않았다. 하지만 2017년 중의원 선거에서는 적극적으로 헌법 개정을 내세웠으며 구체적으로 네 가지 항목을 제시했다. 아베 총리는 2017년 10월 23일 당 본부에서 가진 기자회견에서 헌법 개정에 대해 "구체적 조문은 당내 논의를 심화하여, 당의 개정안을 국회의 헌법심사회에 제안하고 싶다"고 했으며, "희망의 당은 물론, 여야당이 폭넓은 합의 형성을 위해 노력을 거듭한다"고 강조했다(読売新聞, 2017. 10. 23). 한편 아베 총리는 각각의 중의원 선거를 전후로 한 기자회견에서 국정운영 방향 및 헌법 개정에 관해

〈표 3〉과 같이 답변했다.

아베는 헌법 개정에 대해 계속해서 언급하면서도, 구체적 내용이나 일정에 대해서는 여야당의 합의나 국민의 이해가 중요함을 강조하고 있다. 이는 앞서 언급한 대로 아베 총리의 개헌 목표 중 제일 중요한 것이 헌법 9조이기 때문에, 현실적인 어려움을 고려하여 헌법 9조의 개정이 여론의 지지를 얻을 때까지 점진적으로 헌법 개정 환경을 조성하려는 의도가 있기 때문이라고 추측할 수 있다. 다수의 여론조사에 따르면 헌법 개정에 찬성하는 국민의 비율이 높게 나타나지만, 헌법 9조의 경우 반대 의견이 더 높게 나타나는 것이 일반적이다. 2018년 2월의 ANN 여론조사에 따르면 헌법 개정에 대한 찬성이 56%, 반대가 31%로 나타났으며, 9조의 '조문을 변경하지 않거나 해석개헌으로 대응한다'에 43%가 지지 의사를 표명했고, '조문을 유지하되 자위대를 명기한다'가 31%였다.[22] 한편 2018년 3월의 FNN 여론조사에 따르면 헌법 9조의 자위대 명기에 대해 '9조의 변경이 필요하지 않다'는 응답이 39.9%, '9조 2항을 삭제하고 자위대의 역할과 목적을 명기한다'가 30.0%, '9조 2항을 유지하고 자위대의 존재를 명기한다'가 25.2%였다.[23]

헌법 9조의 개정과 아베의 국가전략

아베 총리의 개헌 논의에서 결국은 헌법 9조의 개정이 가장 중요한 목표라는 점에서, 외교안보 차원에서의 일본의 국가정체성과

22 http://news.tv-asahi.co.jp/news_politics/articles/000121681.html(검색일: 2018. 4. 1).

23 https://www.fnn-news.com/yoron/inquiry180312.html(검색일: 2018. 4. 1).

〈표 3〉 아베 총리의 중의원 선거 전후 기자회견

일시	내용 및 주요 발언
2012. 12. 26*	• 모두발언을 통해 96대 총리 취임 소감, 경제재생, 부흥, 위기관리, 미일동맹의 신뢰관계 재구축, 국가안전보장회의의 설치, 사회보장제도 관련 내용 언급 • 집단적 자위권과 헌법의 해석 변경에 소극적인 공명당과의 관계 재검토에 대한 아사히신문(朝日新聞) 기자의 질문에, 공명당과의 연립은 더욱 공고하게 할 것이며, 헌법의 해석 변경을 검토할 것이라고 답변
2014. 11. 21**	• 모두발언을 통해 중의원 해산이 아베노믹스 해산이라고 주장 • 집단적 자위권의 행사 등에 관련된 내용을 적극적으로 선거쟁점화할 것인지 묻는 니시니혼신문(西日本新聞) 기자의 질문에, 그렇게 할 것이라고 답변 (2014년 7월 집단적 자위권 행사를 용인하는 각의 결정 – 해석개헌)
2014. 12. 24***	• 모두발언을 통해 국회에서 수반으로 지명받았음을 알리고, 소비세 인상 문제 및 경제대책에 관해 언급 • 2016년 참의원 선거와 동시에 헌법 개정을 위한 국민투표를 실시할 것인지를 묻는 니시니혼신문 기자의 질문에, 헌법 개정은 역사적 도전이라고 할 수 있으며 우선 중 · 참의원에서 각각 3분의 2 이상의 찬성을 구성할 필요가 있다. 동시에 중요한 것은 국민투표에서 과반수의 지지를 얻어야 한다. 국민의 이해를 우선적으로 깊게 하기 위한 노력을 하고 싶다고 답변
2017. 9. 25****	• 모두발언을 통해 중의원 해산이 국난돌파(国難突破) 해산으로 고령화, 북한의 위협 등을 해결해야 한다고 언급
2017. 11. 1*****	• 모두발언을 통해 2020년까지 3년간 생산성 혁명, 유아교육 무상화, 고등교육 무상화, 북한 핵과 미사일, 납치문제 등에 대해 언급 • 2020년에 개정 헌법 시행을 목표로 한다는 2017년 5월의 발언에 변화는 없는지, 2019년 참의원 선거와 국민투표를 동시에 실시할 생각은 없는지, 야당과의 협력에 대해 어떻게 생각하고 있는지에 대한 교도통신(共同通信) 기자의 질문에, 그동안 헌법 개정을 당의 공약으로 내걸었지만 이번 선거에서 처음으로 공약의 주요 항목으로 삼았으며 4개의 세부 항목을 표시했다. 스케줄이 따로 있는 것이 아니며 지난 5월의 언급은 논의를 활성화하기 위한 것이었다. 생각하는 일정은 없으며 각 당의 개정안을 헌법심사회에서 논의하는 것이 중요하다. 세 번 연속으로 여당이 3분의 2를 달성했지만 여야 간의 폭넓은 합의 형성을 위해 노력해야 한다. 국민적 이해를 위해 노력하고 싶다고 답변

출처: 헌법 개정 관련 내용을 중심으로 정리했음.

*http://www.kantei.go.jp/jp/96_abe/statement/2012/1226kaiken.html(검색일: 2017. 11. 4).

**http://www.kantei.go.jp/jp/96_abe/statement/2014/1121kaiken.html(검색일: 2017. 11. 4).

***http://www.kantei.go.jp/jp/97_abe/statement/2014/1224kaiken.html(검색일: 2017. 11. 4).

****http://www.kantei.go.jp/jp/97_abe/statement/2017/0925kaiken.html(검색일: 2017. 11. 4).

*****http://www.kantei.go.jp/jp/98_abe/statement/2017/1101kaiken.html(검색일: 2017. 11. 4).

〈표 4〉 헌법 9조에 대한 자민당의 개정안

현행 '일본국헌법' 9조	• 전쟁폐기(1항) • 전력불보유, 교전권부인(2항)
2012년 자민당 '일본국헌법개정초안'	• 2항의 전력불보유, 교전권부인 삭제 • 국가의 평화, 독립, 국가와 국민의 안전 확보를 위한 국방군 보유 • 국제사회의 평화와 안전을 위한 활동
2018년 자민당안(案)	• 1항과 2항 유지 • 국가와 국민의 안전을 지키는 자위 조치를 위한 실력조직(実力組織)으로서 자위대 유지

출처: 毎日新聞, 2018. 3. 30.

국가전략을 검토할 필요가 있다. 자민당은 2018년 3월 25일의 전당대회에서 특히 헌법 9조 개정안을 제시했는데, 그 내용은 〈표 4〉와 같다.

그렇다면 이러한 조문 변경은 어떤 의미가 있는가? 사무엘스는 일본의 정치인들을 평화국가론자, 미들파워 국제주의자(middle-power internationalist), 보통국가론자, 신자주국가론자(neo-autonomist)로 구분하면서 고이즈미와 오자와, 아베 등을 보통국가론자로 분류한다(Samuels, 2007).[24] 이명찬은 미일동맹, 군사력의 역할 등에 중점을 두고 평화국가, 통상국가, 보통국가, 권력국가로 분류하면서 아베의 국가전략은 통상국가 노선에서 벗어나 보통국가 노선상에 있으며, 그 이상을 추구하더라도 한계가 있음을 지적한다(이명찬, 2014). 한편 박

24 보통국가론의 확산과 관련하여, 미일동맹 및 아시아 지역에서의 일본의 역할 강화를 위해 집단적 자위권의 확대가 필요함을 언급한 2000년의 아미티지(Armitage) 보고서(The United States and Japan: Advancing Toward a Mature Partnership)를 주목할 필요가 있다.

〈표 5〉 일본의 주요 국가전략론 특성

유형 이슈	평화국가론	보통국가론	미들파워 국제주의	수정주의적 국가주의
개헌 여부	호헌	호헌 (개헌 가능성)	호헌	개헌
방위력 강화	• 비무장, 전수방위 • 애초 미일동맹 폐기 • 1990년대 이후 미일동맹 인정	• 방위력 강화 • 미일동맹 강화	• 경제력 · 기술력 강화 • 미일동맹 강화	• 방위력 강화 • 핵무장 추구 • 궁극적 자력국방
역사문제	과거사 반성	과거사 반성	과거사 반성	과거사 긍정
아시아 정책	아시아 및 대중 협력	아시아 각국과 협력	아시아 및 대중 협력	대중 위협 인식

출처: 박영준(2013: 97) 〈표 1〉.

영준은 아시아정책 및 방위력 강화 여부를 기준으로 한 자신의 분류 방식(평화국가론, 보통국가론, 열린 내셔널리즘, 신국수주의)과 다른 연구 성과들을 종합하여 네 가지 유형의 국가전략을 제시하고 있다(박영준, 2013), (표 5).

여기서 보통국가론이 일본의 경제적 위상에 부응하여 군사력을 강화하고 안보 측면에서 대외적 역할 확대를 요청하는 노선이라면, 수정주의적 국가주의는 개헌을 주장하고 중국의 부상에 대응하는 일본의 독자적인 군사력 강화를 강조하며, 핵무장까지도 주장하는 담론이라고 할 수 있다(박영준, 2013: 97). 아베는 과거사에 대한 반성을 기반으로 일본의 외교안보적 역할을 강화하려는 오자와의 보통국가론과 달리, 역사에 대한 수정주의적 입장을 취하고 있다는 점에서 '수정주의적 보통국가론'이라고 부를 수 있다(박영준, 2013: 104). 이지원은 아베가 역사 인식에 대해서는 과거 군국주의 시대의 역사에 대한 반성과 사죄를 부정하는 신자주국가론의 성향을 보여주고 있다고 지적하면서, 아베를 수정주의적 국가론자로 규정한다(이지원, 2014: 61). 아베 총리의 전략적 지향점과 관점을 어떻게 규정하든지, 일본은 2014년의 해석개헌을 통한 집단적 자위권의 용인과 2015년의 안보법제 통과로 상당 부분 '보통국가'로서의 면모를 갖추었다고 볼 수 있다. 미일동맹 강화와 적극적 평화주의를 통해 중국 및 북한의 위협을 억제하고 일본의 국제적 위상과 역할을 강화하겠다는 목표를 위해 헌법 9조의 개정은 핵심적인 사항이라고 할 것이다.

결론

전후 점령당국의 영향력하에 만들어진 '일본국헌법'은 첫째, 일본인이 아닌 외부세력이 주도해 만들어졌다는 점, 둘째, 지난 수십년간 정치·사회·경제 및 국제환경의 엄청난 변화에도 불구하고 새로운 시대를 반영하여 개정된 적이 한 번도 없다는 점에서 자민당은 물론 다수의 정치세력이 헌법 개정을 고려하는 것이 자연스러운 현상일 수 있다. 특히 자민당은 1955년 성립 당시부터 개헌을 당 설립의 주요 목표로 삼았으며, 하토야먀, 기시, 나카소네, 고이즈미 등 주요 정치인들을 중심으로 개헌 논의를 지속적으로 해왔다. 하지만 현재의 평화헌법체제 속에서 이룬 일본의 번영과 안전을 부정할 수 없는 현실에서 반(反) 개헌세력 또한 강력한 목소리를 내고 있는 것이 사실이다. 이러한 현실을 반영하듯, 아베 총리는 2006년 첫 집권기부터 개헌을 주장하고 있지만, 의외로 헌법 개정의 일정이나 내용에 대해 명확하게 언급하거나 공표하는 경우가 거의 없음을 알 수 있다. 아베 총리와 자민당은 2012년 중의원 선거 이후 압도적인 우위를 점하고 있음에도 다수가 예상했던 것보다는 느린 속도로 헌법 개정을 위한 움직임을 보이고 있다고 할 수 있다. 이는 아마도 현실적으로 헌법 9조 개정에 대한 국민적 반감이 상당하다는 점, 그리고 과거 1차 아베 내각의 실패에서 얻은 교훈 때문일 것이다.

아베 총리가 구체적인 개헌안을 제시하고 있다고 보기 어렵기 때문에, 2012년의 자민당 '일본국헌법개정초안'이나 국회의 소신표명연설, 기자회견 등을 통해 아베가 생각하는 개헌안을 추측할 수 있을 것이다. 특히 2017년의 중의원 선거에서 자민당은 자위대의 명기, 교육무상화·충실화, 긴급사태대응, 참의원 합구 등 4개의 항목을 강조했다. 여기서 자위대의 명기는 보통국가로의 전환을 위한 것이라고 할 수 있으며, 교육 관련 개헌은 아베가 주장하는 전통주의, 국가주의적 가치의 확산을 목표로 삼고 있는 것으로 보인다. 하지만 여전히 아베의 개헌 구상은 불분명한 측면이 많은데, 시오다는 아베의 개헌 목적이 기시가 강조했던 '자주독립의 일본', '진실한 독립의 회복'으로서의 일본인의 손에 의한 헌법 작성, 즉 자주헌법의 제정 그 자체가 목적일 수 있다고 주장한다(塩田潮, 2016: 266).

자민당의 총재 3연임 허용으로 이미 5년 이상 집권한 아베의 장기집권 가능성이 높아졌고, 아베는 집권 기간을 최대한 연장하여 퇴임 전 헌법 개정을 위한 실제적이고 적극적인 노력에 나설 것으로 보인다. 하지만 아베 총리가 2007년과 같이 갑작스런 퇴임을 하게 되는 경우에는 개헌에 착수하기는 쉽지 않을 것이다. 따라서 2018년 9월의 자민당 총재 선거가 개헌에 중요한 분수령이 될 것이다.[25] 다만 아베가 부재한 상황이라도 개헌 노력은 지속될 것으로 보인다.

25 아베 총리는 2018년 9월 20일 자민당 총재 선거에서 승리했다.

자민당은 물론 다수의 정당이 개헌 논의에 참여하고 있으며, 헌법 개정 자체에 대한 국민의 지지는 찬성 여론이 조금 더 많다는 점에서 멀지 않은 장래에 가능할 것으로 예상할 수 있다.

제3장

지역경제 구조개혁을 위한 지방창생정책

이 글은 『국제·지역연구』 27권 1호(2018)에
「일본 지방창생(地方創生)정책의 탈지방적 성격」이란
제목으로 실린 필자의 논문을 수정·보완한 것이다.

이정환 李政桓 | Lee, Junghwan

현재 서울대학교 정치외교학부 조교수다. 미국 캘리포니아버클리주립대학에서 정치학 박사학위를 취득했다. 주요 저서로 『현대 일본의 분권개혁과 민관협동』(서울대학교출판문화원, 2016)이 있으며, 「인구감소와 지속가능한 지방 만들기: 지방소멸을 둘러싼 논점」, 『일본공간』(2017), 「전후일본 정치경제시스템과 구조개혁론」, 『일본연구논총』(2016), 「1997년 외환위기와 일본」, 『동서연구』(2016), 「아베노믹스와 소비세 인상 연기의 정치과정」, 『국제정치논총』(2016) 등 다수의 논문이 있다.

서론

2012년 이래 장기 지속되고 있는 아베 신조(安倍晋三) 정권의 지방정책은 지방창생(地方創生)정책으로 대표된다. 2014년 하반기에 지방창생정책과 관련된 법안과 조직 구성을 신속하게 마무리 지은 아베 정권은 2015년부터 지방창생정책을 본격적으로 추진해오고 있다. 2014년 총리 시정연설에서 '지방의 가능성을 개화하는' 시책으로 표현된 지방정책은 2015년 이래로 2018년도 시정연설까지 지방창생의 개념 속에 서술되고 있다.[1] 이 글은 '지방창생'이라는 새로운 슬로건하에서 전개되고 있는 아베 정권의 지방정책이 이전 정권의 지방정책과 어떠한 차별성이 있는지를 지방창생정책의 내용과 예산편성을 분석해서 살펴보고자 한다. 이는 각 지방단위에서 지방창생정책의 세부 프로그램들의 성과에 대한 분석까지는 포괄하지 못한 한계가 있음을 의미한다. 이 글이 지향하는 바는 중앙정부의 기본정책 설계 속에서 지방창생정책의 성격을 파악하고자 하는 것이다.[2]

일본 정부는 지난 20여 년간 기존의 지방정책 노선에서 벗어나

1 "第百八十六回国会における安倍内閣総理大臣施政方針演説"(http://www.kantei.go.jp/jp/96_abe/statement2/20140124siseihousin.html, 검색일: 2018. 3. 16); "第百八十九回国会における安倍内閣総理大臣施政方針演説"(http://www.kantei.go.jp/jp/97_abe/statement2/20150212siseihousin.html, 검색일: 2018. 3. 16); "第百九十回国会における安倍内閣総理大臣施政方針演説"(http://www.kantei.go.jp/jp/97_abe/statement2/20160122siseihousin.html, 검색일: 2018. 3. 16); "第百九十三回国会における安倍内閣総理大臣施政方針演説"(http://www.kantei.go.jp/jp/97_abe/statement2/20170120siseihousin.html, 검색일: 2018. 3. 16); "第百九十六回国会における安倍内閣総理大臣施政方針演説"(http://www.kantei.go.jp/jp/98_abe/statement2/20180122siseihousin.html, 검색일: 2018. 3. 16).

2 한국에서 지방창생정책에 관한 연구는 지금까지 정책결정과정에 집중해 진행되어왔다(김순은, 2017; 채우석, 2016; 하혜영·김유정, 2016).

고자 개혁을 꾸준히 추진해왔다. 1993년 '지방분권 추진에 관한 결의(地方分権の推進に関する決議)'와 이를 바탕으로 하는 1995년 지방분권추진법(地方分権推進法) 제정, 지방분권추진위원회(地方分権推進委員会)의 발족 이래로 지방정책을 개혁하려는 시도는 끊임없이 지속되어왔다. 이러한 지방정책개혁 노력은 전후 일본의 지방정책이 지니고 있는 중앙집권적 균형발전의 정책 노선에 대한 비판에서 기인한다. 중앙정부에 의해 행정적·재정적 측면에서 통제되어온 중앙집권적 지방정책은 경직성의 문제점을 만들었고, 이를 극복하기 위해 분권화가 필요하다는 주장이 꾸준히 제기되었다.

한편 균형발전원칙에 입각한 지방에 대한 재정조치가 초래한 비효율성이 국가 전체적 재정부담을 강화하고 있다는 관점에서 재정재건이 지방정책개혁에서 또 다른 중요한 목표가 되었다. 1990년대 이래로 지방정책개혁은 탈중앙집권의 분권화를 강조하는 노선과 탈균형발전의 재정건전을 강조하는 노선 사이에서 어디에 방점을 찍느냐에 따라서 성격을 달리해 왔다. 대표적으로 고이즈미 준이치로(小泉純一郎) 정권은 재정건전에 강조점이 찍혀 있다면, 지역주권의 슬로건을 내세웠던 민주당 정권은 재정건전보다 분권화에 초점을 둔 지방정책개혁을 추진했었다. 아베 정권이 추구하고 있는 지방창생정책 프로그램과 재정 운영 에 대한 분석은 아베 정권이 분권화와 재정재건의 두 정책 사이에서 지방정책개혁을 어디에 위치지우고 있는가에 대한 물음에 답하고자 하는 시도다. 과거 정권의 지방정책개혁과 지방창생정책의 노선 사이의 성격을 비교하는 작업은 미시적 정책 계획을 비교하는 작업을 통해 가능하다.

한편 국정 계획이라는 거시적인 틀 속에서 지방정책개혁의 위상을 분석하는 작업은 지방정책이 그 정권의 정책과제들 중에서 차지하는 중요도를 보여줄 수 있다. 아베 정권의 경우 아베노믹스의 변화 속에서 지방창생정책이 어떠한 맥락 속에 등장했고 어떠한 역할을 담당했는지를 살펴보는 작업을 통해 아베 정권의 국가개조전략 전체에서 지방창생정책의 위상을 파악할 수 있을 것이다.

이 글은 아베 정권의 국가개조전략 속에서 지방창생정책의 의미와 현대 일본의 지방정책개혁 흐름 속에서 지방창생정책의 의미를 포괄해서 살펴보고자 한다. 이를 위해 우선 지난 20여 년간 이루어져온 지방정책개혁의 흐름을 일괄하고, 아베노믹스의 큰 그림 속에서 지방창생정책이 등장한 맥락을 분석할 것이다. 그 후에는 지방창생정책을 통해 제안되고 실행되고 있는 프로그램들과 재정조치들에서 발견되는 특징을 분석한 뒤, 이를 바탕으로 아베 정권이 일본의 지방정책개혁사에서 가지는 의의를 논하고자 한다.

현대 일본 지방정책개혁의 흐름

1990년대의 지방분권개혁

전후 일본의 중앙-지방관계는 중앙집권적 균형발전원칙의 지방정책에 입각해 있었다. 지방분권의 적극적 시행을 주문한 샤프권고(シャウプ勧告)로 대변되는 전후개혁 요구는 지자체 수장의 직선제 등을 실현시켰지만, 중앙정부와 지방정부 사이의 행정적·재정적 관계에서 중앙정부의 관여 체제는 지속되어왔다(北山俊哉, 2006: 26-28). 더불어 재분배시스템에서 지역간 균형발전을 강화하는 정치적 필요성이 갈수록 증대해지면서 자민당 정권은 균형발전의 원칙하에서 지방권의 정치적 지지를 확보해가는 수혜적 지방정책을 확대해나갔

다(Calder, 1988; Dewit and Steinmo, 2002). 지방정책의 중앙집권적 성격과 균형발전적 성격에 대한 비판은 경기침체가 찾아온 1990년대에 들어 증가하기 시작했고, 비자민연립정권의 등장이라는 정치적 변화 속에서 지방정책을 개혁하려는 움직임이 시작되었다.

1990년대 지방정책개혁은 1995년 5월에 제정된 지방분권추진법에 입각한 지방분권추진위원회의 활동으로 대변된다. 지방분권추진위원회는 일본의 지방정책이 전국획일적 통일성과 공평성을 과도하게 중시하고 있음을 지적하고 이를 극복하기 위한 개혁을 시도했다. 분권개혁을 메이지유신과 전후개혁에 이은 제3의 개혁으로 의미 부여하면서, 중앙성청에 의한 획일적 행정시스템에서 벗어나 주민주도의 개성적인 행정시스템을 확립하는 것으로 분권개혁을 정의하고 있다(이정환, 2016: 46-55). 지방분권추진위원회에서 추진한 지방정책개혁은 탈중앙집권에 초점이 모아져 있었다. 지방행정에서 중앙정부의 성청들이 관여하는 행정적 제도를 없애고 지자체에 자율성을 부여하는 것을 목표로 제시하고 있다(北山俊哉, 2006: 37-39). 이러한 탈중앙집권 노선의 제도개혁이 결과적으로 효율성 증진과 연결될 것으로 기대했지만, 효율성 증진을 위한 개혁 내용은 본격적으로 다루지 못했다.

지방분권추진위원회가 탈중앙집권을 위해 추구한 핵심적 제도개혁은 기관위임사무(機関委任事務)제도의 폐지였다. 기관위임사무는 말 그대로 원래 중앙정부의 행정적 담당사안이지만 지자체가 위임받아서 국민에게 서비스하는 행정사무를 말한다. 기관위임사무는 전후 시기 동안 꾸준히 증가하여 1990년대에는 도도부현 업무의 70~80%, 시정촌 업무의 30~40%를 차지하게 되었다(青木栄一, 2006: 125). 즉, 지자체가 수행하는 행정업무 중 상당수가 개념적으로 해당 지역 주민을 대상으로 하는 것이 아니고, 중앙정부가 일본 국민에 제공하는 행정서비스라는 것을 의미한다. 기관위임사무는 중앙성청이 개별적으로 지자체에 영향력을 행사하는 제도적 틀이었다. 지방분권추진위원회가 기관위임사무의 폐지를 제도개혁의 핵심 사안으로 제시하자 각 중앙성청들이 소관기관 위임사무의 존재 이유에 대해 '공격적 설명'에 나선 것은 기관위임사무가 각 중앙성청의 영향력을 행사하는 중요한 수단이기 때문이다(西尾勝, 1999: 94). 지방분권위원회의 활동 결과로 1999년 7월에 제정된 지방분권일괄법(地方分權一括法)은 기관위임사무제도를 폐지하는 대신에 기존의 기관위임사무 중 40% 정도를 법적수탁사무로 유지하는 내용을 담고 있다(北山俊哉, 2006: 38). 이러한 변화는 기관위임사무제도의 폐지라기보다는 부분적 축소로 파악하는 것이 적합하다.

한편 지자체에 실질적 행정권한을 이양하기 위해서는 재정적 자율성을 부여하는 것이 필요하고, 이를 위한 지방재정개혁이 필요하다는 것은 지방분권추진위원회 활동 초기부터 제기되었다. 하지만 지방분권추진위원회는 지방재정개혁에 대해서는 다루지 못하고 미래의 과제로 남겨놓았다(西尾勝, 1999). 또한 지방분권추진위원회 활동에서는 탈균형발전 노선에 입각한 지방정책개혁이 본격적으로 제기되지 않았다. 탈균형발전 노선은 재정건전화 목표와 부합될 수밖에 없는데, 1990년대 일본 정부는 재정건전보다는 경기침체 탈출을 위해 적극재정에 입각한 경제정책을 주로 추진했다. 적극재정 노선은 오히려 지방에 대한 공공투자가 증가되는 상황을 야기했다. 1990년대 지방정책개혁은 중앙-지방의 행정제도 개편에 초점이 맞추어져 있었으며, 지방에 대한 재정조치가 축소되어야 한다는 탈균형발전 노선은 두드러지게 나타나지 않았다.

고이즈미 정권의 삼위일체 개혁

2001년 출범한 고이즈미 정권의 지방정책개혁은 1990년대에 다루지 못했던 지방재정개혁을 중심으로 전개되었다. 이 과정에서 지방재정개혁이 지자체에 권한을 부여하는 탈중앙집권의 관점에서 이루어져야 한다는 노선과 국가 전체의 재정건전에 도움이 되는 탈균형발전의 관점에서 이루어져야 한다는 노선 사이의 갈등이 존재했다(이정환, 2016: 86-95).

2001년 5월 고이즈미 총리에 의해 경제재정자문회의(経済財政諮問会議)를 담당하는 경제재정정책담당대신으로 임명된 다케나카 헤이조(竹中平蔵)는 재정건전을 목표로 하는 정책과제의 하나로 지방재정제도의 개혁을 포함했다(竹中平蔵, 2006: 250). 2001년 6월 각의 결정된 '골대의 방침(骨太の方針) 2001'에는 지방재정계획의 세출에 대한 철저한 검증과 지방교부세의 삭감 등을 내용으로 하는 지방재정의 건전화 계획이 담기게 되었다(Doi, 2004: 6-7). 이는 지방정책개혁에서 재정건전의 정책 노선이 현실화된 것을 의미한다. 재정건전을 목적으로 하는 지방교부세의 삭감은 균형발전의 관점에서 이루어졌던 지방에 대한 재정조치의 삭감을 의미하기 때문에 탈균형발전 노선의 대표적 개혁내용이라고 볼 수 있다.

이러한 탈균형발전과 재정건전의 정책 노선은 재무성의 지지를 받았지만, 지방 6단체(전국지사회, 전국시장회, 전국정촌회, 전국도도부현의원의장회, 전국시의회의장회, 전국정촌의회의장회)와 총무성의 반대를 야기했다. 지방재정개혁에서 지방의 목소리를 대변하는 총무성은 지방에 대한 재정지원 축소에 상당하는 세원을 국세에서 지방세로 이양하는 것을 골자로 하는 개혁안을 2002년 경제재정자문회의에 제안했다. 당시 총무대신이던 가타야마 도라노스케(片山虎之助)의 이름을 딴 '가타야마 비전'은 재정건전보다는 지방재정시스템에서 지방에 많은 자율성을 부여하는 탈중앙집권의 관점에 서 있다고 할 수 있다(이정환, 2016: 57).

2002년부터 본격적으로 논의가 시작되어 2004년 11월에 정부와 여당의 합의가 도출된 삼위일체 개혁(三位一体の改革)은 지방자치를 강조하는 탈중앙집권 관점과 재정건전을 강조하는 탈균형발전 관점 사이의 갈등 속에서 전개되었다. 이 과정에서 지자체들은 국고보조금 삭감과 세원이양이 연동된 합의안을 수용했다. 그 내용은 2004년부터 2009년까지 총 9조 엔의 국고보조금을 삭감하고 총 8조 엔의 세원이양을 실시하는 가운데, 2005~2006년 2년 동안 3조 2천억 엔의 국고보조금 삭감과 3조 엔의 세원이양을 실시한다는 것이다(細井雅代, 2014: 231-232). 재정건전이라는 국가적 대의명분하에서 국고보조금 삭감을 피할 수 없다면 국고보조금 삭감에 준하는 세원이양을 최대한 확보하고자 하는 지자체의 태도가 보인다.

국고보조금 삭감분에 준하는 세원이양을 확보한다면 지자체의 재정운용에 있어 자율성이 증가될 수 있기 때문에 이는 탈중앙집권 관점에서 긍정적인 변화가 될 수 있었다. 하지만 고이즈미 정권의 신자유주의적 구조개혁을 견인하던 경제재정자문회의와 재정건전을 강조하는 재무성은 국고보조금 삭감분에 준하는 세원이양에 호의적이지 않았다. 그렇게 되면 재정건전화에 큰 도움이 되지 않기 때문이다. 결과적으로 2004~2006년 3년 동안의 삼위일체 개혁의 최종 성과는 4조 7천억 엔의 국고보조금 삭감과 3조 1천억 엔의 세원이양, 8천억 엔의 교부세화로 귀결되었다. 지방정부 입장에서는 삼위일체 개혁을 통해서 1조 엔 규모의 재원을 상실하게 된 것이다(細井雅代, 2014: 233-235).

삼위일체 개혁 과정에서 국고보조금의 삭감분이 일부 지방교부세화되었다고는 하지만, 고이즈미 정권은 삼위일체 개혁 기간 동안에 지방교부세의 규모 자체를 대폭 축소했다. 2003년도에 18조 1천억 엔이던 지방교부세는 2006년도에는 15조 9천억 엔으로 축소되었다(細井雅代, 2014: 234). 지방교부세를 지자체의 재원보장 기능 측면으로 간주하던 지자체와 총무성은 이러한 축소에 반대했다. 하지만 재무성은 지방교부세가 지자체의 재원보장 기능으로 계속 전제되어 있으면 지방의 독립적인 발전이 저해될 뿐이라는 논리를 제기하면서 지방교부세의 재원보장 기능을 폐지할 것을 주장했다.

고이즈미 정권 시절에는 구조개혁의 관점에서 재정건전의 정책 노선이 지방재정개혁 전반에 중심적 위치를 차지하고 있었다. 지방분권추진위원회의 후속 조직으로 2001년 7월에 설립된 지방분권개혁추진회의(地方分権改革推進会議)는 고이즈미 정권 시절 지방정책개혁의 중심에 서 있지 못했다. 만약 지방분권개혁추진회의가 지방정책개혁의 주도권을 잡았다면 삼위일체 개혁의 내용이 지자체에 좀 더 호의적으로 설계되었을 가능성도 있다. 하지만 모든 경제사회 관련 정책을 경제재정자문회의에서 총괄하는 정책결정과정 속에서 탈중앙집권 노선보다 탈균형발전 노선이 고이즈미 정권기에 강력한 영향력을 확보할 수 있었다(이정환, 2016: 90-92).

민주당 정권의 지역주권 개혁

2007년 4월에 발족한 지방분권개혁추진위원회(地方分権改革推進委員会, 지방분권개혁추진회의의 후속 조직)는 탈중앙집권의 관점에서 중앙성청 지방사무소들의 정리 및 일원화, 그리고 지자체의 의무와 그 범위에 대한 재검토를 모색했다. 지방분권개혁추진위원회가 논의했던 지자체의 의무와 그 범위의 재검토는 2009년 등장한 민주당 정권의 지역주권 개혁에 포함되어 추진되었다. 2009년 9월에 출범한 민주당 정권은 10월에 제출된 지방분권개혁추진위원회의 3차 권고 내용을 받아들이는 형태로 지자체의 의무와 범위를 재검토하고 조정하는 '지방분권개혁추진계획(地方分権改革推進計画)'을 12월에 각의 결정했다.

한편 하토야마 유키오(鳩山由紀夫) 총리는 지역주권 개혁을 위해 지역주권전략회의(地域主権戦略会議)를 설치하고 행정쇄신회의와 함께 지역주권 개혁을 추진하는 중심조직으로 삼았다. 지자체가 요망하는 사안을 중심으로 지자체의 의무와 범위를 줄이고 조례제정권을 확대하는 것을 내용으로 하는 계획은 2010년 6월의 '지역주권전략대강(地域主権戦略大綱)'으로 발전되었고, 2011년 두 차례에 걸친 일괄법의 제정으로 진전되었다(齊藤由里恵, 2014: 252-256).

지차제의 의무와 그 범위를 재검토하는 것은 지자체의 자율성을 증진시키는 관점에서 민주당 정권기에 적극 추진되었다. 탈중앙집권의 관점이 지방정책 개혁에서 적극적으로 반영된 배경에는 지역주권으로 대표되는 민주당의 분권형, 총리주도, 작은 정부의 국가구상이 존재한다(와타나베 오사무 외, 2010: 72-77). 오자와 이치로(小沢一郎)에 의해 정책 전환이 이루어지기 전에 민주당이 유지하던 탈개발주의 국가체제 개혁구상은 보편적 복지 확대의 정책노선이 당의 중심 정책노선으로 자리잡은 이후에도 지방정책개혁 분야에서 작은 정부와 분권화를 적극 추진하는 정책노선으로 유지되었다(와타나베 오사무 외, 2010: 78-81). 이러한 탈중앙집권에 대한 관점이 지역주권의 슬로건으로 대표되었다.

내용적으로 민주당 정권의 지역주권 개혁은 지자체의 행정적

의무에 대한 범위 축소와 더불어 재정적 자율성 증진을 위해 중앙성청이 개별적으로 관여하는 보조금을 폐지하고 지자체가 자율적으로 사용할 수 있는 일괄교부금으로 바꾸는 지방재정개혁과 연결되어 있다. 일괄교부금화 아이디어는 민주당의 오랜 공약이었다. 1990년대 후반부터 포괄보조금제도 도입이나 공공사업일괄교부금법안 등을 지속적으로 주장해왔다(齊藤由里恵, 2014: 257-258). 이는 중앙성청들이 사안별로 관리감독하는 투자적 사업과 연관된 지자체에의 재정조치를 폐지하고 그 재원을 모아 일괄로 지자체에 지급하고 그 운영 권한을 지자체에 부여하자는 아이디어였다.

민주당 정권은 지역자주전략교부금(地域自主戦略交付金)으로 명명된 일괄교부금을 2011년도 예산에 처음 도입했다. 2011년에는 총액 5,120억 엔에 해당하는 지역자주전략교부금을 설정했다. 기존에 국토교통성, 농림수산성, 후생노동성, 경찰청, 문부과학성, 환경성, 총무성 등이 관할하던 9개의 보조금 4,799억 엔과 321억 엔의 오키나와진흥자주전력교부금을 일괄교부금으로 지급했다. 2012년도에는 오키나와진흥일괄교부금을 제외하고 총 18개 항목의 6,754억 엔의 지역자주전략교부금을 지자체에 지급했다(齊藤由里恵, 2014: 260-261). 지역자주전략교부금의 규모는 중앙성청의 관여가 결부된 보조금을 폐지하고 지방에 재정적 자율성을 부여한다는 목표를 달성하기에는 매우 적은 규모다. 하지만 지역자주전략교부금은 민주당 정권이 탈중앙집권의 노선에 방점을 찍고 지방정책개혁을 추진하고 있음을 보여주는 예다.

지방창생정책 등장 배경

아베 정권의 지방창생정책은 2014년 하반기에 구체화되었지만, 지방정책개혁과 관련된 정책 논의는 정권 발족 후에 지속적으로 진행되었다. 우선 아베 정권기에도 탈중앙집권적 성격을 지닌 지자체에 대한 행정권한 이양의 행정개혁이 지속적으로 이루어졌으며, 그 중심에는 지방분권개혁추진본부(地方分權改革推進本部)가 존재한다. 아베 정권은 민주당 정권의 지역주권전략회의를 폐지하고 2013년 3월 지방분권개혁을 추진하는 지방분권개혁추진본부를 설치했다(小島功平, 2014: 21). 민주당 정권에서 법제화된 제1차 일괄법과 제2차 일괄법과 유사한 내용—지자체의 의무와 그 범위의 조정—을 담고 있는 제3차 일괄법은 2013년 6월에 법제화되었다. 그 후 아베 정권하에서 제4차 일괄법(2014년 5월), 제5차 일괄법(2015년 6월), 제6차 일괄법(2016년 6월), 제7차 일괄법(2017년 4월)이 매년 제정되고 있다. 제4차 일괄법은 도도부현에서 지정도시로의 사무와 권한의 이양을 중심으로 하고 있으며, 제5차에서 제7차 일괄법은 지자체에서 제안공모방식에 입각한 행정사무를 가능케 하는 법령 정비의 내용을 담고 있다.[3] 하지만 지자체에 대한 행정사무 권한 이양의 진전이 아베 정권의 지방정책개혁을 대표하고 있다고 보기 어렵다. 지방행정 관련 법적 변화는 정권교체와 무관하게 지속되어온 중앙정부와 지자체 사이의 행정기능 조정 작업의 결과라고 볼 수 있다. 지자체에 대한 행

3 아베 정권의 지방분권개혁추진본부에 의해 주도되어 제정된 제4~7차의 지방분권일괄법의 상세한 내용에 대해서는 내각부 지방분권추진본부 홈페이지(http://www.cao.go.jp/bunken-suishin/ikkatsu/ikkatsuhou.html, 검색일: 2018. 2. 2) 참조.

정과 재정 권한 부여에 대해서 정권 차원에서 강하게 선호했던 민주당 정권과는 달리 아베 정권에서 지자체의 행정사무 관련 제도개혁은 국가개조전략의 초점이라고 보기 어렵다.

경제재건을 위한 정책대응에 총력을 기울였던 아베 정권 초기에 지방정책의 초점도 지방경제활성화에 있었다. 이를 위해 내각부에 '지방경제에 관한 유식자간담회(地域経済に関する有識者懇談会)'를 설치하고, 2013년 7월부터 9월까지 활동했다. 이 간담회에서는 아베노믹스의 성과를 지방에 파급시키기 위한 지방경제정책을 모색했다. 하지만 그 내용은 지역산업 진흥과 고용창출, 지역인재 확보, 마치즈쿠리(まちづくり) 등 과거부터 논의되어오던 정책내용을 반복하고 있다.[4] 양적완화의 통화정책에 정권의 전체적 역량이 집결된 상황에서 아베 정권은 2013년에 독자적인 지방정책을 보여주지 못했다.

아베 정권 초기 아베노믹스가 거둔 일정한 성과는 지방도시권의 경기활성화로 연결되지 않고 있는 상황이었다. 양적완화에 대한 기대감이 주가 상승과 엔저 현상을 야기했고, 이를 통해 대기업의 실적 개선과 전반적인 경기상승에 대한 기대감이 높아진 것은 사실이다(日本経済新聞, 2014. 1. 17). 하지만 내수 소비 심리는 잘 살아나지 않았고, 대도시권을 중심으로 경기가 회복되는 상황에서 아베노믹스가 지방경제 활성화로 연결되지 않는다는 관점이 제기되었다(日経ビジネス, 2014. 10. 21).

아베 정권이 내세웠던 정책 중에는 국토강인화(国土強靭化) 계획이나 국가전략특구(国家戦略特区) 제도와 같이 지방정책의 중심으

4 내각부 지역경제에 관한 유식자간담회 홈페이지(http://www5.cao.go.jp/keizai-shimon/kaigi/special/local_economy/index.html, 검색일: 2018. 2. 2) 참조.

로 자리잡을 수 있는 프로그램들이 있었다. 아베노믹스의 제2의 화살인 기동적 재정정책은 국토강인화 계획과 연계된 공공사업 확대를 통해 지방경제 활성화에 일정한 효과가 있었던 것은 사실이다(日本経済新聞, 2014. 3. 11). 국토강인화 계획 아이디어를 제공했으며 아베 정권 출범과 동시에 내각관방참여(内閣官房参与)로 임명된 후지이 사토시(藤井聡)의 인프라투자 중심형 경제정책이 아베노믹스에서 높은 비중을 차지했다면 국토강인화 계획이 아베 정권의 지방정책을 대변했을 수도 있었다.[5] 하지만 이러한 재정투자가 지방경제의 공공사업 의존형 구조로부터의 탈피를 방해한다는 구조개혁론자들의 비판이 지속되었다(小峰隆夫, 2013: 3장). 공공사업에 대한 재정투자에 대해서는 일본 내에서 매우 광범위한 비판적 시선이 존재한다. 이러한 조건에서 공공사업 확대 중심의 재정정책은 아베 정권 지방정책의 중심에 자리잡지 못했으며, 국토강인화 계획은 방재와 노후인프라 개보수와 관련된 프로그램으로 한정되었다.

아베 정권 초기에 정책적 가시성이 높았던 또 다른 지방 관련 정책 프로그램으로 국가전략특구제도가 있다. 2013년 6월에 성장전략으로 제시된 '일본재흥전략(日本再興戦略, Japan is Back)'에서 국가전략특구는 규제완화 진척을 위한 대표적 정책으로 제시되었다. 국가전략특구제도는 규제개혁을 목표로 하지만, 그 대상이 논의되던 초기부터 도쿄권, 오사카권, 나고야권의 대도시권 중심으로 계획이 구상되어왔다(日本経済新聞, 2013. 4. 18). 2014년 3월에 첫 번째 선정된 특구에 니가타시나 야부(養父)시와 같이 농업 관련 특구의 선정도 있었지만 국토전략특구제도가 대도시권진흥계획의 성격이 강한 것은 부

5 후지이 사토시의 인프라투자 중심형 구상에 대해서는 藤井聡(2010; 2015) 참조.

인할 수 없다. 즉, 2014년 시점에도 아베 정권은 지방도시권을 대상으로 하는 맞춤형 정책이 없는 상황이었다. 2015년 통일지방선거를 염두에 두었을 때 지방도시권에서 정치적 지지를 강화할 수 있는 대응책으로 지방도시권 맞춤형 정책이 필요했고, 그 속에서 지방창생 정책이 등장했다.

하지만 정치적 필요성을 넘어서 2014년 하반기의 지방창생정책의 대두는 아베노믹스의 성격 변화와 연관된다. 양적완화 중심의 초기 아베노믹스 정책은 경기부양을 위한 단기적 처방의 성격이지 장기적으로 일본의 경제적 재흥을 위해 필요한 비전이 잘 드러나 있지 못했다. 아베 정권이 2014년 1월에 경제재정자문회의의 전문조사회로 '선택하는 미래'위원회(「選択する未来」委員会)를 설치한 것은 향후 50년을 대상으로 하는 장기 비전을 마련해야 한다는 발상에 기반을 두고 있다(日本経済新聞, 2014. 1. 20). 단기적 처방인 양적완화를 통한 경기회복에서 어느 정도 일정한 성과를 거두며 정권의 안정성이 확보되자, 장기적 관점에서 일본의 경제사회적 체질 개선의 전략 모색이 필요하다는 관점이 현실화된 것이다.

'선택하는 미래'위원회가 지방창생전략과 연결되는 지점은 '선택하는 미래'위원회 산하의 '지역의 미래 워킹그룹(地域の未来ワーキング·グループ)'이다. 그 이유는 민간기구인 일본창성회의(日本創成会議)의 좌장을 맡아 인구감소 시대에 지방의 지속가능성 문제와 그에 대한 대처 방안의 필요성을 주장했던 마스다 히로야(増田寛也) 전 총무대신이 지역의 미래 워킹그룹의 주임이기 때문이다. 2014년 5월에 일본창성회의는 보고서 「저출산 극복을 위한 지방활성화 전략(ストップ少子化·地方元気戦略)」(통칭 마스다 보고서)을 발표했다. 이 보고서 간행 이전에 2013년부터 『주오코론(中央公論)』을 통해 동일한 주장을

지속적으로 해왔던 마스다와 일본창성회의는 인구유출로 2040년까지 소멸될 가능성이 높은 896개 기초지자체의 명단을 발표하면서 사회적 관심을 야기시켰다.[6] 「마스다 보고서」의 출판물인 『지방소멸(地方消滅)』이 2014년 8월에 출판되었으나, 「마스다 보고서」의 문제제기는 이미 2013년부터 유통되고 있었고, 마스다의 '선택하는 미래'위원회 활동을 통해 동일한 문제제기와 처방전이 정부의 정책 형성에 반영될 수 있었다.[7] 마스다는 제1차 아베 정권에서 총무대신을 역임했을 뿐 아니라, 아베 정권의 스가 요시히데(菅義偉) 관방장관과 긴밀한 관계인 것으로 알려져 있다(岡田知弘, 2014: 65). 하지만 마스다와 현 정권 지도부 사이의 긴밀한 관계가 「마스다 보고서」의 내용이 아베 정권의 지방창생정책으로 현실화되는 것을 충분하게 설명할 수는 없다. 아베 정권 입장에서 아베노믹스를 단기처방전에서 장기적 국가개조계획으로 변화시킬 필요성과 이 과정에서 지방에 하나의 비전을 제시할 필요성이 있었다.

아베 총리는 2014년 6월 14일 지역활성화와 지역재생을 중요과제로 하는 지방창생본부의 설치 방침을 결정했고, 그 내용은 6월 24일에 각의 결정된 '골대의 방침 2014'에 포함되었다. 2014년 9월 3일 발족한 아베 개조내각은 이러한 방침에 입각하여 지방창생의 사령탑 역할을 수행하는 지방창생담당대신을 설치하고, 내각에 '마을·사람·일 창생본부(まち·ひと·しごと創生本部, 이하 창생본부)'를 설치

6 마스다 히로야의 지방소멸론은 다음과 같은 도서로 지속적으로 출판되었다. 마스다 히로야(2015), 増田寛也(2015), 増田寛也·冨山和彦(2015), 増田寛也·河合雅司(2015).

7 '선택하는 미래'위원회의 지역의 미래 워킹그룹의 최종보고서(http://www5.cao.go.jp/keizai-shimon/kaigi/special/future/wg3/houkoku/main.pdf, 검색일: 2018. 2. 2) 내용은 「마스다 보고서」 내용과 일치한다.

했다. 2014년 9월 3일 개조내각에서 새롭게 창설된 지방창생담당 대신으로 이시바 시게루(石破茂)가 취임했다.[8] 한편 부대신으로 다이라 마사아키(平将明), 정무관으로 고이즈미 신지로(小泉進次郎)가 기용되었다. 아베 총리의 당내 최대 라이벌로 간주되는 이시바와 유력한 차세대 정치스타인 고이즈미가 지방창생정책의 얼굴로 등장하면서 지방창생정책 자체가 일본사회에 부각되는 계기가 되었다(日本経済新聞, 2014. 9. 16). 지방창생 관련 법안들은 2014년 가을의 제187회 국회(임시회)에서 의결되었고, 이를 근거로 한 '마을·사람·일 창생 장기비전(まち·ひと·しごと創生長期ビジョン, 이하 장기비전)'과 '마을·사람·일 창생 종합전략(まち·ひと·しごと創生総合戦略, 이하 종합전략)'이 12월 27일에 결정되어 지방창생정책의 내용이 구체화된다(中西渉, 2015: 6).

지방창생정책의 내용과 집행방식

내용: 일본재흥 속에서의 지방창생

지방창생정책은 로컬 아베노믹스로 불리며 등장했는데, '일본재흥전략 개정 2014'에서 서술된 경제성장 성과의 전국적 파급을 위한 지역경제 구조개혁의 정책과제가 지역창생정책으로 구체화된 것으로 볼 수 있다. 지방창생정책이 지니는 일본재흥전략의 하위적 성격은 장기비전에서 확인할 수 있다. 장기비전에서는 지방창생정책의 필요성을 인구문제에 대한 대책에서 찾고 있다. 인구감소 문제

8 이시바 시게루는 지방창생을 자신의 정치적 자산으로 하고자 한다. 이를 위해 지방창생담당대신 시절의 경험을 도서로 출판했다(石破茂, 2017).

를 극복하기 위해 2060년에 1억 정도의 인구를 유지하는 것을 목표로 이를 위해 국민희망출산율을 1.8로 향상시켜서 인구감소에 제동을 걸고 도쿄일극 중심주의를 시정해서 지방도시권의 인구감소 문제에 대응해야 한다는 정책목표를 제시했다(まち·ひと·しごと創生本部, 2014a). 장기비전에 서술된 문제의식은 「마스다 보고서」와 거의 동일하며, 이러한 점은 지방창생정책에 대한 「마스다 보고서」의 절대적 영향력을 보여준다.[9] 지방창생정책이 과거의 지방정책과 가장 다른 점은 목표 자체가 일본 전체의 인구문제에 있다는 것이다. 과거의 지방정책은 지방활성화 자체에 목적을 두었다면, 지방창생정책에서는 지방활성화가 최종 목적이 아니다. 지방활성화를 통해서 지속가능한 인구규모를 유지하는 목표가 제시되고 있다. 이 점은 지방창생정책이 지방정책 차원에 머무르지 않는다는 점을 의미한다. 오히려 지방정책 차원의 고민보다는 인구감소 문제에 대한 대응책으로 지방에서 추진되어야 할 과제들을 제시하는 측면이 크다.

이러한 측면은 종합전략에 나타난 지방창생정책의 4대 기본 목표에서 더 선명하게 드러난다(まち·ひと·しごと創生本部, 2014b: 11-13). 〈표 1〉에 제시된 4대 기본 목표의 1~3은 지방의 '평균 소득의 향상'을 통한 '일'과 '사람'의 선순환 만들기이고, 4는 그 선순환을 지원하는 마을의 활성화다. 과거의 지역활성화 정책들은 지방창생정책의 기본 목표 중 4에 집중해 설계되어 있었다. 또한 종합전략에 제시된 지방창생정책의 주요 시책 항목들을 살펴보면 지방창생정책이 지방활성화에만 입각해 있지 않음을 알 수 있다. 2015년도와 2016년도

9 「마스다 보고서」의 내용에 대한 리뷰로는 이정환(2017), 박승현(2017), 槇満信(2016)이 있다.

〈표 1〉 지방창생정책의 4대 기본 목표

1	(일) 지방에 안정적 고용 창출
2	(사람) 지방에 새로운 사람의 유입 형성
3	(사람) 청년세대의 결혼, 출산, 육아의 희망 실현
4	(마을) 시대에 부합하는 지역만들기

출처: まち·ひと·しごと創生本部(2014a).

에 각각 발간된 '종합전략 개정 2015'와 '종합전략 개정 2016'에서도 이러한 성격이 유지되는 가운데, 구체적 시책을 정교화하는 형태의 변화가 이루어졌다(まち·ひと·しごと創生本部, 2015; 2016). 〈표 2〉는 '종합전략 개정 2016'에 서술된 지방창생정책의 주요 시책을 정리한 것이다. 지방창생정책의 주요 시책으로 포함된 청년세대의 경제적 안정, 임신, 출산, 육아 지원, 노동개혁 등은 지방창생정책이 지방활성화 정책 차원에서 설계된 것이 아니라, 저성장과 인구감소에 대한 국가적 대응전략의 한 부분으로 설계되어 있음을 보여준다. 또한 농업규제 완화, 관광진흥, 고용개선 등도 지방창생의 독자적 내용이 아닌 농업개혁, 인바운드소비진흥, 고용개혁의 내용으로 일본재흥전략에 포함되어 드러난 국가개조계획의 지방에서 보완하는 제도적 틀을 구축하는 성격이 강하다. 지방창생정책의 주요 시책으로 제시된 많은 내용은 아베노믹스 제2단계의 주요 내용이 되는 '일본재흥전략 개정 2015'의 핵심 내용이기도 하다(日本経済再生本部, 2015).

지방창생정책의 일본재흥전략에의 하위적 성격은 아베 정권에 있어서 지방정책이 지니는 정책적 중요성에 대해 의구심을 가지게 한다. 지방창생정책이 2014년 하반기에 속도감 있게 추진되는 과정에서 야당 측은 2015년 4월에 실시되는 통일지방선거에 대한 일종의 정치적 대응책이 아니냐는 비판의 목소리를 냈다(小田切徳美,

〈표 2〉 지방창생정책의 주요 시책

1. 지방에 안심하고 일할 수 있는 일자리 창출	
1) 생산성 높은 지역경제 실현을 위한 종합 대책	• 지역의 기술 국제화 • 지역의 매력을 브랜드화 • 지역 일자리의 고도화 • 지역기업의 경영체제 개선과 인재 확보 • 지역 전체의 매니지먼트 능력 향상 • ICT 이용 등에 의한 지역활성화 • 지역경제의 선순환 확대를 위한 대책 • 종합적 지원체제의 개선
2) 관광업을 강화하는 지역의 제휴체제 구축	• 일본판 DMO(Destination Marketing/Management Organization)를 핵으로 하는 관광지역만들기, 브랜드 만들기 추진 • 다양한 지역자원을 활용한 콘텐츠 만들기 • 관광소비 확대 등을 위한 환경정비
3) 농림수산업의 성장산업화	• 수요 프론티어의 확대, 밸류체인 구축 • 농업생산현장의 강화 • 임업의 성장산업화 • 어업의 지속적 발전
4) 지방에의 인재 환류, 지방에의 인재 육성, 지방의 고용확대대책	• 청년인재의 환류와 육성, 정착 지원 • '프로페셔널인재전략거점'의 활용 촉진 • 인재환류정책 간의 연계 강화 • 신규 취농, 취업자에의 종합적 지원 • 청년, 고령자, 장애인이 활약할 수 있는 사회 실현
2. 지방에의 새로운 사람의 유입 창출	
1) 정부 관련기관의 지방이전	
2) 기업의 지방거점 강화, 기업에 의한 지방 채용, 취학 확대	
3) 지방이주 촉진	• 지방이주희망자에 대한 지원체제 • 지방거주의 본격 추진(도시–농촌 교류, 시험거주, 거주이전의 본격 추진) • '생애활약의 마을' 구상에 관한 선도적 사례 전개 • '지역부흥협력대'의 확충 • 지역의 총력 활용대책
4) 지방대학 진흥	• 지식의 거점으로서의 지방대학 강화계획 • 지역학생정착 촉진계획 • 지역인재 육성계획
5) 지방창생 인턴십 추진	

3. 청년세대의 결혼, 출산, 육아의 희망 충족	
1) 저출산대책에 있어 '지역적 관점'의 추진	
2) 청년세대의 경제적 안정	• 청년 비정규고용대책 추진 • '저출산사회대책대강'과 연계된 결혼, 임신, 출산, 육아의 각 단계에 대응하는 종합적 대책 추진
3) 출산, 육아 지원	• 임신, 출산, 육아의 단절 없는 지원: 육아세대 포괄지원센터 정비 • 어린이 육아 지원에의 충실
4) 지역의 실정에 맞는 '노동개혁' 추진	• 일과 삶의 균형 추진 • 장시간노동의 수정 • 시간과 장소에 구애받지 않는 업무방식의 보급 촉진 • 지역에 있어서 여성 활약 추진 • 지역의 실정에 맞는 노동개혁 실현
4. 시대에 부합하는 지역만들기	
1) 마을만들기와 지역 제휴	• 마을만들기에서의 지역 제휴 추진 • 도시의 콤팩트화와 주변의 교통 네트워크 형성에 관한 정책 간 제휴 추진 • 인구유입에 활기를 부여하는 지역공간 형성 • 마을만들기에서의 관민제휴와 '가시화' 추진 • 인구감소에 입각한 기존 스톡 관리 강화
2) '작은 거점'의 형성 (취락생활권 유지)	• 지역주민에 의한 취락생활권의 장래상에 대한 합의 형성과 대책 추진 • 지역의 과제 해결을 위한 지속적 대책체제로서의 지역운영조직의 전개와 활용 추진 • 지역에서 살아갈 수 있는 생활서비스의 유지 확보 • 지역에 있어서의 일자리와 수입 확보
3) 도쿄권 등 대도시권의 의료, 개호문제, 저출산 문제 대응	• 도쿄권 등 대도시권의 의료와 개호문제 대응 • 대도시 근교의 공적임대주택단지의 재생과 복지거점화 • 도쿄권을 비롯한 대도시권의 저출산 문제 대응
4) 주민이 지역방재를 담당하는 환경 확보	
5) 고향만들기 추진: '후루사토'에 대한 자긍심을 높이는 시책 추진	
6) 건강수명을 늘려서 평생 현역으로 보낼 수 있게 하는 마을만들기 추진	
7) 배기가스 배출을 삭감하는 지역만들기	

출처: まち·ひと·しごと創生本部(2016)의 내용을 필자가 정리.

2014). 이러한 비판적 목소리는 지방창생정책이 지방정책으로서의 자기완결성이 낮은 상태에서 부차적 차원에서 존재하는데, 지방창생이라는 슬로건 속에서 과대 포장되었다는 관점으로 연결된다. 하지만 반대로 저성장과 인구감소의 구조적 변화에 대한 국가적 종합전략의 일부로 잘 맞물려 설계되었다는 점이 과거의 지방정책과는 차별화되는 지방창생정책의 장점이라고도 볼 수 있다.

한편 지방창생정책 내용의 또 다른 특징은 포괄성이다. 종합전략의 구체적 시책들은 모두 지방활성화와 연결되지만 그 내용에 산업정책, 도시개발정책, 사회복지정책, 교육정책 등이 모두 담겨 있다. 달리 말하면 지방창생정책은 지자체가 다루어야 하는 대부분의 행정 분야를 포괄하고 있다. 그리고 개별 내용은 과거에 중앙성청에 의해서 전체적 계획이 입안되고 지자체에 제시되었던 것들이기도 하다. 지역경제활성화와 관련된 많은 내용은 과거에 경제산업성이 주도했던 산업클러스터 정책이나 중소기업지원대책의 연속선상에 서 있다. 또한 마을만들기의 콤팩트화 전략은 총무성이 주도했던 중심시가지활성화 대책의 연속선상에 서 있다.

지방창생정책의 구체적 시책들은 통시적으로 지방활성화 대책으로 간주되던 다양한 분야에서의 지방대책들과 공시적으로 일본재흥전략에 입각해서 지방 단위에서 추구되어야 하는 인구감소·저출산대책들이 종합되어 있다. 이것은 지방창생정책에는 새로움이 없다는 비판의 이유가 될 수 있다. 또는 지방창생정책은 지금까지 다양한 정부조직에 의해 집행되던 정책들을 체계화한 것이라는 긍정적 시각도 가능하다. 지방활성화와 관련된 다양한 정책을 일원화하려는 시도는 2007년 후쿠다 야스오(福田康夫) 정권에서 시도한 바 있다. 당시 후쿠다 정권은 도시재생, 구조개혁특구, 지역재생, 중심시

가지활성화, 종합특구 각 정책을 담당하는 내각부의 본부들을 일원화하여 지역활성화통합본부를 설치하여 운영했다. 하지만 조직적 통합을 넘어서는 독자적인 정책명은 없었다.[10] 지방창생정책의 특징은 네이밍 자체에 있을 수 있다. 내용적으로 새롭지는 않지만 이를 포괄하고 여기에 새로운 이름을 부여하는 방식으로 판단된다.

방식: 자기책임, 성과관리, 민관협동

종합전략에 제시되고 있는 지방창생정책의 원칙들은 지방창생정책의 운영방식을 이해하는 기초를 제공해준다. 종합전략에는 자립성, 장래성, 지역성, 직접성, 결과 중시가 지방창생정책의 5대 원칙으로 제시되고 있다. 자립성은 지방창생정책하의 지원을 받은 프로그램들이 지원 종료 후에도 지속가능해야 한다는 점을 의미한다. 장래성은 지방창생정책의 프로그램들은 정부에서 제공해야 하는 기초적 행정서비스와 관련되는 것이 아니라 지역을 보다 풍요롭게 할 수 있는 내용을 담아야 한다는 점을 내포하고 있다. 지역성은 지방창생정책은 중앙에 의해서 일률적으로 요구되는 것이 아니고, 각 지자체가 자기 실정에 맞는 스스로의 계획을 추진해야 한다는 점을 의미한다. 직접성은 성과를 가시적으로 낼 수 있도록 정책이 운영되어야 하며, 이를 위해 지방공공단체는 물론 주민대표, 산업계, 대학, 금융기관, 노동단체가 함께 제휴해 정책을 추진해야 한다는 점을 담고 있다. 결과 중시는 개별 시책의 효과검증을 실시한다는 점을 말한

10 지역활성화통합본부는 자체 프로그램 없이, 5대 본부의 통합회의로 운영되었고, 2007년 10월부터 2009년 4월까지 6회의 회의를 개최했다. 지역활성화통합본부 홈페이지(http://www.kantei.go.jp/jp/singi/tiiki/kaisai.html, 검색일: 2018. 2. 2) 참조.

다. 자립성, 장래성, 지역성은 결국 지방의 자기책임 원리로 종합될 수 있으며, 결과 중시는 성과관리원리로, 직접성은 민관협동원리로 파악 가능하다(まち·ひと·しごと創生本部, 2014b: 5-6).

지방창생정책에서 자기책임원리가 중심적 운영원리로 자리잡아야 한다는 정책결정자들의 인식을 상징적으로 대변하고 있는 것은 '종합전략 개정 2016'의 맺음말에 등장하는 나카무라 마사나오(中村正直)의 소개다.

> 메이지유신이 일어날 때 영국에 유학했던 나카무라 마사나오는 새뮤얼 스마일즈의 『자조론(自助論)』에 감명을 받았다. 나카무라는 귀국 후에 이를 번역하여 『서양입지편』으로 출판했다. 수신의 교과서로 메이지천황의 어전강의 교과서로 쓰이고 국민적으로 널리 읽혀서 100만 부 이상의 판매를 올린 베스트셀러가 되었다고 전해진다. 일본은 세계에서 선두적으로 인구감소·초고령사회를 맞이하고 있다. … 어느 시대에도 일본을 변화해온 것은 지방이다. 지방창생에 있어서도 '자조의 정신'하에서 지방이 스스로 생각하고, 책임을 지고 대처하는 것이 무엇보다 중요하다.(まち·ひと·しごと創生本部, 2016: 99)

지방창생정책에서 지방의 자기책임을 강조하는 데 있어 나카무라 마사나오를 인용한 것은 다소 생뚱맞아 보인다. 메이지 시대에 번역된 『자조론』의 의미를 애써 언급할 만큼 아베 정권은 지방창생정책이 지방에의 수혜적 지원이 아니라는 점을 특별히 강조한다. 지방의 자기책임 원리는 지자체가 작성해야 하는 '지방인구비전'과 '지방판 종합전략'으로 구체화된다. 2014년 12월 중앙정부에서 작성한 '종합전략'에 입각해서 2015년에 각 지자체들은 자신들만의 5

개년 지방창생전략의 내용을 담은 독자적인 계획안을 작성할 것을 요구받았다. 이는 지방의 차별화된 상황에 대처할 수 있는 독자적인 계획을 작성하는 자율성을 부여하는 것으로 강조되었다(まち·ひと·しごと創生本部, 2014b: 7).

지자체의 자기책임원리는 성과관리원리와 연동된다. PDCA (Plan, Do, Check, Action) 메커니즘하에서 중앙정부의 계획과 지방정부의 계획은 2016년도 이후에 매년 성과검증을 통해 계획이 수정되어야 하며, 성과검증을 위한 KPI(Key Performance Indicator)를 사전에 설정하여 성과검증의 지표로 사용해야 한다(まち·ひと·しごと創生本部, 2014a: 10). 성과관리는 일본재흥전략에서도 동일하게 운영원리로 자리 잡고 있다. 성과관리원리는 과거의 지방정책들이 검증 없이 선심성으로 이루어졌다는 비판적 인식과 연결된다. 하지만 성과관리원리는 일본의 행정개혁에서 매우 일반적인 운용방식으로 자립잡고 있기 때문에 지방창생정책의 독특한 성격이라고 보긴 어렵다. 자기책임원리와 성과관리원리에 입각한 지방창생정책이 얼마나 지자체에 정책적 자율성을 부여하고 이를 통해 지자체가 차별화된 정책운영을 실시했는지를 검증하는 작업은 아직 이르다. 하지만 후술하듯 지방창생정책에 중앙정부가 사용하는 재정지원이 한정적인 상황에서 지자체들의 계획은 중앙정부의 정책패키지 매뉴얼에서 크게 벗어나기 어렵다.

한편 지방의 자기책임원리는 지자체의 책임만을 의미하지 않는다. 지방의 자기책임원리는 지방에서 지자체와 지역사회의 유기적 연대 속에서의 자체 문제 해결을 꾀하는 민관협동원리와 연결된다. 지방창생정책은 방법론적으로 지역 내 민관협동의 구축을 강하게 추구하고 있다. '종합전략 개정 2015'와 '종합전략 개정 2016'에

서는 지역 내 산관학금노언사(産官学金勞言士, 산업계, 관, 대학, 금융기관, 노동단체, 언론계, 전문직)을 명시하고 있다(まち·ひと·しごと創生本部, 2015: 9-10; 2016: 12). 이는 지방창생정책에서는 과거의 지방정책에서 보통 하나로 취급하던 민을 좀 더 구체적으로 세분하고 있음을 의미한다.

재정: 제한된 재정지원

지방창생정책과 관련된 정부의 예산조치는 3개로 정리된다. 첫 번째는 지방창생추진교부금(地方創生推進交付金)으로 대표되는 교부금, 두 번째는 종합전략을 고려한 개별 시책의 예산, 세 번째는 지방재정계획의 세출 항목에 책정된 창생사업비다.

지방창생추진교부금은 각 지자체가 설정한 '지방판 종합전략'에 기초하여 지자체가 신청한 사업에 대한 중앙정부의 보조금이다. 지방창생정책에 대한 각 지자체의 계획이 수립되기 전에 책정된 2015년도 일반회계에는 책정되기 어려웠다. 그 대신 2015년에는 2014년도 보정예산에 지방창생선행형교부금(地方創生先行型交付金)으로 총 1,700억 엔을 책정하여 집행했다. 2016년 회계연도에는 지방창생추진교부금으로 1,000억 엔이 책정된 것에 더해서 2015년 보정예산에 1,000억 엔의 지방창생가속화교부금(地方創生加速化交付金)이 추가되었다. 2017년 회계연도에도 1,000억 엔 규모의 지방창생추진교부금은 유지되었으며, 2016년 보정예산으로 지방창생거점정비교부금(地方創生拠点整備交付金)으로 900억 엔이 추가되었다.[11]

정부는 지방창생추진교부금을 지방창생정책의 마중물이 되

11 まち·ひと·しごと創生本部 홈페이지의 교부금 페이지(http://www.kantei.go.jp/jp/singi/sousei/about/kouhukin/index.html, 검색일: 2018. 2. 2) 참조.

는 중요한 재정지원으로 강조하지만, 지자체들의 관점은 다르다. 일단 일 년에 1,000억 엔의 규모 자체에 대한 불만이었다(日本経済新聞, 2015. 8. 5). 전국의 광역과 기초의 각 지자체들로 분배되었을 때 이 교부금의 규모는 정부의 종합전략에 제시된 구체적 시책들에 대응하는 획기적 대책을 마련하기에 어렵다는 것이다. 또한 지방창생추진교부금은 정부가 내놓는 지원규모만큼의 사업비를 지자체가 개별 재원으로 확보해야 한다. 2016년과 2017년의 지방창생추진교부금은 정부지원 규모가 각각 1,000억 엔이었지만 사업비 규모는 각각 2,000억 엔이었다.

이러한 재정지원 구조는 지자체 입장에서 보다 과감하고 도전적인 사업을 구상하는 것보다는 원래 자체 예산으로 지출되었을 사업을 지방창생 관련 사업으로 포장하고 지방창생추진교부금을 확보하려는 인센티브를 제공하고 있다(時事通信社 編, 2015). 2000년대 이후 일본 지방정책의 여러 프로그램은 지방의 제안서에 대한 평가를 통한 선택적 지원 형태를 많이 택하고 있으며, 지방창생추진교부금도 이러한 방식에서 벗어나 있지 않다. 지방창생추진교부금은 사실 과거 지방재생계획하에서 존재했던 지역재생기반강화교부금(地域再生基盤強化交付金)의 이름을 바꾸고 법정교부금으로 만든 것으로도 볼 수 있다.[12] 지역재생계획이 담고 있는 지역자체적 계획 수립, 결과 중시 관점에서의 평가제도, 지역재생에 민간을 끌어들이기 위한 NPO 활동 지원, 계획에 대한 컨테스트형 교부금 제공 등의 핵심 성

12 まち·ひと·しごと創生本部 홈페이지의 지방창생 관련 보조금 페이지(https://www.kantei.go.jp/jp/singi/tiiki/tiikisaisei/souseikoufukin/kanren.html, 검색일: 2018. 2. 2) 참조.

격은 지방창생정책에 고스란히 담겨 있다.

한편 일본 정부는 2016년도 일반회계에서 교부금 이외에 '종합전략'을 고려한 지방창생 관련 개별 시책 대응 예산으로 6,579억 엔을 책정했고, 2017년도 일반회계에서도 6,536억 엔으로 동일한 규모를 유지했다.[13] 하지만 지자체 입장에서 이들 개별 시책 대응 예산은 지방창생정책과 관련해 새롭게 만들어진 재정조치가 아니다. 이들 지방창생 관련 대응 예산 항목들을 살펴보면 중앙성청 관리하에서 집행되어오던 기존의 정부예산 항목들을 지방창생의 시책과 관련이 있다고 모아놓은 것이다. 따라서 이 항목은 지자체 입장에서 지방창생정책으로 인해 추가되는 정부 지원으로 생각하기 어렵다.

지방창생정책과 관련된 정부의 재정조치에서 규모가 가장 큰 항목은 지방재정계획의 세출 항목에 책정된 창생사업비다. 2016년도 회계연도와 2017년도 회계연도 모두 1억 엔의 창생사업비가 책정되었다. 1억 엔의 사업비에 상당하는 지방교부세가 책정되어서 지자체의 세출 강화에 도움이 되는 지원책이다. 하지만 정부는 지방창생정책 이전의 지방재정계획에서 큰 변화를 통하지 않고 주로 항목 조정으로 창생사업비를 만들었다. 기존에 '지역의 건강창조사업비'의 3,500억 엔을 창생사업비 항목으로 흡수하고, 리만사태 이후 경기대책으로 특별세출분으로 책정되어 집행되던 1,500억 엔의 '지역경제기반강화고용대책비'를 일반세출분으로 바꾸어 창생사업비에 포함했다. 창생사업비의 내역을 보면 결과적으로 지방창생정책 시

13 平成28年度 地方創生関連予算等について(https://www.kantei.go.jp/jp/singi/sousei/about/pdf/h27-12-24-h28tousyo.pdf, 검색일: 2018. 2. 2)와 平成29年度 地方創生関連予算等について(https://www.kantei.go.jp/jp/singi/sousei/about/pdf/h28-12-22-h29tousyo.pdf, 검색일: 2018. 2. 2) 참조.

행 이전에도 집행되어오던 5,000억 엔에 추가로 5,000억 엔이 산정된 것이다. 그리고 5,000억 엔의 신규세출을 추가하여 1억 엔의 창생사업비를 만들었다. 5,000억 엔의 신규세출의 재원은 지방법인과세의 편재 시정 등을 통해 확보했다(鎌田素史, 2015: 24-25).

종합적으로 지방창생정책과 관련된 지방에의 재정지원은 한정적이다. 정부 입장에서도 사회보장을 중심으로 지자체에서 소요하는 세출이 막대한 상황에서 지방창생 명목으로 대담한 재정지원을 만들어내는 것에는 한계가 있다.

지방정책에서 아베 정권의 의의

지방정책으로서의 비선명성과 인구문제대책으로서의 선명성

지방창생정책으로 대표되는 아베 정권의 지방정책은 지방정책 개혁 측면에서 선명한 정책노선을 띠고 있지 못하다. 재정건전을 위해 지방에의 재분배 축소를 선명하게 추구했던 고이즈미 정권이나 분권화의 전진을 선명하게 드러냈던 민주당 정권에 비해서 아베 정권의 지방창생정책은 지역사회에 활기를 불어넣어야 한다는 목표를 넘어서서 어떤 방향성을 가지고 지방을 재구축해야 할 것인가와 관련된 정책노선의 선명성이 부족하다.

정책노선의 비선명성은 긍정적으로 해석하자면 정책내용에 있어서의 포괄성을, 부정적으로 보면 일관성 없음을 의미한다. 지방창생정책의 구체적 시책 중에는 지방으로의 기관 이전이나 지방에의 대내직접투자 증진과 같이 지역 간 균형발전의 성격을 담고 있는 내용이, 지방으로 산업의 재배치보다 지역경제권 내 네트워크를 증가하는 것을 목표로 하는 탈균형발전을 전제로 하는 내용이 혼재되어 있다. 나아가서 지방창생정책에 추구하는 지역도시권의 경제활성화는 아베 정권의 국가전략특구정책을 통한 대도시권에서의 규제완화 추진과 배치되는 성격을 지닌다.

하지만 이러한 지방정책에 대한 정책노선의 비선명성은 인구감소 문제에 대한 국가적 대응전략인 일본재흥전략의 하위계획으로서의 강한 선명성을 의미한다. 지방창생전략은 아베노믹스가 단기적 경기진작 처방전에서 일본사회의 사회구조변동에 대한 장기적 대응전략으로 변동하는 과정에서 등장한 보완물로서의 의미가 강하다. 이러한 점 때문에 지방창생정책에서는 지방정책개혁에 대한 거시적 지향점보다는 고용, 거주와 관련된 구체적 접근이 중심에 자리잡고 있다.

문제는 지방정책개혁에 대한 거시적 지향점의 부재 속에서, 고용, 거주와 관련된 구체적 접근법들이 효과적으로 작동하는 데 필요한 지방행정개혁의 논의를 진전시키지 못하고 있다는 점이다. 지방창생정책에서 지향하는 고용과 거주가 지속가능한 지역만들기의 구체적 시책들은 지금의 지방행정체계에서 수행하는 데 한계가 있는 것들이 많다. 지방창생정책은 지역경제권의 중핵도시를 중심으로 해당 권역의 인적·물적 자원을 집결하여 인구유입의 거점으로 삼고 그 주변 지역은 컴팩트화를 시도하는 지역공간의 재구축 작업을 지향하고 있다. 하지만 지역경제권의 권역과 도도부현의 행정범위가 일치하지 않고, 지역만들기 과정에서 시정촌 사이의 역할 분담을 위한 정책연계가 가능하기 위한 제도개혁의 그림이 보이지 않는다. 「마스다 보고서」가 등장하고 이에 기반하여 지방창생정책이 입안되었을 때, 많은 반대론자들이 이것이 도주제로 이어질 것으로 생각했다(片山善博·小田切徳美, 2015: 76). 지방창생정책의 내용이 전제하고 있는 지자체 간의 역할 분담이 좀 더 효과적으로 수행되기 위해서는 논의가 자연스레 지방행정시스템 개혁으로 연결되어야 하기 때문이다. 하지만 아베 정권에서 지방행정개혁은 정책의 우선순위에 등장하지 못하고 있다.

지방창생정책이 지방정책으로서의 선명성이 부족함에도 지방창생정책 그 자체는 일본사회에서 인지도가 높다. 정책내용의 선명성보다 정책운용에 있어서 기동성에 장점이 있다는 것이다. 정책내용보다 기동적인 운용을 통해 다른 정권과 차별화를 꾀하고 이러한 기동성에서 일본사회의 지지를 확보해온 아베 정권의 성격이 지방창생정책에도 드러나고 있다.

경기증진이 가져온 지방재정의 상대적 안정감

아베 정권은 지방에 대한 수혜적 재정지원을 추구하지 않았다. 지방창생정책과 관련된 보조금과 창생사업비에서 보듯이 지자체 입장에서 큰 혜택으로 간주될 재정지원은 눈에 띄지 않는다. 더불어 아베 정권은 집권 후의 예산편성을 시작한 2013년부터 2017년까지 일관되게 지방교부세를 축소해왔다.

지방교부세의 축소는 고이즈미 정권의 경우에서 보듯이 지자체의 큰 반발을 야기하는 요소가 된다. 하지만 아베 정권에서 지방교부세의 축소에 대한 지자체의 반발을 찾아보기 어렵다. 그 이유는 아베노믹스로 인한 경기확대의 영향으로 지방세의 세수 증가와 지방재원부족액이 축소되었기 때문이다.

예산편성과정에서 국세수입의 정률분(2017년도 예산편성 기준, 소득세 33.1%, 법인세 33.1%, 주세 50%, 소비세 22.3%, 지방법인세 전액)이 지방교부세 규모의 기본이 된다(三角政勝, 2017: 39). 지방재정계획에서 국세수입의 정률분보다 더 큰 규모의 지방교부세 이전이 필요할 경우, 그 부족분은 우선 중앙정부의 재원대책채권 발행, 지방교부세 증액, 임시재정대책채권 발행 등으로 보충되고, 그 나머지 부족분을 중앙정부와 지자체가 각각 절반을 부담하는 것으로 되어 있다(三角政勝, 2017: 45-46). 매년 이루어지는 예산편성과정에서 지자체는 부담 규모를 최소화하는 것이 필요하다. 재원부족분의 부담은 지자체에게 수입 감소를 넘어서 부채가 증가해 결국은 세출 감소로 이어지기 때문이다.

민주당 정권기에는 지방교부세 규모가 확대되었지만, 글로벌 금융위기 이후 경기침체 속에서 세입 감소로 인한 재원부족액이 막대했고, 지방정부가 부담해야 하는 소위 '절반대상재원부족'의 규모도 막대했다. 2009년 회계연도의 경우 '절반대상재원부족'의 규모는 5조 5,106억 엔이었는데, 민주당 정권하에서 이루어진 2010년 회계연도의 '절반대상재원부족'액은 10조 7,760억 엔으로 급증했고, 2011년 회계연도에도 7조 6,308억 엔이었으며, 2012년에도 7조 6,722억 엔에 달했다. 이는 지자체가 2010년에는 5조 3,880억 엔을, 2011년에는 3억 8,154억 엔, 2012년에는 3억 8,361억 엔을 부담해야 한다는 것을 의미했다(佐藤研資, 2011: 37). 글로벌 금융위기 이후 경기침체 속에서 세수가 급격하게 감소한 조건은 민주당 정권이 지역주권을 선명하게 내세워도 지자체에 부담을 줄이는 데 한계가 되었다. 세수 감소로 인해 지자체에 대한 수혜적 재정지원을 확대하기 어려운 상황에서 기존에 있던 보조금을 모아 조건 없는 교부금으로 지자체에 수여했던 민주당 정권의 지방재정계획은 지역주권의 정책노선에는 부합하지만, 지자체 입장에서는 내 곳간으로 들어오는 금

〈표 3〉 일반회계에서 지방교부세 총액 변화 (단위: 억 엔)

연도	2012	2013	2014	2015	2016	2017
금액	174,545	170,624	168,855	167,548	167,003	163,298

출처: 佐藤研資(2011), 竹之内美砂子(2012), 安藤範行(2013; 2014), 小島功平(2015; 2016), 三角政勝(2017).

액에는 도움을 주지 않는다. 총액으로 보자면, 민주당 정권 시기에 지자체에 돌아가는 자원배분은 오히려 줄어들었다.

아베 정권 들어서 지방재원부족분이 지속적으로 급감하면서 지방재원부족분 중에서 지자체가 부담해야 하는 규모가 획기적으로 축소되었다. 이러한 변화는 아베노믹스로 인한 경기 진작이 가져온 세입 증가로 지방재원부족분이 감소했기 때문이다. 지방을 대상으로 하는 특별한 정책구상보다 국가 차원의 경기 진작이 지자체의 재정에 도움이 되고 있다. 지방재정의 측면을 보면 경기 회복이 재정문제를 극복하는 가장 핵심적인 해결수단이라는 아베 정권의 노선이 타당해 보인다. 일본의 중앙-지방관계에서 고이즈미 정권 시기와 민주당 정권 시기에 비해서 아베 정권 시기의 상대적 안정감은 아베 정권이 독자적 지방정책으로 내세운 지방창생정책의 효과라고 보기 어렵다. 지방창생정책과 결부된 한정적 예산지원은 지자체들에 큰 도움이 되지 못한다. 아베노믹스의 일정한 성과가 반영된 지방재정계획에서의 지자체의 부담 경감이 아베 정권이 일본 지방도시권에 준 가장 효과적인 시책이다.

〈표 4〉 지방재원부족분과 절반대상재원 부족의 변화 (단위: 억 엔)

연도	2012	2013	2014	2015	2016	2017
지방재원부족분	138,846	132,808	105,938	78,205	56,063	69,710
절반대상재원 부족	76,722	72,091	52,877	29,059	5,494	13,301
지자체 부담	38,361	36,045	26,438	14,529	2,747	6,651

출처: 安藤範行(2013; 2014), 小島功平(2015; 2016), 三角政勝(2017).

결론

지방정책개혁의 흐름 속에서 아베 정권의 지방창생정책은 큰 의미가 없다고 볼 수도 있다. 지방창생정책에는 고이즈미 정권의 삼위일체개혁과 같은 지방사회에 대한 자원배분을 축소하려는 내용도 없다. 그 반대로 자원배분을 크게 늘리려는 것도 아니다. 한편 민주당 정권이 원래 계획했던 것과 같이 지방에 대한 큰 폭의 권한 부여와 같은 내용도 없다. 즉, 지방정책개혁의 역사 속에서 지방창생정책은 일본의 중앙-지방관계 속에 가장 핵심적 부분인 행정권한과 자원배분에 대한 큰 폭의 변화를 담고 있는 정책 틀이 아니라는 점에서 한계를 지닌다.

하지만 아베 정권의 지방창생정책의 최대 의의는 지방정책의 틀을 넘어서서 저성장과 인구감소 시대의 국가개조전략인 일본재흥전략과 연동되어 있다는 점이다. 지방창생이라는 슬로건에서 '지방'이 아니라 '창생'에 방점이 찍혀 있으며, 이 '창생'은 일본의 국가적 '재흥'의 하위 맥락에 위치하고 있다. 지방창생정책의 내용적 특징은 일본재흥을 위해 지방에서 할 수 있는 거의 모든 정책 패키지들을 모아놓은 것에 가깝다.

지방창생정책의 내용이 가지는 포괄적 성격과 탈지방적 성격은 지방창생정책의 구체적 시책들이 아베 정권의 정치적 미래와 상관없이 지속될 가능성을 높였다. 왜냐하면 지방창생정책의 구체적 내용들은 탈중앙집권을 위한 분권화 추구와 탈균형발전을 통한 재정건전의 추구라는 기존의 지방정책개혁 논쟁과는 무관하게, 인구감소대책을 위해 지방에서 추진되어야 하는 구체적 과제들이 담겨 있기 때문이다.

제4장

지역규모 문제 공헌을 통한 적극적 글로벌 외교

이 글은 『국가안보와 전략』 제18권 1호(2018)에 「아베 정부의 글로벌 외교: 국제공헌 확대 외교의 모순성」이란 제목으로 실린 필자의 논문을 수정·보완한 것이다.

이기태 李奇泰 | Lee, Kitae

현재 통일연구원 국제협력연구실 부연구위원이다. 일본 게이오대학교에서 정치학 박사학위를 취득했다. 주요 저서로 『일본 민주당 정권의 탄생과 붕괴: 대내외정책 분석을 중심으로』(공저, 오름, 2014), 『동아시아 세력전이와 일본 대외전략의 변화』(공저, 동아시아재단, 2014), 『일본 부활의 리더십: 전후 일본의 위기와 재건축』(공저, 동아시아연구원, 2013)이 있다. 「한일회담과 일본의 동남아시아 전후처리 비교연구: 일본의 배상 외교를 중심으로」, 『일본연구논총』(2014), 「데탕트기 미국의 동아시아 정책과 일본의 대한안보정책: 미국의 '철수', '균형', '연합' 전략과 한일안보협력」, 『국제정치논총』(2014), 「일본 민주당 정권의 대한국정책」, 『일본연구논총』(2013) 등 다수의 논문이 있다.

들어가며: 보통국가 일본과 국제공헌

아베 신조(安倍晋三) 총리는 2012년 12월, 제2차 아베 정부 출범과 함께 '전후체제로부터의 탈각'과 '전략적 외교의 추진'이라는 정책을 표명하면서 적극적인 대외정책을 전개하고 있다. 아베 정부가 표방하는 일본의 대외전략 목표는 '강한 일본' 국가 건설을 위한 '주장하는 외교'로 요약 가능하다. 특히 아베 총리가 '국가전략'을 표방하면서 이를 외교정책에 반영하려는 점은 과거 일본의 역대 총리와는 전혀 다른 면모라고 평가할 수 있다. 2013년 발표한 '국가안전보장전략(이하 국가안보전략)'에서 아베 정부는 '평화수혜자'로서의 전후 일본을 탈피해서 적극적 평화주의에 입각한 '평화창출자'로서의 역할을 수행함으로써 강한 일본을 건설한다고 주장한다(首相官邸, 2013c). 이러한 아베 정부의 대외정책은 전후 일관되게 일본 대외정책의 특징으로 자리잡은 '일본의 외교적 지평 확대'를 지속적으로 추구하고 있다고 할 수 있다.

그렇다면 아베 정부의 글로벌 외교의 특징은 무엇인가? 아베 정부의 글로벌 외교는 변화하는 국제정세에 능동적으로 대처하면서 대외적으로는 부상하는 중국의 위협에 대한 대응(혹은 견제) 및 관리와 적극적 평화주의를 통한 국제공헌을 바탕으로 전개되고, 국내적으로는 일본의 성장전략의 연장선상에서 추진되고 있다. 즉 일본의 국가 이익을 추구하기 위한 전략외교 관점에서 양자(국가 간, 지역 간) 관계의 확대를 통한 글로벌 외교를 지향한다. 또한 일본의 보통국가화 실현을 위한 국제공헌 확대, 특히 유엔 활동을 통한 글로벌 외교를 지향하고 있다.

특히 2000년대 이후 동아시아 질서 변화를 초래하는 중국의 부상에 대응하기 위해 아베는 글로벌 외교를 전개하고 있으며 이러한 외교는 일본의 외교적 지평 확대의 목적과도 부합한다. 사실 전후 일본 외교는 1957년 외교청서에 '일본 외교의 기본방침'을 표명하면서 '유엔 중심주의', '서측 일원(미일동맹)', '아시아 외교'를 일본 외교의 기조로 삼아왔고, 이후 전방위 외교를 통한 외교적 지평 확대는 일본 외교의 특징이라고 할 수 있다(外務省, 1957).[1] 이러한 글로벌 외교는 모두 아베 정부의 전략외교라는 관점에서 전개되고 있다.[2]

하지만 아베 총리가 추구하는 글로벌 외교는 기본적으로 보통국가 일본을 상정하고 추진되고 있다는 특징이 있다. 이는 아베 총리의 개인적 민족주의 성향과 국제협조주의 외교 간 간극을 어떻게 메우느냐가 중요한 과제로 남아 있다.[3] 예를 들어 일본군 위안부 문제와 관련해서도 아베 총리는 유엔 등 국제사회를 향해 여성의 활약 및 인권을 주장하고 있지만, 일본군 위안부 문제를 둘러싼 한국, 중국과의 관계에서는 민족주의 관점에서 여성의 인권 차원 문제로 인정하지 않고 있다. 따라서 아베의 글로벌 외교는 종종 개인의 민족주의 성향과 국제주의 외교를 조합시켰던 1980년대 나카소네 야스

1 기타오카(北岡伸一)는 '일본 외교의 기본방침'에 순서는 부여되지 않았지만 유엔이 맨앞에 나와 있는 것은 그만큼 유엔을 중시한 것이라고 해석한다(기타오카, 2009: 72).

2 스즈키(鈴木美勝)는 '일본의 전략외교' 전통 속에 아베 외교를 전략적이라고 평가하고, 아베 전략외교의 세 가지 특징으로 '외교 지평 확대', '"일본 깃발"을 내걸고 싶은 강렬한 프라이드', '독자적인 국가안보전략을 추진하고 있다는 강렬한 자의식'이라고 분석한다(鈴木美勝, 2017: 100-101).

3 소에야(添谷芳秀)는 1990년대 후반 아베의 등장이 1990년대 국제협조주의적 일본 외교에 대한 반발과 함께 과거의 강한 일본을 지향하는 전통에 대한 회귀의식의 결합을 의미한다고 평가한다(添谷芳秀, 2017: 191-200).

히로(中曾根康弘) 총리의 글로벌 외교와 비교되곤 한다.[4]

이 글에서는 아베의 글로벌 외교가 대외적으로 부상하는 중국의 위협에 대응하기 위한 글로벌 차원의 대응전략이라는 관점과 대내적으로 아베노믹스로 대표되는 성장전략의 관점에서 강한 일본의 지향이라는 목표를 달성하기 위해 일본의 국제공헌을 통한 글로벌 외교를 추진하고 있다고 분석한다. 단, 중국에 대한 대응은 단순히 중국의 위협을 '견제'하는 데 그치지 않고, 중일 간 갈등 관리 및 관계 개선 노력도 포함한다.

이 글의 구성은 다음과 같다. 2절에서는 아베 정부에서 전개되는 글로벌 외교의 배경 및 특징을 알아본다. 구체적으로는 변화하는 글로벌 전략 환경 속에서 나타나고 있는 아베 정부의 글로벌 외교의 특징과 활발한 정상 외교 전개를 설명한다. 3절에서는 아베 정부가 2017년도 외교청서에서 밝힌 3대 글로벌 과제 중에서 대표적인 사례를 중심으로 살펴본다. 4절에서는 아베 정부의 외교 전개를 글로벌 차원의 방위협력과 경제외교 전개를 통해 알아본다. 마지막으로 5절에서는 아베 정부의 글로벌 외교 평가와 한계, 그리고 이에 대한 한국 정부의 정책 제언을 제시한다.

4 나카소네는 민족주의와 국제주의를 결합시킨 전략적 유연성이라는 장점을 가지고 있었다. 즉 나카소네는 국제관계 흐름을 냉철하게 파악하고 자국 이익과 상대국 입장을 조화시켜 최적의 균형점을 찾아내는 현실주의자였다고 평가할 수 있다.

아베 정부의 글로벌 외교 배경 및 특징

변화하는 글로벌 전략 환경

일본의 글로벌 전략 환경이 변화함에 따라 아베 정부의 전략적 지평은 확대되고 있다. 근본 원인은 글로벌 차원의 힘의 배분 변화, 즉 파워 시프트(power shift)의 진행에 있다. 특히 중국은 2000년대 이후 경이적인 경제성장을 이루었다. 2001년 중국의 국내총생산(GDP)은 세계 경제에서 차지하는 비율이 4%로 미국(32.1%)의 8분의 1밖에 되지 않았다. 하지만 2014년에는 13.4%까지 상승하고, 대조적으로 미국은 22.3%로 감소했다. 심지어 구매력 평가로 GDP를 비교한다면 중국의 경제규모는 2014년에 이미 미국을 추월해서 세계 최대의 국가가 되었다(데일리차이나, 2018. 5. 6).

이러한 급격한 경제성장을 바탕으로 중국은 국방비를 증액해왔다. 국방기술품질원이 2017년 12월 1일 발간한 『2017 세계 방산시장연감』을 보면 중국은 비록 경제성장률 둔화와 맞물려 국방비 증가율은 5.4%로 예전에 비해 크게 줄었지만, 2016년 국방비 지출이 세계 2위인 2,150억 달러다(국방기술품질원, 2017: 4). 중국은 막대한 국방예산을 군의 현대화에 투입하고 있으며, 특히 핵전력과 대함탄도미사일 및 순항미사일 능력 향상에 힘을 쏟고 있다. 이와 같은 글로벌 차원의 파워 시프트 진행은 일본에 경제적 '기회'를 제공함과 동시에 국제질서의 불안정이라는 안보 면에서의 '도전'도 안겨주고 있다. 특히 급속한 경제성장과 군사력 확장으로 자신감을 얻은 중국은 남중국해와 동중국해에서 힘을 배경으로 한 일방적 현상 변경을 시도하고 있고, 이러한 행동은 일본의 영토, 영해, 영공 혹은 배타적 경제수역 등에 위협을 가할 가능성과 함께 해양자원의 개발 이용 등 세계가 공유해야 할 이익, 그리고 법의 지배와 항행의 자유, 분쟁의 평화적 해결과 같은 전후 국제질서를 지탱해온 규범과 룰을 위협하고 있다.

중국뿐만 아니라 아시아에서는 대부분 국가가 군사비 증대와 해군력을 중심으로 한 군사력 증강을 추진하고 있다. 또한 민족주의 강화와 영토를 둘러싼 분쟁으로 말미암아 실제 분쟁으로 발전할 위험성도 높아지고 있다. 게다가 테러, 자연재해, 온난화, 질병 등 국경을 초월한 범죄 및 환경문제 등 이른바 비전통적 안보 문제도 여전히 지역 국가들의 현안 사항으로 나타나고 있다.

이러한 상황에서 미국의 오바마(Barack Obama) 정부는 아시아·태평양지역에 대한 재균형 정책과 아시아 회귀정책을 통해 아시아·태평양지역에 전략의 중점을 두는 대응책으로 정치, 경제 등 다양한 분야에서 포괄적 관여를 강화했다. 특히 미국은 미일동맹, 한미동맹과 같은 전통적 동맹구조를 유지 및 강화함과 동시에 동남아시아, 오세아니아, 인도양 등 해외미군 재배치 및 지역 국가들과 안보 협력을 통해 파트너십 관계를 강화했다.

하지만 2017년 트럼프(Donald Trump) 대통령의 등장과 함께 미국의 글로벌 정책은 많은 변화를 나타내고 있다. 국제규범, 인류 보편의 가치를 중시했던 오바마와 달리 트럼프는 힘에 기반한 미국의 이익만을 노골적으로 내세우고 있다. 대표적으로 트럼프는 2017년 6월 1일 오바마 대통령이 서명한 파리기후변화협정이 다른 나라에 불공정한 이익을 주며 미국인의 일자리를 파괴하고 있다고 주장하며 미국은 협정에서 탈퇴할 것이라고 선언했다.

이처럼 트럼프 대통령이 다자협상보다는 양자협상을 선호하는 가운데 미일동맹은 기존의 다양한 분야에 걸친 글로벌 동맹 틀을 유지하면서도 트럼프 등장에 따른 새로운 환경에 직면해 있다.

아베 정부의 글로벌 외교 특징

세계는 냉전 이후 미국 중심의 일극 체제에서 다극 질서로 이행되고 있다. 오바마, 트럼프 정부는 이러한 인식을 바탕으로 미국 외교를 재편하려고 했다. 오바마 정부는 아시아 균형정책을 주장하면서 미일동맹 강화를 모색했다. 그러면서 미일동맹의 글로벌화에 따른 일본의 국제공헌 확대 요구가 증가했다. 2017년 트럼프 행정부 출범 이후에도 일본의 국제공헌 확대를 요구하는 목소리는 계속 증가하고 있다.

앞서 언급했듯이 일본은 국제정세 변화와 상대적인 국력 감소에 직면해 있다. 2017년 외교청서에서 향후 중장기 국제정세 변화 요소로 다음과 같은 사항을 제시하고 있다. 첫째, 파워 밸런스의 변화와 (행위)주체의 다양화다. 무엇보다 중국, 인도와 같은 신흥국이 경제력의 급격한 신장을 바탕으로 군사력 강화까지 이어지면서 새로운 강대국으로 부상하고 있다. 둘째, 위협의 다양화와 복잡화다. 예를 들어 대량살상무기(Weapons of Mass Destruction, WMD), 테러, 사이버 및 우주 위협과 같이 전통적 안보 위협뿐만 아니라 비전통적 안보를 포함한 다양한 위협이 계속해서 등장하고 있다. 셋째, 보호주의·국내 지향 경향의 현재화(표면화)다. 글로벌화와 기술 발전 등으로 상호의존이 심화되고 있지만, 보호주의 확대 등 글로벌화에 역행하는 움직임도 강화되고 있다. 넷째, 지구규모 문제의 심각화다. 빈곤이나 난민 문제와 같이 인류가 공통으로 고민하고 문제의식을 갖는 전 세계적 규모의 문제가 나타나고 있다(外務省, 2017a: 2-3).

이러한 국제정세 변화에 대응하기 위해 일본은 국내적으로 진행되고 있는 상대적인 국력 감소에서 벗어나기 위한 '성장전략'이 필요하게 되었다. 따라서 아베 정부는 2013년 6월 '일본재흥전략(Japan is Back)'이라는 '성장전략'을 각의 결정했다. 그 내용은 향후 10년간 평균 명목 GDP 성장률 3% 및 실질 GDP 성장률 2% 정도의 경제성장을 목표로 한다는 것이다(首相官邸, 2013a).

한편 아베 정부의 외교정책은 일본의 전통적 외교이념인 '전방위 외교'를 글로벌 차원으로 확대하고 있다는 점이 특징이다. 즉 1957년에 책정된 일본 외교의 3원칙에서 나타나고 있듯이 일본은 미일동맹을 기축으로 하면서도 유엔 외교 및 아시아 외교도 중시했다. 즉 일본 외교는 모든 국가와 원만한 관계를 유지하고 발전시키는 것을 전후 외교정책의 기본으로 삼아왔다. 이것이 국제정세의 글로벌화와 함께 글로벌 차원의 외교 지평 확대로 나타나고 있는 것이다.

아베 정부는 2차 집권 이후에도 미국과 안보 공조를 강화하면서 중국과의 경제협력 등을 중심으로 한 관계 개선 분위기 조성에 나서고 있으며, 원유의 주요 공급원인 중동 각국과도 안정적인 관계를 구축하는 등 외교 다변화에 힘쓰고 있다. 특히 중국의 급격한 부상에 안보 위협을 느끼면서 글로벌 차원에서 중국과 경쟁하는 듯한 글로벌 외교정책을 추진하고 있지만, 한편으로 중일 양국 간에는 언제든 위기를 관리하는 시스템 구축 노력과 함께 경제 차원에서 협력을 통한 관계 개선을 추구하고 있다.

아베 정부의 글로벌 외교 이념을 다음과 같이 세 가지로 정리할 수 있다. 첫째, 안보와 경제 양쪽에서 전략적 관점을 가지고 세계를 바라보며 정책 우선도를 결정한다. 앞서 언급했듯이 아베 정부는 무엇보다 전략적 관점을 가지고 정책을 추진한다는 점에서 이전 정부와 차이가 크다. 둘째, 적극적 평화주의를 표방하면서 일본의 평화에 안주하지 않고, 세계평화를 위해 자위대 활용을 포함한 국제공헌을 도모한다. 기존 일본 정부도 유엔 등을 통한 국제공헌을 추구했지만, 아베 정부는 보다 적극적인 국제공헌을 목표로 하고 있으며, 특히 자위대 활용을 비롯한 방위협력의 글로벌화를 추구하고 있다는 점이 특징이다. 셋째, 기본적 인권, 민주주의, 법의 지배 등 보편적 가치관을 중시한다. 최근 인도·태평양전략에서도 밝히고 있듯이 아베 정부는 글로벌 차원의 협력을 일본과 인류 보편적 가치관을 공유할 수 있는 국가와 함께 추진하려고 한다.

이처럼 아베의 글로벌 외교는 과거 및 이전 정부와 많은 차이점을 드러낸다. 먼저 1920년대, 40년대와 같은 전전 일본의 외교는 수동적으로 서방에 이끌려가는 외교였다. 전후 일본의 자민당 정부는 평화헌법-미일동맹이라는 구조 속에서 전략적 시각 없이 단순한 외교적 지평 확대를 추구했다면, 아베 정부는 평화헌법 개정 시도와 같은 보통국가화를 추구하는 가운데 미일동맹 강화 및 글로벌화를 바탕으로 한 글로벌 차원의 외교적 지평 확대를 추구하고 있다.

한편 2009년에 성립된 민주당 정부는 국제공헌과 정부개발원조(Official Development Assistance, ODA)에 적극적이었고, '관(官)에서 민(民)'에 중점을 두면서 글로벌 외교에서 NGO와 같은 민간의 적극적인 참여를 통한 국제공헌을 추구했다(藤田幸久, 2010: 10-11). 또한 대등한 미일관계를 내세우면서 일본 외교의 근간이라고 할 수 있는 미일관계의 정의를 새롭게 시도했지만, 그럼으로써 미일동맹 차원의 글로벌 외교를 전개하는 데 근본적인 한계를 나타냈다.

결국 아베 정부 이전의 자민당 정부는 평화헌법-미일동맹 구조를 벗어나지 않는 한도 내에서 국제공헌 활동을 위한 글로벌 외교를 전개했다고 평가할 수 있다면, 아베의 글로벌 외교는 이전의 평화헌법-미일동맹 구조를 벗어난 보통국가화를 추진하는 가운데 일본의 새로운 외교 방향성을 나타내면서 좀 더 전략적으로 전개되고 있다. 또한 아베 정부는 이전 자민당 정부나 민주당 정부가 미일동맹에 바탕을 둔 글로벌 외교를 전개하지 못한 것과 달리 미일동맹 수준을 글로벌 차원으로 격상시키면서 미일동맹 강화를 통한 글로벌 외교에 적극적으로 나서고 있다.

즉, 아베 정부는 포괄적이고 신속하고 장기적 관점의 글로벌 외교를 지향하며, 특히 글로벌 관점에서 향후 최소한 50년 정도를 시야에 넣은 외교 활동이라는 특징이 있다. 따라서 아베의 글로벌 외교의 목적은 다음과 같이 분류할 수 있다.

첫째, 기본적으로 일본의 성장이 주된 목적이다. 아베 총리가 2012년 정권을 잡으면서 무엇보다 역점을 둔 사항은 아베노믹스로 대표되는 일본경제의 성장전략에 있다. 그리고 이러한 일본경제의 성장전략이 일본 내부의 발전만으로 성공할 수 없으며, 글로벌 차원에서 세계로부터 사람을 모으고, 문화를 혼합하고, 새로운 문화를 세계로 수출하여 성장해야 한다는 것이다.

둘째, 중국에 대한 대응 및 견제다. 아베 총리는 취임 이후 활발한 순방 외교를 통해 항상 동일한 언급을 반복한다. 즉 '국제법을 통한 국제질서 준수, 무력이 아닌 대화를 통한 문제 해결'을 강조하고 있다. 이와 같은 발언은 '센카쿠 제도'를 비롯한 동아시아 국제질서의 현상변경을 위해 힘을 바탕으로 한 공세적인 중국을 염두에 둔 발언이라고 할 수 있다. 특히 동남아 대부분 국가들이 남중국해 문제를 둘러싸고 직면하고 있는 상황이기 때문에 아베 총리의 메시지는 동남아 국가들의 공감을 얻을 수 있다. 하지만 아베 총리는 중국과의 대립을 궁극적인 목적으로 하지 않는다. 안정적인 국제질서 유지를 위해 중국을 견제하고 있지만, 중일 양국 간의 갈등 상황을 관리하거나 관계 개선을 위해 노력하고 있다는 점도 유의해야 한다.[5]

셋째, 일본의 유엔 안보리 상임이사국 진출을 위함이다. 일본은 현재 독일, 인도, 나이지리아, 브라질 등과 함께 유엔 안보리 개혁을 주장하고 있다. 유엔 개혁 문제는 예산 문제를 비롯한 유엔 조직의 내부 개선이 주요 목적이지만, 유엔 안보리 상임이사국 개혁은 중요한 이슈 중 하나다. 일본은 안보리 상임이사국 진출을 노리고 있지만, 중국이 거부권을 행사하는 한 상임이사국 진출이 쉽지 않은 상황이다.[6] 따라서 일본은 상임이사국 자리를 원하는, 위에서 언급한 국가들과 함께 공동전선을 구축해서 유엔 안보리 개혁을 요구하고 있다. 또한 아베 총리는 미일동맹의 글로벌화 추진과 함께 유엔 평화유지활동(Peace Keeping Operation, PKO) 등에 적극적으로 참여함으로써 '국제공헌' 확대라는 외교 목표를 달성하려고 한다.

활발한 정상 외교 전개

2012년 2차 아베 정부가 출범한 이후 아베 외교의 가장 중요한 특징은 국제사회에서 일본의 존재감과 영향력 확대를 추구한 것이다. 사실 2012년 12월 아베 총리가 다시 정권을 되찾기 전까지 국제사회에서 "일본의 시대는 끝났다"는 인식을 우려하는 목소리가 일

5 중일 간 '해공연락 메커니즘(海空連絡メカニズム)' 논의는 양국 간 갈등 상황을 관리하기 위한 노력의 좋은 예다(이기태, 2016b: 152-153).

6 이기완은 일본 국가의 특수성을 해소하기 위한 세 가지 움직임 중에서 헌법 개정 시도, 헌법 9조 형해화를 위한 관련법제 정비와 함께 유엔 안보리 상임이사국 진출을 들고 있다(이기완, 2009: 215-216).

부에서 높아지고 있었다. 아베 정부 이전인 민주당 정부의 외교정책은 유약하고 효과가 미비했다는 전문가들의 비판을 받고 있었기 때문에 국제적 중요과제 논의에서 일본은 존재감을 발휘할 수 없게 되었다는 두려움이 있었다. 아베 총리는 이러한 위기를 관찰해서 외교면에서 일본의 변함 없는 실력과 중요성을 세계에 재확인시키고, 국가의 긍지를 되찾기 위해 노력했다.

"국제사회에서 일본의 존재감을 되찾는다"라는 당면 목표는 사실 일본의 보수우익 정치가 대부분이 오랫동안 가져왔던 '평화헌법'의 엄중한 제약으로부터 탈피라는 야망과 일치하는 것이다. 아베 총리를 비롯해서 많은 자민당 정치가들은 이러한 법적 제약이 시대착오적이며 국가로서 당연한 권리를 빼앗긴 것이라고 생각하고 있다. 따라서 아베 정부는 여론의 과반수가 헌법 개정에 반대하고 있는 점에 유의하면서도 이러한 제약을 완화하는 방법을 모색해왔다.

대체로 아베 총리는 지금까지보다도 자신감이 충만한 자주적인 외교정책을 확립하려고 했다. 그렇다고 이러한 방침이 미국 정부와 거리를 두자는 것은 아니다. 오히려 아베 정부는 미국과의 관계를 지금까지 이상으로 가장 중요한 과제로 이해하고 있다. 실제로 아베 정부는 일본이 외교 능력과 자립성을 높여나가는 것이 미일동맹 강화와 연결된다고 생각하고 있다. 왜냐하면 이것은 일본이 세계평화의 중요한 공헌국으로서 존재감을 증가시키고, 더 나아가 미국에 매우 귀중한 동맹국이 되는 것을 의미하기 때문이다.

일본이 희망하는 안정되고 예측가능성이 높은 국제환경을 창출해나가기 위해서는 외교 노력을 가지고 세계 각국 및 국제사회와 신뢰·협력관계를 구축하고, 국제사회의 안정과 번영의 기반을 강화해서 위협의 출현을 미연에 방지하는 것이 중요하다. 이러한 관점에서 아베 정부는 발족 이후 국제협조주의에 기반한 적극적 평화주의 입장에서 국제사회의 평화, 안정 및 번영의 확보에 공헌하는 외교를 '지구의를 부감'하는 관점에서 전개해왔다.

그중 하나로 아베 총리는 2016년 8월 케냐에서 개최된 제6회 아프리카개발회의(Tokyo International Conference on African Development, TICAD) 기조연설에서 '자유롭고 개방된 인도·태평양전략'을 발표하고, 국제사회의 안정과 번영의 열쇠를 쥐고 있는 것은 성장이 두드러지는 아시아와 잠재력이 넘치는 아프리카라는 '두 개의 대륙', 자유롭고 개방된 태평양과 인도양이라는 '두 개의 대양'의 교류에 따라 발생하는 다이나미즘(dynamism)이며, 일본은 아시아와 아프리카의 번영의 실현에 대응해 나가겠다고 선언했다.

아베 총리는 2016년 한 해 동안 국내외적으로 한 달에 평균 5명 이상의 외국 정상을 만났으며, '지구본 외교'라 명명할 만큼 2012년 12월 취임 이후 2018년 2월까지 76개국 및 지역을 방문했다(外務省, 2018).[7] 그 결과 국제사회에서 일본의 존재감이 높아졌고, 아베 총리와 각국 정상 간의 개인적인 신뢰관계도 깊어졌다고 아베 정부는 평가하고 있다. 이와 같은 아베 총리의 활발한 해외 순방을 단순한 아베 개인의 외교 선호로 치부하기보다는 아베 외교의 전략적 측면에서 살펴봐야 한다.

글로벌화와 기술 혁신에 따라 세계가 연결되고, 위협이 다양화·복잡화하고 있는 현재의 안보환경에서 어떠한 나라도 혼자서는 평화와 안전을 지킬 수 없다. 국제사회도 일본이 국제사회의 평화와 안

7 미야기(宮城大蔵)는 아베 총리의 '지구의를 부감하는 외교'라는 활발한 외유(外遊)를 안정된 정권 기반이 낳은 성과라고 분석한다(宮城大蔵, 2016: 238-239).

정을 위해 적극적인 역할을 수행하기를 기대하고 있다. 특히 2015년 9월에 성립된 '평화안전법제'는 일본 국민의 생명과 평화로운 삶을 지키기 위해 어떠한 사태에 대해서도 '끊김없는 대응'을 가능하게 하고, 국제사회의 평화와 안정에 대한 일본의 더욱 확대된 공헌을 가능하게 하는 것이다.

여러 국가의 정상들이 일본과 정치경제적 실리를 얻기 위해 일본을 방문했고, 아베 총리도 중국의 부상에 대한 전방위 대응 및 일본의 국익이라는 실리를 얻기 위한 해외 순방 외교를 진행했다. 즉, 다극화하고 변동 가능성이 항상 존재하는 세계질서에서 일본이 핵심 파트너로 부상하고 있는 가운데 아베 총리는 일본의 적극적이고 능동적인 글로벌 외교전략을 주도했다고 평가할 수 있다.[8]

다음 절에서는 아베 정부가 2017년 외교청서에서 밝히고 있는 적극적 평화주의에 기반한 글로벌 공헌에 대한 세 가지 이념의 대표적 사례를 중심으로 아베 정부의 글로벌 외교를 설명하고자 한다(外務省, 2017a). 즉, 글로벌 공헌에 대한 구체적인 세 가지 이념은 '인간을 중심에 놓는 사회 실현을 위한 공헌',[9] '번영을 향한 공헌', '평화에 대한 공헌'이며, 각각의 이념을 바탕으로 구체적으로 실행되고 있는 글로벌 공헌에 대한 외교 전개를 대표적 사례를 중심으로 밝힌다.

8 필자는 아베 정상외교를 전략적 측면에서 한일, 중일 관계와 연계해서 해석하기도 한다. 2012년 2차 아베 정부 출범 이후 과거사 문제, 야스쿠니 신사참배, 센카쿠 분쟁 등으로 한일, 중일 관계 악화가 지속되었다. 이러한 상황에서 아베의 글로벌 외교가 국제사회에 대해 일본의 전후 평화적 행보, 양자 및 다자 원조를 통한 국가개발 지원 등을 통한 '친일' 분위기를 확산시키는 데 일조하면서 국제사회에서 일본의 발언력 및 논리를 확산시키려는 목적이 있다고 분석한다.

9 소에야는 전후 일본의 유엔 외교와 관련하여 '인간의 안전보장'이 일본 외교의 커다란 축이었고, ODA 재구축을 고려하면 앞으로도 일본 외교의 새로운 핵심이 될 것으로 기대한다(소에야, 2006: 152-155).

아베 정부의 3대 글로벌 과제

인간을 중심에 놓는 사회 실현을 위한 공헌: 여성이 빛나는 사회

2013년 9월 아베 총리는 유엔총회 연설에서 일본 정부가 일본 내에서 성장의 최대 잠재력으로 '여성의 힘'을 활용해나감과 동시에 '여성이 빛나는 사회' 구축이 세계에 커다란 활력을 가져다준다는 생각 아래 국제사회와의 협력과 개발도상국 지원을 강화해나가겠다고 표명했다(首相官邸, 2013b).

아베 정부는 '여성의 힘'이 사회에서 활용되지 않고 있는 최대의 잠재력이라고 평가한다. 여성이 가진 힘을 최대한 발휘할 수 있도록 하는 것이 사회 전체에 활력을 가져다주고, 성장을 지탱해나가는 데 꼭 필요하다는 것이다. 그래서 아베 총리도 2013년 유엔 총회에서 글로벌 과제에 대한 대응으로 여성의 능력 강화 및 권리의 보호·촉진 분야에서 국제사회와의 협력 및 개발도상국 지원을 강화한다는 의사를 강조했다. 아베 정부는 이러한 인식 아래 '국제여성회의(World Assembly for Women, WAW!)' 개최와 NGO를 포함한 시민사회 및 민간기업과 연계를 통해 개발도상국에 대한 지원을 강력하게 촉진하면서 '여성이 빛나는 사회' 실현에 공헌해나가겠다고 표명하고 있다.

2014년 4월 22일 외무성은 종합외교정책국 산하에 '여성참가추진실'을 설치하면서 초대 실장에 여성을 발령했다. 여성참가추진실 설치는 여성의 참가 추진에 관한 외교 과제에서 여성참가추진실이 중심이 되어 외무성 각 부국에 걸친 정보 및 견해를 집약해서 정책 기획 및 조정을 추진함으로써 외교정책에 폭넓은 젠더 시점을 반영하는 것을 목적으로 했다. 아베 총리가 주장하는 '여성이 빛나는 사회' 실현을 향해 일본 외교가 여성의 참가 추진을 더 강력하게 추진하기 위한 생각이다(外務省, 2014).

아베 정부는 여성 문제와 관련된 국제공헌을 세 가지 측면에서 추진하고 있다. 첫째, '여성과 평화구축' 문제다. 아베 총리는 2014년 9월 유엔총회 연설에서 "21세기야말로 여성에 대한 인권 침해가 없는 세계로 만들어나가기 위해 일본이 국제사회의 선두에 서서 리드해나가야 한다"고 역설했다(首相官邸, 2014). 또한 2016년 G7이세지마 정상회담에서 일본이 의장국으로서 여성 분야를 우선과제 중 하나로 설정하고 모든 형태의 젠더에 기반한 폭력 철폐를 향해 피해자 지원을 포함한 모든 조직을 국내외에서 추진하자고 제안했다. 이처럼 아베 정부는 여성 및 여아에 대한 폭력 철폐, 여성의 기본적 권리 보호 및 강화를 국제사회가 일치해서 대응해야 할 중요 과제로 보고 있다. 따라서 국제기관과 연대해서 인권, 폭력 철폐, 보호, 분쟁 및 자연 재해 시 젠더에 기반한 폭력을 철폐하기 위한 다양한 시책을 추진하고 있다.

둘째, '국제협력을 통한 개발도상국의 여성지원'이다. 일본은 개발도상국의 여성을 둘러싼 환경 개선을 위한 대응으로 일본국제협력기구(Japan International Cooperation Agency, JICA) 등을 통해 ODA를 실시하고 있다. 2016년 5월에는 개발협력대강에 따라 분야별 개발정책의 하나로서 '여성의 활약추진을 위한 개발전략'을 발표함과 동시에 3년 동안(2016~2018년) 약 5,000명의 여성 행정관 등 인재 육성, 약 5만 명의 여성 학습 환경 개선을 실시한다는 뜻을 표명했다.

셋째, 'WAW!' 개최다. 국제여성회의 WAW!는 세계 각국 및 일본 각지의 여성 분야에서 활약하는 톱 리더가 참석해서 일본 및 세계 여성 활약 촉진을 위한 방안에 대해 논의한다. 2014년에는 아베 총리의 주도로 일본의 여성 분야에 관한 대응을 국내외에 발신하기 위해 제1회 WAW!가 개최되었다. 이후에도 WAW!는 여성을 둘러싼 일본 국내외 과제에 대해 포괄적으로 논의하는 장으로서 매년 개최되고 있다(外務省, 2017b).

이러한 아베 정부의 글로벌 차원의 여성정책 추진은 무엇보다 일본 국내의 성장전략과 이해가 일치하고 있다. 일본은 아베노믹스 추진을 통해 일자리는 넘쳐나는데 일할 사람이 부족한 상황이 나타났다. 이에 아베 정부가 공들인 것은 결혼과 육아로 경력이 단절된 일본 여성이었다. 그래서 아베노믹스 초기부터 여성의 일자리 진출을 독려하면서 'Abenomics is Womenomics'라는 구호가 생길 정도였다. 실제로 아베노믹스 이후 일본 여성의 경제활동 참여는 크게 증가했다.

아베 총리는 경기부양책인 아베노믹스의 일환으로 "일본 모든 분야에서 2020년까지 여성 지도자 비율을 30%에 맞추겠다"는 목표를 내걸었다(首相官邸, 2013a: 8). 2014년 9월 개각에서도 "앞으로 여성이 빛나는 사회를 만들겠다"며 아베 총리를 제외한 각료 18명 중 5명(28%)을 여성으로 임명했다.

이처럼 아베 총리는 여성의 사회 참여와 여성의 인권 신장을 위해 노력하겠다는 뜻을 국제사회에도 여러 차례 표명하고 있다. 실제로 2013년 9월 26일 유엔총회 기조연설에서 아베 총리는 전 세계 여성의 인권 신장을 위해 노력하겠다고 말했다. 아베 총리는 "21세기인 지금도 분쟁 지역에서 여성에 대한 성적 폭력이 계속되는 심각한 일이 벌어지고 있다"면서 "일본은 여성에 대한 이러한 범죄행위를 막는 데 가능한 모든 노력을 기울이겠다"고 주장했다. 그러면서 아베 총리는 여성의 사회 진출과 보건의료를 지원하기 위해 향후 3년간 30억 달러 이상의 ODA를 실시하겠다고 밝혔다(首相官邸, 2013b).

하지만 아베 총리는 한국과 중국의 관심사인 일본군 위안부 문제에 대해 전혀 언급하지 않았다. 결국 아베 총리는 2차대전 당시 일본에 의해 강제 동원된 위안부 문제로 논란이 있음에도 불구하고, 단순히 여성 인권에 초점을 맞추면서 자신의 이미지를 개선하려는 것이라는 비판을 받는다는 점에서 아베 정부의 여성정책의 한계를 보여준다.

번영을 향한 공헌

• 개발협력대강과 ODA의 활용

아베 정부는 2015년 2월 10일, 대외지원의 지침이 되는 '정부개발원조(ODA) 대강'의 개정을 각의 결정했다. 명칭을 좀 더 넓은 개념을 나타내는 '개발협력대강'으로 고치고, 비군사 분야에서의 타국군에 대한 지원, 소득 수준이 높은 도서국에 대한 협력, 민간투자와의 연계 등 ODA 틀에 포함되지 않았던 대응도 명기되었다. 새롭게 "국익의 확보에 공헌한다"라는 표현도 추가되면서 일본 입장에서 전략적 중요성을 감안한 대외원조를 추진한다는 방침을 명확하게 표시했다(外務省, 2015).

ODA 대강은 1992년 책정 이래 2003년에 한 차례 개정이 있었고 2015년 개정이 두 번째다. 국제적으로 ODA는 개발도상국 원조만을 가리키며 주요 역점 사항은 빈곤 감소에 있다. 새로운 대강은 기존 ODA에 더해 일본의 안보와 경제성장에 도움이 되는 대외협력에 적극적으로 대응한다는 자세를 강조하고 있다. 또한 아베 정부가 내세우는 '적극적 평화주의'와 2013년에 각의 결정된 '국가안보전략'의 내용을 반영했다. 국가안보전략은 '미국과 어깨를 나란히 해서 외국에서 전쟁할 수 있는 국가 만들기'를 목표로 한 것이고, 방위계획대강, 중기방위력정비계획 등 군사 분야와는 별도로 ODA도 '국가안전보장에 관련된 분야'로 성격을 부여하고 '지침을 부여'하고 있다. 민주화와 법제도 정비, 인권 분야 지원에 ODA를 적극적으로 활용하고자 하는 안보전략을 반영하고, 새로운 대강에서는 자유와 민주주의라는 '보편적 가치 공유'를 대외협력의 주요 과제로 삼았다. 또한 유엔 PKO와의 연계에 대해서도 언급했다. 기존 대강에서는 "군사적 용도 및 국제분쟁조장을 위한 사용을 회피한다"라고 하면서 군이 관계되는 지원은 군 관할 병원 개보수 지원 등 일부 사례를 제외하고 피해왔다.

개발협력대강은 개발협력을 '외교정책에서 가장 중요한 수단 중 하나'로 규정하고, 국제상황 및 지원대상이 되는 국가와 과제가 일본 입장에서 전략적 중요성을 충분히 감안해서 필요한 중점화를 꾀하면서 일본 외교정책에 기반한 전략적 혹은 효과적인 개발협력 방침의 책정, 목표 설정을 추진한다. 원래 ODA의 첫 번째 목적은 원조대상국의 자립적 발전의 실현과 빈곤 및 격차 해소다. 아베 정부는 이러한 목적 이외에도 일본의 '전략적 중요성'을 목표로 하고 있다는 점이 가장 큰 특징이다. 물론 국제적으로도 ODA의 본래 목적에서 벗어나 자국 이익을 우선하려는 조류가 있는 가운데 아베 정부도 이러한 조류에서 크게 벗어나지 못한다는 비판도 있지만, 전략적으로 추진하고 있다는 점이 눈에 띈다.

개발협력대강은 기존 ODA 대강의 '군사적 용도 및 국제분쟁조장을 위한 사용 회피'라는 문구를 유지하면서도 새롭게 "개발협력에 상대국의 군 또는 군적을 가진 자가 관계하는 경우에는 그 실질적 의의에 착목해서 개별 구체적으로 검토한다"라고 적혀 있다. '실질적 의의'라는 애매한 기준으로 기존 ODA 대강이 인정하지 않았던 타국 군과 군적 소유자에 대한 지원의 길을 열었다.

지금까지 원칙적으로 지원 대상이 아니었던 1인당 소득이 일정 수준 이상인 국가에 대해서도 "각국의 개발 니즈(needs)의 실태와 부담 능력에 따라 필요한 협력을 진행해나간다"고 했다. 예를 들어 허리케인 피해로 고통 받는 카리브 지역의 도서국들, 폐기물 처리 등 도시 문제를 안고 있는 중동연안국가들이 이에 해당된다. 유엔 개혁 등의 국제정치와 에너지 안보에서 중요한 국가와 연대를 강화하는 데에도 도움을 얻기 위한 목적이 있다.

개발도상국의 자금 흐름에서 민간 자금이 공적 자금을 웃돌고 있다는 점을 감안해서 민간투자의 역할에 대해서도 언급하고 있다. 정부 지원으로 인프라 등 투자환경을 개선하고, 민간기업 투자를 촉진하는 것이 "(상대국의) 성장과 빈곤 감소로 이어지고 있다"고 평가하고 일본경제의 성장으로도 이어질 수 있도록 중소기업을 포함해서 기업과 지방자치체, 대학과의 연계를 강화하는 내용을 포함했다.

또한 대강은 '해상보안 능력을 포함한 법 집행기관의 능력 강화, 테러대책과 마약 거래, 인신매매대책 등의 국제조직범죄대책을 포함한 치안 능력 유지 강화' 등에 필요한 지원을 한다고 제시했다. 이러한 지원이 지역의 긴장을 높이거나, 군과 경찰에 대한 지원, 군사 전용으로 연결된다는 우려가 있다. 아베 정부는 이미 필리핀과 베트남에 순시선 공여를 결정했고, 2017년 8월 인도·태평양지역 연안국을 대상으로 순시선 공여 등을 통해 해양안보 능력 구축을 지원하기 위해 2019년까지 총 약 5억 달러(약 550억 엔)를 원조하기로 발표했다.

• 아프리카개발회의 개최

최근 아베 정부는 아프리카 지역에 ODA 확대를 포함한 대규모 투자 및 지원계획을 추진하고 있다. 일본은 아프리카 국가 개발을 명목으로 아프리카개발회의(TICAD)를 1993년부터 주도해왔다. 하지만 일본의 경제 문제 등으로 지지부진하던 TICAD는 2008년부터는 아예 개최조차 되지 않았다. 아베 정부가 들어선 이후 2013년 6월 요코하마에서 개최된 제5차 TICAD에서 '요코하마 선언 2013'과 2017년까지의 지원방침을 나타낸 '요코하마 행동계획'을 채택했다.

'요코하마 선언 2013'에서는 '아프리카 대륙을 세계 성장의 원동력으로 변용시키는 것을 목표로 내걸고 아프리카에 대한 지원 원칙으로 피지원국의 의사를 존중하는 '오너십'과 국제사회의 '파트너십'을 강조하면서 이미 아프리카 지원을 선도하고 있지만, 현지 산업 육성으로 이어지지 않는다는 비판을 받는 중국과의 차별화를 꾀했다. 구체적으로는 현지 일본 기업에서 종사하는 인재 3만 명을 육성하는 등 인프라 정비와 농업 개발 등의 지원에 의한 민간 부문 주도의 경제성장을 촉진하고 빈곤 해소와 폭넓은 중간층 창출을 지향했다(朝日新聞, 2013. 6. 3).

'원조에서 투자로'를 지양한 이 회의에서 아베 총리는 21세기 전반기 동안 세계 경제성장의 중심이 될 가능성이 높은 아프리카에 대한 투자의 중요성을 강조하면서 향후 5년간 3조 2천억 엔(이 중 ODA가 1조 4천억 엔) 규모의 투자 및 지원계획을 발표했다. 주요 내용은 일본 기업들을 주축으로 사회간접자본(SOC) 정비, 인재 육성, 보건, 농업 등의 사업에 진출시킨다는 것이며, 인프라 정비에 6,500억 엔의 차관을 공여하기로 했다.

제6차 TICAD는 2016년 8월에 케냐의 나이로비에서 아프리카 최초로 개최되었다. 아베 총리는 이미 경제, 외교 면에서 아프리카와 밀접한 관계를 구축하고 있는 중국을 염두에 두고, 고용 창출로 이어지는 '질 높은 인프라' 투자(3년간 총 약 3조 엔)를 추진함과 동시에 중국의 해양 진출을 염두에 두고 '국제법 원칙에 기반한 룰을 기초로 한 해양질서 유지의 중요성을 강조했다(朝日新聞, 2016. 8. 21).

하지만 아베 정부가 아프리카 투자에서 항상 중국을 견제하는 것은 아니다. 아베 정부는 일본이 진행 중인 아프리카 개발 사업에 중국의 참여를 제안할 방침이다. 대상 사업은 서아프리카 기간 도로망 연결, 케냐 도로·교량 정비, 카메룬과 콩고를 잇는 도로 정비, 르완다 도로망 정비 등이다(국민일보, 2018. 1. 1). 여기에서도 아베 정부는 중국에 대한 견제뿐만 아니라 협력을 통한 관리를 염두에 두고 있다고 평가할 수 있다.

평화에 대한 공헌

• 유엔 PKO 전개: 유엔남수단공화국미션을 중심으로

2015년 9월 19일 일본 참의원에서 자위대법 등 11개 법률안이 통과되면서 안보법제화가 완료되었다. 2016년 3월 29일에는 집단적 자위권 행사를 용인하고 해외에서 자위대 활동 범위를 확대하는 내용 등이 담긴 평화안전법제가 발효되었다.

평화안전법제를 통해 목표로 하는 것은 PKO를 통해 국제사회에서 일본의 존재감을 높이는 데 있다. 아베 총리는 2016년 3월 21일 방위대학교 졸업식에서 "적극적 평화주의 깃발 아래 지금까지 이상으로 국제평화에 힘을 다한다"라고 말하며 국제공헌 활동을 확대하겠다고 강조했다(首相官邸, 2016). 또한 아베 총리는 2017년 6월

28일 PKO협력법 제정 25주년 기념 심포지엄에서 "국제사회의 책임 있는 멤버로서 세계평화와 안정을 위해 능력과 책임에 걸맞은 공헌을 계속해 나간다"라고 말하면서 적극적 평화주의 방침 아래 국제사회에 대한 인적 공헌을 계속해 나갈 것을 밝혔다. 이와 같이 아베 정부는 '적극적 평화주의'라는 명목하에 유엔을 중심으로 하는 PKO에 자위대가 적극적으로 참여할 것을 표명하고 있다. 특히 일본은 국제공헌 활동의 일환으로 2012년 1월에 남수단 PKO를 시작했다.[10]

기독교인이 다수인 남수단은 아랍민족주의 국가 건설을 목표로 하는 수단공화국(북수단)과 오랫동안 내전을 반복해오다가 2005년 포괄평화합의가 성립되었고, 이 합의 이행을 지원하는 유엔 PKO인 유엔수단미션(United Nations Mission in Sudan, UNMIS)이 설립되었다. 2011년 7월 주민투표를 거쳐 남수단은 숙원인 독립을 이루었고, 동시에 이 지역의 평화와 안정의 정착과 발전을 지원하기 위해 UNMIS의 후속 미션으로 유엔남수단공화국미션(United Nations Mission in the Republic of South Sudan, UNMISS)이 설립되었다. 일본은 2013년 UNMISS에 사령부 요원 3명 및 시설부대 약 350명의 자위대원을 파견했고, 탄생한 지 얼마 안 된 남수단의 국가재건사업을 지원했다. 시설부대의 구체적인 활동내용은 파견 지역의 다양한 인프라 정비였고, 이것은 고도의 능력이 요구되는 활동이었지만 자위대는 그 동안의 PKO를 통해 쌓은 경험을 바탕으로 임무를 완수했다.

10 유엔 PKO국과 반기문 유엔사무총장의 남수단 자위대 파견 요구에 2011년 8월 8일에 민주당 간 나오토(菅直人) 총리가 파견을 표명했고, 노다 요시히코(野田佳彦) 총리 재임 시에 파견되었다.

한편 아베 정부는 2016년 11월 15일 국가안전보장회의의 결정을 통해 '남수단 국제평화협력업무실시계획' 변경을 각의 결정했다(内閣府, 2016). 이에 따라 남수단의 유엔 PKO에 파견된 육상자위대에 안보법제에 기반한 '출동 경호'와 숙영지를 보호하는 '공동 방호' 임무를 추가로 부여했다. 즉, 육상자위대 제9사단을 주축으로 한 제11차 PKO 부대에 출동 경호 임무가 새롭게 부여되었다. 이전까지 자위대는 대원과 숙영지 안전 등 제한된 범위에서만 무장 및 무력사용이 가능했지만, '출동 경호' 임무 부여로 해외에서의 무력 사용 가능 범위가 확대되었다. 하지만 '출동 경호'와 '공동 방호' 어느 쪽도 실제로 실시되지는 않았다.

일본 내 야당과 일부 시민단체는 안보법제에 따른 '출동 경호' 임무 부여가 'PKO 참가 5원칙'에 위배되며 현지 자위대원의 안전에도 위협이 된다고 비판했다. 이런 가운데 남수단에 주둔 중인 자위대의 파병 기간이 2017년 3월로 종료되면서 남수단 PKO에서 자위대는 5월 중에 전원 철수했다. 일본 정부는 최초 파병 이후 5년여 시간이 흐르면서 시설 정비 등이 대부분 마무리되었다고 판단해서 추가 파병 연장 없이 철수한다고 발표했다.[11]

• 능력구축지원 활동

아베 정부가 PKO 중에서 새롭게 중점을 두고 있는 분야는 '능력구축지원(capacity building)'이다. 앞서 언급한 PKO협력법 제정 25

11 아베 총리는 야당인 민진당과 매스컴이 현지 치안정세 악화, 남수단 정부의 와해에 따른 내전 재개로 남수단의 실태가 파견 요건을 충족시킬 수 없게 되어서 철수하게 되었다는 주장을 부정한다.

주년 심포지엄에서도 아베 총리는 자위대원을 교관으로 아프리카·아시아 국가들에 파견해서 PKO 요원을 훈련시키는 '능력구축지원'을 통한 공헌을 강화한다는 방침을 표명했다. 즉 국제평화 실현을 위한 공헌은 PKO를 위한 요원 파견에 그치지 않으며, 일본이 PKO에 시설부대 파견을 목표로 하는 아프리카 국가들의 요원 훈련을 중시하고, 아시아 국가들에 대한 훈련도 진행하고 있다고 밝힌 것이다(産経新聞, 2017. 6. 29).

일본은 미국 이외의 국가들과 다자 및 양자 교류를 통해 다층적 국제안보환경을 형성해나가려고 한다. 그 구체적인 방안이 일본의 높은 기술력과 노하우를 가지고 능력구축지원을 적극적으로 추진함으로써 다자 안보를 강화하고 있다. 능력구축지원이란 자국의 능력을 활용해서 타국의 능력구축을 지원하는 것이다. 그리고 일본이 추진하고 있는 능력구축지원은 재해 부흥 및 인도적 지원, 해적대처, 지뢰·불발탄 처리 등의 '비전통적' 안보 분야에서 유엔 PKO나 일본 국내의 재해파견 등을 통해 자위대가 지금까지 축적해온 노하우를 개발도상국의 군대 및 장병들에게 전파하는 것으로 개발도상국 정부 및 군대의 1차 대처 능력을 향상시키는 것을 목적으로 한다.

일본은 2010년 '방위계획대강'에서 능력구축지원 추진 방침을 정했고, 방위성은 2012년부터 실시했다. 당시 ODA 대강이 해외 군조직에 대한 ODA 공여를 금지하고 있었기 때문에 인재 육성을 중심으로 형성되었다. 최근에는 인도 지원이나 재해 구조 분야의 인재 육성을 활발히 진행 중이다. 2013년 12월에 각의 결정된 '국가안보전략'과 '방위계획대강'에서는 여러 국가와의 해양안보협력을 포함해서 '개방되고 안정된 해양'의 유지·발전을 위한 주도적인 역할을 발휘하도록 명기되었고, 이에 따라 대상국 및 지원 내용을 확충해나가는 방침 등이 열거되었다.

2014년 일본-아세안 정상회의에서는 아베 총리가 일본과 아세안 간의 공동훈련, 인재 육성, 여행 안전 등에 협력을 계속하고, 해상보안·안전능력구축을 위해 향후 3년간 700명 규모의 인재 육성을 시행한다는 뜻을 표명했다. 지금까지 일본이 아세안 각국에 대해 진행해왔던 해상보안 인재협력과 순시선 제공 등과 함께 아세안의 능력 강화를 위한 지원을 계속하면서 아세안 공동체 강화로 발전될 수 있도록 하겠다는 것이다(이기태, 2016a).

아베 총리는 2015년 샹그릴라 회의에서 "ODA, 자위대에 의한 능력구축, 방위장비협력 등 일본이 보유한 여러 가지 지원 메뉴를 조합해서 아세안 국가들이 바다를 지킬 수 있는 능력을 빈틈없이 지원해왔다"라고 말했다. 일본은 전통적으로 동남아시아 지역에서 해양 분야의 능력구축지원을 주도해왔다. 그 동안 일본이 주로 중점을 둔 것은 말라카 해협의 항행 안전과 해적 대책이었다. 하지만 향후 일본의 해상 능력구축지원의 핵심은 중국의 강경 자세에 대한 우려가 증폭되고 있는 남중국해 지역, 특히 베트남과 필리핀에서 어떻게 능력구축지원을 충실하게 실시할 것인가로 옮겨가고 있다.

사실 일본 정부의 초기 능력구축지원 사업은 몽골이나 동티모르에서의 활동과 같이 주로 차량 정비나 도로 구축, 위생 등이 중심이었다. 하지만 2013년 11월 중국이 방공식별구역을 확장하면서 일본은 능력구축지원 사업을 동남아시아 국가들로 확대해왔다. 특히 자위대는 남중국해에서 중국과 영유권 갈등을 겪고 있는 필리핀, 베트남 등과 해양안보에 관한 세미나를 자주 개최하면서 항해 및 해양안보에 관한 기본 인식을 공유하고 있다. 이것은 향후 중국을 견제하기 위한 공동전선을 목적으로 하고 있다고 지적된다(朝日新聞, 2015. 12. 1). 즉 능력구축지원이 동남아시아 국가들을 중심으로 확대되고 있고, 이것은 '중국의 부상'에 이들 국가가 대처할 수 있도록 최소한의 군사적 역량을 키워주는 것으로 해석할 수 있다(한겨레신문, 2015. 12. 2).

이처럼 일본 정부는 동남아시아 국가들의 군대에 능력구축지원을 하고 있으며, 대상국을 확대하기 위해 협의를 계속하고 있다. 2014년 10월 시점에서 일본이 능력구축을 지원하고 있는 대상국은 5개국(아세안 가맹국은 캄보디아, 베트남, 인도네시아 3개국)이었지만, 남중국해에서 필리핀 등이 중국과 영유권 분쟁을 벌이면서 현재는 몽골, 파푸아뉴기니 이외에도 동남아시아 7개국(캄보디아, 동티모르, 인도네시아, 말레이시아, 미얀마, 필리핀, 베트남)이 지원을 받고 있다. 초기에 일본의 동남아시아 국가들에 대한 능력구축지원은 PKO 분야의 도로 구축뿐만 아니라 해양 분야의 잠수의학과 기상해양업무, 해도 제작 등에 관련된 인재 육성이 포함되었다. 이후 필리핀의 요청에 응해서 인도 지원·재난구조 분야에서의 인재 육성을 실시하는 방향으로 새롭게 조정되었다. 일본은 계속적인 지원대상국을 확대해가면서 중국의 해양 진출을 견제하는 효과를 기대하고 있다.

또한 일본 정부는 동남아시아 국가들에 정부 차원의 ODA를 공여하고 있다. 2013년 12월에 각의 결정된 국가안보전략에서 'ODA와 능력구축지원의 강화된 전략적 활용'을 명기했다. 구체적으로는 필리핀, 베트남의 해상경찰 능력 강화를 위해 순시선의 ODA 공여를 약속했다. 이와 같이 일본은 ODA와 같은 하드(hard) 면에서의 협력과 함께 능력구축지원과 같은 소프트(soft) 면에서의 협력을 조합해 끊임없는 원조를 지향하고 있다(産経新聞, 2014. 10. 7).

일본 정부는 ODA와 능력구축지원을 조합해서 전략적으로 활용하는 것이 가능하다면 일본의 안보뿐만 아니라 동남아시아 국가들 및 아시아·태평양지역 전체의 평화와 안전에 지금까지 이상으로 공헌할 수 있다고 판단하고 있다.

아베 정부의 글로벌 차원의 외교 전개: 방위협력외교와 경제외교

글로벌 차원의 방위협력외교 전개

아베 정부는 유럽 및 호주, 아세안 등과 협력의 틀을 만들고 해양 진출을 본격화하려는 중국을 견제하려고 한다. 특히 해양안보 등의 협력 강화를 위해 전방위적으로 노력하고 있다. 이나다 도모미(稲田朋美) 방위상은 2017년 1월 나토 본부를 방문하고 해양안보 등에서의 협력 강화에 인식을 같이했다. 이나다 방위상은 기시다 후미오(岸田文雄) 외상과 함께 프랑스 파리에서 열린 일본-프랑스 외무·방위담당각료회의(2+2회의)에서 자위대와 프랑스군이 탄약 등을 상호 융통할 수 있는 물품역무상호제공협정(Acquisition and Cross-Servicing Agreement, ACSA) 체결의 협상 착수에 합의했다. 명확히 중국을 겨냥하지는 않았지만 '남중국해에서 긴장을 높이는 일방적인 행동에 강한 반대를 표명'하는 공동성명을 발표했다. 또한 일본은 영국과의 ACSA 체결을 목표로 하고 있고, 호주와도 ACSA 개정안 서명을 검토하고 있다.

특히 아베 정부는 영국과의 방위협력을 강화하면서 과거 영일동맹에 비견되는 '준동맹' 관계 구축에 노력하고 있다. 2017년 12월

14일에 열린 영일 외무·방위담당각료회의(2+2회의)에서는 영일 양국 관계가 "글로벌 안보 차원의 파트너십을 한층 더 높은 단계로 격상시킨다"고 선언했다. 일본과 영국이 접근하는 배경에는 미국 우선주의를 내세우는 트럼프 대통령이 아시아 지역에 대한 관여를 우선하지 않을 수 있다는 우려를 갖고 있는 일본 정부와 2019년 3월 유럽연합(EU) 탈퇴를 눈앞에 두고 외교·방위정책의 검토를 추진하고 있는 영국 정부의 의도가 있다. 특히 아베 정부는 자유와 법의 지배 등 공통의 가치관을 가지고 미국과도 동맹관계에 있는 영국에 아시아·태평양지역에 대한 관여를 강화함으로써 중국의 해양 진출을 견제하려는 생각이다. 공동성명에서도 해양 진출을 강화하고 있는 중국을 염두에 두고 "자유롭고 개방된 인도·태평양지역을 유지하기 위해 협동해나간다"고 적혀 있다. 그러면서 영일 양국은 전투기에 탑재하는 신형미사일 개발을 위한 공동연구를 구체적으로 추진하기로 합의했다. 일본이 영국과 미사일 공동연구를 한다면 미국 이외의 국가와는 처음 있는 일이다(朝日新聞, 2017. 12. 15).

2012년부터 매년 일본 외상은 중부 및 동유럽 16개국과 정상회담을 개최하면서, 경제관계를 강화하는 중국에 대항해서 남중국해 문제에서 일본과의 연계를 요청하고 있다. 예를 들어 아베 정부는 프랑스령 폴리네시아와 뉴칼레도니아 등 프랑스가 남태평양과 인도양에 해외 영토를 가진 '태평양 국가'라는 점을 주목하고 있다. 이를 통해 일본의 외교전략인 '자유롭고 개방된 인도·태평양전략'에 대한 찬성을 얻으려는 목적이 있다.

하지만 일본이 원하는 대로 진행되지는 않을 전망이다. 유럽의 안보정책은 중동과 러시아의 비중이 높고 대중국 자세는 일본과 온도차가 있다. 프랑스와의 2+2회의 이후 기자회견에서도 프랑스 외상은 '일본은 프랑스에 있어 (중국에 이어) 아시아에서 두 번째 파트너'라는 발언을 통해 경제적 이해관계가 많은 중국을 배려했다.

글로벌 차원의 경제외교 전개

아베 정부는 경제외교에서 특히 아세안을 중시하고 있다. 아세안에 대한 ODA 등을 통한 경제적 지원을 확대하고 있는데 아베 총리는 취임 후 첫 해외 방문지로 아세안 3개국을 선택하고, 1년 이내에 모든 회원국을 방문하면서 아세안 중시정책을 추진하고 있다.[12] 모테기 도시미쓰(茂木敏充) 경제재생상은 2017년 11월 12일, 2018년부터 아세안과 무역에서 관세 혜택을 볼 수 있는 범위를 제조업에서 서비스업으로 확대하는 경제협력협정(ASEAN-Japan Close Economic Partnership, AJCEP)을 체결하기로 발표했다. 또한 11일에는 아시아·태평양경제협력체(Asian-Pacific Economic Cooperation, APEC) 정상회의가 열린 베트남 다낭에서 환태평양경제동반자협정(Trans-Pacific Strategic Economic Partnership, TPP)을 체결하는 데 원칙적으로 합의했다. 미국을 제외한 11개국이 우선 2019년부터 TPP를 발효한다는 내용이며 아베 총리는 베트남과 함께 합의 형성을 주도했다.

일본은 경제외교에서 주로 ODA 형태로 성과를 나타내고 있다. ODA는 보조금, 차관 등 무상지원 비율이 전체 25% 이상인 경우로, 개발자금이 절실한 저개발국 또는 개발도상국과의 외교 수단으로 주로 활용되어왔다. 일본은 지난 15년간 인도 등 남아시아 지역에

12 미야기(宮城大蔵)는 전후 일본에서 나타난 창의적인 외교 구상 및 지역질서 구상은 대다수가 동남아시아를 무대로 한 것이었다고 주장한다. 예를 들면 후쿠다 독트린(1977년), 신미야자와 구상(1998년) 등이다(座談会, 2017: 50).

ODA를 대폭 증액해왔다. 인도-태평양 지역경제 대국인 인도의 경우 15년간 266억 달러를 원조받아 전체 일본발 ODA 1,282억 500만 달러 중 가장 많은 20.8%를 차지했다. 일본은 대인도 원조 규모를 꾸준히 확대하는 동시에 방글라데시, 스리랑카, 미얀마에도 점차 많은 원조를 하고 있다. 방글라데시의 경우 2001~2003년 연간 평균 2억 4,618만 달러에서 아베 정부 시기인 2013~2015년 13억 8,670만 달러까지 급증했다. 반면 아세안 주요국인 인도네시아의 연간 수혜 금액은 같은 기간 절반 이하(42.6%)로 떨어졌다.

이러한 아베 정부의 남아시아 ODA 증액은 철저한 전략 아래 진행되었다. 특히 인도의 경우 ODA는 아베 총리와 나렌드라 모디(Narendra Modi) 정부 간 '특별전략적 세계 동반자' 관계에서도 특히 중요한 부분을 차지하며, 인도가 중국에 뒤처진 제조업 경쟁력을 끌어올리기 위해 인프라 투자(원조)가 필요한 상황에서 일본과 이해관계가 일치했다. 일본은 2000년대 중반 인도, 호주, 뉴질랜드를 끌어들여 '아세안+6'을 추진할 때부터 인도·태평양전략 기반을 만들었고, 이에 따라 방글라데시 등 인근 수혜국도 ODA를 약속받으며 인도·태평양전략에 동참하는 등 아베 정부에 적극 호응하고 있다.[13]

아베 정부는 원전 수출도 노력하고 있다. 2011년 후쿠시마 원전사고 이후 아베 정부는 국내 원전사업의 위기를 타개하기 위해 적극적으로 원전사업에 사활을 걸었다. 이를 위해 글로벌 차원에서 원전 수출 시도 및 원자력 협정 체결을 시도했고, 이것은 위기에 빠진 일본 원전사업을 되살리기 위한 수단으로 해석된다.

13 아베 총리는 2000년대 중반부터 특히 일본, 인도, 호주, 미국의 연대를 강조하고 있다(安倍晋三, 2013: 162-164).

아베 총리는 2015년 8월 '원전제로'정책이 시행된 지 23개월 만에 다시 원전 가동을 시작했지만 추가적인 원전 건설 계획은 전혀 없는 상황이었다. 일본 정부가 국내에서 해결책을 제시할 수 없는 상황에서 해외시장을 개척할 필요성이 대두되었다. 즉 원전 업체를 지원하려는 경제산업성과 총리 관저의 뜻이 강하게 작용했다.

일본은 동유럽 국가를 비롯해서 인도, 브라질, 남아프리카공화국, 사우디아라비아, 멕시코 등과 원전 수출 협상을 진행하고 있다. 또한 2016년 11월 11일 일본-인도 두 정상은 양국의 원전 수출을 가능하게 하는 원자력 협정을 체결하고, 2017년 7월 20일에 발효되었다. 이에 따라 일본은 인도에 원자력발전소 수출과 관련 기술 이전이 가능해졌다. 한편 일본이 인도와 원자력 협정 체결 등을 통해 협력을 강화하는 것은 중국을 견제하기 위한 목적도 숨어 있다. 일본이 남중국해와 동중국해에서 영향력을 강화하면서 일본은 인도와 협력해 중국을 견제하겠다는 새로운 외교전략으로 '자유롭고 개방된 인도·태평양전략'을 발표했다.

아베 정부는 아세안, 아프리카, 중동 지역 이외에도 강대국에 대한 경제외교도 전개하고 있다. 그중에서 대표적인 국가가 러시아이며, 러시아에 대한 투자도 확대하고 있다. 특히 극동 지역의 천연가스 개발을 목적으로 하고 있다. 아베 총리는 2016년 5월 정상회담에서 8개항의 경제협력 방안을 제시했는데 이를 토대로 북방영토 문제를 포함한 평화조약 체결 교섭을 진전시키려는 의도가 담겨 있다. 이처럼 러시아에 대한 투자 확대는 경제적인 측면뿐만 아니라 두 가지 정치적인 목적을 담고 있다. 첫째는 아베 총리의 숙원 중 하나인 북방영토 반환을 포함한 러시아와의 평화조약 체결이다.[14] 둘째는 일본과 러시아의 관계 강화를 통해 동아시아 지역에서 영향력을 확대하고 있는 중국을 견제하려는 의도를 가지고 있다. 특히 북핵 문제 등을 둘러싸고 중국과 러시아의 연대 강화가 두드러지는 가운데 아베 정부는 북핵 문제 해결을 위해서도 러시아의 협력이 필요한 상황이다.

2016년 12월 일본에서 열린 아베 총리와 푸틴(Vladimir Putin) 대통령의 정상회담에서 러일 양국은 '특별한 제도'를 만들고 북방영토 4개 섬에서 '공동경제활동'을 하기로 합의했다. 일본은 러시아에 의료, 에너지, 도시정비 등 8개 분야에 걸쳐 3,000억 엔 규모의 경제협력을 약속했다. 아베 총리는 북방영토 반환에 필요한 평화조약 체결을 향한 중요한 첫 걸음을 내디뎠다고 자평했다. 하지만 일본이 북방영토에서의 공동경제활동을 내세워 러시아에 대한 대규모 경제협력에 나서는 것은 사실상 G7의 '러시아 경제제재' 공조가 와해되었음을 의미했다.

2017년에도 아베 총리는 러시아가 실효지배 중인 북방영토 문제 해결을 위해 양국 간 공동 경제활동 추진에 합의하는 러일평화조약 체결에 적극적으로 나섰다. 하지만 푸틴 대통령은 11월 정상회담 이후 평화조약 체결에 오랜 시간이 걸릴 것이라며 아베 총리와 상반된 입장을 나타내고 있고, 북한 문제 해결에서도 양국의 입장차는 여전히 존재했다.[15]

이처럼 아베 정부는 경제외교에서도 대외적으로는 중국의 세

14 아베 정부는 2012년 말 재등장 이후 러시아와의 관계정상화 및 발전을 가장 중요한 외교목표 중 하나로 설정하여 새로운 대러시아 정책을 적극적으로 추진했다(윤익중·이성규, 2018: 132).

15 일본은 과거에도 북방영토 반환에 대한 약속을 요구하면서 일본의 경제협력을 내세웠지만, 1992년 옐친 대통령의 방일 중지라는 외교 실패를 경험한 바 있다(정구종, 2016: 104).

력 확대를 견제하면서 국내적으로는 일본의 국내 성장과 연관이 있는 산업을 중심으로 경제협력 및 투자외교를 전개하고 있다. 이러한 대내외 목표는 서로 연관성이 있으며, 아베 정부는 다양하고 복잡한 대내외 목적과 의도를 가지고 경제외교를 전략적으로 추진하고 있음을 알 수 있다.

나가며:
아베 정부의 글로벌 외교 평가 및 한계와 정책 제안

아베 정부의 글로벌 외교는 다양한 분야 및 지역을 대상으로 전방위로 실시되고 있다. 아베 총리는 '적극적 평화주의'로 대표되는 국제협조주의를 내세우면서 일본의 국제공헌 확대, 그리고 이를 위한 일본의 보통국가화를 내세우고 있다. 무엇보다 아베 총리는 일본이 글로벌 시대에 세계무대에서 존재감을 나타낼 수 있는 국가를 만들고 싶어하며, 이는 일본의 글로벌 차원의 경제외교 확대와 방위협력 강화를 통한 방위 능력의 세계화로 나타나고 있다.

이러한 아베 정부의 글로벌 외교는 무엇보다 변화하는 국제정세에 능동적으로 대처하고, 이를 위해 전략적으로 대응한다는 점이 가장 큰 특징이다. 중국의 급격한 성장에 대해 아베 정부는 힘에 의한 현상변경이라고 규정 짓고 이를 국제질서의 안정을 해치는 위협요인으로 인식하고 있다. 따라서 적극적 평화주의라는 명목 아래 일본이 국제공헌을 확대해 국제질서의 안정에 도움이 되는 역할에 능동적으로 나서고 있는 것이다. 물론 이러한 글로벌 외교의 지향점은 대외적인 명목이기도 하지만, 대내적으로는 아베 정부가 추구하는 성장전략, 즉 아베노믹스의 지속적인 성공을 위한 전략적 판단에서 추진되고 있다.

즉, 아베 정부는 일본의 국가 이익을 추구하기 위해 전략적 글로벌 외교를 추진하고 있으며, 특히 국가 간, 지역 간 양자관계 확대를 통한 글로벌 외교와 유엔을 비롯한 국제기구 및 다자협의체 구성 및 주도를 통한 국제공헌이라고 하는 다자관계 확대를 통한 글로벌 외교를 동시에 추진하고 있다.

하지만 정작 아베 정부의 글로벌 외교에서 걸림돌은 '아베 노선'이 될 것이다. 아베 총리가 기본적으로 가지고 있는 민족주의 성향에 기반한 '보통국가' 일본이라는 국가 노선 추구와 적극적 평화주의 기치 아래 추진되고 있는 국제주의 외교가 정합성을 갖느냐는 의문이 남는다. 예를 들어 '여성이 빛나는 사회'를 주장하면서 전 세계 여성의 인권 향상 및 보호 등을 주장하고 있지만, 이웃국가 한국과 중국의 일본군 위안부 문제에 대해서는 국내 민족주의 세력과의 정치관계를 고려할 수밖에 없는 아베 총리의 입장에서 여러 한계점을 보이고 있다. 아베 정부의 '글로벌 외교'와 '아베 노선'이 추구하는 지향점의 충돌 속에 일본이 과연 국제사회로부터 얼마나 동조를 얻고 발언권을 행사할 수 있느냐가 관건이다.[16]

따라서 한국 정부는 우선 아베 정부의 보통국가 노선과 적극적 평화주의 아래 추진되고 있는 국제공헌 확대 외교를 명확히 이해해야 한다. 아베 정부의 보통국가 노선은 평화헌법 개정을 통해 국제

16 조양현은 일본의 '보통국가화' 및 미일동맹 강화가 동북아 안보질서와 관련하여 이중성이 있으며, 일본의 과거사 청산 없이 재무장을 추구할 경우 주변국들의 반발을 초래할 수 있다고 예상한다(조양현, 2018: 17).

공헌을 확대하고 국제사회의 일원으로 나아가겠다는 것이며, 여기에는 미일동맹 강화가 전제조건이다. 예를 들어 아베 정부의 국제공헌 확대를 명분으로 한 국방력 강화를 과거와 같은 군국주의 부활로 확대 해석하는 것은 위험하다. 물론 일본의 국방력 강화가 동아시아 내 군비경쟁을 촉진할 위험성이 있지만, 미일동맹 강화는 일본이 과거와 같은 불행한 상황으로 나아가는 것을 방지하는 역할을 하고 있다.

이와 같이 글로벌 차원의 미일동맹 강화라는 조건에서 추진되는 아베 정부의 글로벌 외교는 한국 정부에도 글로벌 차원의 국제공헌 확대 외교를 좀 더 적극적으로 추진하도록 하는 자극 요인이 된다. 한국 정부는 아베 정부의 글로벌 외교 중에 공유 가능한 인류보편적 가치, 예를 들어 여성 인권, 국제개발협력, 국제 평화유지활동 등에 적극적인 협력 의지를 갖고 대응해야 한다. 하지만 아베 정부의 지나치게 편향된 민족주의 및 국가 이익에 기초한 글로벌 외교, 예를 들어 중국을 견제하기 위한 방위협력, 경제외교나 위안부 문제에 대해서는 한국의 종합적인 국익 및 가치를 고려한 가운데 신중히 대응해나가야 한다.

따라서 한국 정부는 무엇보다 미일동맹 강화에 대응하는 글로벌 차원의 한미동맹 강화가 필요하다. 이를 통해 글로벌 차원에서 협력할 수 있는 사안에 대해 한미일이 인식을 공유할 필요가 있고, 특히 한미동맹 차원에서는 글로벌 협력 사항에 대해 동맹관계를 더욱 제도화할 필요가 있다. 하지만 한미일 간 안보협력이 부상하는 중국과 같이 특정 국가를 목표로 견제하는 형태가 되는 것은 피해야 한다.

제5장

전쟁 가능한 일본을 향한 안보정책 전환

황세희 黄洗姫 | Hwang, Sehee

현재 재단법인 여시재 대외협력팀장 연구위원이다. 일본 게이오대학교에서 법학박사 학위를 취득했다. 박사학위 논문은 「1970年代の日米安全保障関係: 非対称性の定着と日米協力の深化」이다. 주요 저서로 『秩序変動と日本外交: 拡大と収縮の七十年』(공저, 慶應義塾大学出版会, 2016)이 있다. 「일본외교와 적극적 평화주의: 요시다 노선의 대안으로서의 평가」, 『한일군사문화 연구』(2017), 「東アジアの海洋安全保障における日米韓協力とその課題: アライアンス・トランジション論の観点から」, 『海洋政策研究』(2015), 「沖縄返還と日米安全保障協議: 同盟の非対称性の政治的修正」, 『国際政治』(2014) 등 다수의 논문이 있다.

문제 제기

2014년 7월 1일, 아베 정부는 헌법 해석을 변경해 집단적 자위권 행사를 가능하게 하는 각의 결정을 통과시켰다. 이 각의 결정에 대하여 한국 언론은 일본이 '전쟁할 수 있는 나라'가 되었다고 대대적으로 보도했다.[1] 그간 평화헌법으로 금지되었던 집단적 자위권의 행사가 가능해지는 것을 계기로 한국사회에서는 일본의 재군사화, 혹은 군국주의의 부활을 의심하는 여론이 팽배해졌다.

2014년의 각의 결정 이후, 평화안전법제의 제개정을 비롯한 일련의 방위정책들과 개헌 논의가 진행될 때마다 한국 언론은 여지없이 '전쟁 가능한 일본'이라는 타이틀을 내걸었다.[2] 이러한 보도들의 부자연스러운 점은 매번 '전쟁 가능한 일본이 되었다'라는 표현과 '전쟁 가능한 일본을 추구한다'는 표현이 혼재하고 있다는 점이다. 2014년의 각의 결정이 이루어졌을 때 이미 집단적 자위권 행사로 인해 전쟁 가능한 일본이 '되었다'라는 보도가 지면을 휩쓸었다. 이

1 "일본, 69년 만에 전쟁 가능한 나라 됐다"(한겨레신문, 2014. 7. 1), "['전쟁 국가'로 부활한 일본]일본 전쟁 가능 국가 선언, 중국 자극 … 군비경쟁 불 댕겼다"(경향신문, 2014. 7. 2), "이웃나라 일본의 전쟁국가 선언, 시민들 분노"(아시아경제, 2014. 7. 2) 등.

2 주요 기사들의 제목은 다음과 같다. "[동북아 신냉전]'전쟁할 수 있는 일본'… 아베, 개헌 발의선 162석 확보"(경향신문, 2016. 7. 10), "아베 신조 일본 총리, 개헌 발의선 확보 … 일본, '전쟁 가능 국가'로 가나"(한국경제, 2016. 7. 11), "日 자민, '전쟁 가능한 일본' 겨냥 개헌 여론전 나선다"(연합뉴스, 2016. 9. 29), "日 자위대, 평시 美군함 보호에 무기 사용 … '전쟁 가능 국가' 본격화"(뉴시스, 2016. 12. 22), "日, 전쟁 가능국에 더 접근, '적극 임무수행' 약속 자위대원은 감소"(연합뉴스, 2017. 1. 11), "'한반도 위기' 부추기며 '전쟁 가능한 日' 명분 찾는 아베"(헤럴드경제, 2017. 4. 12), "일본, 한반도 위기론 부각시켜 '전쟁 가능 국가로의 개헌' 노린다"(서울경제, 2017. 4. 12), "헌법시행 70주년에 거세지는 日아베 '전쟁 가능국' 개헌 야욕"(연합뉴스, 2017. 5. 3) 등.

후에도 이를 현실화해가는 일본의 방위정책 및 개헌 논의를 보도할 때면 아베 정권이 '전쟁 가능한 국가'를 목표로 하고 있다는 표현을 반복해 사용하고 있다. 이는 2014년의 각의 결정이 한국이 경계하는 '전쟁 가능한 일본'으로 가는 결정적인 사건이며 동시에 이러한 우려가 지속적으로 확대 재생산될 것임을 상징한다. 아베 정권이 추진하는 개헌이 현실이 될 때까지 '전쟁 가능한 일본'에 대한 끊임없는 의심과 우려가 한국사회에서 반복될 것임을 보여주는 것이다.

일본이 방위예산의 증강, 혹은 자위대 전력의 강화, 그리고 안전보장정책의 변화를 도모하는 상황이 전개될 때마다 일본이 침략전쟁을 일으켰던 과거의 일본으로 회귀할 것으로 보는 한국사회의 인식은 새로운 것이 아니다. 일본의 재무장, 혹은 군국주의로의 회기에 대한 한국사회의 우려는 냉전 종식 이후 일본이 미일동맹과 연계하여 안전보장정책 논의를 진행하는 과정에서 광범위하게 확산되어왔다. 특히 '전후체제로부터의 탈각(戦後体制からの脱却)'을 내세운 아베 신조(安倍晋三)가 두 번째 집권에 성공한 뒤 추진해온 일련의 안전보장 논의는 이러한 한국사회의 의심을 결정적인 것으로 만들었다.

더욱이 아베 정권에서 진행되어온 안전보장정책은 한일관계의 정체와 더불어 한국의 안보전략을 설계하는 데 있어서도 일정 정도의 부담으로 작용해왔다. 북한 문제 해결을 위한 협력자라는 안보전략상의 가치에도 불구하고 집단적 자위권의 행사와 헌법 개정으로 상징되는 아베 정권의 안전보장정책의 변화는 일본이 한반도에 미칠 영향을 부정적으로 바라보게 만들었다.

이 글에서는 아베 정권하의 안전보장정책의 변화가 어떠한 전략과 필요성에 의해 진행되고 있으며, 이러한 변화가 가져올 지역 및 세계 수준의 전략적 영향은 무엇인지를 고찰하고자 한다. 이를 위해 먼저, 한국사회에서 자주 언급되는 '전쟁 가능한 일본'이 구체적으로 무엇을 의미하는지 살펴볼 것이다. 이어서 '전쟁 가능한 일본'을 이끈 일련의 변화들, 즉 집단적 자위권의 행사, 평화안전법제, 그리고 미일 가이드라인의 개정에 대하여 분석하고자 한다. 이를 통해 아베 정권이 추진하고 있는 안전보장 논의의 본질을 한국사회가 좀 더 종합적으로 이해할 수 있는 계기를 제공할 것이다.[3]

전쟁 가능한 일본의 본질

먼저, 한국사회에서 통용되는 '전쟁 가능한 일본'은 정확히 무엇을 의미하는지 살펴보고자 한다. 앞서 언급한 2014년의 각의 결정으로 일본 정부는 집단적 자위권의 행사를 용인하게 되었다. 당시 이러한 변화에 대해서 일본사회에서는 '피를 흘릴 수 있는(血を流せる) 일본'이라는 표현을 사용했다. 이러한 변화한 일본의 대척점에 있는 기존의 일본상은 '땀 흘리는(汗をかく) 일본'이었다. 이는 일본사회가 인지하는 국제사회 속의 일본상(日本像)이라는 관점에 커다란 변화가 생겼음을 의미한다. 즉, 태평양전쟁의 패전과 전후 재건을 거친 일본이 1990년대 이후 국제사회로 복귀하면서 전후 추구해왔던 '평화국가 일본'의 역할이 새로운 차원에서 논의되기 시작한 것이다.

3 아베 정권의 안보정책에 관한 선행연구로는 문은석(2014), 박영준(2015), 서승원(2015) 등을, 일본의 방위정책에 관한 해외의 불신을 분석한 연구는 Christensen(1999), Hughes and Krauss(2007) 참조.

그렇다면 일본이 흘리는 피와 땀은 과연 무엇을 위한 것인지 명확히 할 필요가 있다. 단적으로 말해 이는 '평화'를 위해 일본이 피와 땀을 흘리는 것을 의미한다. 2013년 전후 처음으로 책정된 「국가안전보장전략 보고서」에 따르면 일본은 "지금까지 지역 및 세계의 평화와 안정 및 번영에 공헌해왔다". 이어서 본 보고서는 "글로벌화가 진행되는 세계에서 일본은 국제사회의 주요 행위자로 어느 때보다 적극적인 역할을 수행"해나가야 하며, "이러한 인식을 바탕으로 국가 안보에 관한 기본방침을 설명하기 위해 국가안정보장전략을 수립한다"라고 규정했다(首相官邸, 2013). 세계 유일의 피폭국가라는 경험과 국제분쟁의 해결 수단으로서의 무력을 포기한 평화헌법은 전후 일본사회에 뿌리깊게 자리잡은 반전주의(反戰主義)의 기반이 되었다. 전쟁에 대한 반성과 국제사회의 권력정치에 대한 회의를 공유한 일본사회는 세계평화에 공헌하는 일본이라는 국가정체성에 대한 광범위한 합의를 이루었다.

이러한 가운데 확립된 일본의 안전보장정책은 전수방위(專守防衛, defensive defense), 즉 오로지 방어를 위한 방위에 기반하여 성립되었다. 아베 정권 들어 처음으로 책정된 '국가안전보장전략' 보고서 역시 이러한 국제사회의 평화유지를 위한 일본의 공헌이라는 원칙이 기저에 깔려 있음을 확인할 수 있다.

냉전 종식과 '땀 흘리는 일본'의 형성

이러한 평화국가 일본이라는 사회적 합의는 냉전 종식 후에 진행된 미일동맹의 조정과 국제사회에서의 일본의 위치에 대한 논의 속에서 '땀 흘리는 일본'이라는 국가정체성으로 진화했다. 냉전 시기 평화헌법과 미일동맹에 의해 유지되어왔던 일본의 외교안보정책은 급작스런 소련의 붕괴 이후 그 존재 의의가 도전받게 되었다.[4] 이와 함께 일본 외교를 성찰하게 된 또 하나의 계기는 같은 시기 발발한 이라크 전쟁이었다. 국제사회의 다국적군이 이라크 전쟁에 즉각 참전했던 것에 비해 헌법과 국내의 반군사주의 문화를 의식하지 않을 수 없던 일본은 이라크 전쟁 수행을 위해 총 130억 달러를 지불하는 것에 그치고 말았다. 이 같은 일본의 대응은 국내외에서 '수표외교'라는 야유를 얻었다. 일본 외교의 실패라고밖에 평가할 수 없는 이라크 전쟁의 경험은 일본이 국제사회에서 자국을 어떻게 위치지어야 할지에 대한 논의를 촉발했다.

더욱이 미일동맹은 결성 초기부터 동맹 운영과 역할 분담에 있어서 대미의존, 혹은 대미종속이라는 국내의 비난을 받아왔다. 헌법의 제약으로 자위대의 활동이 제약되는 상황에서 동맹협력은 일본의 기지 제공 및 물자 지원, 미국의 군사적 프레젠스(미군 파병)라는 협력이 자리잡았던 것이다. 이러한 미일동맹의 비대칭적 협력에 대해 사카모토 가즈야(坂元一哉)는 '물건과 사람의 협력(物と人との協力)'이라고 정의한 바 있다.[5] 아베 2기 정권에서 '안전보장의 법적기반의 재구축에 관한 간담회(安全保障の法的基盤の再構築に関する懇談会, 이하 안보간담회)'의 멤버로 참가하기도 한 사카모토는 미일동맹의 '물건(기지)'과 '사람(군대)'의 교환이라는 비대칭성이야말로 안보조약에 대해 미일 양국으로부터 불만이 발생하는 근본원인이라고 지적했다(坂元一哉, 2000). 이 시기 자위대의 해외파견 및 미일동맹의 재조정에

4 냉전 이후 미일동맹의 존속 가능성을 분석한 연구는 Johnson(1992), Johnson and Keehn(1995), Nye(1995), Miller(2002), Hughes(2004) 참조.

5 이와 같은 미일동맹의 비대칭적인 협력에 대하여 가베는 동맹의 편무적(片務的)인 안전보장 관계라고 평가하기도 한다(我部政明, 2002).

있어서도 이러한 기존의 비대칭성을 수정하는 논의가 함께 전개되었다.

그러나 이 시기에 발생한 국제사회로부터의 충격과 후나바시 요이치(船橋洋)가 '동맹표류'라고 정의했던 미일동맹의 재조정과정은 결과적으로 미일동맹 내의 역할 분담 규정과 함께 국제적인 평화유지활동(Peace Keeping Operation, PKO)과 인도적 지원을 위한 자위대의 역할을 인정하는 방향으로 귀결되었다. 이라크 전쟁 이후의 반성 속에 1992년에는 'PKO 법안'이 통과되어 자위대의 해외파병이 가능해졌으며, 1994년 8월 호소카와(細川) 내각의 「방위문제간담회 보고서(일본의 안전보장과 방위력의 존재 방식: 21세기를 향한 전망(日本の安全保障と防衛力のあり方: 21世紀へ向けての展望)」(통칭 히구치 리포트), 1995년 2월 미국방성의 「동아시아 · 태평양 안전보장전략(United State Security Strategy for the East Asia-Pacific Region」(통칭 나이 리포트)에 이르기까지, 냉전 이후 세계와 아시아 지역의 안정에 있어서 미일동맹의 역할에 대한 협의를 지속했다.

이를 반영한 후속조치로 1995년 11월에는 일본의 '신방위대강', 1996년 4월 '미일안전보장 공동선언,' 그리고 1997년 9월의 '미일 신가이드라인(정식 명칭 미일방위협력을 위한 지침, 이하 1997년 신가이드라인)'이 발표되었다. 일련의 작업은 국제사회 및 일본 주변 지역에서 평화와 협력을 조성하기 위해 미일동맹이 담당할 역할을 규정했다. 이러한 1990년대의 일련의 합의는 1997년 신가이드라인 합의로 귀결되었다.

신가이드라인은 미일동맹이 일본의 안전과 관련된 극동지역의 안전보장에 더하여 국제사회의 안정과 평화유지를 위해 협력한다는 점을 명시했다. 1978년에 책정된 구가이드라인이 일본에 대한

"무력공격이 일어났을 경우의 공동대처행동을 원활히 실시하기 위해"(구가이드라인 1조 2항) 작성되었던 것에 반해, 1997년 신가이드라인은 그 목적을 "일본에 대한 무력공격 및 주변사태 시에 효과적이고 신뢰성 있는 미일협력을 진행하기 위한" 것으로 변경되었다. 아울러 평시의 미일협력에 대해 미일 양국의 방위태세 범위를 규정한 것은 특기할 만하다. 신가이드라인 3조 서문에서 양국은 방위력의 규모를 정의하고 있는데, 이에 따르면 "일본은 방위계획의 대강에 자위를 위해 필요한 범위 내에서의 방위력을 보유"하고, 미국은 "아시아·태평양지역에서의 전방 전개병력을 유지"하는 것을 규정했다. 아울러 3조 2항에서는 "안전보장 면에서의 지역적 혹은 지구적 규모의 제활동을 촉진하기 위한 미일협력은 더욱 안정된 국제적 안전보장환경의 구축에 기여"한다고 정의했다. 이를 위해 "미일 어느 쪽의 정부 혹은 양국 정부가 유엔 PKO 및 인도적 국제구원활동에 참여하는 경우, 미일 양국 정부는 필요에 의해 상호지원을 위해 긴밀히 협력"할 것을 명기했다(防衛省, 1997). 일본 본토방위를 중심으로 진행되어왔던 미일협력의 지평이 국제평화유지라는 영역으로 확장되었음을 확고히 한 것이다. 이로 인해 미일동맹은 국제사회의 공공재적인 역할을 한다는 일본사회의 논리가 정착하게 되었다.

이러한 가운데 자위대의 해외파병 사례는 증가하여 유엔 PKO 이외에도 인도양 해상에서의 보급지원활동, 이라크에서의 인도적 부흥지원활동, 아덴만에서의 해적대처활동, 그리고 2013년 필리핀 태풍 후의 재난구조활동 등을 진행했으며, 최근에는 유엔 PKO의 일환으로 유엔남수단공화국미션(United Nations Mission in the Republic of South Sudan, UNMISS)을 실시했다.[6] 이 같은 1990년대의 미일동맹의 조정과 일본의 국제사회 참여에 대한 일련의 논의 속에서 일본은 평화유지를 위한 자위대의 해외파병을 수용하고 미일동맹의 일체화를 심화하는 방향으로 나아갔다. 그리고 이러한 일본이 국제사회에서 담당하는 역할은 국제분쟁지역의 평화를 재건, 유지하는 인도적 지원과 후방 지원이 중심이 되었다.

'땀 흘리는 일본'은 위와 같은 국제분쟁에서의 무력행사와는 거리를 둔 인적·물적 지원의 국제공헌을 상징하는 표현이었다. 아울러 '땀 흘리는 일본'은 앞서 언급한 비대칭적인 미일동맹이 변화된 질서에 대응하여 조정한 동맹협력의 새로운 역할이기도 했다. 즉 '물건과 사람의 협력'이었던 냉전 시기의 미일동맹이 '불완전한 사람과 사람의 협력'으로 변모하게 된 것이다. 여전히 유사시의 동맹협력이라는 측면에서 보면 일본은 후방지원 기능을 담당하지만 국제사회에서의 PKO의 측면에서는 '사람(자위대)'의 공헌기능이 확대되었다. 이러한 점에서 일본의 인적 자원이 국제사회에서 활동할 수 있는 영역으로 PKO가 정착하게 된 것은 냉전 시기의 물자의 제공에 제한되었던 일본의 역할이 한 단계 발전했음을 상징했다.

'피 흘리는 일본'과 대등한 미일동맹

이와 같이 '땀 흘리는 일본'이라는 이미지가 일본 외교에 정착되는 과정은 평화헌법과 미일동맹이 냉전 종식이라는 시대의 변화 속에 적응해온 과정과 결부되어 있다. 여기에 아베 정권이 추구하는 '피 흘릴 수 있는 일본'은 평화헌법의 제약에서 탈피함과 동시에 대등한 미일관계를 추구한다는 점에서 그 외연을 한층 더 확장시키려 한다. 즉, 기존의 '땀 흘리는 일본'이 인도적 지원 및 PKO를 중심으

6 이 활동은 2017년 5월 31일로 종료되었다.

로 한 인적 공헌에 주력해왔던 것에 비해 '피 흘릴 수 있는 일본'은 이러한 과거의 제약을 탈피하여 적극적인 인적 공헌을 다짐하고 있는 것이다. 이는 자연히 자위대의 활동에 기존보다 추가된 임무 권한을 부여하는 것을 의미한다. 이러한 변화는 「국가안전보장전략 보고서」가 서두에서 지적하는 바와 같이 급변하는 21세기의 국제질서 속에서 땀 흘리는 것만으로는 일본이 국제사회에서의 역할을 다 했다고 하기에는 충분치 않다는 인식이 바탕에 있다. 이와 함께 미일동맹의 운용에 있어 줄곧 제기되어온 비대칭적 협력을 완전히 해소하기 위해서는 앞서 언급한 '물건과 사람의 협력,' 혹은 '불완전한 사람과 사람의 협력'에서 '완전한 사람과 사람의 협력'으로 변모하는 것이 필요하다는 논리가 내재되어 있다.

아베 수상이 '피 흘릴 수 있는 일본'을 처음 언급한 것은 2004년 발간한 『이 나라를 지키는 결의(この国を守る決意)』에서였다. 이 책에서 아베 수상은 "일본이 만약 외적의 공격을 받으면 미국의 젊은이들은 피를 흘립니다. 일본 자위대는 적어도 미국이 공격당했을 때에 피를 흘리지는 않습니다. 완전히 대등한 파트너(完全なイコールパートナー)라고 말할 수 있는 것일까요"라고 의문을 제기했다(安倍晋三·岡崎久彦, 2014). 2014년 집단적 자위권 논의가 활발하던 시기, 이시바 시게루(石破茂) 당시 자민당 간사장도 이 같은 이야기를 반복했다. 이시바 간사장은 같은해 5월 18일에 방영된 NHK의 〈일요토론(日曜討論)〉에서 "미국의 젊은이가 피를 흘리고 있는데 일본의 젊은이들은 피를 흘리지 않아도 좋은 것인가"라고 발언했다. 이러한 언설에는 미일동맹이 미국이 제공하는 일방적인 일본 방위라는 목적에서 출발한 이래 줄곧 일본의 대미종속으로 기능해왔다는 불만이 내재되어 있다. 이러한 인식에서 보자면 앞에서 살펴본 바와 같이 1990

년대를 통해 정착된 '땀 흘리는 일본'이 '불완전한 사람과 사람의 협력'이었으며 함께 '피를 흘릴 수도 있는 일본'이 되어야 완전한 '사람과 사람의 협력', 즉 대등한 미일동맹의 역할 분담이 가능하다. 바꿔 말하면 일본이 미국에 의해 보호받는 것과 동일하게 일본도 미국을 보호할 수 있어야 대등한 미일관계가 될 것이라는 논리가 깔려 있는 것이다.

국가 안전보장전략과 적극적 평화주의

이처럼 '피 흘릴 수 있는 일본'은 종전보다 적극적으로 국제사회의 평화유지에 참여하고 동맹의 운용에 있어서도 대등한 입장에서 미일관계를 정립하고자 하는 아베 정부의 의지를 드러내는 표현이라 할 수 있다. 결국 아베 정권의 안보전략 구상은 한국사회의 익숙한 인식, 즉 '전쟁 가능한 일본'의 추구가 결국에는 침략적이고 군국주의적인 일본을 부활시키리라는 우려와는 다른 차원의 논의로 진행되고 있음을 발견한다. 이러한 외교 및 안전보장전략의 기조를 아베 정부는 '적극적 평화주의'로 명명하고 있다. 앞서 언급한 「국가안전보장전략 보고서」는 "국제협조주의에 기반한 '적극적 평화주의'를 기본이념으로 해서 외교·안전보장체제를 강화하기 위한 새로운 대응을 실시 및 추진"할 것을 명기했다.

외무성이 발간한 안내 책자에 따르면, 적극적 평화주의는 자위대가 1991년 페르시아만에서 기뢰 제거 작전을 수행한 이후 국제사회의 평화를 확보하기 위해 추진한 일본의 외교안보전략의 연장선상에 있다(外務省, 2016). 아울러 이 책자에서는 "아시아·태평양지역의 평화와 안정을 위해 일본 자신의 방위력 강화를 추진함과 동시에 폭넓은 분야에서 미일 간의 안보·방위협력을 추진해 미일동맹을 강화할 것"을 천명했다. 적극적 평화주의는 국제사회의 평화유지와 미일동맹의 강화라는 두 가지 요소가 병존하고 있다는 점에서 기존의 일본 외교와 연속선상에 있다.

다만 이를 수행하는 데 있어 그간 강요되어왔던 헌법의 제약을 벗어나 미국 및 지구상의 다른 국가들과 동등한 수준의 역할을 행사할 것을 목표로 한다[7]는 점에서 변화를 엿볼 수 있다. '땀 흘리는 일본'이 평화헌법으로 인해 제약받는 일본의 국제공헌을 의미했다면, 적극적 평화주의를 수행하며 이 과정에서 '피 흘릴 수도 있는 일본'은 국제사회의 일원으로서, 그리고 동맹의 상대국으로서 일본이 보다 대등한 위치에 서는 것을 추구하고 있다. 이러한 인식은 아베 수상이 2013년 미국의 한 싱크탱크에서 행한 연설에서도 나타난다. 아베 수상은 "일본이라는 나라는 미국이 주된 역할을 맡고 있는 지역적, 그리고 글로벌 안보프레임에서 쇠사슬의 강도를 결정지어버리는 약한 고리가 되어서는 안 된다"고 이야기하며, 적극적 평화주의가 미일이 공동으로 대처해야 하는 전 지구적 안전보장 협력에 기여하는 것임을 밝혔다(安倍晋三, 2014).

아베 정권의 안전보장정책의 변화

방위계획의 대강: 방위력 구상의 변화와 방위체제 정비

이러한 '피 흘릴 수 있는 일본'으로의 변화를 실체화하기 위해 아베 정권은 안전보장정책의 변화를 도모해왔다. 우선 이를 집행할

7 일본 외교전략으로서 적극적 평화주의에 대한 평가는 황세희(2017) 참조.

방위체제의 정비가 핵심적인 과제로 부상할 수밖에 없다. 아베 정권은 2014년의 각의 결정에 앞선 2013년 12월, 방위계획의 대강을 새로 제정했다(정식 명칭은 헤이세이 26년 이후의 방위계획의 대강에 대하여(平成26年度以降に係る防衛計画の大綱について), 이하 2014년 방위대강). 방위대강은 민주당 정권하에 2010년 이미 한 차례 개정된 바 있다. 2010년 개정된 방위대강은 기존의 방위대강이 냉전 시기부터 유지되어온 '기반적 방위력' 개념을 폐지하는 대신 중국의 부상과 북한 위협, 국제 테러리즘 등에 기동적으로 대응하기 위한 '동적 방위력'의 방침을 제시했다.

아베 정권은 정권 교체 직후부터 이를 대체하기 위한 방위력 구상을 정비했다. 그 결과 책정된 2014년 방위대강은 기존의 방위력으로는 대응이 충분하지 않은 다양한 위협이 증가했음에 주목했다. 이 대강은 일본을 둘러싼 상황에 대해 북한의 군사 도발, 중국의 해양 진출 등의 주변환경 변화에 더불어 영토주권 및 권익을 둘러싸고 평시도 유사시도 아닌 그레이존 사태 등이 발생할 가능성이 증가했다고 평가했다. 아울러 이러한 안전보장상의 과제와 불안정 요인은 다양하면서도 광범위하게 존재하는 탓에 한 국가가 홀로 대응하기 곤란하며 군사 부문과 비군사 부문의 연계 및 이익을 공유하는 국가들이 지역 혹은 국제사회의 안정을 위해 협조하고 적극적으로 대응할 필요가 있다고 판단했다(防衛省, 2014).

이러한 판단하에 2014년 방위대강은 '종합기동방위력의 구축'을 전면에 내세우고 있다. 이러한 방위력 구상은 전술한 「국가안전보장전략 보고서」에 입각하여 적극적 평화주의의 기조 안에서 방위력을 정비할 것을 분명히 하고 있다. 군사 부문과 비군사 부문의 연계 속에 안전보장정책의 과제에 접근하는 방위력 구상은 일본이 전통적인 본토방위의 임무를 넘어서는 다양한 안보 위협에 적극적으로 대처하기 위한 방위체제를 구축할 것임을 시사한다. 더욱이 종합기동방위력은 평시부터 종합운용 능력을 철저히 하고 장비 운용수준을 향상하는 것과 함께 각종 활동을 지탱할 수 있도록 방위력의 양과 질을 충분히 확보하고 억지력 및 대처력을 높이는 것을 목표로 했다(防衛省, 2017). 이로써 평화유지 및 평화구축지원에 집중했던 '땀 흘리는 일본'에서 한발 더 나아가 새로이 부상한 안보 위협에 적극적으로 대응하는 일본의 방위체제 정비를 현실화하기 시작했다.

집단적 자위권의 행사와 헌법 해석

그렇다면 아베 정권이 표방하는 안전보장전략하에서 일본은 구체적으로 무엇이 변했고 변할 것인가. 서두에 언급한 바와 같이 2014년의 각의 결정으로 일본은 헌법 조문의 변경 없이 집단적 자위권의 행사가 가능해졌다. 헌법 9조가 규정한 "전쟁의 방기(放棄), 전력 및 교전권의 부인"은 "국권의 발동에 의한 전쟁과 무력에 의한 마찰 혹은 무력의 행사를 국제분쟁의 해결 수단으로서 영구히 포기"하고 "이를 목적으로 하는 육해공군 및 기타 전력의 보유 및 교전권을 부인"했다. 그러나 헌법 제정 직후 전개된 냉전의 국제질서 속에서 일본은 미일동맹을 통해 자국의 안전보장을 확보해야 했으며 본토 방위를 수행하기 위해 자위대의 보유를 강요받았다. 헌법에 배치되지 않는 방위력으로서 자위대를 어떻게 정의할 것인가 하는 문제는 1972년 내각법제국이 자위(自衛)를 위한 최소한의 전력은 헌법에 위배되지 않는다는 정부 통일 견해를 발표하면서 해소되었다(内閣法制局, 1972). 이후 자위대의 기능 확대 및 미일동맹의 일체화가 진행되는 과정에서 꾸준히 헌법 9조는 해석의 확대를 통해 변화하

는 현실에 대응해왔다.[8]

집단적 자위권의 행사는 확대를 거듭해온 헌법 9조가 넘어서지 못하던 최대의 장애물이었다고 할 수 있다. 집단적 자위권을 규정한 유엔헌장 51조는 "국제연합회원국에 대하여 무력공격이 발생한 경우, 안전보장이사회가 국제평화와 안전을 유지하기 위하여 필요한 조치를 취할 때까지 개별적 또는 집단적 자위의 고유한 권리를 침해하지 아니한다"고 규정하고 있다. 이처럼 집단적 자위권은 자국에 대한 직접적인 공격이 아닌 경우에도 유엔회원국에 대한 공격이 발생한 경우 공동으로 대응하는 것을 보장하고 있다. 이에 대해 1972년 일본 정부는 내각법제국의 판단에 따라 집단적 자위권을 보유하고 있으나 헌법상의 제약으로 행사하지 않는다는 것을 기본 방침으로 밝혔다. 이 같은 정부 방침 아래 일본은 그간 미일동맹의 운용 및 유엔 PKO에 있어 후방 지원과 보급, 그리고 평화재건활동 및 재해 및 재난시의 구조·지원 활동에 집중해왔다.

그러나 2014년의 각의 결정은 집단적 자위권의 행사가 국제법상 모든 국가가 보유한 권리임을 강조하고 이에 더해 파워 밸런스의 변화, 기술 혁신과 같은 변화된 국제정세로 인해 일국에 대한 위협이 비단 특정 국가 차원에 머무르는 것이 아니라 지구적 차원에서 진행되고 있다는 점을 강조했다. 아베 정부는 변화된 세계에서 일본의 안전을 확보하고 국제사회의 책임 있는 행위자로서 역할을 수행하기 위해 헌법 해석의 변경을 시도했다. 이 각의 결정은 이러한 인식을 바탕으로 "일본에 대한 무력 공격이 발생한 경우뿐 아니라, 일본과 긴밀한 관계에 있는 타국에 대한 무력 공격이 발생하여 이로

8 집단적 자위권을 둘러싼 헌법 해석의 변천은 鈴木尊紘(2011) 참조.

인해 일본의 존위가 위협받고 국민의 생명, 자유 및 행복 추구의 권리가 근저에서부터 흔들리는 명백한 위험이 있는 경우에, 이를 배제하고 일본의 존위를 다하고 국민을 지키기 위한 다른 적당한 수단이 없을 경우, 필요 최소한도의 실력을 행사하는 것은 종래의 정부 견해의 기본적인 논리에 바탕한 자위를 위한 조치로서 헌법상 허용된다"고 판단했다(首相官邸, 2014).

그러나 이러한 집단적 자위권의 행사 조건은 사실 아베 정권의 안전보장전략이 지극히 일본중심적인 구상임을 노출하고 있다. 집단적 자위권의 행사를 규정한 각의 결정은 이어서 집단적 자위권에 의한 '무력의 행사'가 "타국에 대한 무력 공격이 발생했을 경우를 계기로 하는 것도 포함되어 있으나 헌법상 어디까지나 일본의 존위를 다하여 국민을 지키기 위해, 다시 말해 일본을 방위하기 위해 어쩔 수 없는 경우에 한하여 자위의 조치로서 허용되는 것"이라고 제한했다.

결국 집단적 자위권의 행사는 어디까지나 일본의 기존의 정부 견해가 제시한 논리 내에 한하여 허용되는 것이어야 하며, 이는 일본의 존립과 국민의 보호에 입각한 것이어야 함을 명백히 했다. 이 지점에서 그간 '땀 흘리는 일본'이 표방해왔던 국제주의적인 성격은 어느 틈에 휘발된다. 이를 대신하여 오로지 자국의 안전보장에 필요한 상황에 한해 집단적 자위권이 행사된다는, 즉 개별적 자위권의 보호를 위한 집단적 자위권을 행사한다는 논리가 부상한다. 국제사회의 공헌을 위한 적극적 평화주의를 내걸었지만 실제적으로 집단적 자위권을 행사할 수 있는 경우는 헌법이 규정한 기존의 제약 안에서만 가능하며, 결국 자국의 안보 이익에 결부될 경우에만 사용하겠다는 주장으로 전환되고 있는 것이다. 때문에 아베 정권은 '땀 흘리는 일본'이 국제사회의 일원으로서 당연하게 '피를 흘리는 일본'이 아니라, 오직 일본의 선택에 의해 '피를 흘릴 수도 있는' 일본으로 변화하는 것을 주장하고 있음을 발견할 수 있다.

때문에 '땀 흘리는 일본'에서 '피 흘릴 수도 있는 일본'으로의 변화는 일본이 보유한 국제공헌의 '선택지를 넓히는' 것이며 이로 인해 보다 대등한 미일동맹의 운용이 가능할 것이라는 주장으로 이어진다. 아베 정권의 안전보장전략을 지지하는 논자들 역시 이러한 선택지의 확장이 특정 조건하에서 자동으로 자위대를 파견하거나 운용하는 것을 의무화한 것이 아니라는 점을 분명히 한다(森聡, 2015). 이처럼 집단적 자위권의 행사를 통해 일본이 가질 수 있는 가능성을 확장했다는 점에서 '전후체제로부터의 탈각'을 주장해온 아베 정권에게는 만족할 만한 성과라 할 수 있다. 그러나 실질적인 미일동맹의 운용 및 유엔 PKO를 진행하는 데는 여전히 기존의 제약에서 벗어나지 못한 채 머물러 있다.[9]

평화안전법제: 자위대의 권한과 행동 수칙의 변경

이러한 한계는 실질적인 법제의 재개정을 통해 확고해졌다. 전술했듯이 2014년의 각의 결정을 근거로 아베 정권은 이를 반영한 안전보장정책의 변화를 추진했다. 그 결과 성립된 유엔 평화안전법제는 집단적 자위권의 행사가 가능해짐에 따라 변화된 유엔 PKO 및 자위대의 활동을 정의하기 위해 제정·개정된 11개의 법률로 이루어져 있다. 〈표 1〉은 내각관방, 외무성, 방위성이 공동 작성한 자

9 집단적 자위권의 해석에 관한 연구는 沓脱和人(2015) 참조.

〈표 1〉 평화안전법제의 구성

정비법(일부 개정을 묶은 것)
평화안전법제 정비법: 일본 및 국제사회의 평화와 안전의 확보에 이바지하기 위한 자위대법 등의 일부를 개정하는 법률
1. 자위대법
2. 국제평화협력법 유엔 평화유지군 등에 대한 협력에 관한 법률
3. 주변사태 안전확보법 → 중요영향사태 안전확보법 변경 중요한 영향사태에 즈음하여 일본의 평화와 안전을 보장하기 위한 조치에 관한 법률
4. 선박검사활동법 중요한 영향사태 등에 즈음하여 실시하는 선박검사 활동에 관한 법률
5. 사태대처법 무력공격사태 등 및 존립 위기 상황에서 일본의 평화와 독립 및 국가와 국민의 안전 확보에 관한 법률
6. 미군 행동관련조치법 → 미군 등 행동관련조치법으로 변경 무력공격사태 등 및 존립 위기 상황에서 미국 등의 군대의 행동에 따라 일본이 실시하는 조치에 관한 법률
7. 특정 공공시설이용법 무력공격사태 등에 있어서 특정 공공시설 등의 이용에 관한 법률
8. 해상운송규제법 무력공격사태와 존립 위기 상황에서 외국 군대 용품 등의 해상 운송의 규제에 관한 법률
9. 포로취급법 무력공격사태와 존립 위기 사태의 포로 등의 취급에 관한 법률
10. 국가안전보장회의 설치
신규 제정(1개)
국제평화지원법: 국제평화 공동 대처 사태에 즈음하여 일본이 실시하는 외국 군대 등에 대한 협력 지원 활동 등에 관한 법률

출처: 内閣官房, 内閣府, 外務省, 防衛省, 『「平和安全法制」の概要ー我が国及び国際社会 平和及び安全のための切れ目のない体制の整備』(2015) 재구성.

료에서 공개된 평화안전법제의 주요 구성을 정리한 것이다.

〈표 1〉에서 확인할 수 있듯이 평화안전정비법제로 분류된 10개의 법률은 일본이 '일본 및 국제사회의 평화와 안전에 기여하기 위

한' 법률로 구성되어 있다. 자국만이 아닌 국제평화공헌이라는 전통적인 목표 달성을 목적으로 제시했으며 이를 위한 집단적 자위권의 행사에 부합하기 위한 각종 법률의 개정을 그 내용으로 하고 있다. 특히 집단적 자위권의 행사와 관련하여 기존의 '주변사태 안전확보법'을 '중요영향사태 안전확보법'으로, 미일동맹의 운용상의 절차에 관련되었던 '미군 행동관련조치법'을 '미군 등 행동관련조치법'으로 개정했다. 〈표 2〉는 이번 제정·개정을 통해 이루어진 주요 사항을 정리한 것이다.

우선, 일본의 안전확보에 관련된 각 사태의 개념을 정의한 사태대처법은 기존의 '무력공격사태 등'으로 표현되어 있던 것에 '존립위기사태'를 추가했다. '무력공격사태'는 "무력행위가 발생한 사태 혹은 무력공격이 발생할 명백할 위협이 절박해 있다고 인정할 수 있는 사태"라 정의했다. 여기에 "무력공격 사태에 이르지는 않았지만 무력공격이 예측되는 상황에 이른 사태"를 '무력공격 예측사태'로 추가하여 이 두 상황을 합쳐 '무력공격사태 등'으로 규정했다. 이번 개정은 여기에 존립위기사태를 추가했다.

개정된 자위대법의 76조는 존립위기사태를 "일본과 밀접한 관계에 있는 타국에 대한 무력공격이 발생하여 이로 인해 일본의 존립이 위협당하고 국민의 생명, 자유 행복추구의 권리가 근저에서부터 흔들리는 명백한 위협이 있는 사태"로 정의했다. 사태대처법 9조는 이러한 존립위기사태에 대응하기 위해 자위대에 방위 출동을 명령하기 위해서는 현행의 규정대로 원칙적으로 국회의 사전 승인이 필요하다고 규정했다. 다만 예외적인 상황으로 특별히 긴급한 필요가 있어 사전에 국가 승인을 얻을 시간이 없는 경우는 사후 승인하는 것을 인정했다. 이러한 국가 안보에 관련된 사태들의 개념을 구

〈표 2〉 평화안전법제의 주요 사항

평화안전법제 정비법 1. 자위대법 개정 재외 일본인 등의 보호조치 –미군 등의 부대 무기 등의 방호 –평시의 미군에 대한 물품 역무의 제공 확대 –국외범 처벌 규정 2. 중요한 영향사태 안전확보법(주변사태 안전확보법의 개정) –일본의 평화와 안전에 중요한 영향을 미치는 상황에서 미군 등의 지원을 실시하는 등, 개정의 취지를 명확하게 하기 위한 목적 규정 재검토 –미일 안보조약의 목적 달성에 기여하는 활동을 행하는 미군 이외의 외국 군대 등에 대한 지원 활동 추가 –지원 메뉴 확대 3. 선박검사활동법 개정 –주변사태 안전확보법의 재검토에 따른 개정 –국제평화지원법에 대응하고 국제사회의 평화와 안전에 필요한 경우 선박 검사 활동 실시 4. 국제평화협력법 개정 –유엔 PKO 등에서 실시할 수 있는 업무의 확대(이른바 안전확보, 출동경호), 업무에 필요한 무기 사용 권한 검토 – 유엔이 감독하지 않는 인도주의적 부흥 지원과 소위 안전확보 등의 활동 실시 5. 사태대처법제 개정 –존립위기사태의 명칭, 정의, 연결 등의 정비(사태대처법) –존립위기사태에 대처하는 자위대의 임무로서 위치 정의, 행동, 권한 등(자위대법) –무력공격사태 등에 대처하는 미군뿐만 아니라, 무력공격사태 등에 있어서 미군 이외의 외국 군대 존립 위기 상황에서 미군, 기타 외국 군대에 대한 지원 활동 추가(미군 등 행동 관련 조치법) –무력공격사태 등에 있어 미군 이외의 외국 군대의 행동을 특정 공공시설 등의 이용 조정 대상에 추가(특정 공공시설이용법) –존립위기사태의 해상운송 규제 실시(해상운송규제법) –존립위기사태의 포로취급법의 적용(포로취급법) 6. 국가안전보장회의 설치법 개정안 –법 개정 등을 근거로 심의 사항 정리
국제평화지원법: 국제사회의 평화와 안전의 확보를 위해 공동으로 대처하는 외국 군대에 대한 지원 활동 실시

출처: 内閣官房, 内閣府, 外務省, 防衛省, 「『平和安全法制』の概要ー我が国及び国際社会 平和及び安全のための切れ目のない体制の整備」(2015) 재구성.

체화, 확대하는 것을 통해 집단적 자위권을 행사하는 자위대의 출동 상황을 규정하는 것이 가능해졌다.

개정된 '중요영향사태 안전확보법'과 '사태대처법(정식 명칭은 '무력공격사태 등 및 존립위기사태에 있어서 일본의 평화와 독립 및 국가와 국민의 안전확보에 관한 법률')'은 일본의 안전보장에 결부된 사태를 정의하는 데 있어 '주변'이라는 한계를 삭제하는 대신 "그대로 방치하면 일본에 대한 직접 무력공격에 이를 우려가 있는 사태와 같은 일본의 평화 및 안전에 중요한 영향을 미치는 사태"로 정의했다(사태대처법 제2조 4항). 주변사태안전확보법을 개정한 중요영향사태 안전확보법은 중요영향사태의 예로서 그대로 방치하면 일본에 직접적인 영향을 미칠 수 있는 사태 등, 일본의 평화 및 안전에 중요한 영향을 끼치는 사태로 규정했다. 이는 기존의 주변사태법안전확보법이 정의했던 주변사태의 개념에서 '일본 주변에서의'라는 표현을 삭제함으로써 지역적·물리적 개념을 넘어선 전 지구적 규모의 위협을 규정하고 있다. '중요영향사태 안전확보법'은 이러한 정의하에 중요영향사태 시의 지원 대상을 미군뿐 아니라 미일안보조약의 목적 달성에 기여하는 활동을 수행하는 외국 군대 등으로 확대하고 이와 관련된 지원 메뉴를 추가했다. 이 경우에도 대응가능한 조치는 후방지원활동과 수색구조활동, 선박조사활동, 그리고 그밖에 중요영향사태에 대응하기 위해 필요한 조치로 한정했으며, '현재 전투행위가 진행 중인 현장'에서는 실시하지 않는 것을 명시했다. 이처럼 중요영향사태에서의 외국군 지원은 '무력행사와의 일체화'를 회피한다는 기존의 방침은 변화가 없다(内閣官房 等, 2015).

국가안전보장 위기에 관련되는 상황을 중요영향사태라는 개념 설정을 통해 확대한 것은 일본이 국제분쟁에 '개입'할 수 있는 여지를 만들었다는 평가와 우려를 불러일으킨 것도 사실이다. 그러나 위에서 살펴본 바와 같이 평화안전법제의 내용을 들여다보면 일본이 집단적 자위권을 발동하기 위해서는 "밀접한 관련국의 안보상의 위협이 자국의 안보에 중대한 영향을 초래하는 경우"라는 조건이 전제되어 있음을 확인할 수 있다. 즉, 앞에서 살펴본 바와 같이 집단적 자위권이 유엔회원국의 일원으로서 국제사회의 평화유지 및 안전확보를 기준으로 행사되는 것이 아니라 관련 국가의 상황이 일본의 안전에 영향을 미치는지에 따라 행사 여부를 판단하고 있다. 결국 앞서 지적했듯이 개별적 자위권의 목적에 부합하는 경우에만 집단적 자위권을 행사한다는 기형적인 논리가 전개되고 있음을 확인할 수 있다.

국제평화의 공헌이라는 당초의 취지와는 멀어진 자국중심적인 논리는 실제 자위대의 활동 수행과정에서 난관에 맞닥뜨렸다. 평화안전법제 시행 이후, UNMISS에 참가 중이던 육상자위대 제11차 부대(2016년 12월부터 활동 개시)에게 '긴급출동경호(駆け付け警護)'와 '숙영지의 공동방호' 임무가 추가되었다. 긴급출동경호는 PKO 중인 자위대가 기지 주변에서 활동하는 비정부기구 등의 긴급 요청에 응해 보호임무를 수행하는 것을 의미한다. 일본 정부는 자위대가 PKO에 참가하는 것은 국제평화협력법이 규정한 PKO 참가 5원칙을 충족하는 경우에 한정되어 있다는 점에서 이번 임무 추가가 기존의 자위대 임무의 본질적인 변경은 아니라고 설명한다(首相官邸, 2017a). 그간 긴급출동경호와 같은 상황에서 무력을 행사하는 것은 허용되지 않았으나 평화안전법제의 제정·개정을 통해 제한적으로 허용했다.[10]

10 긴급출동경호에 관한 논의는 黒崎将広(2016), 황세희(2017) 참조.

아베 수상은 긴급출동경호 임무 부여에 대해서 '일본국민의 안전 및 자위대의 리스크 절감'의 측면에서 긴급출동경호를 설명했다(参議院, 2016).

더욱이 문제가 된 것은 2016년 7월 남수단 정부군과 반정부군 세력 간의 전투가 발발했을 당시 자위대 기지 근처에서도 총격전이 발생했다는 기록이 남겨진 자위대의 파견일보(派遣日報)를 민간인의 정보 공개 요청에도 불구하고 은폐했다는 사실이 활동 종료 후 드러난 것이다. 이에 대해 UNMISS에 긴급출동경호 임무 부여를 추진 중이던 정부가 7월의 남수단 상황 및 자위대 활동에 대해 조직적인 은폐를 주도한 것이 아니냐는 의혹이 확산되었다. 논란이 확산되는 가운데 당초 방위성이 삭제했다고 발표했던 해당 기간의 파견일보가 존재하는 것이 밝혀졌다. 정치 불안이 진행되고 있는 남수단에서 새로운 임무를 부여하는 것에 대한 국내의 우려를 자극하지 않기 위해 해당 시기의 파견일보를 삭제, 은폐했다는 비판이 사실로 드러난 것이다. 결국 이나다 도모미(稲田朋美) 방위대신을 비롯한 관련자들이 그 책임을 지고 사퇴하는 것으로 사건은 일단락되었다. 자위대의 PKO 파견일보를 둘러싼 논란은 평화안전법제의 제정·개정 이후 처음으로 실시된 자위대의 유엔 PKO가 위기 상황에 대처하기에는 여전히 한계가 있다는 점을 여실히 드러냈다.

미일 가이드라인의 개정: 국제적 역할 및 해외 활동의 확장

이러한 내적인 모순에도 불구하고 평화안전법제의 성립을 가장 환영한 국가는 미국이었다. 앞서 분석한 바와 같이 미일동맹의 비대칭적인 협력구조가 개선되는 것에 대해 미국은 자국의 아시아·태평양전략을 운영하는 데 있어 일본이 이전보다 적극적인 역할을 담당할 것이라고 기대했다. 집단적 자위권 행사를 용인한 2014년의 각의 결정에 대해서 미 국무성은 이번 결정이 "일본은 필요한 일을 하기 위한 여러 권리를 가지고 있다"고 아베 정권의 방침에 지지를 표명했다. 아울러 "이러한 중요한 문제에 대해 미일 양국은 연락을 취해가며 일본이 투명하게 절차를 진행하도록 요구하고 있다"고 긴밀한 양국협의가 진행되고 있음을 분명히 했다(日本経済新聞, 2014. 7. 12).

더욱이 아시아·태평양지역에서 심화되고 있는 미중, 혹은 중일 간의 대립은 아베 정권의 안보전략을 추진하기 쉬운 외적 환경으로 작용했다. 시진핑 체제 출범 이후 남중국해 및 동중국해를 둘러싼 영유권 분쟁이 심화되면서 아시아·태평양지역의 현상 유지를 도모해온 미국과 중국의 긴장이 격화되었다. 특히 일본은 2012년 센카쿠제도(尖閣諸島, 중국명 조어도)의 국유화 선언 이후 중국과 간헐적인 긴장관계를 지속해왔다. 이러한 중일 간의 대립은 집단적 자위권 문제를 비롯하여 아베 정권이 추진해온 안보전략의 변경을 자극하는 재료를 제공해주었다. 아베 정권 2기의 안보간담회가 제출한 보고서에서는 헌법개정의 이유를 설명하며 수년 사이 급격하게 변화한 국제 안보환경을 지적했다. 이 보고서는 일본을 둘러싼 안보환경의 변화 요인으로 먼저 기술의 진보와 위협 및 리스크의 성질이 변했음을 지적했고, 그다음으로 국가 간의 파워 밸런스 변화를 꼽았다. 특히 아시아·태평양지역에서 영토 등을 둘러싼 불안정 요인이 증가했고 이에 대한 중국의 영향력이 지대함을 명시했다. 미국 또한 집단적 자위권을 행사할 수 있는 일본이 지역에서 보다 적극적인 억지를 담당하게 될 것이라는 기대를 표명했다.

실제로 미일 양국은 아베 정권 2기가 출범하면서부터 긴밀한 안보협의를 진행해왔다. 2013년 10월 3일에 개최된 미일 안전보장

협의위원회(통칭 2+2회의)에서는 집단적 자위권의 행사를 비롯한 일본의 안전보장정책 변화에 대한 미국의 지지가 표명되었다.[11] 이와 함께 양국은 미일 가이드라인의 재검토를 개시할 것에 합의했다(外務省, 2013). 2014년 집단적 자위권의 행사가 가능해진 이후 양국은 이를 반영한 동맹협력 논의를 지속했다. 그 결과 2015년 4월 27일에 체결된 신미일 가이드라인(정식 명칭 '미일방위협력을 위한 지침 2015', 이하 2015년 신가이드라인)은 미일 동맹의 강화라는 측면에서 동맹 조정 메커니즘의 활용에 주목한 다양한 대응에 협력할 것을 규정했다(防衛省, 2015).

구체적인 변화로 양국은 '평시부터 긴급사태에 이르기까지' 자위대와 미군이 실시하는 활동과 관련된 정책 및 운용 면의 조정을 강화할 것을 명확히 하고 이를 위한 정기적인 훈련과 연습을 실시할 것을 약속했다. 더욱이 양국의 안보에 위협이 되는 다양한 사태에 대한 공동대처를 구체화한 것에 더하여, 집단적 자위권의 행사로 인해 가능해진 '일본과 밀접한 관계에 있는 타국'에 대한 무력공격이 발생한 경우에 대한 협력의 지침도 명시했다. 그밖에도 지역 및 글로벌 차원의 평화와 안전을 위한 협력의 지침을 밝히는 등, 전방위에 걸친 동맹협력과 일체화를 추진할 것을 분명히 했다. 2015년 아베 수상과 오바마 대통령의 정상회담 후 발표된 '미일 공동비전 성명'에서도 새로운 미일 가이드라인의 책정을 통해 억지력을 강화하

11 회의 후 공개된 공동발표문에 따르면 "일본은 집단적 자위권의 행사에 관한 사항을 포함한 자국 안전보장의 법적 기반 재검토, 방위예산의 증액, 방위계획의 대강 수정, 일본의 주권 아래에 있는 영역을 방위하는 능력의 강화 및 동남아시아 국가들에 대한 능력 구축을 위한 대응을 포함한 지역 공헌의 확대를 진행"하고 있다고 설명했다. 이어서 "미국은 이러한 대응을 환영하며 일본과 긴밀하게 연계할 것"이라고 명시했다. 전문은 外務省(2013) 참조.

고 일본이 지역 및 글로벌 안전에 공헌을 확대할 것을 가능하게 했음을 명확히 했다. 아울러 미일 양국이 해양안전보장을 포함한 사항에 있어 더욱 긴밀히 협력하며 타국과의 연계를 강화할 것을 천명했다(外務省, 2015).

이처럼 아베 정권이 추진한 안전보장정책과 연계된 동맹의 일체화를 심화함으로써 미일동맹은 작전 운용의 효율을 향상시킬 것으로 기대되었다. 또한 논리적으로는 미국과 대등하게 '피를 흘릴 수도 있는' 일본이 보다 강화된 동맹협력에 임할 것으로 예측할 수 있다. 다만 앞서 살펴본 바와 같이 집단적 자위권의 행사는 일본의 안전보장에 영향을 끼치는지의 여부가 판단 기준이 된다는 점, 공격받을 경우에 한해 무력 행사가 가능하다는 점에서 전수방위원칙을 견지하고 있다는 점, 그리고 무력의 행사를 위해서는 원칙적으로 사전의 국회 승인이 필요하다는 점에서는 여전히 제약이 따른다. 개정된 가이드라인에서도 양국은 "일본 및 미국에 의해 행해지는 모든 행동과 활동은 각각의 헌법과 그 시기에 적용되는 국내 법령 및 국가안보정책의 기본방침에 따라 이루어진다. 일본의 행동과 활동은 전수방위, 비핵 3원칙 등 일본의 기본방침에 따른다"라고 명시했다(防衛省, 2015). '땀 흘리는 일본'에서 '피 흘릴 수 있는 일본'의 변화가 당장 '피 흘리는 일본'으로 실현되기는 어려운 현실을 미일 양국이 인정하고 있음을 알 수 있다.

결론: 아베 정권의 안전보장정책 평가와 전망

이상에서 살펴본 바와 같이 아베 정권의 안전보장정책은 집단적 자

위권의 행사로 상징되는 그간의 제약을 해소했다는 점에서 커다란 진전을 거두었다. 그러나 아베 수상이 추구해온 '전후체제로부터의 탈각(戦後体制からの脱却)'이라는 목표가 진정한 의미에서 달성되었다고 보기에는 무리가 있다. 아베가 탈피하고자 한 '전후체제'는 패전 후 미국이 설계하고 일본이 수용한 국가체제를 의미한다. 이는 당연히 평화헌법과 미일안보조약으로 구성된 일본의 안전보장체제를 수정하기 위한 충동과 직결된다.

아베는 자신의 저서에서 전후체제로부터의 탈각을 언급하면서 일본이 그간 자력으로 국가와 국민을 지키려는 노력 없이 경제적 풍요로움을 향유해왔다고 지적했다(安倍晋三, 2006). 때문에 아베 정부는 개헌과 고노 담화의 재검증, 도쿄 재판의 재검증을 통해 부정적으로 인식되어온 일본상을 새로 정립하고 성공한 민주주의 국가로서 일본을 국제사회에 정립하고자 했다.

'피를 흘릴 수 있는' 일본이 아베가 문제시했던 전후체제 속의 일본에 비해 자국의 방위를 위해 적극적으로 행동할 것은 분명하다. 그렇다고 해도 이 글에서 살펴본 바와 같이 아베가 추구하는 안전보장정책이 전후체제가 규정한 제약을 완전히 탈피했다고 평가하기에는 무리가 있다. 앞서 지적한 바와 같이 아베 정권의 '피 흘릴 수 있는 일본'이 이전에 비해 적극적인 국제공헌과 동맹협력을 표방한 것에 비해, 실제적으로 이를 실행할 경우의 행동 기준은 일본의 안위와 결부되는지의 여부다. 이처럼 '피 흘리는 일본'이 현실화되기에는 여전히 헌법의 제약은 굳건하고 일본사회는 준비가 되어 있지 않다.

더욱이 평화헌법과 미일안보조약 등으로 상징되는 '전후체제'는 전술한 바와 같이 미국이 설계한 일본의 재건전략이었다. 즉 '전후체제로부터의 탈각'이라 함은, 미국이 설계한 일본의 국가상에서의 탈각을 의미하는 것이 논리적 귀결이며, 아베 정권은 이를 평화헌법의 수정 혹은 개헌과 대등한 미일동맹이라는 지향을 가지고 실행해왔다. 다만 이 과정에서 일본의 안보 및 외교 전략상의 미국 의존은 오히려 심화되는 현상을 가져왔다. 전술했듯이 집단적 자위권 행사와 같은 아베 정권의 안보정책 변화를 적극적으로 지지한 것은 미국이다. 이는 중국의 부상이라는, 이제는 기정사실이 되어버린 파워 밸런스 변화에 공동대응하기 위해서는 대등한, 그리고 더욱 긴밀한 미일동맹협력이 요구된다는 점에서 미일양국의 이해관계는 일치한다. 이처럼 미국이 설계한 전후 일본에서 벗어나고자 하는 아베 정권의 충동은 오히려 미일동맹의 심화로 귀결되는 현상이 지속되고 있다.

대미자립 혹은 대등한 미일관계를 주장하나 종국에는 미일관계의 심화 혹은 대미종속이 지속되는 현상은 비단 아베 정권만의 현상이라고 할 수 없다. 시라이 사토시는 "패전 후 정치적·경제적·군사적 의미에서 직접적인 대미종속구조가 영속화한 한편, 패전 인식을 교묘하게 은폐(부인)하는 대부분 일본인의 역사 인식구조가 변하지 않았다는 의미에서 패전은 이중구조를 이루며 계속되고 있다"(시라이, 2017)고 지적한다. 즉 "패전을 부인하므로 미국에 끝없이 종속되며, 대미종속이 깊이 이어지는 한 패전의 부인이 가능'한, '영속패전"이라는 현상이 지속되고 있는 것이다. 결국 '피 흘릴 수 있는 일본'으로 대변되는 아베 정권의 안보정책 변화는 본질적인 의미의 '전후체제로부터의 탈각'을 실현하기보다는 일본사회가 지속적으로 경험해온 '영속패전'의 구도에 여전히 머물러 있다.

2017년 북한은 연이은 미사일 발사와 6차 핵실험을 진행했다.

이러한 가운데 전개된 일본 정부의 반응 역시 이러한 한계를 명백히 드러내고 있다. 북한의 군사도발 행위가 고조되는 가운데 일본 정부는 유사시 한국에 거주하는 일본인 구출작전을 위해 자위대가 보호조치 및 일본인 운송의 실시를 검토할 것을 논의했다. 아베 수상 및 이나다 당시 방위대신 등은 이 시기 국회 질의 등을 통해 정부가 이러한 상황에 대한 대응책을 검토하고 있음을 분명히 했다(時事通信, 2017. 4. 18). 자국민의 안전확보가 안전보장정책의 핵심 과제임은 분명하다. 다만 이러한 논의가 지역 및 글로벌 수준의 위기로 고조될 개연성이 충분한 한반도의 위기 상황에서 미국과 동일하게 '피를 흘릴 수도 있는' 일본이 보인 대응이라기에는 불충분한 것 역시 사실이다. 이는 아베 정권의 안전보장정책이 국제주의적 지평에서 전개되기보다는 여전히 내셔널리즘적인 충동에 머물러 있음을 드러내는 지점이다.

앞서 확인했듯이 제정·개정된 평화안전법제하에서도 무력사용의 일체화는 회피되고 있는 탓에 한반도 유사시 일본 자위대의 활동 분야는 여전히 제한적이다. 다시 말해 현재의 미일협력은 한반도 유사시 주일미군이 전투지역에 투입되고 그 공백을 자위대가 적극적인 후방지원을 담당하는 것을 골자로 한다. 아울러 실제로 자위대가 후방지원 활동을 벌이고 있는 지역으로 전투행위가 확산될 경우 자위대는 작전지역에서 철수 혹은 활동을 중지할 수밖에 없다. 여전히 자위대가 전투행위에서 '피를 흘리며' 미국과 대등하게 작전을 수행하기는 어려운 구조인 것이다. 북한의 위협에 대한 대처방안으로 일각에서는 '적기지 공격론'과 같은 논의가 제기되기도 했으나 아베 정권의 북핵문제 대응은 전수방위에 근거한 억지력 확보를 최우선 과제로 하고 있다. 다만 북한 핵 위기가 아베 정권이 적극적인 안전보장정책을 추진하고 이를 일본사회가 수용하기 용이한 환경을 조성한 것은 틀림없다.

이러한 상황은 아베 정권이 국내 스캔들을 돌파하기 위해 감행한 2017년 10월의 중의원 선거에서 여실히 증명되었다. 친인척 비리로 수세에 몰렸던 아베 수상은 북한 핵과 미사일 문제를 활용하여 초반의 약세를 떨치고 과반을 넘어서는 284석을 확보하는 데 성공했다. 한반도 위기상황을 강조하고 이에 대처하는 아베 리더십을 어필하여 흔들리던 일본사회의 기반을 다시 공고히 한 것이다.

"이 나라를 끝까지 지켜낸다(この国を守り抜く)"는 자민당의 캐치프레이즈는 아베 정부가 외쳐왔던 적극적 평화주의, 그리고 피 흘릴 수 있는 일본이 여전히 국내적인 관점에 머물러 있음을 보여준다. 즉 자민당의 캐치 프레이즈는 탈냉전 후에 일본이 추구해왔던 국제주의적 성격의 평화국가 일본이라는 정체성은 옅어지고 '일본을 지키기 위한 일본'이라는 내향적인 관점이 강화되었다. 자민당의 선거책자 서문에서 아베는 북한의 위협과 저출산·고령화를 일본이 마주한 '2개의 국난'이라고 규정했다(自民党, 2017). 외부 위협으로서의 북한 핵 위기와 일본의 내재적 위협인 인구감소라는 두 가지 위기에 대응하기 위한 아베 리더십이 선거기간 내내 강조되었고, 이는 실제로 선거 승리의 주요한 요인이 되었다.

다만 이러한 한반도 위기상황에 대한 강조는 앞서 살펴보았듯이 일본이 이를 대처하기 위해 '피를 흘릴 수 있는' 의지를 표명하는 것과는 동떨어진 논의로 전개되었다. 국제평화유지에 적극적인 참여를 외치던 아베 정권의 안전보장정책의 중심이 일본 본토 방위 및 자국민의 안전확보를 최우선으로 하는 조치들로 채워진 것은 아베 정부의 안전보장정책에 내재된 한계와 모순을 보여준다.

더욱이 2018년 평창동계올림픽 이후 급진전된 한반도 상황의 변화는 그간 위기를 강조해온 아베 정권의 안전보장정책에는 악재로 작용하고 있다. 4월 남북정상회담, 6월 북미정상회담이 실시되었으며 그 사이 김정은은 두 번 방중(訪中)하여 시진핑과 공조를 긴밀히 했다. 이러한 상황에 대해 일본사회에서는 일본만이 소외되고 있다는 '재팬 패싱(Japan Passing)'에 대한 우려가 쏟아지고 있다. 아베 수상은 이러한 북한과의 대화 국면에 대해 "그간 국제사회가 연계하여 압력을 유지해온 일본 리더십의 결과"로 평가했다. 이어서 "북한이 핵과 미사일을 완전히 폐기하는 것이 중요"하다고 강조하며, 구체적인 행동이 나타날 때까지 국제사회의 제재를 유지해야 한다고 발언했다(テレ朝ニュース, 2018). 아베 정부의 설명에도 불구하고 급변하는 안보정세 속에 일본만이 뒤처져 있다는 일본사회의 여론이 확산되고 있다. 이는 전술한 바와 같은 안전보장정책의 추진에 북한 핵문제를 이용하는 구조가 더는 유효하지 않을 것임을 암시한다.

향후 한반도 문제 및 국제사회에서 발생하는 위기 상황에서 일본이 얼마나 국제사회의 평화와 질서를 유지하기 위해 자국의 희생을 감수할 것인가, 즉 실제로 평화를 위해 '피를 흘릴' 것인지는 불투명하다. 아베 정권이 추구해온 안전보장정책이 평화를 위해 변모한 일본으로 결실을 맺기에는 여전히 먼 길이 있다.

제6장

강한 일본을 위한 아시아의 타자화

이 글은 『일본연구』 제75호(2018)에
「아베 내각의 아시아 정책: 강한 일본을 위한
아시아의 타자화」란 제목으로 실린 필자의 논문을
수정 · 보완한 것이다.

오승희 吳承熺 | Oh, Seunghee

현재 고려대학교 글로벌일본연구원 연구교수다. 이화여자대학교에서 정치학 박사학위를 취득했다. 박사학위 논문은 「인정투쟁의 중일관계: '하나의 중국'에 대한 일본의 외교정책분석(1949~1972)」을 연구했고, 주요 저서 및 논문으로 『중국은 우리에게 무엇인가』(공저, 트리펍, 2017), 「중일 경쟁시대 일본의 중국인식과 중국정책」, 『아세아연구』(2017), 「전후 일본의 인정투쟁과 중일 국교정상화: 하나의 중국론에 대한 인정론적 접근」, 『한국정치학회보』(2017), "Separating Economy from Politics? Japan's Coexistence Strategy with Two Chinas in the 1960s," *The Korean Journal of International Studies*(2015) 등이 있다.

서론

2012년 12월, 아베 신조(安倍晋三) 2차 내각이 등장했다. 아베 총리는 집권 직후 기본방침을 통해 '새로운 일본(新しい日本)' 만들기 정책을 제시했다. 일본이 직면한 대내외적 상황을 '위기'로 규정하고, 위기 극복을 위한 돌파구를 마련할 것을 약속했다. 2011년 3월 11일 발생한 동일본대지진 참사를 수습하고, 경제-외교안보-교육-생활 차원에서의 위기를 돌파하며 '자랑스러운 일본'을 만들겠다고 강조했다(首相官邸, 2012). 취임 후 미국을 방문한 아베 총리는 2013년 2월 22일 국제전략문제연구소(CSIS)에서 한 연설에서 자신이 돌아왔으며 일본도 돌아왔음을 선언했다. 아베 총리는 강한 일본(strong Japan, 強い日本)을 되돌릴 것이며, 강한 일본이 더 나은 세계를 만드는 데 도움이 될 것이라고 강조했다(外務省, 2013). 그리고 약 2년 6개월 후인 2015년 8월 14일, 전후 70년을 맞이하여 아베 총리는 담화문을 발표한다. 아베 내각은 전후 70년 담화를 통해 역사문제를 마무리하고 '전후체제로부터의 탈각(戦後レジームからの脱却)'을 모색한다. 전후체제의 탈각은 패전국 일본으로부터의 탈각이며, 군대를 보유한 보통국가 일본, 더 나아가 강한 일본으로 거듭나기 위한 구체화된 목표로 설정되었다.

일본의 아시아 외교는 글로벌 외교와 마찬가지로 미일동맹을 근간으로, 미일동맹을 강화하면서, 미일동맹 내에서 일본이 담당할 수 있는 역할의 확대를 도모하는 것으로 나타난다. 아베 총리는 미국 오바마(Barack Obama) 정부의 아시아 중시정책(Pivot to Asia)에 맞춰 전후체제로부터의 탈각을 적극 추진했다. 2016년 5월 27일 오바마 대통령은 히로시마를 방문했고, 그해 12월 아베 총리는 진주만을 방문하여 희생자를 추모했다. 이후 트럼프(Donald Trump) 정부의 미국 우선주의(America First)전략을 반영하여 국제사회에서 일본의 역할을 강화하는 '적극적 평화주의(積極的平和主義)'를 내세우며 강한 일본을 향한 추진력을 얻고 있다. 태평양전쟁 당시 교전국이었던 미국과 일본 두 나라는 전후 강력한 동맹관계를 바탕으로 협력과 신뢰관계를 형성해왔으며, 전후 극복과 화해를 향해 나아가고 있다.

그러나 강한 일본을 향한 일본의 적극적인 행보는 아시아 국가들에게 상당히 다른 맥락으로 다가온다. 강한 일본의 '부활'은 아시아 국가들에 군국주의 일본, 제국주의 일본의 부활로 인식되어 강한 일본과 평화는 공존하기 어렵다는 인식이 존재한다. '강한 일본을 인정할 수 있을 것인가?'가 미국과 아시아 간의 인식 차이를 극명하게 보여준다.

그렇다면 아베 내각의 국가전략 속에서 아시아는 어떻게 위치하고 있는가? 이 글은 전후체제로부터의 탈각과 보통국가화를 넘어 강한 일본으로 나아가는 아베 내각의 국가전략을 달성하기 위해 아시아가 대상화되고 타자화되고 있음을 확인한다. 아시아가 어떻게 인식되고 있으며 어떠한 정책으로 전개되고 정당화되는지 아베 내각의 아시아 정책의 메커니즘을 분석하고 그 특징과 한계를 살펴본다.

일본의 국가정체성과 아시아 인식

일본에게 아시아는 무엇인가? 일본은 아시아 국가인가? 일본은 스스로 아시아 국가라고 생각하는가? 일본은 지리적으로 아시아에 속해 있지만, 일본의 국가정체성은 아시아로 단일화되지는 않는다.

역사적으로 일본은 탈아입구론과 대동아공영권 등의 논의를 통해 다른 아시아 국가들과는 상이한 아시아 인식과 정책을 추진해왔다(스테판 다나카, 2004; 최희식, 2009; Tamaki, 2015 등). 동양과 서양으로 이분화되었던 세계에서 일본은 동양과 서양 사이에 위치했으며 아시아이면서 다른 아시아와는 다르다는 차별화된 자기 인식이 존재했다. 탈아론을 통해 주장된 바 있듯이 일본에게 아시아는 스스로 극복해야 할 자기 한계였고, 대동아공영권론에서는 보호해야 할 대상으로 정당화되었으며, 전후에는 발전시켜야 할 대상으로 타자화되었다. 일본에게 아시아는 자아이면서도 타자였던 것이다.

일본에게 아시아는 단일한 존재가 아니었으며, 일본의 지역구상은 점차 확대되어왔다. 아시아라는 공간을 어떻게 설정하는가를 통해 아시아에 대한 인식을 확인할 수 있다. 일본의 자기정체성 인식과 아시아 인식은 외교정책에도 반영되어 나타난다.[1]

일본은 1956년 유엔 가입 이후, 외교 3원칙으로 '국제연합 중심주의', '자유주의 제국과의 협력' 그리고 '아시아의 일원으로서의 입장 견지'를 제시했다. 탈아시아를 표방하던 제국주의 일본에서 아시아의 일원으로 복귀하고 관계를 개선하는 것이 전후 초기 일본의 아시아 정책이었다.

우선 1950년대 동남아시아 국가들과의 양자 조약 체결을 시작으로 아시아 국가들과의 관계 개선 및 경제협력을 강화해나갔다. 1960년대 고도경제성장을 달성한 일본은 자유주의 제국과 아시아의 매개자로서의 역할을 강조했다. 1960년대 후반 동남아시아국가

1 국가정체성이 외교정책과 국제관계에 미치는 영향에 대해서는 Wendt(1992), Wendt(1994), Hagström(2015), Hagström and Gustafsson(2015), Klien(2002), Li(2018), Shogo(2007), Moon and Suh(2008) 등 참고.

연합(ASEAN), 아시아태평양각료이사회(ASPAC) 등과 같은 지역협력 구상이 등장하면서 아시아와 대양주 지역을 연결한 아시아·태평양 지역 개념이 등장했다.

1989년 헤이세이(平成) 원년에 발간된 외교청서에는 선진민주주의 국가의 주요한 일원으로서의 외교(先進民主主義諸国の主要な一員としての外交)와 아시아·태평양지역의 일국으로서의 외교(アジア·太平洋地域の一国としての外交)를 기본 입장으로 정립하며, 외교정책의 지역구분으로 아시아·태평양지역을 확립했다. 아시아·태평양지역은 자유민주주의와 가치를 공유하는 국가들로 규정되며, 사실상 동아시아보다는 미국과 오세아니아 국가들에 초점을 둔 지역범위다.

2006년 당시 아소 다로(麻生太郎) 외상은 민주주의, 기본적 인권, 법의 지배, 시장경제 등을 보편적 가치로 규정하고, 이 보편적 가치에 기반한 '자유와 번영의 호(自由と繁栄の弧)'를 형성하는 한층 더 확장된 지역구상을 제시했다. 가치관 외교를 바탕으로 협력 가능한 국가들을 연결하는 지구적 차원의 외교전략이 구체화되었다. 특히 아시아·태평양지역에서는 인도와 호주와의 관계를 강화해나가는 방침을 세웠다.

2012년 12월 등장한 2차 아베 내각은 외교정책의 세 기둥(日本外交の三本柱)으로 첫째, 일미동맹의 강화, 둘째, 근린 제국과의 협력 강화, 셋째, 일본경제의 성장을 뒷받침하는 경제외교의 추진을 제시했다(外務省, 2013). 이전의 아시아 또는 아시아·태평양이 아닌 근린 제국이라는 표현을 사용하는 것에 주목할 필요가 있다. 2013년판 외교청서 내 '근린제국과의 협력관계의 강화' 부분에서는 중국, 한국, 북한은 물론 호주를 비롯한 대서양, 아세안(ASEAN), 러시아, 인도와의 관계까지 포함하고 있다(外務省, 2013). 아시아 또는 아시아·태평양이 아닌 근린 제국이라는 표현은 일본의 지역구상이 상당히 확대되었음을 의미한다. 일본의 글로벌 외교가 강화되고 국제사회에서의 역할이 강조되면서 일본의 활동영역을 한 지역에 국한한 것이 아니라 일본을 중심으로 한 근린 지역으로 규정하고, 그 '근린'은 상당히 넓게 설정되어 있다.

이러한 일본의 확대된 지역구상은 1차 아베 내각이 구상한 정책의 연장선상에서 좀 더 구체화된 것이다. 1차 아베 내각(2006. 9~2007. 9) 시기 '자유와 번영의 호'를 구축하려 했던 지역구상은 2012년 이후 아베 내각에서도 일미인호 4개국(아시아·대양주 민주주의 G3+미국)의 협력을 강화하고 있다(安倍晋三, 2013). 1차 아베 내각과 2차 아베 내각의 지역구상에서 나타나는 공통점은 가치관 외교를 바탕으로 한 중국과 북한 견제외교다. 민주주의와 법의 지배를 중시하는 지역구상에서 북한과 중국이 배제된다.

그렇다면 아베 총리는 아시아라는 공간을 어떻게 인식하고 있는가? 아베 총리는 아시아 지역을 크게 동북아시아, 동남아시아, 서아시아와 남아시아, 중앙아시아로 구분한다. 동북아시아에는 한반도와 중국, 대만이 있으며, 안전보장 환경이 심각해지고 있어 일본의 안전보장상의 역할이 필요하다고 판단한다. 동남아시아 지역에서는 일본이 법의 지배와 국제법 준수라는 면에서 기대를 받고 있으며, 중앙아시아에서는 인프라 수출을 중심으로 일본과의 교류가 활발한 지역이라고 설명한다. 서아시아와 남아시아에서는 특히 인도를 주목하고 있으며, 이 지역에서도 일본인이 신뢰와 존경을 받고 있다고 언급했다(安倍晋三, 2017. 2. 17a).

아베 총리의 아시아에 대한 지역구분과 각 지역에서의 일본의 평가와 역할을 살펴보면, 특히 동북아시아 지역과 그 외 아시아 지역에 대한 평가가 차이가 있음을 알 수 있다. 동북아시아 지역은 안보상의 위협이 존재한다고 보았고, 그 외 동남아시아, 중앙아시아, 서아시아와 남아시아 지역에서는 일본이 신뢰와 존중 그리고 기대를 받고 있다고 평가하고 있다. 한반도, 중국, 대만으로 이루어진 동북아시아 지역에 대한 위협과 그 이외 지역에 대해 우월성에 기반한 인식이 존재하고 있는 것이다. 극복해야 할 대상, 발전 대상으로서의 아시아 인식을 확인할 수 있다. 위협적인 동북아시아와 협력 가능한 동남아시아 그리고 협력을 증대해갈 서아시아와 남아시아가 일본의 아시아 지역에 대한 인식이다.

아베 내각의 아시아 구상은 '자유롭고 개방된 인도·태평양전략(自由で開かれたインド太平洋戦略, Free and Open Indo-Pacific Strategy)'으로 집약되어 나타나고 있다(그림 1). 동남아시아와 남아시아에서는 이미 민주주의, 법의 지배, 시장경제가 뿌리내리고 있으며, 아시아의 성공을 두 개의 대륙(아시아, 아프리카)과 두 개의 해양(태평양과 인도양)으로 확장하여 연결하겠다는 전략이다. 다나카(田中明彦)는 인도·태평양이라는 지역 개념이 세계 경제성장과 번영을 도모하기 위한 개념으로 이해할 때 아시아·태평양의 연장선상에서 나타난 개념이며, 이후 아시아와 아프리카를 포괄하는 개념으로 연결될 수 있다고 보았다(「外交」編集委員会, 2018: 38).

이러한 아시아 인식을 바탕으로, 일본은 미일동맹을 기축으로 일본-미국-한국의 연계를 강화해나가고 여기에 동남아시아를 비롯한 협력 가능한 국가들과 다국간 안보협력을 추진해나가면서 동북아시아에 대한 위험을 분산시키고자 한다. 이를 위해서는 필리핀, 베트남, 말레이시아, 싱가포르, 인도네시아, 호주, 뉴질랜드 등의 국가와 법 집행 능력과 안보협력을 추진하고, 동아시아정상회의(EAS),

〈그림 1〉 자유롭고 개방된 인도 · 태평양전략과 아시아

출처: 外務省(2017c).

아세안지역포럼(Asean Regional Forum, ARF) 또는 아세안확대국방장관회의(ADMM-Plus) 등 다양한 대화의 틀을 적극 활용하는 방안이 제시되고 있다(安倍晋三, 2017. 3. 24). 위협적인 동북아시아 지역의 갈등에 대해 확장된 협력 가능한 아시아 지역구상으로 대응한다. 이 과정에서 아시아는 위협으로 또는 협력의 도구로 대상화되고 타자화되고 있다. 일본의 지역구상은 국제사회에서 자신의 위치와 역할을 적극적으로 인식할 수 있도록 보다 확장된 영역으로 나타나게 될 것이다.

아베 내각의 아시아 정책의 특징

2012년 이후 지속된 아베 총리의 장기집권을 통해 확인할 수 있는 것은 미국의 오바마 정권과 트럼프 정권의 상이한 아시아 정책에도 불구하고,[2] 아베 정권의 아시아 정책이 지속적으로 추진되고 있으며, 좀 더 적극적으로 강화되어 나타나고 있다는 점이다. 미국의 아시아 정책이 일본의 아시아 정책에 영향을 미치기는 하지만, [2]그 과정에서 일본의 국가 이익에 맞게 조정되고 있다.[3] 아베 정권의 분명해진 국가 이익과 적극적인 추진방식, 안보영역에서의 역할 강화를 이전까지의 요시다 독트린과는 구별되는 '아베 독트린'으로 평가하는 연구도 있다(Hughes, 2015; 김준형, 2015 등). 요시다 독트린이 샌프란시스코 강화조약, 평화헌법, 미일안보조약을 바탕으로 한 전수방위와 개별 안보를 지향한다면, 아베 독트린은 아시아 중시정책을 바탕으로 안보법 개정과 미일안보 가이드라인을 통해 적극적 평화주의와 집단안보로 나아가고자 한다는 점에서 차이가 있다(김준형, 2015: 49).

무엇보다도 미일동맹의 강화와 전후체제로부터의 탈각을 통한 강한 일본 만들기가 아베 내각의 국가전략이며, 그 가운데 아시아와의 관계는 타자화되고 있다.[4]

위협적인 동북아시아에 대응하기 위한 강한 일본

2017년판 외교청서에서는 중국, 인도, 러시아 등이 정치, 경제, 군사 면에서 국제적인 영향력을 확대하고 있으며, 미국의 영향력이

2 미국의 아시아 정책의 변화에 관해서는 Zhao(2016), Yamaguchi(2017), Shea(2014) 등 참조.

3 아베 정권 이전에도 일본의 외교정책이 미일동맹을 강조하면서도 아시아 지역에 대해서는 미국으로부터 독자적이고 적극적으로 일본의 국익을 반영해오고 있다는 점을 지적한 연구들이 있다. Green(2003), Berger, Mochizuki, and Tsuchiyama(2007). 또한 최근의 미일관계를 바탕으로 한 일본의 전략성을 다룬 연구로 Green and Cooper(2014a; 2014b) 참조.

4 아베 정권기에 좀 더 구체화되고 적극적으로 드러나는 외교정책의 변화에 주목한 기존 연구들로 박영준(2013), 박철희·박영준·서승원 외(2014), 서승원(2017), 손기섭(2016), 이기태·김두승(2016), 이승주(2014), 이원덕(2017), Cheung(2017), Dobson(2017), Nakanishi(2015) 등이 있다.

상대적으로 변화하면서 세력균형의 변화가 나타나고 있으며, 국제질서가 다극화되고 있다고 기술하고 있다. 일본을 둘러싼 안전보장환경이 군사력이 강한 나라들로 인해 불안정해지고, 그레이존 사태[5]가 증가하고 있으며, 특히 아시아·태평양지역에서의 안보상황이 심각하다고 인식한다.

일본은 북한의 핵실험과 탄도미사일 발사, 중국과의 센카쿠/댜오위다오 문제, 동중국해, 남중국해 문제 등 일본을 둘러싼 안전보장환경이 위협에 처해 있다고 본다. 중국의 '투명성을 결한 군사력의 광범위하고 급속한 강화'와 '일방적인 현상변경의 시도'와 함께 북한의 '불투명한 동향'으로 인해 동아시아 안전보장환경이 심각해지고 있다고 인식하고 있다.

미국 오바마 정권의 아시아 중시정책은 중국의 부상에 대한 집중을 의미하는 것이었다. 미국의 아시아 중시정책에서 일본은 중국과의 경쟁 및 견제를 위한 역할을 자임했다. 중국이 글로벌 세력균형의 변화를 가져오는 대표적인 국가이며, 힘을 배경으로 한 현상변경을 시도하고 있다고 본다.

일본은 중국의 투명성을 결한 군사력 증가와 해양활동의 활성화를 우려하고 있다. 중국은 지속적으로 높은 수준에서 국방비를 증가시켰으며 2016년 국방예산도 전년 집행액보다 7.6% 증가하며 높은 증가세를 보였지만 세부지출 내역에 대한 설명은 없고, 증액한

5 그레이존이란 평시도 유사시도 아닌 상태를 말한다. 국가 등의 영토, 주권, 해양을 포함하는 경제권익 등에 대한 주장이 대립할 때, 한쪽의 당사자가 자국의 주장과 요구를 주장하고, 또는 타방 당사자의 요구를 받아들이게 하는 당사자 간의 외교교섭 등에 의거하지 않고, 무력공격이 미치지 않는 범위 내에서 실력 행사를 하거나, 빈번하게 그 존재감을 드러내거나 어떠한 현상변경을 시도하거나 현상 그 자체를 변경하거나 하는 행동을 말한다(防衛省, 2017).

의도도 밝히지 않았다고 지적한다. 1989년 대비 27년간 중국의 군사비가 41배 증가했으며, 해군력의 강화와 핵·미사일 전력을 포함한 군사력이 광범위하며 급속하게 강화되고 있다고 주지하고 있다(外務省, 2016).

기본적으로 중일관계는 1차 아베 내각 시기인 2006년부터 '전략적 호혜관계(戰略的互恵関係)'를 설정하고 유지해오고 있다. 일본과 중국이 상호 국가 이익을 추구할 수 있는 관계로 발전해나갈 수 있다는 인식에 기반한 것이다. 2010년 중국이 GDP 기준 세계 2위를 차지하며 중일 간 경제대국의 지위가 역전된다. 여기에 2013년경부터 일본과 중국 사이의 동중국해를 둘러싼 갈등이 심화되면서 일본과 중국 사이의 바다를 '일의대수(一衣帶水)'에서 '동중국해'로 명명하기 시작했다(오승희, 2017: 188).

핵보유국이자 세계 2위의 경제대국이며, 안보리 상임이사국인 중국의 위상은 일본이 추구하고자 했던 강대국의 힘과 경제력, 위신의 모든 측면에서 앞서게 되었다. 일본의 아시아 정책과 글로벌 정책이 중국을 견제하며 미국과의 협력을 강조하는 방향으로 나아가게 되는 것은 중국의 부상에 대한 일본의 위협인식에서 근거한 것이라 할 수 있다.

일본의 중국 위협인식은 현 단계에서는 특히 해양을 둘러싼 갈등에서 고조되고 있다. 센카쿠/댜오위다오와 남중국해를 둘러싼 일본과 중국의 대립이 나타나고 있다. 일본 정부는 중국 공사선의 센카쿠/댜오위다오 주변의 영해 침입이나 동중국해의 경계 미확정 해역에서의 일방적인 자원 개발에 항의하고 있다.

또한 동남아시아 지역의 남중국해를 둘러싼 미중일 간 갈등도 고조되고 있다. 남중국해를 둘러싸고 중국과 필리핀 간의 영유권 분쟁과 이에 대한 유엔해양법조약(UNCLOS)에 따른 중재 결과에 대한 갈등이 나타나고 있다. 여기에 미국이 이 지역에서 군사훈련을 실시하면서, 미중 간 갈등도 고조되고 있다. 특히 아베 정부는 중국과 필리핀 간의 남중국해 문제에 '심각한 우려'를 표명하고 있으며, 이 문제에 대한 아세안과의 협력강화 방침을 표명했다. 아세안 국가들에 대한 정부개발원조(ODA)를 활용한 해양 안전보장 지원과 필리핀 해군과의 공동 훈련 등을 추진해왔다(外務省, 2016).

한편 북한은 김정은 정권의 등장 이후 핵실험과 거듭되는 미사일 발사로 일본 영토에 직접적인 위협으로 인식된다. 북한은 각종 탄도미사일 발사를 거듭하고 있으며 1년에 20발 이상의 많은 미사일을 발사했다. 2017년 들어서는 신형 미사일도 등장하고 있다. 탄도미사일의 사정거리 연장을 도모하고 있으며, 최대 사거리가 적어도 5,500km에 달하는 ICBM급 탄도미사일의 존재가 확인되고 있다. 2016년 9월 세 발의 탄도미사일이 일본의 배타적 경제수역(EEZ) 내에 떨어지고, 2017년 3월 6일 북한은 네 발의 탄도미사일을 동시에 발사하며 실제 배치된 탄도미사일에 대한 공격이 가능하도록 개발해오고 있다(外務省, 2016).

2017년 3월 6일 북한이 발사한 탄도미사일이 일본의 배타적 경제수역에 낙하하자 아베 총리는 북한이 '새로운 단계의 위협(新たな段階の脅威)'이 되었다는 의견을 밝힌다(首相官邸, 2017). 북한 핵과 미사일 문제에 대해 일본은 국제사회와 함께 그리고 독자적으로 북한에 대해 행동할 것임을 공표했다.

일본의 독자적인 대북조치로는 첫째, 재일 외국인 핵·미사일 기술자가 북한을 여행지로 재입국하는 것을 금지하는 등 기존보다 대상자를 확대하여 인적 왕래의 규제조치를 실시한다. 둘째, 출국시 휴대할 수 있는 지불 수단 등의 신고 하한선을 낮추고 대북 송금을 원칙적으로 금지한다. 셋째, 인도적 목적의 선박을 포함한 모든 북한 선박의 입항을 금지하는 동시에 북한에 기항한 제삼국 선박의 입항을 금지한다. 넷째, 자산 동결 대상이 되는 관련 단체·개인을 확대한다는 것이다(外務省, 2016).

위협적인 타자로서의 아시아는 강한 일본을 추구하는 일본의 국내외 정책의 정당화를 뒷받침해주며 상호작용하고 있다. 일본의 국내 정치도 군사력을 갖춘 일본을 가능하게 하는 보통국가화, 정상국가화 담론을 바탕으로 헌법 개정 추진과 안보법제 개정 등을 진행하고 있다. 2015년에는 '우리나라(일본) 및 국제사회의 평화안전법제에 관한 특별위원회'가 개최되는 등 본격적인 법제화가 진행되었고, '우리나라 및 국제사회의 평화와 안전의 확보에 이바지하기 위한 자위대법 등의 일부를 개정하는 법률안'(내각제출 제72호), '국제평화공동대처사태에 관해 우리나라가 실시하는 제외국의 군대 등에 대한 협력지원활동 등에 관한 법률안'(내각제출 제73호) 등을 심사했다.

중국과 북한의 안보위협은 일본의 군사력 강화를 뒷받침하고, 일본의 안보태세 강화와 미일동맹 강화는 다시 중국과 북한의 무력 강화로 연결되는 동아시아 안보 딜레마가 존재하고 있다.

세계의 성장센터 아시아와 경제대국 일본

강한 일본은 일본경제의 재활성화를 통한 경제대국의 부활을 포함한다. 아시아를 '세계의 성장센터(世界の成長センター)'로 인식하고 있는[6] 아베 내각은 아베노믹스 정책과 함께 환태평양경제동반자

6 세계 약 74억 명 인구 중 미국과 러시아를 제외한 동아시아정상회의(EAS) 참가

협정(Trans-Pacific Partnership, TPP) 등 다자간 경제협력을 통한 경제활성화를 추진하고 있다.

중국은 2010년 GDP 기준 세계 2위를 차지하고 경제대국으로서의 위상을 공고히 해나가면서 일대일로(一帶一路), 아시아인프라투자은행(AIIB), 역내포괄적경제동반자협정(Regional Comprehensive Economic Partnership, RCEP) 등 중국 주도의 지역질서를 구축해나가고 있다. 동남아시아와 유럽 등 일본의 주요 협력 국가들도 중국 주도의 경제질서에 참가하면서, 동남아시아를 중국에 빼앗기는 것 아닌가란 우려가 등장하기도 했다(Funabashi, 2017). 일본은 자유민주주의 가치관을 바탕으로 한 안보, 경제 협력 구상으로 대응하고 있다.

무엇보다도 일본이 적극적으로 추진하는 TPP는 아시아·태평양지역에서 자유롭고 공정한 경제권을 넓혀가는 것을 추구하고 있다. 2016년 일본 국회의 환태평양파트너십협정 등에 관한 특별위원회에 참석한 아베 총리는 일본과 미국이 주도하는 자유롭고 공정한 경제권을 만드는 규칙을 마련하는 것이 중요하다고 강조했다. 일본이 TPP를 포함한 기존 사업을 기반으로 아시아·태평양지역에서 자유롭고 공정한 경제권을 넓혀가는 것을 미국도 인정하고 있으며, 미국의 이탈 표명 이후에도 일본이 TPP의 구심력을 살려가며 적극적으로 논의해가겠다는 의견을 표명했다(安倍晋三, 2017. 2. 17b).

또한 일본은 최근 중국경제와 신흥국경제는 하강국면에 접어들

국에는 약 34억 명이 거주하며, 세계 전체의 약 46%를 차지하고 있다. 아세안, 중국 및 인도의 명목 국내총생산(GDP) 합계는 과거 10년간 약 3.3배 증가(세계 평균은 약 1.5배)했다. 미국, 러시아를 제외한 EAS 참가국의 수출입 총액은 약 9조 6천억 달러이며 유럽 연합(약 10조 6천억 달러)에 이은 규모다. 역내 수출입 총액이 그중 33.1%이며, 역내 경제관계는 긴밀한 경제적 상호의존이 진행되고 있다(外務省, 2017a).

기 시작했으며, 중국은 빈부격차, 환경오염, 부패문제, 소수문제 등 사회문제들이 가시화되고 있다고 보았다(外務省, 2016). 동시에 아시아·태평양지역을 중심으로 한 TPP, 아시아개발은행(ADB) 등 일본이 주도하는 지역 경제질서의 미래를 보다 긍정적으로 전망한다.

경제대국 중국과 일본의 경쟁 양상은 아시아와 아프리카 지역의 지원 경쟁으로도 나타난다. 2015년 아베 총리는 아시아의 미래에 대한 21세기 국제회의에 참석하여 전후 일본의 아시아 국가들에 대한 지원을 밝힌다. 미얀마 수력발전소, 인도네시아 홍수 방지, 수력발전소 건립 프로젝트 지원, 기술 육성 지원사업 등에 일본의 운영방식이 적용되고 있다고 소개했다.[7]

일본과 중국의 개발도상국 지원정책은 단순한 자금 지원만이 아니라, 일본 주도 또는 중국 주도의 지역구상과 제도를 수용하는 것을 의미한다. 아시아의 경제를 견인하고 선진화한다는 일본의 자기정체성이 경제대국 중국의 부상 및 역할 강화와 함께 아시아를 대상으로 한 대국 간 경쟁 양상으로 나타나고 있다.

확장하는 지역구상과 보편적 가치 수호국 일본

일본의 아시아·태평양지역 개념은 기본적으로 미국과 호주를 포함하는 아시아 지역구상이다. 지리적으로 떨어져 있는 미국을 포함시킬 수 있는 개념이 태평양이며, 호주와 뉴질랜드와의 협력을 가

7 아시아 지역의 경제협력을 바탕으로 한 재활성화를 위해 일본은 일본국제협력은행(JBIC), 일본국제협력기구(JICA), ADB와 협력하여 민간 부문 인프라 프로젝트를 위한 새로운 자금조달 메커니즘을 수립하고, 일본은 ADB와 공동으로 아시아에 5년 동안 총 1,100억 달러 내지 13조 엔(한화 약 122조~127조 원) 규모의 혁신적인 인프라 자금을 지원할 계획을 밝혔다(Abe, 2015).

능하게 하는 지역 개념이 아시아·태양주다. 미국에서는 동아시아와 서태평양으로 지칭되는 지역으로, 동북아시아를 포함하여 일본의 동쪽과 남쪽으로 확장된 지역 개념이다.

1차 아베 내각에서부터 등장하기 시작한 '자유와 번영의 호'와 인도와의 4개국 안보회의를 통해 일본의 지역구상은 서쪽으로 확대되었다. 자유민주주의 가치를 표방하는 국가로 이루어졌다는 점이 강조되었으며, 아베 내각 등장과 함께 하와이-일본-호주-인도로 이루어진 '다이아몬드 동맹'을 제시했다. 안보적·경제적 이익을 함께 하는 지정학적·지경학적 고려지만 '보편적 가치'라고 주장하는 민주주의와 법의 지배를 근거로 제시하고 있다.

한국은 일본과 민주주의와 법의 지배, 시장경제 등 기본적인 가치관을 공유하고 있는 국가라는 점에서 중국과 북한과는 차이가 있다. 또한 한미동맹은 미일동맹과 간접적으로 연결될 수 있어 한미일 협력의 가능성도 존재한다. 특히 일본은 북한의 핵·미사일 위협에 단호히 대응하기 위한 한미일 안보협력을 강조하고 있다.

분명 한국은 일본이 중요시하는 가치관 외교와 미일동맹의 기축외교가 조화될 수 있는 나라다. 그럼에도 한일관계는 난항을 겪고 있다. 무엇보다도 역사인식 문제와 영토 문제가 한일관계의 주요 의제로 설정되었고, 양측의 의견 차이를 좁히기 쉽지 않은 상황이다. 한일군사정보보호협정(GSOMIA)은 2016년 체결되기는 했지만, 한일 간의 단독 군사협력은 한국 국내 여론상 매우 민감한 사안임을 확인하는 계기가 되었고, 미국이 제외된 한일 양자 군사협력은 지지를 얻지 못하고 있다.

일본 내각부에서 매년 실시하고 있는 '외교에 대한 여론조사'에 따르면 일본인의 미국에 대한 호감도가 가장 높은 가운데 2012

년 이후 중국과 한국에 대한 친근감이 상당히 낮아지고 있는 것으로 나타나고 있다. 특히 2010년 이후 일본인이 중국보다 인도에 더 친근감을 느끼고, 2012년 이후 한국보다 인도에 더 친근감을 느끼는 사람이 더 많은 것으로 나타나고 있다(그림 2 참조).

비호감도를 살펴보면, 중국에 대해서는 2010년 이후 부정적인 감정이 증가했다. 2012년부터는 러시아에 대한 호감도가 중국에 비해 높아졌다. 2012년 이후 한국에 대한 부정적인 인식이 증가하는 것으로 나타나고 있다.

정책적으로도 최근 인도, 파키스탄, 방글라데시, 스리랑카, 네팔, 부탄, 몰디브를 포함한 남아시아 지역에 대한 관심이 높아지고 있다. 남아시아 지역은 아시아와 중동, 아프리카의 연결점이라는 지정학적 요충지로, 높은 경제성장률을 기록하고 있으며, 약 17억 명의 인구로 잠재적 경제력도 주목받고 있는 지역이다(外務省, 2017a). 특히 인도는 세계 2위의 인구대국, 아시아 3위의 신흥경제대국이며, 민주주의와 법의 지배라는 보편적 가치를 공유하고 있는 국가로 인식하고 있다(外務省, 2017a).

일본과 인도와의 관계는 2000년 8월 모리 수상이 인도를 방문하여 '일-인글로벌파트너십' 구축에 합의하고, 고이즈미 수상과 아베 1기 내각을 거쳐 실질화되었다. 아베 2기 내각에 들어서면서, 2016년 12월 아베 총리는 인도를 방문하여 나렌드라 모디(Narendra Modi) 수상과 수뇌회담을 갖고, '일-인신시대(日印新時代)'의 막을 여는 '일-인 비전 2025'를 발표했다. 일본무역보험(NEXI)과 일본국제협력은행(JBIC)에 의한 인도 진출 기업을 대상으로 1조 5천억 엔의 금융 퍼실리티를 지원하기로 했다. 2016년 11월에는 모디 수상이 일본을 방문하여 인도·태평양지역과 세계의 평화와 번영을 주도

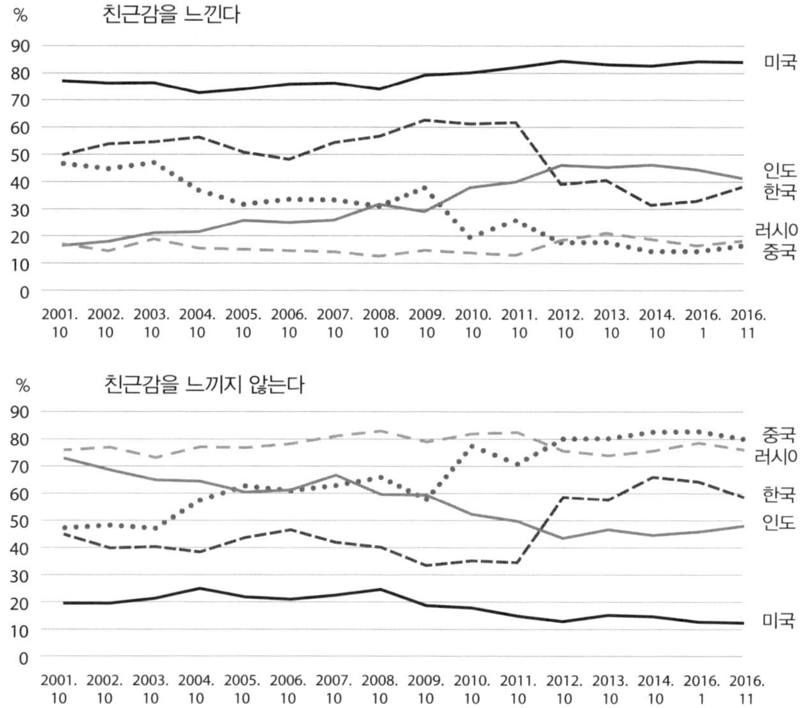

〈그림 2〉 일본인의 다른 국가에 대한 친근감 여론조사(2001～2016)

출처: 内閣府(2001～2016) 자료를 토대로 필자 작성.

하기로 합의했다. 2017년 9월 14일에는 아베 수상이 인도를 방문하여 인도 첫 고속철도 건설과 북동부 도로망 개선 사업에 1,900억 엔의 차관을 제공하기로 했다. 또한 북한이 핵과 탄도미사일 개발 프로그램을 포기하고 앞으로 어떠한 도발도 하지 않을 것을 촉구하는 데 의견을 같이하며, 북한 문제에 대한 인도의 협력을 확인했다. 일본은 중국에 이은 인도의 부상에 주목하고 있으며 민간교류, 경제교류를 활발하게 추진하고 있다(표 1).

위협적인 동아시아에 대한 인도와의 협력 강화 그리고 '가치관'

〈표 1〉 일본–인도 인적·경제적 교류 확대: 중국과의 비교(2015년 기준)

	일본–인도	일본–중국	비율
일본인 방문자 수	약 22만 명	약 250만 명	1/11
일본방문 관광객 수	약 10.3만 명	약 499만 명	1/50
재일본 유학생 수	1,102명	108,331명	1/107
일본인 유학생 수	8,655명	133,902명	1/16
외국인등록자 수	26,244명	665,847명	1/25
일본어학습자 수	20,115명	약 105만 명	1/52
지방자치체 간 교류	13개 조(팀)	362개 조(팀)	1/28
항공편수	28편/1주	690편/1주	1/26

출처: 外務省(2017b).

을 기준으로 한 협력구상은 강한 일본으로의 도약을 위해 필요한 평화국가로의 진전, 경제대국으로의 재도약, 안보 강화를 통한 보통국가화를 가능하게 하는 방안으로 제시되고 있다.

국제규범을 강조하는 정당화 전략

2007년 방위청(防衛庁)이 방위성(防衛省)으로 격상된 지 10년이 경과한 지금, 아베 내각의 강한 일본 만들기 정책에 힘입어 방위성·자위대의 역할은 한층 더 강화되고 있다. 일본의 가치관 외교와 안보 강화는 적극적 평화주의 외교정책을 바탕으로 추진되고 있다. 앞서 살펴본 바와 같이, 아베 내각의 아시아 정책은 안보–경제–가치관 차원에서 리더십을 발휘하여 강한 일본, 그리고 세계 속의 빛나는 일본으로 거듭나는 것이다. '인도·태평양시대'로 확장되는 지역구상 속에서 아시아는 강한 일본 구축을 위해 타자화되고 있다.

일본 정부는 국제규범과 국제결의를 정책 결정의 중요한 근거로 제시함으로써 정당화를 강화한다. 북한 문제에 대해서는 유엔 안보리 결의안을 강조하고, 일본인 납치 문제도 인권 차원에서 강력하게 비난한다. 중국에 대해서도 국제규범과 보편적 가치를 준수할 것을 강력하게 요구하며, 일본과 협력이 필요한 나라들을 보편적인 가치관을 공유할 수 있는 나라들로 규정한다.

일본과 아시아와의 특수한 관계는 미국의 아시아 정책과 보조를 맞춰가며 적극적으로 추진되고 있다. 아베 1기 내각에서는 미국의 조지 W. 부시 대통령과의 협력 속에서 반테러, 비확산 문제를 바탕으로 아시아 정책을 전개해나갔다. 특히 아시아 지역에서 북핵 문제에 대한 6자회담이 진행되면서, 아시아 지역의 다자협력 방안이 시도되고 있었다. 그러나 일본은 북한 핵문제와 일본인 납치 문제를 연결하며 다른 참가국과는 상이한 대북정책에 기반하여 접근하고 있었다.

현재 일본 정부가 인정하는 일본인 납북자 사안은 12건 17명이며, 이 중 12명이 아직 귀국하지 못하고 있다. 북한은 12명 중 8명은 사망하고 4명은 북한 입국 여부를 확인할 수 없다고 주장하며, 일본은 실종 의혹의 납북자는 모두 생존해 있다는 전제에서 문제 해결을 추진하고 있다. 북한의 일본인 납치는 일본의 주권이나 국민의 생명과 안전에 관한 중대한 문제이자, 기본적 인권 침해라는 국제사회 전체의 보편적 문제로 규정하고 있다. 일본은 납치 문제 해결 없이는 북한과의 국교 정상화가 불가능하다는 기본 인식 아래, 그 해결을 가장 중요한 외교 과제로 정하고 모든 납북자의 안전확보와 즉시 귀국, 납치에 관한 진상 규명, 납치범의 인도를 북한 측에 강력히 요구하고 있다(外務省, 2016).

아베 총리의 북한 정책은 1기 아베 내각에서부터 분명하고 일관된 원칙과 태도를 유지해오고 있다. 2017년 북한의 안보 위협이 강화되면서 일본은 북한이 새로운 단계의 위협으로 들어섰으며, 일본은 국제사회와 함께 그리고 독자적으로 북한에 대해 행동할 것임을 공표했다.

북한이 2017년 7월 4일과 28일 ICBM급 미사일을 발사하자 북한에 대북 제재를 한층 강화하는 유엔 안보리 결의 제2371호가 만장일치로 채택된다. 아베 총리는 8월 6일 유엔 안보리 결의안 채택에 대해 "일본 정부는 '대화와 압력', '행동 대 행동'의 원칙에 따라 핵·미사일 문제와 여전히 중요한 납치 문제 등 북한을 둘러싼 여러 현안의 포괄적 해결을 위해 북한에 대해 구체적인 조치를 취할 것을 강력히 요구한다"고 밝혔다(首相官邸, 2017). 1차 아베 내각부터 북한 문제는 정치적 입장을 분명히 할 수 있는 주요 의제였으며, 북한의 빈번하고 구체화된 군사적 위협은 일본이 재군비화를 추진해야 하는 정당화 근거를 제공해왔다.

북한이 핵개발과 미사일 발사로 꾸준히 일본을 위협해왔다면, 2000년대 이후 중국의 부상과 군사력 강화도 일본에 실질적인 위협으로 등장했다. 우선 일본 정부는 중국을 기존 질서에 대한 현상변경을 시도하는 '현상변경국'으로 규정한다(外務省, 2016; 2017a). 최근의 중국의 해양세력 강화를 국제규범 위반으로 규탄하며 중국이 해양법 질서를 준수할 것을 요구하고 있다. 중국이 국제법과 국제규범을 준수하면서, 법의 지배에 따른 국제질서에 중국이 참여하며 '평화를 지향하는 책임 있는 국가'로 발전할 것을 강조하고 있다.

한편 중국의 부상에 대응하기 위한 대안으로 모색되고 있는 인도·태평양지역은 법의 지배와 민주주의라는 보편적 가치를 공유하고 있는 지역으로 규정되고 있다. 그러나 인도의 민주주의, 인도의 법의 지배에 대한 평가에 근거했다기보다는 중국을 포위하기 위한 전략적 고려에 근거하여 설정된 지역구상이다. 미일동맹과 뜻을 같이할 수 있는 아시아 국가들을 선별하여 연결하고, 이 국가들을 보편적 가치를 추구하는 국가로 규정한다. 위협적인 동북아를 견제하는 확장된 아시아 지역 협력구상을 보편적 가치라는 명목으로 정당화하는 것이다.

아베 내각은 중국에 대한 견제와 북한에 대한 방어대책으로 한-미-일 협력과 함께 인도·태평양으로 확장된 지역협력을 강조하고 있다. 강한 일본의 구축을 위해 동북아시아의 위협을 강조하고 보편적 가치를 공유할 수 있는 아시아와의 협력을 강화함으로써 아시아를 대상화하고 타자화한다. 그리고 타자로서의 아시아와의 관계 속에서 일본의 국가정체성을 재확인하면서 국제규범을 준수하는 평화국가, 경제대국, 강한 일본을 향해 나아가고 있다.

결론

일본에서 2017년을 대표하는 한자로 '北'이 선정되었다. 2017년 한 해 동안 북한 관련 이슈들이 빈번하게 등장했고, 아베 내각은 북한의 위협을 거론하며 중의원을 해산하고, 성공적으로 4차 아베 내각을 발족하며 장기집권의 시대를 열었다. 북한의 미사일 발사와 핵실험은 일본을 긴장하게 했고, 아베 정부는 북한과 관련된 사안에 신속하게 대응하며 구체적인 행동계획을 확립해나가고 있다. 북한의 미사일 공격 대피훈련을 실시하고 미사일 대피 가이드라인을 마련했고, 대화를 위한 대화는 의미가 없다며 강경한 압박정책으로 대북 정책을 추진해가고 있다(「外交」編集委員会, 2018).

아베 내각은 트럼프 정권의 북한 제재조치에 적극 동조하면서 미일관계를 강화하고, 북한에 대한 한미일 협력의 필요성을 강조해 왔다. 최근 북미관계의 변화 가능성에 대비하여 일본은 이제까지 강한 일본 만들기에 유용했던 전략적 북한 인식과 아시아 인식의 변화가 필요한지 예의주시하고 있다. 국제정세의 변화 속에서 일본은 미국과의 인식과 이해관계의 공유를 바탕으로 일본의 국가 이익을 추진해나갈 것이다. 대상이 변화하더라도 강한 일본을 만들기 위한 정당화 근거로써 아시아를 도구화하고 타자화하는 메커니즘은 지속될 것이다.

강한 일본이 되기 위한 아베 내각의 국가전략은 아시아를 위협으로 인식하고, 미일관계에 기반하여 타자화하고 있으며 아시아의 전쟁기억과 전후를 부정함으로써 충돌한다. 아시아와 화해하지 못한 상황에서 일본은 전후체제로부터의 탈각이라는 구조적 전환을 모색하며 안보-경제-가치 차원에서의 미국, 중국과 경쟁하는 세계 강대국으로 거듭나려고 한다. 이 과정에서 아시아는 대상화·타자화되고 있으며, 확장되는 지역구상 속에서 일본인의 아시아에 대한 호감도도 낮아지고 있다. 또한 역사문제가 제대로 해결되지 못한 상태에서 한국, 중국을 비롯한 이웃 국가들은 강한 일본에 대해 우려하고 있다.

아베 정권은 전후 70년을 맞이하여 전후체제로부터 탈각을 이루고 역사문제로부터 자유로운 미래지향의 아시아 관계를 모색했다. 그러나 한국 정부와의 위안부합의 과정에서 나타난 바 있듯이, 일본 정부의 역사인식과 전후로부터 벗어나기 위한 접근방식은 철저한 반성과 화해를 기대했던 아시아인들의 생각과 상당히 괴리된 것이었다. 그럼에도 아베 총리는 이미 위안부 문제는 최종적·불가역적으로 해결되었고, 아시아 국가들과의 전후처리는 법적으로 완료되었다는 입장만 반복하고 있다. 2015년을 계기로 미국과의 협력을 통한 전후체제로부터의 탈각 시도는 아시아 국가들에 수용되지 못했다는 점에서 효과적이지 않았다고 평가할 수 있다. 이러한 정책적 실패는 아시아 정책의 목적이 아시아와의 화해나 관계 개선이라기보다는 일본의 국가전략을 위한 아시아의 타자화로 전개된 결과라고 할 수 있다.

일본은 미국과 아시아를 매개하는 중층적 정체성과 함께 전후에 대한 가해자와 피해자의 복합적 정체성을 형성해왔다. 미국의 아시아 정책을 바탕으로 일본의 국가 이익을 실현해나가는 과정에서 아시아는 대상으로만 남겨지고 타자화되었다. 인권에 대한 존중은 일본이 아시아에 강조하는 보편적 가치와 국제규범의 핵심 가치다. 과거에 대한 인정과 성찰을 바탕으로 아시아를 직면할 때 일본이 추구하는 새로운 일본, 평화국가 일본, 강한 일본을 만들어갈 수 있을 것이며, 세계 속에서 빛나는 일본을 아시아 국가들을 포함한 전 세계가 인정할 수 있을 것이다.

제7장

디플레이션 탈출을 겨냥한 아베노믹스

이 글은 『일본연구』 제75호(2018)에
「'저온호황'의 출현과 아베노믹스의 방향전환」이란
제목으로 실린 필자의 논문을 수정·보완한 것이다.

이창민 李昌玟 | Lee, Chang-Min

현재 한국외국어대학교 융합일본지역학부 부교수다. 일본 도쿄대학교에서 경제학 박사학위를 취득했다. 주요 저작으로 "Virtual or Vertical? Achieving Integrated Global Supply Chains: Comparison and Analysis of Virtual Integration and Vertical Integration in Japanese and Korean Steel Industry," *International Journal of Productivity and Quality Management*(2015), "International Economic Policy Uncertainty and Stock Prices: Wavelet Approach," *Economics Letters*(2015), "The Role of the Private Sector in Japan's Recovery from the Great Depression," *International Area Studies Review*(2015), 「日本自動車産業のサプライヤーシステム: 2000年代を中心に」, 『일본연구』(2015), 「아베노믹스 이후 일본 민간소비의 특징」, 『일어일문학연구』(2017) 등 다수의 논문이 있다.

서론

2008년 리먼쇼크가 촉발한 글로벌 금융위기 이후 또 다시 침체의 늪으로 빠져들었던 일본경제가 아베노믹스(アベノミクス)라는 경제정책 패키지로 다시 살아나고 있는 분위기가 곳곳에서 감지되고 있다. 아베노믹스 실시 이후, 엔저기조가 유지되고 주가가 회복되면서 무엇보다도 고용지표가 눈에 띄게 좋아졌다. 내각부에서 발표하는 경기동향지수를 참고하면 2012년 연말을 기점으로 일본경제는 제16순환이 시작되었는데 상승추세가 60개월을 넘어서,[1] 73개월간 지속된 고이즈미(小泉) 시절의 호황국면에 이어 두 번째로 긴 장기호황국면에 접어들었다. 그렇다면 아베노믹스는 장기불황의 늪에 빠진 일본경제를 수렁에서 구해낸 것일까? 이 질문에 답하기 위해서는 2016년 아베노믹스의 방향전환에 주목할 필요가 있다.

당초 아베노믹스의 정책목표는 소비자물가상승률 2%, 명목성장률 3%, 실질성장률 2%였다. 소비자물가상승률 2%에 관해서는 2013년 3월 구로다 하루히코(黒田東彦) 일본은행 총재가 취임하면서 다시 한 번 명확하게 목표를 확인했고,[2] 2013년 6월 발표된 '일본재흥전략(日本再興戦略)'에서는 명목성장률 3%, 실질성장률 2%의 목표가 명시되었다. 그리고 이러한 목표를 달성하기 위한 수단으로 대담한 금융정책, 기동적인 재정정책, 민간투자를 촉진하는 성장전략이라고 하는 세 개의 화살이 제시되었다. 아베노믹스가 실시되고 5년

1 2017년 12월 기준.

2 중앙은행의 독립성을 강조한 이전 민주당 정권과 달리 아베 정부는 중앙은행에 대한 정치적 압력을 강화해, 결국 정부와 일본은행이 물가상승률 목표 2%라는 공동성명을 발표하기에 이르렀다(谷口洋志, 2015: 1-2).

의 세월이 흐른 현재까지를 평가할 때, 아베노믹스는 일관되게 유지되어온 경제정책이라기보다는 경제상황의 변화에 따라 부분적인 수정을 거쳐온 경제정책 패키지라고 볼 수 있다.

커다란 정책적 변화를 기준으로 보면 아베노믹스는 2016년에 새로운 단계로 접어들었다고 볼 수 있다. 2016년 9월에 장단기금리 조정을 동반한 양적·질적 금융완화정책이 도입되면서 금융정책에 큰 변화가 있었다. 그리고 그에 앞서, 2015년 10월에 아베(安倍) 총리는 아베노믹스의 새로운 세 개의 화살을 제시하고, 2016년 6월에 '일본 1억 총활약 플랜(ニッポン一億総活躍プラン)'이 각의 결정되면서 성장전략 중심의 2단계 아베노믹스가 본격적으로 가동되었다. 이러한 금융정책의 노선 변경과 성장정책으로의 중심이동은 모두 공통된 문제의식에서 출발한 것이고, 그런 의미에서 2016년은 아베노믹스의 변곡점이라고 볼 수 있다.

이 글에서는 아베노믹스의 세 개의 화살이 각각 어떠한 배경에서 경제정책 패키지에 포함되었는지를 밝혀내고, 그 동안의 아베노믹스의 경제적 성과에 대해서 평가한다. 또한 2016년에 나타난 아베노믹스의 방향전환에 주목하면서, 이를 통해 앞으로 아베노믹스의 성공 여부를 결정할 핵심요소에 대해서도 전망해본다.

아베노믹스의 등장 배경

장기불황의 원인[3]

아베노믹스가 탄생하게 된 배경을 알기 위해서는 일본의 장기불황에 대한 이해가 선행되어야 한다. 일본의 장기불황은 1990년대 초반 자산가격의 폭락으로 시작되었다. 1985년 플라자합의와 그에 따른 엔고불황에 대한 과잉대응이 만들어낸 버블이 1990~1991년을 기점으로 붕괴되었다. 그 결과 1인당 GDP 증가율은 1992년에 0.3%로 떨어졌고, 1993년에는 오일쇼크 이후 처음으로 성장률이 마이너스(-0.2%)로 떨어졌다. 1992년부터 아베노믹스가 등장하는 2012년 12월까지 20년간 일본의 1인당 GDP 증가율은 0.6%로 일본은 기나긴 장기불황의 터널을 지나게 된다.[4]

일본 장기불황의 특징으로 다음의 두 가지를 생각해볼 수 있다. 첫째, 잠재 GDP 성장률의 하락과 GDP 갭의 마이너스가 동시에 나타난다는 것이다. 잠재 GDP 성장률은 한 나라 경제가 안정적으로 도달할 수 있는 중장기 성장수준인데 잠재 GDP 성장률이 하락하면 활용 가능한 생산요소를 100% 사용하고도 성장수준이 하락하게 된다. 또한 잠재 GDP와 실제 GDP의 차를 뜻하는 GDP 갭이 마이너스라는 것은 현재의 잠재 능력만큼 생산 능력을 발휘하고 있

3 이하 내용은 박상준(2016: 60-119) 참조.

4 같은 기간 프랑스는 1.0%, 독일은 1.1%, 미국은 1.6% 성장했다. 성장률만 놓고 보면 다른 선진국에 비해 일본이 특별히 낮은 성장률을 기록했다고는 볼 수 없다. 일본의 장기침체가 주목을 끈 것은 낮은 성장률 때문이 아니라 성장률의 급격한 변화 때문이다. 제1차 오일쇼크에서 회복한 1975년부터 1991년까지 일본은 3.6% 성장한 반면, 같은 기간 프랑스는 1.9%, 독일은 2.5%, 미국은 1.9% 성장했다. 일본의 성장률 감소폭이 다른 선진국에 비해 가장 급격했던 것이다.

지 못하다는 뜻이다. 즉 일본의 장기불황은 공급 측면과 수요 측면에서 모두 문제가 발생했다는 것을 뜻한다. 둘째, 장기 디플레이션과 유동성 함정이다. 1995년부터 2012년까지 월평균 소비자물가상승률은 −0.1% 정도인데 이렇게 긴 세월 동안 평균 인플레이션율이 마이너스를 기록한 것은 주요 선진국 중에서 일본이 유일하고, 이러한 장기간의 디플레이션이 유동성 함정의 원인이 되었다.

일본 장기불황의 특징 중 하나인 잠재성장률의 하락은 총공급에 문제가 생겼음을 뜻한다. 〈그림 1〉에서 보듯이 버블 붕괴 이후 잠재성장률은 지속적으로 하락한 것을 확인할 수 있다. 잠재 GDP가 성장하기 위해서는 노동력, 인적자본, 물적자본과 같은 생산요소가 증가하거나 총요소생산성이 향상되어야 한다. 저출산·고령화가 가져 온 인구구조의 변화는 노동력의 감소를 가져왔다. 일본의 경제활동인구는 1999년부터 감소하기 시작했지만, 20~50대의 인구가 정점을 찍은 것은 1995년경이다.

그러나 장기불황기에 총공급 부진을 야기한 것은 단순히 노동력 감소의 문제가 아니었다. 하야시와 프레스콧에 따르면 총요소생산성 증가가 둔화된 것이 1990년대 일본경제 침체의 가장 근본적인 원인이었다. 그들에 따르면 1983~1991년의 총요소생산성의 증가율은 연평균 3.7%였고 같은 기간 경제성장률은 3.6%였다. 그리고 1991~2000년의 총요소생산성의 증가율은 연평균 0.3%였고 같은 기간 경제성장률은 0.5%였다(Hayashi and Prescott, 2002). 즉, 총요소생산성의 증가율이 급격히 하락했기 때문에 경제성장률도 급격히 하락한 것이다. 결국 장기불황을 해결하기 위해서는 좀비기업을 퇴출시키고, 부실채권을 줄이며, 생산성이 낮은 공기업들을 민영화하는 등 이른바 구조개혁을 통해 생산성을 높여야 한다.

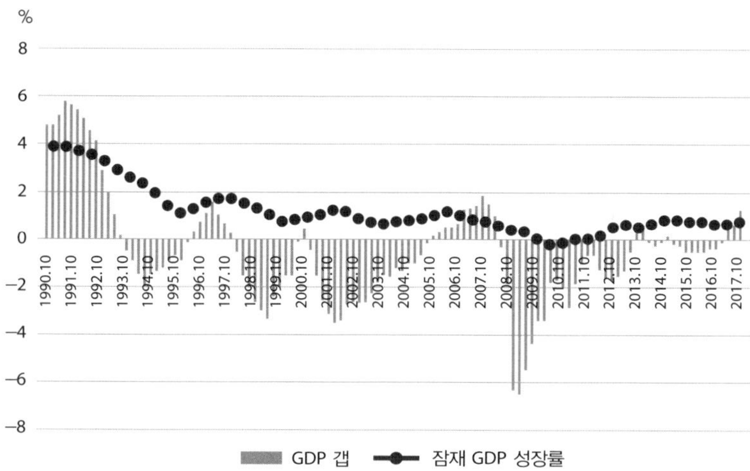

〈그림 1〉 GDP 갭과 잠재 GDP 성장률의 추이

출처: 日本銀行, 「需給ギャップと潜在成長率」을 토대로 필자 작성.

일본의 장기불황은 총공급만의 문제는 아니다. 〈그림 1〉에서 GDP 갭의 마이너스화는 총수요 부족을 뜻한다. 버블이 붕괴한 이후 아베노믹스가 등장할 때까지 GDP 갭이 마이너스로 떨어진 구간을 보면 1993년 2분기부터 1995년 4분기까지, 1998년 1분기부터 2005년 4분기까지, 그리고 2008년 3분기부터 2013년 3분기까지다. 1990년대 장기불황기에는 1996~1997년을 제외하고 GDP 갭이 지속적으로 마이너스를 기록했다. 다시 말해, 총수요 부족이 경기침체의 원인이며 이러한 문제를 해결하기 위해 일본 정부도 그 동안 수차례 금융정책과 재정정책을 통해 총수요 확대를 도모해왔다.

한편 두 번째 특징인 장기 디플레이션과 유동성 함정은 미국이나 유럽의 저성장과는 구별되는 일본만의 특징이다. 유동성 함정은 경제주체들이 비관적인 예측을 하고 있어서 이자율이 낮아져도 소비나 투자가 자극을 받지 못하거나 이미 금리가 충분이 낮은 수준에서 더는 낮출 수 있는 여력이 없는 상황, 즉 중앙은행의 금리정책이 무력화된 상황이다. 크루그먼 등은 디플레이션 기대(expected deflation)가 일본경제를 유동성 함정에 빠뜨렸다고 보았다((Krugman *et al.*, 1998). 즉, 경제주체들이 앞으로 디플레이션이 더욱 심화될 것이라고 예상하게 되면, 현재소비를 미래로 지연시키게 되고 소비감소는 기업의 판매실적을 악화시켜 고용축소와 임금삭감을 가져오며 이는 또 다시 소비감소로 이어진다. 한편 디플레이션 기대는 실질이자율을 상승시켜 투자를 감소시키는 효과도 있다. 결국 소비와 투자의 감소가 또 다른 디플레이션을 가져오고, 이러한 악순환이 결국 디플레이션 스파이럴(deflation spiral)을 만들어내면서 경제가 디플레이션이라는 늪에 빠지게 된다는 것이다. 이에 대한 크루그먼의 처방은 양적완화를 통해 디플레이션 기대를 타파하는 것이다. 적정 수준의 인플레이션율이 확실히 정착될 때까지 무제한적으로 본원통화를 늘리는 정책을 통해 디플레이션 기대를 인플레이션 기대로 전환하면 경제는 디플레이션의 늪에서 빠져나올 수 있다는 것이다.

정책논쟁의 결과: 대담한 금융정책

아베노믹스의 세 개의 화살을 앞에서 설명한 총수요 정책 또는 총공급 정책에 대응시켜보면, 첫 번째 화살인 금융정책과 두 번째 화살인 재정정책은 총수요 정책이고, 세 번째 화살인 성장전략은 총공급 정책이다. 즉, 아베노믹스는 총수요 정책과 총공급 정책을 동시에 고려한 정책 패키지인 셈이다. 그러나 실제로 아베노믹스를 실행하는 데 있어 핵심정책은 대담한 금융정책, 즉 양적완화였다. 그리고 이러한 양적완화는 아베노믹스가 처음 도입한 정책이 아니었다.

고이즈미 정권의 시작과 함께 2001년 3월 일본은 전 세계에서

〈표 1〉 일본은행의 금융정책

시 기	금융정책	내 용
1999. 2	제로금리정책	• 콜금리의 유도목표를 제로로 설정
2001. 3	양적완화정책	• 콜금리에서 당좌예금잔고로 유도목표 변경 • 제로금리정책 유지
2006. 3	양적완화 종료	• 콜금리에서 당좌예금잔고로 유도목표 변경 • 제로금리정책 유지
2008. 10	비전통적 금융정책	• 금융기관 보유주식, CP, 회사채 매입
2010. 10	포괄적 금융완화정책	• 국채, 회사채, ETF, J–REIT 매입 • 실질제로금리정책
2013. 1	물가목표 설정	• 2% 물가목표 명시
2013. 4	양적·질적 완화정책	• 콜금리에서 당좌예금잔고로 유도목표 변경 • 장기국채 보유 확대, ETF, J–REIT 매입 확대
2014. 10	양적·질적 완화정책의 확대	• 본원통화 증가폭 확대, 장기국채 보유 확대, ETF, J–REIT 매입 확대
2016. 2	마이너스금리 동반 양적·질적 완화정책	• 금융기관의 일본은행 당좌예금 중 일부에 –0.1%의 금리 적용
2016. 9	장단기 금리조정 동반 양적·질적 완화정책	• 일드커브 컨트롤(yield curve control) • 오버슈팅 커미트먼트(overshooting commitment)

출처: 필자 작성(음영은 아베노믹스 기간).

가장 먼저 양적완화를 실시했다. 〈표 1〉에서 보듯이, 아베노믹스(음영 부분)를 실시하기 이전인 2001년 3월부터 2006년 3월까지 양적완화정책이 실시되었다. 처음에는 본원통화를 5~6조 엔 규모로 늘려 나가다가 2004년부터 30~35조 엔 규모로 확대했다. 고이즈미 내각의 경제팀은 총수요 부족에 대한 인식을 하고 있었다. 그래서 1998년에 크루그먼이 주장한 양적완화를 실험적으로 받아들였고 결과는 성공적이었다.[5] 고이즈미 시절에는 이자나미 호황이라고 불리는 전후 최장기 호황을 맞이하게 되었고, 경기호황 국면에 들어선 게 확실시되자 일본은행은 2006년 3월에 양적완화 정책의 종료를 선언했다.[5] 그러나 양적완화를 통해 총수요 부족의 문제를 해결하려는 리플레이션파의 아이디어가 고이즈미 정권의 핵심적인 경제정책은 아니었다. 고이즈미 정권은 총공급 제약의 문제를 해결하려는 구조개혁론자들과 함께 일본경제시스템의 체질개선을 우선시했다(이정환, 2016: 244). 대표적인 것이 재정건전화 정책, 부실채권 정리, 공기업의 민영화다. 그 결과 2001년에 8.7%에 육박하던 은행의 부실채권 비율이 2006년에는 2.7%까지 감소하고, 재정건전성 지표인 프라이머리 밸런스(primary balance)의 GDP 비율은 2007년 0%에 근접했다.

리플레이션파의 정책이념은 아베의 재집권과 함께 전면적으로 실현되었다. 2007년 총리직에서 물러난 후 아베는 자민당의 대표적인 리플레이션파 수용자인 야마모토 고조(山本幸三)를 통해 리플레이션파의 경제논리를 학습했다. 이후 총리에 재취임한 아베는 대표적 리플레이션파 경제학자인 하마다 고이치(浜田宏一)와 혼다 에츠로(本田悦朗)를 내각관방참여(内閣官房参与)로, 이와타 기쿠오(岩田規久男)를 일본은행 부총재로 임명하여 리플레이션파의 아이디어를 아베노믹스로 담아내었다.[6] 아베가 양적완화를 주장하는 리플레이션파의 경제이념을 수용한 데에는 리먼쇼크 이후 미국과 유럽이 양적완화를 도입했다는 점도 큰 영향을 미쳤다.[7]

5 고이즈미 시절의 양적완화정책의 성과에 관해서는 규모가 충분히 크지 않았고, 디플레이션이 완전히 종식되지 않은 상태로 서둘러 종료했다는 점에서 비판도 있지만, 엔화가 절하되고 수출이 호조되면서 경기회복(이자나미 경기)을 견인했다는 점에서 성공적으로 평가할 수 있다.

6 아베 정권의 리플레이션파 수용에 대해서는 이정환(2016: 243-245) 참조.

7 미국은 2008년 리먼쇼크로 인한 금융위기가 발생하자 QE1(Quantitative Easing1: 2008. 11~2010. 6)으로 불리는 대규모 금융완화정책을 실시한 이후,

결과적으로 아베노믹스의 양적완화는 고이즈미와 그 이후의 양적완화와 구별되는 특징을 가지게 되었다. 아베노믹스의 양적완화는 '이용할 수 있는 모든 수단을 대규모로 동원했다'는 데에 가장 큰 특징이 있다. 〈표 1〉에서 보듯이, 2008년 리먼쇼크로 인해 금융위기가 발생했을 때, 일본은행은 이미 CP와 회사채를 적극적으로 매입했으며, 2010년 민주당 정권 시절에도 금융완화정책을 확대해 ETF(주가지수 연동형 투자신탁)와 J-REIT(부동산 투자신탁) 매입을 시작했다. 아베노믹스의 양적완화는 이 모든 것을 압도적인 규모로 실시했다는 점, 그리고 규모의 크기를 2년, 두 배, 2%와 같은 수치로 명확히 시장에 전달했다는 점, 마지막으로 무제한적인 양적완화의 실시를 약속함으로써 시장의 기대를 유도하는 시간축 정책이었다는 점에서 그 특징을 꼽을 수 있다.[8] 말하자면 아베노믹스의 첫 번째 화살인 대담한 금융정책은 금융정책이 아니라 '대담한'이라는 형용사에 방점이 찍힌 정책이었던 것이다.

전략적 선택: 기동적인 재정정책

정책논쟁의 결과 아베 정부에서는 구조개혁보다 양적완화를 우선적으로 실시해야 한다는 데 이견이 없었지만, 재정정책의 경우에는 아베 총리 개인의 경험이 중요한 요소로 작용한 전략적 선택이었다. 1차 아베 내각이 발족했을 때 아베 총리는 경제정책에 대한 특

QE2(2010. 11~2011. 6), QE3(2012. 9~2014. 10)을 연달아 발표했다. 이후 경기회복과 함께 2014년 10월에 6년간의 양적완화 시대를 마감했다. 유럽중앙은행(ECB)도 리먼쇼크 직후부터 양적완화를 도입하여 2012년 8월까지 양적완화 정책을 실시했다.

8 민주당과 아베노믹스의 금융정책의 차이점에 대해서는 谷口洋志(2015: 4-5) 참조.

별한 아이디어가 없었다. 2006년 9월 26일 아베 총리의 기자회견을 보면 저출산·고령화 사회를 맞아 기술혁신으로 생산성 향상을 도모하겠다는 성장전략과 연금, 의료, 개호 등 사회보장제도를 개혁하겠다는 이야기가 등장한다. 또한 재정재건을 위해 세출을 줄이고 국채발행액을 감소해나가겠다고 밝혔다. 기본적으로는 고이즈미 구조개혁을 그대로 계승하겠다는 것이고 새롭게 등장한 정책은 없었다.[9] 2006년 3월에 양적완화가 종료되고 일본사회가 어느 정도 경기회복을 확신하고 있었을 때여서인지 아베 내각은 새로운 경제정책에 대한 필요성 자체를 느끼지 못했다.

아베 총리의 관심은 다른 데에 있었다. 아베 총리는 보수성향이 강한 정책을 차례차례 도입했다. 헌법 개정 절차를 정한 국민투표법의 성립, 교육 관련 3법의 중의원 통과, 공무원제도 개혁에 대한 법안 심의 등 아베 정권의 우경화 행보가 이어졌다. 그러는 사이 지지율은 곤두박질쳤다. 아베 정권이 들어섰을 때 지지율은 63%였다. 그러나 전임 고이즈미 정권에서 우정민영화에 반기를 들었던 의원들의 복당을 승인하면서 고이즈미 개혁노선에서 벗어난 변절자의 이미지가 덧씌워져 지지율이 하락하기 시작했다. 야나기사와 하쿠오(柳澤伯夫) 후생노동성의 '애 낳는 기계(産む機械)' 실언과 그에 대한 대응 미숙으로 지지율이 다시 하락했고, 사라진 연금기록이 5천만 건에 다다른 사건으로 지지율이 30%까지 떨어지면서 아베 정권은 몰락했다. 설상가상으로 건강까지 악화되어 아베 총리는 취임한 지 1년 만에 퇴장하게 되었다.

잃어버린 10년을 극복하고 장기호황 국면에 접어들었던 일본

9 1차 아베 내각의 경제정책에 대해서는 藤田勉(2006) 참조.

경제는 2008년 리먼쇼크가 촉발한 글로벌 금융위기로 인해 다시금 침체의 늪에 빠졌다. 아베의 뒤를 이어 5년 동안 5명의 총리가 교체되는 정치적 혼란기를 거치면서 일본경제도 깊은 수렁에 빠져들었다. 자민당에 대한 불만과 불신이 극에 달한 2009년 8월, 중의원 선거에서 유권자들은 징벌적 투표를 통해 정권을 교체했다. 압도적인 승리를 거둔 민주당은 소득재분배를 통한 소득주도성장을 내세웠다. 그러나 무리한 복지공약으로 재원조달의 어려움을 겪으며 침체에 빠진 경제는 몇 년간 뚜렷한 회복세를 보이지 못했다.[10] 그 와중에 발생한 동일본대지진은 일본경제에 다시 한 번 치명타를 입히며 민주당 정권의 붕괴를 가속화했다.

그런데 동일본대지진으로 인한 부흥국채의 발행 논의가 시작되면서 정치인 아베는 부활할 수 있는 기회를 잡았다(박상준, 2016: 143-146). 2011년 5월 4일 레이타쿠(麗澤)대학에서 한 강연 '어떻게 일본을 바로 세울 것인가?(いかに日本を立て直すか)'에서 아베는 지진으로 인한 재해복구를 위해 부흥국채를 발행해야 한다고 주장했다. 6월 16일에는 부흥국채 발행을 지지하는 아베 신조를 포함한 211명의 국회의원이 성명을 발표했다. 1차 아베 내각에서 재정건전화를 주장했던 아베가 4년 뒤에는 정반대로 적극적인 재정지출을 주장하게 된 것이다. 동일본대지진이라는 경험을 통해 재정건전화에 얽매이지 않고 적극적인 재정지출을 허용할 수 있다는 아이디어의 전환이 가능했던 것이다. 이러한 경험은 아베노믹스의 두 번째 화살인 기동

10 민주당의 복지공약을 전부 실현하기 위해서는 약 16조 8천억 엔이 필요했으나 집권 기간 동안 마련한 재원은 3조 9,000억 엔에 불과했다(송석원·공정승, 2013: 255-256 참조).

적인 재정정책으로 활용하게 된다.

경기침체의 장기화로 인한 조세 수입의 감소와 고령화로 인한 사회보장비용의 급증으로, 1990년대부터 일본의 GDP 대비 정부부채 규모는 꾸준히 상승했다. 역대 정권에서는 재정건전화를 전면에 내세워 증세와 세출 억제로 정부부채의 규모를 줄이기 위해 노력해왔다. 예컨대, 1996년 1월에 출범한 하시모토(橋本) 내각은 소비세율을 인상하고(3%에서 5%로), 강력한 재정건전화 정책을 실시하여 일정 부분 효과를 거두었다.[11] 그러나 소비세 증세가 소비와 투자를 위축시켜 경기가 급속도로 냉각됐고, 1997년에는 아시아 외환위기까지 겹치면서 하시모토 내각은 1998년 7월에 막을 내렸다. 2001년 4월에 고이즈미 내각이 출범했을 때에도 재정건전화는 화두였다. 국채발행액이 매년 30조 엔을 넘지 않도록 하겠다고 선언했지만 경기악화로 세입이 줄자 1년 만에 공약을 포기했다. 이후 재정건전화 계획이 어느 정도 성과를 거둔 것은 경기회복이 확실해진 2006~2007년이 되어서다. 정권교체에 성공한 민주당에서도 '콘크리트에서 사람으로(コンクリートから人へ)'라는 슬로건을 내걸고 공공사업을 중심으로 재정지출을 축소했다. 정권이 바뀌어도 재정건전화라는 큰 방향은 바뀌지 않았던 것이다.

그러나 재정건전화를 전면에 내세운 이전 정부와 달리 아베 정부는 적극적인 재정정책을 아베노믹스에 포함시켰다. 대규모 공공사업을 전개하고 이를 위해 예산을 확대하고 필요에 따라서는 보정예산도 편성했다. 재정건전화에 대한 복안이 아예 없었던 것은 아니

11 1997년도에는 전년도에 비해 세출이 3천억 엔 정도 감소하고, 세입은 2조 엔 정도 증가했다.

었다. 사회보장과 세금의 일체개혁(社会保障·税一体改革)의 연장선상에서 프라이머리 밸런스의 GDP 비율을 2020년까지 흑자화하겠다는 계획도 세웠다. 그러나 2014년 4월의 소비세 증세로 경기회복 속도가 둔화되자 소비세의 추가 인상 계획은 연기되고 목표달성은 불가능해졌다. 아베 정권은 앞선 정권들의 사례에서 경기회복이 완전하지 못한 상태에서 선불리 재정건전화 정책을 실행할 경우 실패할 가능성이 높고 정치적 부담도 커진다는 교훈을 얻었다. 아베 정권은 무리해서 재정건전화를 추진하기보다 반대로 적극적인 재정정책을 통해 총수요를 자극해 경기회복으로 세수가 늘어날 수 있는 방법을 택했다. 그렇다고 해서 무턱대고 재정지출을 늘릴 수는 없었기에 필요에 따라 기동적으로 재정정책을 실시하기로 했다. 대담한 금융정책과 마찬가지로 기동적인 재정정책도 재정정책이 아니라 '기동적'이라는 형용사에 방점이 찍힌다고 볼 수 있다.

아베노믹스의 평가

양적완화정책의 한계

아베노믹스가 처음 등장했을 때 가장 핵심적인 정책은 첫 번째 화살인 금융정책, 즉 양적완화정책이었다. 그리고 이러한 양적완화정책은 네 시기로 구분할 수 있다. 첫 번째는 2012년 12월 2차 아베 내각의 출범과 2013년 3월 구로다 일본은행 총재의 취임으로 시작된 양적완화정책이 2014년 10월에 확대 실시되기까지 2년이 채 안 되는 기간이다. 2013년 1월 아베노믹스의 본격 시동과 함께 아베 내각과 일본은행은 금융정책의 조절목표를 금리가 아닌 통화량으로 변경하고, 물가상승률 2%라고 하는 인플레이션 목표를 명시했다. 그리고 이를 위해 일본은행이 장기국채를 적극적으로 매입하겠다는 의사를 밝혔다. 2013년 4월에는 구로다 일본은행 총재가 양적·질적으로 차원이 다른 금융완화를 실시하겠다고 발표했다. 구체적으로는 소비자물가상승률 2%를 2년 정도 기간 안에 조기에 실현하기 위해서 본원통화를 매년 60~70조 엔씩 2년 내에 두 배 정도로 증가시키고, 장기국채보유액도 두 배 이상, 이 밖에도 ETF나 J-REIT와 같은 리스크 자산도 적극적으로 매입하겠다고 발표했다. 구로다 일본은행 총재는 2년 내에 '소비자물가 상승률 2%'라는 목표를 알기 쉽고 강하게 커미트먼트함으로써 아베노믹스 초기의 공표효과(announcement effect)는 상당히 컸다. 금융정책의 내용이 시장의 예상을 뛰어넘는 대규모였기 때문에 아직 구체적인 정책을 실시하기도 전에 엔화의 가치가 평가절하되고 주가는 상승했다.

두 번째는 2014년 10월 양적·질적 금융완화의 확대를 발표한 이후 2016년 2월 마이너스 금리를 도입할 때까지의 기간이다. 아베노믹스가 실시되고 초기 1년 정도까지만 해도 장밋빛 전망이 우세했으나, 2014년 4월의 소비세 인상(5%에서 8%로)은 그동안의 성과를 물거품으로 만들어버렸다. 때를 같이하여 2014년 10월 미국의 제3차 양적완화(Quantitative Easing3, QE3)가 종료되자 일본 정부는 디플레이션 심리가 더 길게 이어질 수도 있다는 불안을 느꼈다. 인플레이션 기대를 환기시킬 수 있는 좀 더 확고한 커미트먼트가 필요했다. 이에 일본은행은 추가적인 양적완화를 선언했다. 본원통화의 증가폭을 60~70조 엔에서 80조 엔으로 늘리고, 장기국채보유액도 50조 엔에서 80조 엔으로 확대했다. ETF는 3조 엔, J-REIT는 900억 엔으로 종전 규모의 세 배를 매입하겠다고 발표했다.

세 번째는 2016년 2월 마이너스 금리를 동반한 양적·질적 금융완화가 도입된 시점부터 같은 해 9월 장단기 금리조정을 동반한 양적·질적 금융완화가 도입된 시점까지다. 3년째에 접어든 양적완화는 점차 한계를 드러내기 시작했다. 우선 2년 내에 2%라고 하는 인플레이션 상승률 목표 달성에 실패했다. 시중은행이 중앙은행에 가지고 있는 당좌예금이 기업대출로 연결되어야 통화량이 늘어나는데 그러지 못했기 때문에 본원통화의 증가가 통화량 증가로 연결되지 못했다.[12] 이는 단순히 목표 달성에 실패한 것으로 끝나는 것이 아니라 구로다 일본은행 총재의 커미트먼트에 대한 신뢰도에 문제가 생겼다는 이야기가 된다. 구로다 총재는 그동안 수차례 강한 어조로 '2년 내에 2%'라는 목표치를 강조해왔기 때문에 일본은행의 공약이 지켜지지 않았다는 인상이 강하게 남았다. 게다가 서프라이즈형 정책수법이 더는 효과를 거두기도 힘들어졌다. 아베노믹스가 등장하고 첫 1년은 정부와 일본은행의 공표효과가 상당히 컸지만 시장의 플레이어들이 바뀐 경제환경에 적응하면서 정부와 일본은행의 발표는 더는 경제주체들을 놀라게 할 수 없게 되었다. 결국 일본은행은 기존의 양적·질적 금융완화에 수정을 가할 수밖에 없게 되었다.

이러한 상황에서 마이너스 금리의 도입[13]은 전반적인 시중 금

12 예컨대, 밸런스시트 불황 상황에 처한 기업의 경우, 채무최소화를 위해 신규차입을 줄이면 본원통화가 늘어나도 통화량은 늘지 않는다. 또는 장기침체기에 부실채권으로 골머리를 앓은 은행이 대출에 보수적일 경우에도 통화량은 늘지 않을 수도 있다. 밸런스시트 불황론에 대해서는 리처드 쿠(2014: 16-111) 참조.

13 마이너스 금리란 금융기관의 일본은행 당좌예금 중 일부에 -0.1%의 금리를 적용함으로써 사실상 당좌예금에 대한 수수료가 발생하는 구조다. 마이너스 금리는 2012년 이래 유럽 4개국(덴마크 2012년 7월, 스웨덴 2014년 7월, 스위스 2014년 12월, 헝가리 2016년 3월)의 중앙은행 및 ECB(2014년 6월)에서 도입했다.

리의 하락을 유도해 기대 인플레이션을 상승시켜 소비 및 투자를 확대할 수 있고 엔화 가치의 평가절하를 유도하여 일본 수출기업의 가격경쟁력을 제고하여 수출 확대 및 성장률 개선을 도모할 수 있다는 점에서 긍정적으로 평가할 수 있다(정진영, 2016: 6). 그러나 이미 제로금리인 상황에서 추가적인 금리하락의 여지가 거의 없고, 밸런스시트 불황(리처드 쿠, 2014: 16-111) 속에서 금리하락이 가져오는 투자의 진작효과는 미미했다. 인구고령화 문제가 심각한 일본의 경우 노령층의 주소득원인 이자수입의 감소로 소비가 오히려 감소할 수도 있었다. 무엇보다 가장 큰 문제는 마이너스 금리의 도입으로 은행의 수익성이 악화될 우려가 있다는 점이다. 장기금리의 하락으로 대출금리와 예금금리의 차이인 예대마진이 축소되어 규모가 작은 지방은행의 경영난이 특히 심각해졌다.[14] 결국 예대마진의 축소는 은행의 신용공급 축소를 가져오고 대출축소로 인한 기업의 유동성 악화가 우려되는 상황마저 발생했다.[15]

네 번째는 2016년 9월 이후 2018년 7월까지 장단기 금리조정을 동반한 양적·질적 금융완화의 시기다.[16] 일본은행은 2016년 9월에 지금까지의 양적·질적 금융완화에 대해 '총괄적 검증'을 실시했다. 총괄적 검증이 필요했던 이유는 기존의 양적·질적 금융완화로

14 마이너스 금리정책의 결과 지방은행 이익감소 폭(-15%)이 대형은행 이익감소 폭(-8%)의 두 배에 달했다(정진영, 2016: 12).

15 『東洋経済』, 6649号 2016年3月26日発売, pp. 54-57.

16 2018년 7월 31일, 일본은행은 현행 금융정책에 몇 가지 수정을 가했다. 주요 내용으로는 첫째, 장리금리의 목표수준을 현재의 0%에서 어느 정도 상하변동을 용인할 것, 둘째, 마이너스 금리의 적용 규모를 축소할 것, 셋째, ETF의 매입 규모를 축소할 것 등이다. 결과적으로 2016년 9월 이후 현재까지의 장단기 금리조정을 동반한 양적·질적 금융완화가 2018년 8월 이후에는 새로운 단계로 접어들었다고 볼 수 있다.

2년 내에 2%라는 목표달성에 실패했고, 거액의 국채매입도 한계에 다다랐으며, 마이너스 금리 도입이 이렇다 할 효과를 발휘하지 못했기 때문이었다. 그 결과 장기금리는 0% 수준을 유지하도록 국채를 매입하고(일드커브 컨트롤, yield curve control), 물가상승률이 안정적으로 2%를 웃도는 수준까지 통화공급의 확대를 지속하겠다(오버슈팅 커미트먼트, overshooting commitment)는 두 가지 핵심축을 바탕으로 장단기 금리조정을 동반한 양적·질적 금융완화를 실시하게 되었다.

그렇다면 이러한 장단기 금리조정을 동반한 양적·질적 금융완화는 정책목표를 달성할 수 있을 것인가? 두 가지 점에서 한계를 지적하지 않을 수 없다. 첫 번째는 일드커브 컨트롤이 가능한 정책인지에 대한 의문이다. 전통적인 금융정책은 단기금리를 조정함으로써 정책목표를 실현하고, 장기금리는 금융정책의 영향을 받으면서도 궁극적으로는 시장참가자의 기대에 의해 결정된다. 결국 장기금리는 조정하기도 쉽지 않고, 시장을 왜곡하면서까지 조정하는 것이 반드시 바람직하다고 볼 수도 없다.

두 번째는 두 가지 핵심축이 서로 모순되는 시그널을 보내고 있다는 점이다. 일드커브 컨트롤, 즉 장기국채의 금리를 마이너스가 되지 않도록 관리하겠다는 것은 경우에 따라서는 국채매입을 축소할 수도 있다는 것이다. 이는 일본은행이 지금까지 실시해온 금융완화와 정반대의 노선을 취할 수도 있다는 뜻이며, 결국 아베노믹스의 핵심인 대담한 금융정책이 한계에 이르렀음을 스스로 인정한 셈이다(이창민, 2016: 39). 일본은행도 이를 의식하여 오버슈팅 커미트먼트, 즉 정책목표를 달성하더라도 당분간은 금융완화를 멈추지 않을 것을 약속함으로써 기대 인플레이션을 제고하고자 했다. 다만 이러한 두 가지 핵심축이 서로 모순되는 성격을 가짐으로써 일본은행이 금융완화를 확대하겠다는 뜻인지, 출구전략을 구사하겠다는 뜻인지 경제주체들에게 보내는 시그널이 모호해졌다.

'저온호황'의 출현

아베노믹스의 정책목표(소비자물가상승률 2%, 명목성장률 3%, 실질성장률 2%)에 비추어 아베노믹스의 성과를 평가해 보자.[17] 〈그림 2〉에서 확인할 수 있듯이, 물가상승률을 기준으로 보면 아베노믹스의 성과는 2014년 4월을 기점으로 두 기간으로 나누어볼 수 있다. 2012년 12월 아베노믹스가 발표된 이후부터 2014년 4월 소비세 증세를 발표하기까지의 첫 번째 기간에 소비자물가상승률은 순조롭게 상승곡선을 그리며 마이너스의 늪에서 탈출하여 2% 목표에 근접하는 듯 했다. 그러나 소비세 증세가 현실화된 두 번째 기간에 물가상승률은 다시 하락세로 돌아섰다. 그리고 2016년에는 마이너스 수준까지 떨어지면서 아베노믹스가 가동되기 이전 수준으로 회귀했다. 2% 목표를 달성한 2014년도 소비세 증세효과를 빼고 나면 사실상 아베노믹스가 실시된 이후 2% 목표 달성은 실패했다고 볼 수 있다.[18] 경제성장률을 보면 아베노믹스 실시 이후 전반적으로 회복세로 돌아선 것으로 판단할 수 있지만 목표치인 명목성장률 3%와 실질성장률 2%는 달성하지 못했고, 소비세 증세로 이후 실질성장률이 큰 폭으

17 아베노믹스의 정책목표는 단기적으로 디플레이션 탈출, 중장기적으로 지속적인 경제성장이며, 이러한 정책목표를 달성하기 위해 제시된 구체적인 목표의 실현치가 소비자물가상승률 2%, 명목성장률 3%, 실질성장률 2%다.

18 물론 2014년 하반기 이후 국제유가의 하락이라는 변수를 고려할 필요는 있다. 2014년 6월부터 2016년 1월까지 국제유가는 70% 가까이 하락했다.

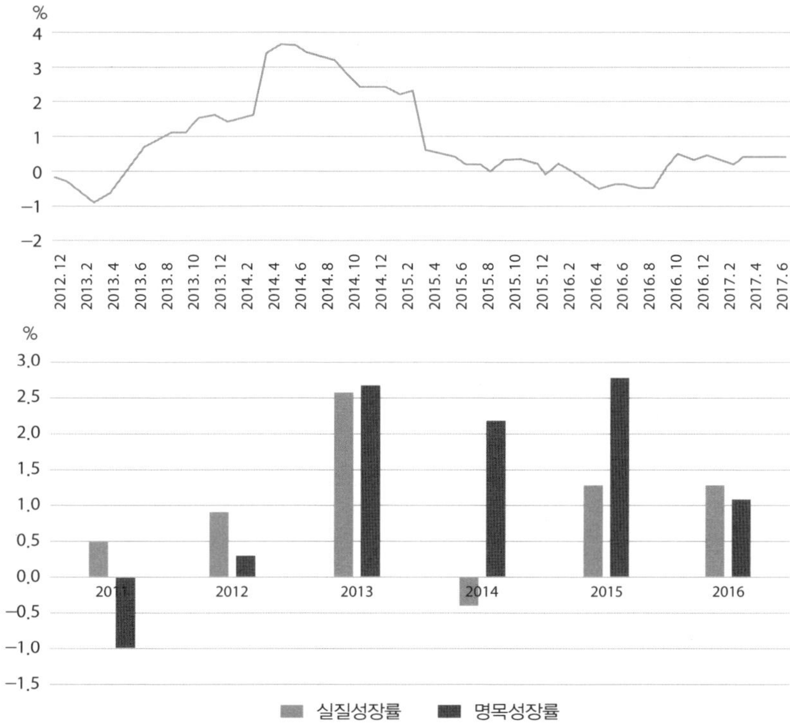

〈그림 2〉 소비자물가상승률(위)과 경제성장률(아래)

출처: 総務省,「消費者物価指数」및「国民経済計算」을 토대로 필자 작성.

로 하락했음을 알 수 있다. 이를 통해 아베노믹스가 제시한 소기의 목표가 2014년 소비세 증세로 인해 좌절되었다는 사실을 확인할 수 있다. 아베 정권에서도 이러한 사실을 인지하고, 2015년 10월로 예정되어 있던 2차 소비세 인상(8%에서 10%로)을 2017년 4월로 연기하고, 또 다시 2019년 10월로 두 차례 연기했다.

아베노믹스가 정책목표 달성에 실패했다고는 하나 간과해서는 안 되는 사실은 현재의 아베노믹스 경기가 경기동향지수로만 보면 전후 두 번째로 긴 호황이라는 것이다. 아베노믹스 경기는 2017

년 3월에 버블호황(1986. 12~1991. 2, 51개월)이 가지고 있던 전후 세 번째로 긴 호황기록을 갈아치웠고, 2017년 9월에는 두 번째로 긴 이자나기(いざなぎ) 호황(1965. 12~1970. 7, 57개월)의 기록도 갈아치웠다. 이 추세대로라면 2019년이 시작될 무렵에는 전후 최장기 호황인 이자나미(いざなみ) 호황이 가지고 있는 최장기호황 기록(73개월)도 갱신할 수 있다. 〈그림 3〉은 2000년 이후 경기동향지수를 나타낸 것이다. 아베 정권의 출범과 함께 시작된 경기회복은 물가상승률이나 경제성장률과 마찬가지로 2014년 4월까지 상승기조를 유지하다가 이후에는 상승과 하락을 반복하며 일정한 범위 안에서 움직이고 있다. 호황이라고는 하지만 명확하게 경기가 좋다고 볼 수도 없고, 그렇다고 불황이라고도 할 수 없는 상태가 지속되고 있는 것이다. 소비세 증세 이후 현재까지 일본경제의 상황은 '저온호황'의 상태에 있다고 평가할 수 있다.

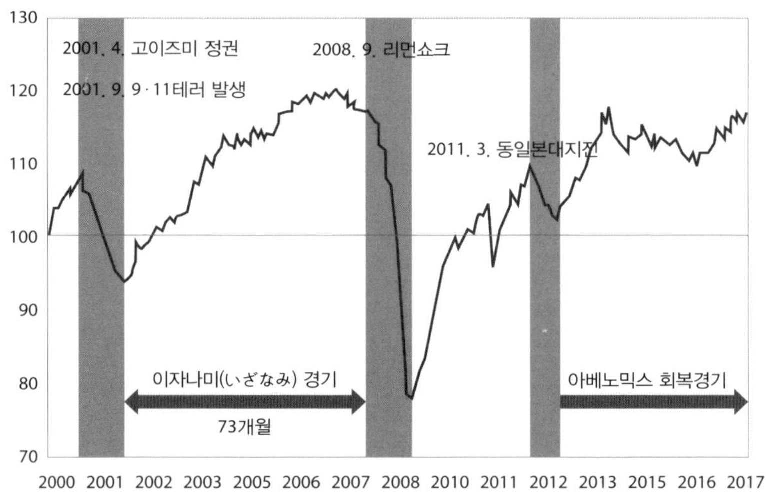

〈그림 3〉 경기동향지수

출처: 内閣府, 「景気動向指数」를 토대로 필자 작성.

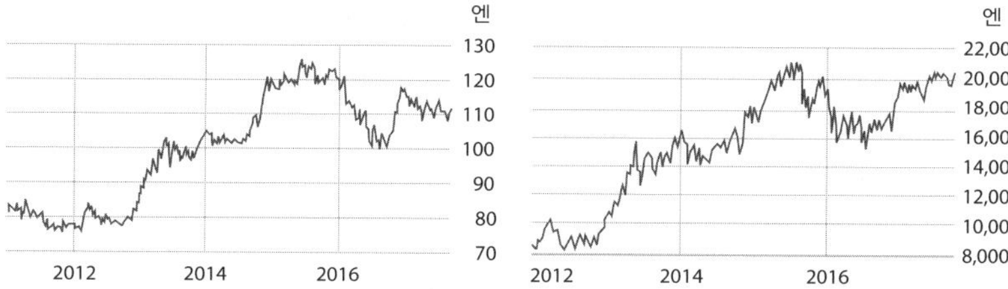

〈그림 4〉 환율(왼쪽)과 주가(오른쪽)

출처: 환율(미국 달러/엔)은 日本銀行 시계열통계, 주가(日経平均株価)는 日本経済新聞에서 필자 작성.

그렇다면 2014년 4월 이후 '저온호황'을 떠받치고 있는 실체는 무엇일까? 아베노믹스의 대표적인 성공사례로 꼽히는 것이 엔저기조, 주가상승, 고용지표의 개선이다. 엔/달러 환율의 경우 2012년 말에 80엔대에서 시작하여 등락을 반복하다가 2017년에 들어서 현재까지 110엔대를 유지하고 있다.[19] 닛케이평균주가도 마찬가지로 2012년 말을 기준으로 했을 때 8,000엔 선에서 시작하여 등락을 반복하다 2017년에는 20,000엔 선을 회복했다(그림 4 참조). 이를 통해 살펴보면, 아베노믹스 실시 이후 5년 동안 엔저경향과 주가상승이 나타난 것은 분명하다. 고용지표의 개선 또한 데이터로 확인할 수 있다. 완전실업률은 지속적으로 감소하여 2013년부터 3% 수준을 유지하면서 사실상 완전고용 상태를 달성했고 2017년에는 2%대까지 하락했다. 노동자 한 명당 일자리의 개수를 뜻하는 유효구인배율은 2013년 11월에 1.01로 처음 1을 넘어선 이래 지속적으로 상승해서 2017년 12월 현재 1.63을 기록하고 있다.

문제는 이러한 엔저기조와 주가상승이 금융완화의 메커니즘대

19 2018년 1월 말 기준.

로 수출증가와 소비증가로 이어졌는가 하는 점이다.[20] 엔저와 수출의 관계는 많은 아베노믹스 비판자들의 지적처럼 엔저에도 불구하고 수출이 뚜렷하게 확대되지 않고 기업 수익 개선에 있어서 대기업과 중소기업 간에 온도차가 나타나고 있다. 세계를 무대로 활동하는 대기업들은 수출물량이 늘지 않아도 엔화가치의 하락으로 실적개선을 기대할 수 있으나 국내에서 활동하는 중소기업들은 수입 원자재 가격 상승으로 채산성이 악화될 위험이 있다(류상윤·이지평, 2014: 25-26). 소비부진 역시 아베노믹스의 가장 큰 약점 중 하나다. '반짝소비(駆け込み消費)'가 있었던 2013년과 2014년에 약간의 반등이 있었지만 총소비액은 장기적인 감소 경향을 벗어나지 못하고 있고, 소비지수 고용지표의 개선은 아베노믹스의 효과보다 인구구조 변화의 결과라고 보는 것이 더욱 타당하다. 완전실업률은 2009년 7월 5.5%를 정점으로 2011년부터 4%대로 감소했다. 유효구인배율 또한 실업률과 반비례하여 2009년부터 상승추세로 돌아섰다. 결국 1999년을 기점으로 노동력인구가 감소하기 시작하고 그로부터 10년 뒤인 2008~2009년경에는 총인구도 감소하면서 자연적으로 실업률이 감소하고 유효구인배율이 상승해온 것이다.

세계경제의 회복으로 안전자산으로서 엔의 가치가 하락하고, 대규모 공공투자와 기업의 설비투자가 증가하면서 일본경제는 회복세에 접어들었다고 볼 수 있다. 그러나 아베노믹스가 내수주도의 자율적 성장을 목표로 했다는 점에서 아직까지 회복 내지는 성장이 안정적인 궤도에 올라섰다고 보기는 힘들다. 노동인구의 감소로 인해 고용지표는 개선되었지만 그 결과 잠재성장률이 하락하고, 기업은

20 금융완화의 메커니즘에 대해서는 岡部光明(2014: 3-6) 참조.

경직적인 고용시스템으로 인해 임금인상에 적극적이지 않다. 결국 소득의 상승은 뚜렷하지 않고 미래에 대한 확신이 없기 때문에 소비가 살아나지도 않는다. 물론 대담한 양적완화정책으로 장기간 지속된 일본사회의 무기력감이 어느 정도 해소된 것도 사실이지만 만연한 디플레이션 기대를 완전히 불식시키지는 못한 것 같다. 결국 신진대사가 저하된 일본경제가 긍정적인 외부환경을 만나 '저온호황'이라는 특수한 상황을 만들어낸 것이다.

2016년 이후 아베노믹스의 방향전환

구체화되지 못한 성장전략

성장전략과 구조개혁은 사실상 동일한 의미를 가지고 있다. 경제가 장기적으로 성장한다는 말은 잠재 GDP가 늘어난다는 것인데, 잠재 GDP가 상승하기 위해서는 경제구조의 개혁이 필요하다. 경제구조의 개혁이란 기업과 노동자가 공정한 룰 안에서 효율적이고 안정적으로 생산활동에 종사할 수 있는 환경을 만드는 일이다. 아베노믹스의 세 번째 화살인 민간투자를 촉진하는 성장전략은 총공급 제약의 문제를 해결하기 위해 정부가 경제구조의 개혁을 실시하겠다는 것이다. 그런데 이러한 구조개혁은 이미 1980년대 후반부터 그 중요성이 지적되어왔다. 1986년 나카소네(中曽根) 내각에서 작성된 「마에가와(前川) 보고서」는 당시 대미무역 흑자구조를 개선하고 지금까지 고도성장을 뒷받침해온 경제구조의 개혁이 필요하다고 주장했다. 당시로서는 대담한 정책 제언이었던 「마에가와 보고서」는 이후 각 정부마다 등장하는 구조개혁의 효시가 되었다.

〈표 2〉 1990년대 역대 정권별 구조개혁의 주요 내용

발표 시점	내 각	정책명	주요 내용
1986. 4	나카소네(中曽根)	마에가와 보고서(국제협조를 위한 구조조정연구보고)	주택, 도시개발 사업으로 내수 확대, 산업구조의 전환, 시장접근성 개선과 수입 촉진, 금융시장의 자유화와 엔의 국제화
1995. 12	무라야마(村山)	구조개혁을 위한 경제사회 개혁	10개 분야(물류, 에너지, 유통, 전기통신, 금융, 여객운송, 농업, 인허가, 공공사업, 주택건설)의 고비용 절감과 활성화 대책
1996. 12	하시모토(橋本)	6대 개혁	행정개혁, 재정구조개혁, 사회보장구조개혁, 경제구조개혁, 금융시스템개혁, 교육개혁
1999. 12	오부치(小渕)	일본경제 재생을 위한 전략	경제회복과 지속가능한 재정, 건전한 경쟁사회 구축, 금융시스템 구축, 국제경쟁력 갖춘 산업재생, 인프라 투자와 지역재생

출처: 中名生隆(2003: 4-7).

경기침체가 길어지고 저출산·고령화와 같은 구조적인 문제가 나타나기 시작한 1990년대에는 구조개혁에 대한 관심이 더 높아졌다(표 2 참조). 1995년 무라야마(村山) 내각은 당시의 엔고기조와 생산성 저하 문제를 해결하고자 10개 분야의 구조개혁을 발표했다. 1996년 하시모토 내각은 6대 개혁을 중심으로 재정건전화를 위한 재정개혁을 단행했으나 경기악화로 효과를 보지는 못했고, 뒤를 이은 오부치(小渕) 내각은 반대로 경기회복을 위해 재정지출을 확대했으나 그와는 별도로 지속가능한 성장을 위한 다양한 구조개혁을 발표했다.[21] 고이즈미의 구조개혁은 앞서 살펴본 바와 같다. 이렇듯 1990

21 역대 정권별 구조개혁의 주요 내용은 中名生隆(2003: 4-7) 참조.

년대 이후 모든 정부에서 저출산·고령화, 재정건전성 악화, 노동시장의 경직성 등 일본경제가 안고 있는 다양한 구조적인 문제에 대해 비슷한 내용의 구조개혁안을 발표해왔다.

자민당뿐만이 아니라, 2009년 9월에 정권교체를 이루어낸 민주당도 그해 12월 '신성장전략(新成長戦略)'이라는 이름으로 구조개혁안을 발표했다.[22] 6대 전략으로는 에너지대국전략, 건강대국전략, 아시아경제전략, 관광입국·지역활성화전략, 과학·기술입국전략, 고용·인재전략 등이 제시되었다. 고이즈미 내각 이후 6년간의 정치적·경제적 혼란기를 끝내고 2012년 12월에 시작된 2차 아베 내각은 세 번째 화살로 투자를 촉진하는 성장전략을 제시했다. 그리고 2013년 6월 발표된 '일본재흥전략(日本再興戦略)'에는 좀 더 구체화된 성장전략이 소개되었다. 민간의 투자를 저해하는 기존의 제도, 법률, 상관행 등을 타파하고, 기업의 신규진입을 촉진하며, 글로벌화에 따른 경제 인프라를 재건하고, 첨단기술의 개발, 실용화를 위해 정부지원을 확대해야 한다는 내용이 포함되었다.

이 밖에도 '일본재흥전략'에는 전부 소개할 수 없을 정도로 많은 내용이 들어 있지만 내용상으로는 이전 자민당 정권에서 추진해온 구조개혁 내지는 장기 성장전략과 큰 차이가 없다. 심지어 민주당의 '신성장전략'과 비교해도 국가전략특구, 원전 재가동, 법인세 인하를 제외하면 큰 차이가 보이지 않는다(최희식, 2013: 181). 그 때문에 아베노믹스의 성장전략은 처음부터 실체가 없는 선전구호에 지나지 않는다는 비판을 받기도 했다. 아베노믹스의 성장전략이 지금까지 등장한 모든 정책의 집대성과도 같은 성격을 갖게 된 이유는

22 민주당의 경제정책에 대해서는 増田貴司(2009: 10-20) 참조.

다음의 두 가지를 생각해볼 수 있다. 첫 번째, 앞서 설명한 대로 일본경제가 안고 있는 구조적인 문제점들이 누구나 동의할 수 있을 만큼 분명한 내용들이기 때문에, 매 정부마다 제시하는 대책도 비슷할 수밖에 없었다. 두 번째는 성장전략을 통해 정부가 할 수 있는 일이 제한적이기 때문이다. 직접적이고 즉시 효과를 기대할 수 있는 총수요 정책과 달리 총공급 정책인 성장전략은 간접적이고 중장기적인 전략이다. 결국 정부는 투자환경을 개선하고, 이를 통해 민간의 투자가 촉진되면 궁극적으로 경제성장을 기대할 수 있고 그 효과는 서서히 나타난다.

아베 내각이 출범하면서 구조개혁보다 양적완화를 강조했던 것은 총공급 제약보다 총수요 부족 문제가 더욱 심각하다는 정책적 판단도 작용했지만, 집권 초기에 강력한 경제우선정책으로 경기회복의 증거들을 보여줘야 하는 입장에서 구조개혁이라는 중장기 카드를 꺼내기란 쉽지 않았기 때문이다.[23] 2001년 4월 고이즈미 총리가 집권했을 때 내각지지율은 80%가 넘었다. 철저한 개혁을 내건 고이즈미 총리는 높은 지지율을 등에 업고 다케나카 헤이죠(竹中平蔵) 경제재정정책담당대신 겸 금융담당대신으로 하여금 성역 없는 구조개혁을 단행하게 했다. 그러나 기대와 달리 정권 초기에 연속해서 마이너스 성장을 거듭하자 2002년 6월경에는 지지율이 40%대로 떨어졌다. 구조개혁의 성과는 서서히 나타났다. 불량채권 비율이 감소하고 상당수의 좀비기업이 퇴출되었다. 일본 기업의 체질개선과 함께

23 아베 수상은 미국의 시사잡지 『포린 어페어스(*Foreign Affairs*)』와의 인터뷰에서 제2기 아베 정부의 정책적 우선순위는 디플레이션을 제거하고, 일본경제를 회복하는 것이라고 밝힌 바 있다(박영준, 2014: 88에서 재인용).

주가가 상승하고 엔저로 인한 수출이 호조를 보이면서 경기가 회복되었다. 이후 고이즈미 총리는 40%대의 지지율을 유지하면서 전후 최장기 호황 속에서 2006년 9월에 퇴임했다. 고이즈미 내각의 2인자였던 관방장관 아베는 경제정책의 성공이 정권에 대한 지지율로 이어진다는 것을 몸소 체험했다.

구조적 한계: 노동개혁의 중요성

2016년 한 해는 아베노믹스에 있어서 커다란 변곡점이 되는 시기라고 볼 수 있다. 먼저 양적완화정책에서 두 번의 큰 변동이 있었다. 2월의 마이너스 금리 도입과 9월의 장단기 금리조정의 도입이 그것이다. 그리고 그보다 한 해 앞선 2015년 10월에 아베 총리는 다음 3년을 '아베노믹스의 두 번째 스테이지'라고 규정하고 '1억 총활약 사회(一億総活躍社会)'를 목표로 한다고 밝혔다. 동시에 아베노믹스의 새로운 세 개의 화살, 즉 희망을 품은 강한 경제, 꿈을 자아내는 육아지원, 안심할 수 있는 사회보장도 발표했다. 기존의 세 개의 화살을 강한 경제라고 하는 하나의 화살로 통합하고 새롭게 두 개의 사회보장대책을 추가한 셈이다. 이에 따라 2015년 10월 29일에는 제1회 '1억 총활약 국민회의'를 개최하고, 2016년 6월 2일 제9회 회의에서 '일본 1억 총활약 플랜'이 각의 결정되었다. 2016년 이후의 아베노믹스는 양적완화에서 성장전략(내지는 구조개혁)으로 그 중심이 이동한 것이다.

이러한 아베노믹스의 방향전환을 두고 두 가지 해석이 가능하다. 첫 번째는 그동안 양적완화정책이 중심이었던 아베노믹스가 결국 한계에 부딪쳤다는 해석이다.[24] 앞서 살펴본 바와 같이 마이너스 금리의 도입과 장단기 금리조정은 기대에 못 미친 양적완화의 효과를 증폭시키거나 부작용을 줄이기 위한 조치였다. 두 번째는 "경기회복의 마중물로 먼저 양적완화를 실시하고, 경기회복 국면이 확실시되면 구조개혁을 단행한다"라고 하는 아베노믹스의 당초 계획대로 진행되고 있다는 해석이다.[25] 소비세 증세로 인해 경기회복 국면이 꺾이는 바람에 아베노믹스가 출범했을 때 내세웠던 목표에는 미치지 못했으나 2단계 아베노믹스의 구상이 구체화된 2015년 10월 시점은 경기가 저점을 벗어나서 장기적인 관점에서 회복 국면에 들어섰다고 평가할 수 있다. 아베노믹스의 한계를 인정하는 것과 아베노믹스를 절반의 성공으로 평가하는 것은 본질적으로 같은 이야기다. 어느 쪽이 되었던 아베노믹스가 가동되고 3년의 시간이 흐른 시점에서 새로운 방향전환이 필요했고, 그 결과는 수요부족 문제보다 공급제약 문제를 해결하기 위한 성장전략의 구체화였다.

'1억 총활약 사회'란 50년 후에도 인구 1억을 유지하면서 가정, 직장, 지역에서 모두가 활약할 수 있는 사회를 목표로 한다는 것이다. 이러한 '1억 총활약 사회'를 달성하기 위한 구체적인 실천방안이 바로 새로운 세 개의 화살인 강한 경제, 육아지원, 사회보장이다. 강한 경제의 목표는 명목 GDP를 2020년까지 600조 엔으로 늘리는 것이다. 이를 위해 여성, 노동자, 장애인 등의 고용확대 및 지방경제

24 양적완화만으로는 2% 인플레이션 실현이 힘들게 되었고, 소비세율 인상으로 민간 소비가 위축되었으며, 출산율 저하와 고령화로 인한 노동력 감소가 가져온 생산성 저하 문제가 기존의 아베노믹스로는 해결할 수 없다는 사실이 분명해졌다(Japan Inside, 2015: 20).

25 아베노믹스의 세 개의 화살은 시간적 순서를 뜻하기도 한다. 먼저 확장적 금융정책을 실시해 디플레이션 탈출의 돌파구를 만들고, 이어서 확장적 재정정책을 실시하여 디플레이션 탈출을 가속화한 후, 끝으로 규제완화정책을 통해 지속적인 경제성장을 확고한 것으로 만든다(谷口洋志, 2015: 1).

활성화 등을 본격적으로 실시하여 생산성 혁명을 추진하겠다는 계획이다. 육아지원은 현재 1.4명 수준에 머물고 있는 출산율을 2025년까지 1.8명 수준으로 끌어올리는 것을 목표로 자녀양육과 관련된 경제적 부담을 경감하기 위해 무상유아교육, 불임치료 지원 등에 적극적으로 임한다는 계획이다. 사회보장은 가족의 간병으로 인해 실직, 이직하는 경우를 줄이기 위해 요양시설을 정비하고, 연금을 포함하여 고령자 세대의 생계지원을 실시하여 사회보장제도를 확충하겠다는 계획이다. 새로운 세 개의 화살은 저출산·고령화가 가져올 노동력 부족이라는 공급 측면의 문제를 해결하기 위한 대책이 중심이 되었다는 것을 알 수 있다(Japan Inside, 2015: 21).

2단계 아베노믹스의 성공 여부는 노동개혁의 성공 여부에 달려 있다고 보아도 무방하다. 2016년 8월 발족한 3차 아베 내각에서는 가토 가츠노부(加藤勝信)를 근로방식개혁(働き方改革) 담당대신으로 임명하고 9월에는 '근로방식개혁 실현회의'를 가동했다. 그리고 근로방식개혁을 위한 구체적 방향으로 동일노동 동일임금의 실현, 장시간 노동의 시정, 고령자의 취업촉진 등을 제시했다. 일본 정부가 이토록 노동개혁을 강조하는 이유는 완전고용에 가까운 수준으로 실업률이 하락했음에도 불구하고 일손부족 현상이 지속되고 있기 때문이다. 2017년을 기준으로 완전실업률이 3% 이하로 하락했음에도 불구하고 유효구인배율은 1.6을 돌파해서 일손부족 현상이 심각해지고 있다. 완전고용 상태에서 일손이 부족하다는 것은, 잠재 GDP에 근접해 있으나 노동력이 부족해서 경제성장의 제약이 되고 있다는 뜻이다.

일반적으로 총인구와 생산가능인구가 줄어들면 노동력인구도 줄어든다. 그런데 아베노믹스가 시행된 이후 총인구와 생산가능인구는 줄어들었지만 노동력인구는 오히려 증가했다.[26] 2013년에서 2016년까지 총인구는 1억 2,731만 명에서 1억 2,675만 명으로 56만 명 감소했지만, 같은 기간 노동력인구는 6,577만 명에서 6,648만 명으로 약 71만 명 증가했다. 그 이유는 생산가능인구 중에서 비노동력인구였던 여성과 고령자, 그리고 외국인 노동자가 새롭게 노동시장에 유입되었기 때문이다. 임신, 출산, 육아를 위해 노동시장에서 퇴장했던 전업주부들이 다시 노동시장에 진입했고, 65세 이상의 고령자도 '계속고용제도'를 통해 계속해서 노동시장에 남아 있게 되었다. 아베노믹스의 외국인 노동자 적극유입정책으로 외국인 노동자의 고용도 늘었다.

그런데 여성, 고령자 그리고 외국인 노동자는 정규직보다 비정규직 비율이 높고, 비정규직 노동자는 상대적으로 임금수준이 낮다. 낮은 임금은 소비감소로 이어지고 결국 총수요 축소로 인해 경기회복을 위한 선순환 구조를 만들어내지 못한다. 기업체가 의무적으로 실시해야 하는 고령자의 계속고용은 생산성 저하 문제를 야기할 수 있고 생산성 저하는 장기적으로 총공급 제약을 가져온다. 이보다 더 큰 문제는 이러한 비노동력인구의 노동력인구로의 전환이 장기적인 대책이 될 수 없다는 데 있다. 생산가능인구가 지속적으로 감소하는 상황에서 비노동력인구를 저임금의 비정규직 노동자로 밀어내는 방식은 곧 한계에 직면할 수밖에 없다. 결국 아베노믹스의 방향전환은

26 일본의 생산가능인구는 1999년부터 감소하기 시작했고, 총인구는 2008년을 정점으로 감소하기 시작했다. 고도성장기인 1950~1970년대는 생산가능인구의 증가속도가 총인구의 증가속도를 능가하는 인구 보너스(bonus) 시대였지만, 2000년대부터는 생산가능인구의 감소속도가 총인구의 감소속도를 능가하는 인구 오너스(onus) 시대로 접어들었다.

이러한 기존의 성장전략으로는 불황탈출은 물론 장기적인 경제성장을 가능하게 할 수 없다는 인식에서 출발한 것이다.

결국 노동개혁의 핵심은 일본적 노동관행의 개혁에 있다고 볼 수 있다. 아베노믹스 이후 고용지표가 개선되는 속에서 임금수준이 하락하는 모순된 현상이 발생하고 있는데 그 이유 중 하나는 장기고용, 연공서열 임금제도와 같은 일본적 노동관행에 있다.[27] 경영자는 고정비용이 증대되는 베이스업(기본급 인상)에 신중할 수밖에 없고, 그 결과 기업의 실적이 좋아져도 임금의 형태로 가계에 환류되지 않아 민간소비도 개선되지 않는다. 또한 일본적 노동관행은 전직이나 퇴직의 리스크를 크게 해서 여성의 노동시장 재진입을 어렵게 하고, 출산이나 육아의 기회비용을 상승시킨다. 정규직, 비정규직의 임금격차를 가져오는 것도 일본적 노동관행의 높은 전직, 퇴직 리스크와 관련이 있다. 높은 전직, 퇴직 리스크는 노동자를 기업특수형 인재로 만들고, 잔업, 접대 등 회사에 구속되어 있는 시간을 늘려서 생산성이 저하되는 문제와도 직결된다. 결국 일본적 노동관행의 개혁이야말로 총공급 제약을 해결하기 위한 근본적인 대책이고 아베노믹스의 방향전환은 이러한 상황을 직시한 결과라고 할 수 있다.

결론

2016년 이전의 아베노믹스는 다음의 세 개의 화살로 재정의할 수

27 구인난 속에서 임금이 하락하는 모순에 대해서는 다양한 설명이 있다. 자세한 내용은 玄田有史 編著(2017) 참조.

있다. ① 고이즈미 정권에서부터 실시되어온 양적완화를 무제한적으로 확대 실시하겠다는 대담한 금융완화, ② 이전 정권처럼 재정건전화에 얽매이지는 않지만 그렇다고 무턱대고 재정지출을 늘릴 수만은 없기에 기동적으로 실시하겠다는 재정정책, ③ 그리고 이전 정권의 모든 장기성장전략을 집대성한 성장전략이 바로 그것이다. 2012년 12월에 출범한 2기 아베 내각은 아베노믹스의 시동을 걸기 위해 마중물로서 대담한 금융완화에 초점을 맞추었다. 먼저 확장적 금융정책을 실시해 디플레이션 탈출의 돌파구를 만들고, 이어서 확장적 재정정책을 실시하여 디플레이션 탈출을 가속화한 후, 마지막으로 성장전략을 통해 지속적인 경제성장을 확고한 것으로 만들겠다는 계획이었다.

아베노믹스는 수치상으로는 호황이지만 체감하기 어려운 '저온호황'을 가져왔다. 아베노믹스의 정책목표였던 물가상승률 2%, 명목성장률 3%, 실질성장률 2% 달성에는 실패했다. 반면에, 아베노믹스의 성과로서 엔저기조, 주가상승, 고용지표의 개선을 드는 전문가들도 많다. 그러나 엔화의 가치변동과 니케이평균주가의 변동은 아베노믹스만이 결정요인으로 작용하는 것은 아니다. 미국의 정치상황과 연방준비제도이사회(FRB)의 금리정책은 물론 유럽과 신흥국의 경제상황이 복잡하게 얽혀 국제시장에서 엔의 가치와 일본의 주식시장이 반응한다. 따라서 엔저기조와 주가상승의 원인 중 하나로 아베노믹스를 생각해볼 수는 있지만 아베노믹스가 엔저기조와 주가상승을 가져왔다고는 말하기 어렵다. 고용지표의 개선 또한 아베노믹스의 실시 이후 기업실적이 개선되어 고용이 늘어난 측면도 있지만 일손 부족이라는 노동공급의 제약이 더 근본적인 원인으로 지목된다.

결국 장기침체에서 탈출하기 위해서는 총수요 부족이 아니라 총공급 제약의 문제를 극복해야 한다는 사실이 점차 명확해지고 있다. 총공급 제약의 핵심은 노동개혁에 있다. 50년 후에도 인구 1억을 유지하면서 가정, 직장, 지역에서 모두가 활약하는 사회를 만들기 위해서는 근로방식을 개혁하고 일본적 노동관행을 타파해야 한다. 기존의 아베노믹스가 주력했던 방식대로 비노동력인구를 노동력인구로 전환하는 처방은 장기적인 일손 부족 문제를 해결할 수가 없다. 2단계 아베노믹스의 성공 여부, 그리고 일본경제가 장기침체에서 벗어나 안정성장의 궤도에 진입할 수 있을지 없을지는 노동개혁의 성공 여부에 달려 있다고 해도 과언이 아니다.

제8장

산업경쟁력 강화를 위한 성장전략 재편: 정책이념, 제도변화와 정치주도정책 거버넌스

이 글은 『일본공간』 22권(2017)에
「아베 내각의 성장정책」이란 제목으로 실린
필자의 논문을 수정·보완한 것이다.

윤대엽 尹大燁 | Yoon, Dae-Yeob

현재 대전대학교 군사학과 및 국가안전융합학부 조교수다. 연세대학교 정치외교학과를 졸업하고 같은 대학 대학원에서 박사학위를 취득했으며, 일본 게이오대, 대만 국립정치대, 중국 북경대에서 방문학자로 연구했다. 주요 저서로 『중국과 일본의 전후 재발견의 정치이념과 동아시아 질서』(경제인문사회연구회, 2016)가 있으며, 「중국 특색의 경제제재 전략: 의도, 정책수단과 의도하지 않은 결과」, 『통일연구』(2017), 「부상하는 중국의 파워구조와 동아시아 안보: 후발 부상의 한계」, 『안보학술논집』(2016), 「중국의 국가중심 정책 거버넌스와 비공유 경제의 발전: 중소기업정책을 중심으로」, 『국제정치논총』(2016), 「대일 경제정책의 사회적 형성: 무역 불균형과 한국과 대만의 정책대응 비교」, 『동아연구』(2016) 등 동아시아 비교정치경제 및 경제안보 문제를 연구하고 있다.

위기 극복의 아베 정치

2012년 제46회 중의원 선거에서 압도적인 승리로 재집권에 승리한 아베 내각은 2기 내각의 임무를 '위기 돌파 내각(危機突破内閣)'으로 규정[1]하고 사회 전반에서 개혁을 추진하고 있다. 아베 내각이 해결해야 하는 위기는 경제회복, 국가재건, 위기관리 세 가지다. 1990년대 이후 장기적인 경기침체를 겪고 있는 일본경제의 회복을 위해 과감한 통화정책, 재정정책, 그리고 구조조정을 통한 성장정책 등 아베노믹스(Abenomics)를 추진하고 있다. 중국, 한국, 미국, ASEAN, 인도, 러시아 등 외교 및 안보 이해가 결부된 국가들과 폭넓은 시각에서 외교관계를 복원하는 것은 국제사회에서 일본의 위상과 역할을 재건(reconstruction)하기 위해서다. 국내적으로는 국민생활, 영토주권, 사회복지 등 민주당 집권 기간 동안 정치적인 현안으로 등장했던 사회안전 문제에 대한 정책을 추진하고 있다.

아베 내각의 개혁은 전후체제 이후의 일본을 지향하는 전략이라는 점에서 중요하다(윤대엽, 2006). 특히 '잃어버린 20년'으로부터 탈피하여 일본의 새로운 역할을 정립하기 위한 최우선 과제는 장기불황에서 탈피하는 것이다. 1990년대 버블경제 붕괴 이후 일본경제는 장기불황과 경제회생, 구조적인 전환과 구조화된 경직성, 일본모델의 지속과 영미 모델로의 전환 등 낙관론과 비관론이 교차하는 논쟁의 대상이었다. 그런데 과감한 양적완화와 재정투자, 제3의 화살인 구조조정을 통한 성장전략은 일본경제 지표에 가시적인 변화

1 "安倍内閣総理大臣就任記者会見," http://www.kantei.go.jp/jp/96_abe/statement/2012/1226kaiken.html(검색일: 2017. 3. 10).

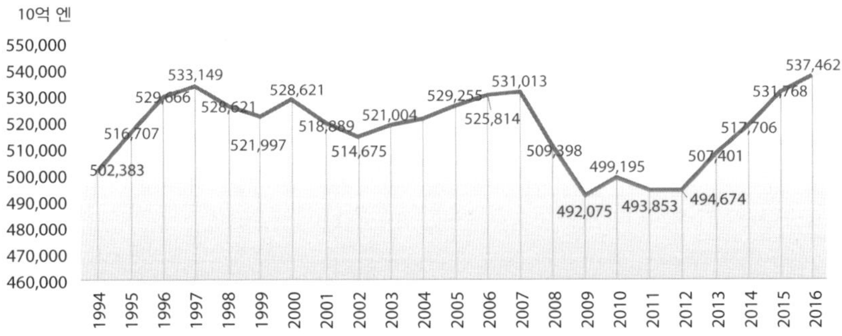

〈그림 1〉 일본의 명목 GDP 변화(1994~2016)

출처: 일본 국가경제 통계자료(http://www.esri.cao.go.jp).

를 가져오고 있다. 장기적인 디플레이션 기조에서 탈출하여 경제성장률이 상승했고 기업수익도 개선되었다. 2016년 명목 GDP는 537조 4,620억 엔으로 아베 내각 취임 직전인 2012년 494조 6,740억 엔보다 42조 7,880억 엔이나 증가했다. 2015년 기준 파산기업은 8,812건으로 2012년에 비해 30% 감소하여 버블경제 붕괴 이후 최저수준으로 하락했고, 실업률이 감소하는 대신 임금은 17년 이내 최대폭으로 상승했다. 2010년 GDP 대비 3.3%에 달했던 정부 부채 규모도 지속적으로 감소하여 2020년까지 1.5% 이하 목표가 추진되고 있다(Cabinet Office, 2016).

아베노믹스는 외교안보 부문에서의 개혁처럼 20년간의 장기불황을 극복하는 단절적인 전환점이 될 것인가? 아베 내각의 성상전략이 버블경제 붕괴 이후 20년간 지속되어온 경제개혁과는 다른 성과를 거두는 요인은 무엇인가? 이 글은 아베 내각의 성장전략의 단절적인 특성을 정책이념, 제도변화 및 정책 거버넌스 측면에서 분석할 것이다. 발전국가 이후 경제발전을 위한 정부 역할에 대한 논쟁은 이념적인 배경, 경제개혁의 성과, 정치적인 배경, 그리고 대외적인 조건 등 다양한 시각에서 논의되어왔다. 이 글은 아베 내각의 거시적인 성과보다 미시적인 측면에서 정책이념의 목표, 제도변화와 정책수단, 정책 거버넌스의 특성을 분석함으로써 아베노믹스가 가진 단절적인 특성을 설명하는 데 중점을 둘 것이다.

경제위기 극복의 정치경제: 아베 내각의 컨텍스트

1990년대 초반 버블경제 붕괴 이후 지속된 경제위기를 극복하기 위한 개혁과 성장정책은 일본 정치에서 무엇보다 중요한 정책과제였다. 디플레이션에 의한 장기불황을 극복하기 위해 일본 정부는 시장경쟁을 촉진하는 규제개혁, 부실기업의 구조조정과 금융개혁, 정부의 시장개입을 축소하는 행정개혁, 경쟁력을 강화하기 위한 교육개혁, 노동개혁, 산업정책 등 경제개혁을 추진했다. 그럼에도 장기불황이 지속되면서 경제발전 이후 일본 모델(Japan Model)에 대한 논쟁이 지속되어왔다.[2] 산업정책(industrial policy)은 경제적인 자원의 배분에 영향을 미치는 정부의 시장개입 행위를 의미한다. 구조조정, 규제완화 등의 제도적인 수단, 금융수단과 행정적인 수단 등 산업정책은 모든 국가에서 시행되는 보편적인 정책이라고 할 수 있다.[3] 그러나 경제위기 극복을 위한 일본 정부의 역할이 학문적 및 정책적 차원에서 주목받은 것은 발전 이후 경제위기와 경제개혁을 거치면서 정부

2 Chiavacci and Lechevalier(2017), 국민호(2016), Vogel(2006), Elder(2003: 159-190), Pekkanen(2004: 363-388) 등의 논의 참조.

3 Rodrik(2008), Rodrik(2006) 등의 논의 참조.

의 역할이 변화되었기 때문이다.

일본을 포함한 동아시아에서 경제발전을 위한 정부 역할이 '발전국가(developmental state)' 개념으로 주목받은 것은 서구와는 다른 국가-사회관계 때문이다. 전후체제에서 경제발전을 최우선으로 한 일본 정부는 유능한 관료와 선도기구를 통해 전략산업의 육성을 주도하는 계획 합리적인 행위자(plan-rational actor)였다. 55년 체제 이후 자민당 우위의 정치체제는 일본 정부가 정치-관료-기업 3각 발전연합(developmental coalition)을 통해 정치적인 이익에 따라 자원을 배분하는 정치적인 기반이 되었다. 또 대장성과 통상성과 같은 선도기구는 유치산업 육성을 위해 금융수단과 규제수단을 동원하여 시장에 개입했고, 장기적인 경제계획과 행정지도, 정부-기업 간의 정책 네트워크에 의해 정책을 조율할 수 있는 능력이 있었다.

그러나 1990년 이후 정부의 시장개입으로 인한 정책실패가 경제위기의 원인으로 인식되고, 정치적 조건, 외부적 환경과 제도적 기반이 변화하면서 일본형 경제시스템이 전환되기 시작했다. 1990년대 자민당 우위의 55년 체제가 붕괴되고 경제정책의 정치적 민감성이 증가했다. 경제발전을 주도하던 대장성이 폐지되고 통상산업성(MITI)이 경제산업성(METI)으로 재편된 것은 정부의 시장개입을 축소하고 민간주도의 시장경제를 지향하는 개혁목표 때문이다. 또 사회관계가 다원화되면서 정부주도의 정책 능력이 약화되었다. 플라자합의 이후 기업의 해외 진출이 확대되고 금융시장 개혁이 단행되면서 기술과 자본에서 정부에 대한 의존이 축소되었다. 경제질서의 세계화와 통상압력으로 특정산업을 위한 정책금융이나 정책수단을 약화시켰다. 무엇보다 중요한 것은 신자유주의 경제이념의 확산이다. 경제위기는 발전방식이나 정치체제 전반의 개혁을 가속화하는 계기로 작동했고 과잉규제, 관치금융, 정경유착과 정책실패를 해소하고 일본경제의 신자유주의적인 전환을 촉진하는 계기가 되었다. 그러나 경제개혁 이후의 일본 모델의 성격과 특성은 여전히 쟁점으로 남아 있다(Stubbs, 2011). 1990년대 이후 경제개혁은 유치산업 보호와 정책금융, 진입규제와 경쟁제한을 위한 정부규제, 수출보조금과 같은 전통적인 산업정책 수단을 약화시켰다. 그러나 특정산업 육성정책이나 연구개발 지원, 세제감면, 인재양성, 산업기반 투자와 같은 산업정책은 지속되고 있다. 그리고 과당경쟁 시장구조를 조정하고 특정산업 육성을 위한 정부주도 산업정책을 규정하고 있는 '산업경쟁력강화법'(이후 산업경쟁력법)이 2013년 신규로 제정되기도 했다.

정부주도 계획합리성(plan-rational)과 시장합리성(market-rational)이 혼재하는 발전국가 이후 경제발전을 위한 정부의 역할은 발전국가의 쇠퇴와 전환, 발전국가의 변형과 지속, 자유주의적 발전국가 등의 개념이 혼재되어 있다.[4] 발전국가의 변형과 지속에 대한 시각은 1990년대 경제위기가 발전국가의 위기이며 신자유주의 개혁으로 발전국가적 유산이 해체되는 과정에서 발생하는 일시적인 현상이다. 반면 발전국가의 지속과 변형을 강조하는 시각은 경제개혁에도 불구하고 이념, 제도, 관계 등 발전국가적 특성이 변형되어 지속되고 있음을 강조한다. 그리고 적응적 발전국가(adaptive developmental state), 유연한 발전국가(flexible developmental state), 민주적 발전국가 등은 발전국가적 유산과 신자유주의 특성이 상호작용하여 새로운 특

4 박상영(2015)은 발전국가와 시장질서가 공존하는 특성을 잔여적(residual) 혼재성, 경로의존적(path-dependent) 혼재성, 융합적(synthetic) 혼재성으로 개념화하여 설명한다.

성을 가진 국가로 조합되어 나타나는 특성을 설명하기 위한 개념이다(Wong, 2004; O'rian, 2004). 위기 이후 위기극복을 위한 일본 정부의 시장개입과 산업정책도 이와 같은 세 가지 맥락으로 구분하여 설명할 수 있다.

"시장에서 할 수 있는 일은 시장에 맡기겠다"를 모토로 개혁을 추진한 고이즈미 내각은 정부의 시장개입이 축소되고 시장경제 질서가 확대된 전환점이다. 고이즈미 내각은 "구조개혁 없이는 경제회복은 없다"는 목표를 세우고 기업투자를 제약하는 규제를 완화하고 노동시장을 유연화하는 개혁을 단행했다. 정부산하 법인 163개 중 136개를 폐지하거나 독립법인으로 전환하여 공공부문을 효율화하고 재정지출을 축소했다. 금융기관의 부실채권을 과감하게 정리하고 우정국의 민영화를 단행하여 금융시장을 정상화하면서 투자와 생산이 회복되었다(조재욱, 2009). 빌 에모트(Bill Emmott)는 경제개혁으로 일본경제가 신자유주의 체제로 전환되었으며 이를 '일본부활'의 요인으로 설명했다(빌 에모트, 2007). '경제재정자문회의'를 설치하여 정부주도로 추진된 고이즈미 경제개혁은 일본경제가 신자유주의 체제로 전환하는 과정에서 잔여적인 발전국가의 특성이다. 반면 보겔은 경제개혁이 일본식 경제체제와 미국식 경제체제의 수렴으로 귀결되지 않았으며 발전국가와 시장경제가 상호 혼재되어 있는 새로운 특성을 가진다고 주장한다. 일본 경제체제의 혼재성은 세 가지 합리성(three rationality), 즉 시장합리성, 제도합리성, 그리고 사회적인 합리성이 상호작용한 결과다. 즉, 일본의 경제개혁은 거래비용 축소에 대한 시장압력, 제도변화에 대응하는 경제행위자의 비용편익(cost-benefit) 행위, 그리고 사회적인 명성과 규범적인 비용이 상호작용한 결과로 점진적으로 일본 모델을 변화시켰지만, 이것이 미국 모

〈표 1〉 일본의 발전국가 모델 논쟁

구분	발전국가 시기 (1990년대 이전)	발전국가 이후 (1990년대 이후)
정책기구	대장성, MITI	METI
정책목표	전략산업 육성(비교우위)	전략산업 육성, 경쟁우위 (경쟁력 강화)
금융수단	정책금융, 수출보조금	R&D 투자(지원)
세제수단	세제감면(투자, 수출)	세제감면(투자)
경쟁정책	진입규제, 경쟁왜곡	공공부문 축소, 과당경쟁 시장구조조정
기업정책	공공 부문 확대 (공식·비공식) 규제	기업지배구조 개선, 규제완화
노동시장	노동 배제와 규제	노동시장 유연화
무역정책	보호주의(유치산업)	자유무역
시장개입	정부주도 전략산업 육성, 계획합리성(plan–rational)	시장주도 전략산업 형성, 시장합리성(market rational)
개입방식	행정지도(administrative guidance)	행정지도(administrative guidance)

발전국가의 위기와 전환	발전국가의 지속과 변형	자유주의적 발전국가
• 시장체제로의 전환 • 임시적·예외적 시장 개입 • 신자유주의 국가로의 전환	• 경로의존적 지속성 • (중상주의) 정책이념, 사회경제적인 제도의 지속	• 제3의 모델(발전주의 + 신자유주의의 조합) • 경제구조와 정치의 상호작용

출처: 필자 작성.

델로의 수렴으로 귀결되지 않았다는 것이다(Vogel, 2006: 213-215).

1990년대 이후 일본 연구의 핵심 쟁점은 어느 국가도 경험하지 못한 20년간의 장기불황 기간 동안 일본 정부가 과연 무엇을 했는가의 문제다. 발전국가의 쇠퇴와 전환 또는 시장과 국가의 혼재적 특성을 주장하는 기존 연구는 경제개혁에 따른 거시경제적인 성과나 체제적인 특성에 주목함으로써 경제개혁을 주도하는 정책과정의 구체적인 동학에 대해서는 충분한 설명을 하지 못한다. 전자의 경우 정부주도의 성장전략이 지속되거나 특히 아베 내각 출범 이후 오히려 강화되는 현상을 설명하지 못한다. 후자의 경우 경로의존적 속성과 단절적 속성이 구분되는 이유를 설명하지 못한다(박상영, 2015: 32). 두 시각은 모두 시장을 구조적인 조건으로 간주하고 제도와 경제적 행위자의 상호관계에 초점을 맞춤으로써 정부 역할을 제도변화의 주체로만 규정하는 공통점이 있다. 이 글은 시장경제를 지향하는 경제개혁 이후에도 장기불황 탈출을 목적으로 하는 성장전략이 계획합리적인 정부주도로 추진되어왔으며, 특히 특정산업육성과 산업구조조정을 목적으로 하는 산업정책에서 발견되는 특성을 역사적·비교적 시각에서 분석할 것이다. 구체적으로 성장전략 이념, 산업법제와 정책수단, 그리고 정책 거버넌스의 변화를 분석함으로써 아베 내각의 성장전략이 가진 경로의존적인 지속성과 단절성을 분석할 것이다.

첫째, 정책이념은 경제위기 극복을 위한 정책목표와 정부의 역할에 대한 인식이다. 경제적인 자원의 배분에 영향을 미치는 산업정책은 바람직한 산업구조에 대한 인식에서 비롯된다(Okimoto, 1989: 238). 즉, 산업정책은 산업구조를 재편하여 경제성장의 잠재력을 증대하고 비효율적 거래비용을 최소화하기 위한 자기발견(self-discovering)의 과정이다. 2000년대 이후 수립되어 추진되어온 성장전략은 과소투자, 과당경쟁과 과잉규제라는 '3과(過) 문제'를 해결하는 과정이었다. 규제개혁이 제도변화를 통해 자원배분에 영향을 미칠 수 있는 소극적인 정책수단이라면 투자확대와 기술개발, 전략산업육성을 목표로 하는 정부의 시장개입이 지속된 것은 경제적 자원의 공급이 시장기능에 의해서 충족되지 않는다는 인식 때문이다. 각 정권별로 수립되어 추진된 성장전략은 한편으로 효율적인 시장기능의 회복을 위한 개혁과 더불어 시장기능을 대체하는 정부 역할에 대한 인식에서 비롯되었다.

둘째, 정책이념이 '무엇을 해결할 것인가?'의 문제라면 산업법제는 '어떻게 해결할 것인가?'의 문제다. 정책목표를 실행하는 법적 근거인 산업법제는 산업발전을 위한 정부의 권한과 기능이 제도화된 것이다.[5] 제도는 기본적으로 역사적인 경로에서 사회현상의 원인을 인식하고 어떤 정책수단을 동원하여 해결할 것인지에 대한 인지적 규칙(cognitive schema)이다(Abdelal, Blyth, and Parsons, 2010). 산업법제는 정책성과에 대한 경험이 누적되어 정책과정에 참여하는 정책주체(policy elite)에게 공유된 인과적인 신념체계가 제도화된 것으로 정책이념의 결과임과 동시에 정책수단의 변화를 분석할 수 있는 대상이다. 정책이념의 제도화는 두 가지 측면에서 중요한 의미가 있다. 우선 제도는 산업정책의 목적과 수단에 대한 권한을 체계화한다. 특히 권한규정(authorization), 자금지원(financing)과 같은 직접적인 정책수단(direct)을 규정하여 정책과정의 갈등을 조율하는 기능을 수행한다. 그리고 제도화된 이념은 정책결정자, 정책기구 등 행위자에게 공유되고 학습되어 지식으로 지속된다.

셋째, 정책기구는 '누가 해결할 것인가'의 문제를 설명한다. 1990년대 이후 지속되어온 일본의 행정개혁은 기본적으로 내각주도의 정책 능력을 강화하기 위한 것이다. 한편으로 자민당 일당 우위체제의 붕괴에서 비롯된 정치적 이해와 함께 관료주도의 정책과

5 산업법제와 정부주도 산업정책에 대한 제도주의적인 논의는 윤대엽(2012: 195-221)의 논의 참조.

정이 초래한 정부실패를 해결하기 위한 목적을 가지고 있었다(박성빈, 2010: 219-237). 내각주도의 정책기능을 강화하기 위해 중앙성청을 축소하는 대신 내각부가 신설되었고, 총리의 지도성을 강화하는 제도가 도입되었다. 그러나 행정개혁이 정책실행과정에서 비롯되는 성청 간의 정책갈등과 조정의 문제를 근본적으로 해결하지는 못했다. 성청 간의 종적행정(縱割行政) 관행과 내각 합의의 원칙은 관료주도의 정책을 지속하는 원인이었다. 경제현실의 변화에 대응하여 제도화된 규제와 관행에서 벗어난 경제정책을 기획하고 이를 실행하기 위해서는 관련 부처와 정부-기업 간의 이해를 조정하는 정책기구가 무엇보다 중요한 쟁점이다. 아래에서는 성장정책의 기획과 추진, 성청 간의 조정을 담당하는 총리주도 정책기구의 변화를 통해 아베 내각의 성장전략이 가진 단절적인 특성에 대해서 분석한다.

성장전략 이념의 형성과 변화

아베 내각은 2013년 경제재건 10년(2013~2022)의 목표로 명목 GDP 3% 성장, 실질 GDP 2%를 설정했다. 과감한 양적완화와 재정투자는 2%의 인플레이션을 유도하여 20년간 지속되어온 디플레이션에서 탈피하기 위한 거시경제정책이나. 그리고 적극적인 구조조정과 성장전략을 통해 과잉규제, 과소투자, 과당경쟁 등 일본경제의 '3과 문제'를 해소하여 GDP 성장을 견인하는 것이다. 2015년 개정된 '일본재흥전략'은 1997년 533조 엔을 최고점으로 2009년 492조 엔까지 하락했던 일본의 GDP를 2020년까지 600조 엔까지 증가시키겠다는 목표가 제시되었다. 2016년 일본의 GDP는 537조 엔으로 최고치를 기록함으로써 이전 정권과는 상이한 경제성과를 보여주고 있다. 아베 내각의 성장전략을 크게 세 가지로 요약할 수 있다.

첫째, 아베 내각은 2013년 6월 일본재흥전략을 처음 발표한 이후 매년 목표와 세부추진계획이 보완된 성장전략을 발표하고 있다. 'Japan is Back'이라는 부제가 붙은 2013년 성장전략은 국제적인 관심의 대상이 되었다(Abe, 2013). 이후 매년 개정되어 발표하고 있는 성장전략은 '미래에의 도전(2014)', '미래에의 투자와 생산성 혁명(2015),' '4차 산업혁명을 향하여(2016),' 그리고 2017년판 성장전략은 'Society 5.0의 실현을 위한 개혁'이라는 부제가 부여되었다. 부제는 각각의 성장전략이 중점을 두는 정책목표를 함축한다. 2017년 6월 내각회의에서 승인된 '미래투자계획 2017'은 이전까지 '일본재흥전략(2013~2016)'이라는 성장전략에 부여된 다섯 번째 명칭이다. 미래투자계획은 지속적인 경제성장을 위한 다섯 가지 정책과제로 (1) 건강수명연장, 이동혁명실현, 공급 및 생산망 혁신, 경제사회적 인프라 개선, 혁신적 금융 서비스(Finetech) 등의 전략 부문에 대한 육성과 지원을 명시하고 있다. (2) 이와 같은 전략 부문의 육성이 인공지능, 빅데이터, 사물인터넷 등 혁신적인 데이터 친화적인 생태계에 기반구축 등 가치원천의 창출 목표가 구체적으로 제시되었다. (3) 포괄적인 사회혁신을 위해 가치의 극대화를 지원하는 행정 및 규제개혁 등의 제도정비를 강조했다. (4) 경제개혁을 가속화하기 위한 기업 지배구조 개혁 목표가 명시되었다. 그리고 (5) 인간, 사물, 데이터, 자본의 원활한 흐름을 창출하는 것을 목표로 하는 민-관-학의 종합적인 정책과제가 포함되었다.

2017년 성장정책의 명칭이 '일본재흥전략'에서 '미래투자전략'으로 변경된 것과 함께 주목되는 점은 5대 전략산업 분야의 육성을 위한 정책과제가 정책영역과 제도영역으로 구분되어 체계화된 것이다. 정책과제는 데이터 활용기반을 구축하고, 교육 및 인재 육성, 이노베이션 생태계 구축, 벤처기업 활성화 등이 포함되었다. 그리고 신규전략 분야의 포괄적인 규제완화는 샌드박스(sandbox) 규제개혁, 수익 중심 경영을 위한 기업 지배구조 개혁, 규제개혁-행정개혁과 IT정보화의 연계 등이다. 이전까지의 성장전략이 일본산업재흥(산업조징정책), 전략시장 육성(산업육성정책), 그리고 국제진출전략(대외경제정책) 등 세 가지 영역을 중심으로 추진되었다면 정책과 이에 수반하는 제도개혁의 과제가 기능적으로 체계화되었다.

같은 맥락에서 아베 내각의 성장전략은 경제현실과 정책결과를 반영하여 보완·발전되었다. 2013년 일본재흥전략 발표 이후 백화점식 정책의 열거로 인해 정책목표가 모호하다는 비판이 제기되었다. 일본산업재생, 전략시장육성, 해외 진출 등의 정책이 특정 산업에 대한 육성전략이라기보다 일본경제 전반의 문제점을 해소하는 것이었기 때문이다. 전략시장 창조계획 역시 포괄적인 사회문제 해결에 중점을 두었기 때문에 '신성장전략(2010)'이나 '일본재생전략(2012)'과 차별화되지 못했다(Hoshi, 2017). 이를 반영하여 2014년 6월 개정된 성장전략은 산업재생, 시장육성, 국제진출의 세 영역의 정책기조틀을 유지하되 기업의 수익성 회복에 중점을 두어 (1) 기업 거버넌스 강화, (2) 공적·준공적 자금운용 재검토, (3) 산업의 신진내사 활성화 및 벤처활성화, (4) 법인세 개혁, (5) 혁신추진과 로봇 혁명 등 5개 과제, 노동인구 확대를 위해 (6) 여성의 활약 촉진, (7) 근로방식 개혁, (8) 외국인력 활동 등의 세 과제, 그리고 (9) 공격적 농림수산업 확대, (10) 건강산업 및 헬스케어 서비스 육성 등의 10개 중점과제가 명시되었다.

2015년에 발표된 성장정책은 아베 내각이 아베노믹스 2단계 전략으로 규정한 전략이다. 2단계 성장전략은 디플레이션 극복을 위한 주요 정책의 성과를 기반으로 지속성장을 위해 공급 측면의 제약 해소와 생산 부문의 체질 개선을 위한 공급정책으로 전환된 것이다. 이를 위해 미래투자를 통해 생산성 혁신과 로컬 아베노믹스(ローカル·アベノミクス)가 제시되었다. 수요확대정책을 통해 기업수익률이 향상되고 고용이 증가하는 동시에 도산기업이 감소하는 등 디플레이션에서 탈피하여 경제성장의 선순환구조가 형성되었다. 그러나 저출산과 고령화로 생산가능인구가 감소하면 소비를 향상시켜도 성장은 한계에 직면할 수밖에 없다. 2단계 성장전략은 이와 같은 공급 측면의 제약요인을 해소하기 위해 인구감소로 인한 노동력 축소 문제 해결에 중점을 둔 것이다. 로봇, 사물인터넷, 빅데이터, 인공지능 등의 '4차 산업혁명' 분야에 대한 투자와 함께 노동시장의 유연화와 여성 및 전문인력 양성을 위한 교육개혁이 강조된 것은 생산성 혁신을 위해서다. 또 중소기업과 소규모 사업자에 대한 규제개혁 및 지원을 강화하는 등의 지방중심의 성장전략이 보완되었다.

2016년 발표된 성장전략은 8월에 단행된 아베 2기 내각 출범 이후 본격적인 2단계 성장전략으로 규정되었다. 아베 내각은 2013년부터 3년 동안 개혁을 통해 전력, 농업, 의료 등 불가능한 것으로 여겨지던 규제개혁의 금기를 타파함으로써 1단계 개혁을 완수했다고 평가했다. 2단계 성장전략의 중점목표로 10개 부문에서 민관협력을 통해 유망시장 창출목표를 제시했다. '민관전략 프로젝트 10(가칭)'으로 명명된 정책에는 (1) 4차 산업혁명(Society 5.0), (2) 최첨단 건강입국, (3) 환경에너지 투자, (4) 스포츠 산업육성, (5) 중고주택 유통 및 리폼, (6) 서비스 산업 생산성 향상, (7) 농업개혁 및 수출,

〈표 2〉 아베 내각의 성장전략 이념(2013～2017)

구분	모토	핵심전략	세부정책
2013	Japan is Back	일본산업재흥	• 사업재편 촉진 및 기업단위 규제개혁 • 인력육성 및 노동시장 유연화 • 과학기술 혁신 추진 • 세계 최고 수준의 IT사회 실현 • 중소기업, 소규모 사업자의 혁신
		전략시장창조	• 국민 건강수명 연장 • 청정, 경제적 에너지 수급 • 차세대 인프라 구축 • 지역자원을 활용한 지역경제 활성화
		국제진출전략	• 전략적 통상관계 구축 및 경제협력 • 해외시장 확보를 위한 전략적 대처 • 일본 성장을 지원하는 자금기반 정비
2014	미래에 도전	일본의 수익력 회복	• 기업 거버넌스 강화 • 공적·준공적 자금운용 등의 재검토 • 산업의 신진대사 활성화 및 벤처 창출 • 법인세 개혁 • 이노베이션 추진과 로봇혁명
		경제활동 참여 인력 창출	• 여성의 활약 촉진 • 근로방식 개혁 • 외국인력 활용
		신성장동력으로 지역산업 육성	• 공격적 농림수산업 전개 • 건강산업 활성화와 헬스케어 서비스
2015	미래에의 투자·생산성 혁명	미래투자를 통한 생산성 혁명	• 수익력 향상을 위한 기업행동 유인 • 새 시대(4차 산업혁명) 도전 가속화 • 개인 잠재력 개발(노동, 여성, 교육)
		로컬 아베노믹스	• 중견, 중소기업, 소규모 사업자 혁신 • 서비스 산업 활성화 및 생산성 향상 • 농림, 수산업, 의료 및 간호, 관광산업의 기간산업화 • 지자체의 새로운 역할
		개혁2020	• 기술 등을 활용한 사회적 과제 해결 시스템 • 방일 관광객 확대를 위한 환경정비 • 대일직접투자 확대와 비즈니스 환경 개선

2016	4차 산업 혁명을 향하여	600조 엔 달성을 위한 민관전략 프로젝트 10	• 신유망시장 창출(10개 과제) • 로컬 아베노믹스 심화 • 국내 소비심리 환기
		생산성 혁명을 실현하는 규제·제도개혁	• 새로운 규제·제도개혁 메커니즘 도입 • 국가전략특구 활용 • 기업 거버넌스 강화 • PPP/PFI 등에 의한 자산의 민간개방 확대
		혁신창출·도전 정신이 넘치는 인재 창출	• 혁신, 벤처 창출력 강화 • 경제성장을 개척하는 인재 육성 확보 • 성장제약 타파를 위한 고용환경 정비 및 여성의 활약
		해외 성장시장 포섭	• TPP를 계기로 한 중견 중소기업 해외 전개 • 인프라시스템 수출 확대 • 대내 직접투자 유치 강화 • 경제협력 및 투자협정 체결 추진
		개혁 모멘텀 활용	• '개혁 2020' 프로젝트
2017	Society 5.0의 실현을 향한 개혁	5대 전략 분야	• 건강수명의 연장 • 이동혁명의 실현 • 공급망(suply chain)의 차세대화 • 쾌적한 인프라, 마을 건설 • Finetech
		수평적 과제	• 가치 원천 창출(데이터 활용기반 구축, 교육 및 인재력의 근본 강화, 이노베이션, 벤처를 탄생시키는 선순환 체계) • 가치극대화를 지원하는 제도(규제의 샌드박스, 규제개혁 – 행정수단 간소화 – IT화의 일체적 추진, 수익력의 강화 – 기업 지배 거버넌스 개혁, 공적 서비스 및 자산 민간개방)
		지역경제 선순환 시스템 구축	• 중견기업, 중소기업, 소규모기업 혁신 • 공격적 농림수산업 발전 • 관광, 스포츠, 문화 예술 육성

출처: 首相官邸(2013; 2014; 2015; 2016; 2017) 참조.

(8) 관광입국, (9) 2020년 올림픽, 패널림픽 경기대회 가시화 프로젝트, (10) 관민 연계에 의한 소비마인드 환기책 등이 포함되었다.

둘째, 아베 내각의 성장정책은 정책목표와 결과를 평가하여 매년 개정계획을 수립하는 것이다. 1990년대 이후 일본 정부가 추진한 경제개혁의 공통적인 목표는 과소투자, 과잉경쟁, 과잉규제 등 '3과' 문제를 해결하는 것이었다. 과소투자 문제는 버블경제 붕괴 이후 부실채권 문제에서 비롯된 금융위기로 일본 기업들이 과잉채무와 과잉설비 문제에 직면하면서 설비투자가 감소하는 문제다. 또 구조화된 디플레이션과 2011년 동일본대지진으로 비관적인 경기전망이 확산되면서 일본 기업들의 설비투자가 큰 폭으로 감소했다. 2012년 일본 설비투자액은 67조 엔으로 1997년의 76조 엔에 비해 9조 엔이나 감소하면서 일본의 구조화된 장기불황의 원인으로 지목되었다(김규판 외, 2016: 34-36). 과잉규제는 1990년대부터 지속되어온 경제개혁의 핵심적인 화두였다. 노동시장 및 의료, 보건, 농업, 전력 시장의 규제는 생산과 고용 측면에서 신시장 창출이나 기술혁신을 가로막는 원인으로 지목되었지만 해결되지 않은 오랜 개혁과제였다. 2013년 10월 아시아·태평양경제협력체(Asian-Pacific Economic Cooperation, APEC) 기조연설에서 아베 총리가 "암반처럼 굳어진 규제를 타파하려면 드릴과 칼날이 필요하고, 내가 그 드릴의 칼날이 되겠다"[6]고 발언한 것은 규제개혁의 중요성을 상징적으로 대변한다. 과잉경쟁 역시 과소투자와 과잉규제와 연관된 구조화된 과제다. 세계화와 자

6 "Keynote Address by Prime Minister Shinzo Abe at the APEC CEO Summit 2013," http://japan. kantei.go.jp/96_abe/statement/201310/07koen_e.html(검색일: 2017. 8. 5).

유무역이 가속화되면서 주요 국가의 주력기업은 규모의 경제를 갖춘 거대기업으로 재편되고 있는 가운데 일본의 경우 액정TV, 화상진단기기, 자동차, 석유화학, 철강 등의 주력산업에서 상대적으로 많은 기업이 경쟁함으로써 설비투자나 연구개발 투자가 적고 중복투자가 심해 경쟁력이 하락하고 있었기 때문이다(김규판 외, 2016: 45-47). 전자산업의 경우만 하더라도 2011년 일본의 3대 전자업체인 파라소닉, 소니, 샤프의 평균 R&D 투자액은 3,695억 엔으로 삼성전자의 7,173억 엔에 미치지 못했고, 3개사의 설비투자금액은 1조 136억 엔으로 삼성전자에 미치지 못한 것이 이를 대변한다.

아베 내각의 제1단계 성장전략은 투자확대가 임금상승과 경제성장으로 이어지는 선순환 환경을 조성하기 위해 3과 문제를 해결하는 데 중점을 두었다. 법인세제 개혁과 국가전략특구법을 제정하는 등 입지경쟁력 강화 시책이 단행되었고, 의료보건, 에너지, 농업, 관광 부문의 규제를 정비하여 전략시장으로 육성하기 위한 기반을 조성했다. 또 과소투자 문제 해결을 위해 기업구조 코드(Code)와 일본판 스튜어드십(Stewardship) 코드를 제정하여 성과중심의 기업경영을 위한 연성개혁(soft reform)을 단행했다. 또 근무형태 다양화, 정규직의 해고완화와 노동유연화, 외국 및 여성 노동시장 개혁 등을 통해 고용과 노동 부문의 생산성 향상 정책이 도입되었다. 2013년에서 2015년까지의 성장정책이 이와 같은 '3과' 문제 해결에 중점을 두었다면, 2단계 아베노믹스가 시작된 2016년부터는 4차 산업혁명과 미래투자 등 신산업 육성전략에 중점을 두는 정책을 시행하고 있다.

셋째, 아베 내각의 성장전략은 이전 내각이 추진한 성장전략과 연속적인 특성과 단절적인 특성을 포함하고 있다. 버블경제 붕괴 이후 지속되어온 장기불황을 극복하기 위한 성장전략은 고이즈미 내각에서 적극적으로 검토하기 시작한 이후 모든 정권에서 추진된 정책 과제였다(Tabuchi, 2013; Hoshi, 2017; 김규판 외, 2016). 아베 내각이 추진하고 있는 성장전략의 기원은 2006년 7월 고이즈미 내각이 당시 정부-여당 정책협의기구인 '재정·경제일체개혁회의'가 작성한 '경제성장전략대강'이다. 경제성장전략대강은 중국경제의 성장과 생산활동인구가 감소하는 위기에 직면하여 인재 육성, 혁신역량 강화, R&D 투자확대 등을 통해 노동생산성을 제고하는 것을 새로운 성장전략 목표로 제시했다. 이를 시행하기 위해 (1) 이노베이션과 신산업창출을 통한 국제경쟁력 강화, (2) 신산업창출 지원 등 지역 및 중소기업의 활성화, (3) IT와 서비스산업의 혁신을 통한 생산성 향상, (4) 민영화를 통한 새로운 수요 창출 및 (5) 생산성 향상을 위한 제도 인프라 구축 등을 추진했다.

고이즈미 정부에서 체계화된 경제성장전략대강은 이미 2000년대 초반 검토되었던 여러 버전의 성장전략이 집대성된 결과라고 할 수 있다. 2002년 경제산업성 산하의 산업경쟁력강화회의는 '경쟁력강화 6대전략'을 수립했고, 같은 해 총리실 산하 경제·재정자문회의는 '산업발굴전략'을 의결했다. 2004년과 2006년 산업구조심의회 신성장정책부회가 의결한 '신산업창조전략'과 '신경제성장전략'은 기존 성장전략을 종합하여 체계화한 성장정책이다. 이처럼 고이즈미 정부가 본격적인 정부주도의 성장전략을 검토하기 시작한 것은 시장규제, 노동시장, 공공 부문 및 금융시장 등 공격적인 개혁정책뿐만 아니라 WTO 가입 이후 차이나 리스크와 인구감소라는 국내 위기에 대응해야 한다는 인식 때문이었다(김규판 외, 2016: 44-45).

2016년 9월 고이즈미 총리 퇴임 이후 아베 1기 내각의 '성장전략가속프로그램', 후쿠다 내각의 '경제성장전략', 아소 내각의 '미래

〈표 3〉 역대 일본 내각의 성장전략

시기	작성 주체	보고서명
2002. 5	산업경쟁력강화회의	경쟁력강화 6대전략
2002. 10	경제·재정자문회의	산업발굴전략
2004. 5	산업구조심의회 신성장정책부회	신산업창조전략
2006. 6	산업구조심의회 신성장정책부회	신경제성장전략
2006. 7	경제재정일체개혁회의	경제성장전략대강
2009. 12	성장전략책정회의*	신성장전략 기본방침
2010. 6	산업구조심의회 산업경쟁력부회	신성장전략
		산업구조비전 2010
2012. 9	국가전략회의	일본재생전략
2013. 6	일본경제재생본부	일본재흥전략

주: *성장전략책정회의의 의장은 총리가 맡고 사무국은 국가전략실, 경제산업성, 내각부에 설치했으며, 2009년 12월 30일 '신성장전략 기본방침'을 작성하여 각의를 통과했다(사목공, 2010).

개척전략' 등이 발표되었지만 단기집권으로 구체적인 성과를 거두지 못했다. 이후 민주당 정부 역시 재정건전화와 사회복지정책과 함께 성장정책을 3대 전략으로 추진했다. 하토야마 내각이 성장전략을 검토하기 시작한 것은 일본경제에 대한 비전이 부족하다는 사회적 비판 때문이다(정성춘·이형근, 2010). 2009년 12월 '성장전략 기본방침'이 발표된 이후 2010년 '빛나는 일본'을 부제로 하는 신성장전략이 발표되었다. 신성장전략은 강한 경제, 강한 재정, 강한 사회보장의 실현을 목표로 (1) 환경·에너지, (2) 건강대국, (3) 아시아경제, (4) 관광·지역, (5) 과학·기술·정보통신, (6) 고용 및 인재, (7) 금융 등 7개 전략 분야를 선정하고, 21개 국가 프로젝트를 추진하여 2020년까지 명목 3%, 실질 2%의 GDP 성장을 달성하여 GDP 650조 엔(명목)을 달성하는 것이다. 이를 위해 총리실 산하에 '국가전략프로젝트 위원회'를 설치하는 계획이 발표되었다.

그러나 하토야마 총리의 갑작스런 사임 이후 간 나오토 내각은 '산업구조비전 2010'과 '신성장전략'을 성장전략으로 계승하는 한편, 8월에는 7대 전략 분야 21개의 실전계획을 종합하여 '신성장전략 실현행동 100'을 발표했다. 그리고 2011년 동일본대지진 이후 지진피해 지역의 복구계획이 보완된 '일본재생전략'이 수립되었다. "직면한 곤란을 일본의 프런티어로 삼아 용기를 가지고 개척하고 세계에 모범을 보이는 사회를 구축하는 것"을 목표로 내세운 일본재생전략은 피해지 재건, 그린성장전략, 디플레이션 탈피, 상하관계, 전례답습, 전년 실적주의 등의 타파, 엄격한 진척관리 등 5가지 성장 방향을 표명했다. 그리고 일본재생전략에는 디플레이션 탈출을 위해 소비자 물가상승률을 1%로 상승시키는 양적완화계획이 처음 표명되기도 했다(国家戦略会議, 2012).

요컨대 성장전략은 2000년대 초반 등장하여 고이즈미 내각에서 '경세성장전략대강'으로 체계화해 추진해왔다. 민주당 정부는 성장정책을 '일본재생전략'으로 이름을 변경하여 추진했고, 특히 경제산업성 산하 심의회가 아닌 성장전략책정회의나 국가전략회의 등 내각부에 설치된 특별전담기구에서 성장정책을 주도했다. 그런데 아베 내각은 장기집권 기반을 토대로 경제사회 현실과 정책성과에 대한 계량적인 평가를 기준으로 매년 수정 및 보완된 성장정책을 추진하고 있다는 점에서 차별적이다.

산업법제와 정부주도 산업정책

아베 내각이 추진하는 성장정책의 이념은 본질적으로 과소투자, 과당경쟁, 과잉규제라는 3과 문제를 해소하기 위해 2000년대 이후 산업정책 이념이 수정되고 보완되어온 결과다. 그러나 성장전략을 추진하는 정책기구와 정책수단에서는 단절적인 특성이 발견된다. 아베 내각이 추진하는 성장정책의 차별적인 특성을 분석하는 데 주목할 것은 산업법제와 이를 근거로 시행되는 정부의 시장개입과 정책수단의 변화다.

산업법제는 정부주도의 산업정책, 즉 시장에서 자원배분에 영향을 미치기 위한 정부 시장개입의 제도적인 기반이다. 산업법제는 계획합리성에 기반한 정부주도 산업정책이나 시장합리성에 기반한 시장주도의 경쟁정책 등 정부 시장개입의 근거일 뿐만 아니라 산업정책의 결과에 영향을 미치는 정책수단이기도 하다. 과거 전통적인 산업정책이 법적 근거 없이 비공식적인 재량권이나 행정지도를 통해 시행되었다면, 1990년대 이후 사회경제 개혁은 통산성과 경제산업성의 기능이 재편되어왔다. 2000년대 이후 제도화된 산업법제는 시장기능을 대체하거나 보완하여 정부가 시행하는 산업정책의 이념, 권한, 정책수단과 제도화된 재량권(institutional discretion)의 특성을 설명하는 요인이다.

1970년대부터 일본 정부는 '특정불황산업안정임시조치법(1978),' '산업구조전환원활화임시조치법(1990),' '산업혁신법(1995)' 등의 산업법제를 제정하여 경제 여건 변화에 따라 사양산업이나 한계기업 등의 구조조정과 경기회복을 위해 시장에 개입했다. 특히 1999년 제정된 '산업활력재생특별조치법'(이하 산업활력법)은 버블경제 붕괴 이후 과소투자, 과잉규제, 과당경쟁과 같은 3과 문제가 일본경제의 활력을 저해한다는 문제인식하에 정상적인 기업의 사업재편을 지원하기 위해 제정되었다. 5년 기한의 한시법으로 제정되었던 산업활력법은 2003년과 2007년 두 차례에 걸쳐 법적 시효가 연장되었고, 민주당 정부 출범 이후인 2009년에는 사업구조 재편 이외에도 생산성 향상, 신산업 육성과 중소기업 지원 등을 포함하여 개정되었다. 그런데 2013년 6월 아베노믹스의 '제3의 화살'인 성장전략으로 '일본재흥계획'을 발표한 아베 내각은 민간투자를 확대해 산업의 신진대사와 혁신을 촉진하고, 과잉규제를 개혁하여 신사업 도전 환경을 조성하며, 과당경쟁을 해소하여 수익력과 글로벌 경쟁력 강화를 목적으로 '산업경쟁력강화법'(이하 산업경쟁법)을 제정했다. 산업경쟁법은 세 가지 점에서 이전 산업법제와는 다른 특성이 있다.

첫째, 정부주도의 산업정책 목표와 이념을 명확하게 규정하고 있다. 산업활력법(2011)의 제정목적은 "지속적인 경제발전을 위해서는 생산성의 향상이 필요하다는 사실에 비추어 사업자가 실시하는 사업재구축, 경영자원재활용, 경영자원융합, 자원생산성혁신을 원활하게 하고 산업혁신기구를 설립하여 이를 지원하며, 중소기업의 활력 재생 등 산업활동의 혁신에 기여하는 것"이다. 산업활력 증진의 주체는 사업자로 정부의 역할은 이를 지원하고 기여하는 것으로 규정되었다. 반면 산업경쟁법(1조)은 "산업경쟁력 강화에 관한 기본이념, 국가 및 사업자의 책무 및 산업경쟁력 강화에 관한 실행계획을 정한다"고 제정목적을 규정했다. 그리고 제4조 및 제5조는 3과 문제의 해소와 산업경쟁력 강화를 위한 국가와 사업자의 책임을 명확하게 규정하고 있다. 특히 "산업경쟁력 강화를 위한 시책을 종합적으로 책정하고 신속하고 확실하게 실시하는 책무를 가진다"고 국가의 임무를 규정하고 있는 것은 산업활력법과는 명확하게 비교되는 부분이다. 더 나아가 동법 6조와 7조는 내각총리 주도로 산업경쟁력 강화 실행계획을 수립하고, 연도별로 중점시책의 진척 및 실시효과

〈표 4〉 산업법제의 제정 및 개정

제·개정 일시	산업법제 및 주요 내용
1999. 8	• 산업활력재생특별조치법 제정 • 구조조정을 통한 생산성 향상 목적, 2003년 한시법
2003. 4	• 동법 일부 개정(2008년까지 시효 연장) • 산업재생기구 창설
2007. 8	• 동법 일부 개정(2016년까지 시효 연장)
2009. 4	• 산업활력의 재생 및 산업활력의 혁신에 관한 특별조치법(전면개정) • 산업혁신기구 설립
2011. 5	• 동법 일부 개정 • 국제경쟁력 강화 목표 전략적 산업재편 촉진
2013. 12	• 산업경쟁력강화법 제정(2014. 1 시행)

를 평가하여, 그 결과 및 경제 사정의 변동을 감안하여 실행계획을 검토하여 이를 개정토록 규정(제6조 7항)함으로써 계획-실행-평가-수정의 정책과정과 책임을 세부적으로 규정하고 있다. 원칙적으로 동법이 집중 실시기간으로 정한 2013년 이후 5년간은 3년 단위의 산업경쟁력 강화계획을 수립하도록 규정(제6조 4항)하고 있지만, 매년 개정안이 발표되고 있는 것은 이와 같은 근거 때문이다. 주기적인 정책기획과 평가, 개정 관련 규정은 계획합리적인 정부주도의 산업정책 권한을 규정했다.

둘째, 정부가 산업정책 목적으로 시장에 개입할 수 있는 정책권한을 강화했다. 1990년대 이후 부실기업의 구조조정과 과당경쟁 해소를 위해 금융개혁과 구조조정, 규제개혁이 지속되어왔지만 성과는 기대에 미치지 못했다. 1990년대 후반 금융개혁 메인뱅크 주도의 산업구조 조정이 변화되자 일본 정부는 연결재무제표 작성, 금융기관의 자산평가 강화 등의 시장규제와 세제특례, 금융지원, 독점금

지법 및 회사법상의 특례혜택 등을 통해 사업재편을 유도했다. 산업활력법은 원칙적으로 사업구조재편이나 경쟁력 강화를 주도하는 것은 사업자이고 정부의 역할은 이를 지원하는 것으로 규정하고 있는데, 사업자 주도의 사업재편에는 많은 제약요인이 존재했다. 우선 사업축소나 현상유지를 선호하는 경영이념이 팽배하고 소액주주의 경영참여 제약으로 사업재편의 유인이 적으며, 또 사업재편을 추진할 수 있는 경쟁력 있는 강자가 부족했기 때문이다(有田賢太, 2013: 31-39). 이와 같은 문제를 해결하기 위해 산업경쟁법은 창업기, 성장기, 성숙기, 정체기 등 기업주기(business cycle)별로 효율적인 시장경쟁체제를 활성화할 수 있는 정책과제를 포괄하고 있으며, 사업자 주도의 사업재편을 지원하는 세제특례, 금융지원, 회사법, 민법, 독점금지법상의 지원책 이외에도 정부가 사업조정 권한을 포함하고 있다는 점에서 이전 법제와는 다르다.

산업경쟁법은 정부가 사업자의 사업재편이 원활하게 추진될 필요가 인정될 때 상품 및 서비스의 수급동향 내지는 각 사업 분야가 과잉공급 구조에 있는지 시장구조를 조사하고 이를 공표하도록 규정하고 있다(제50조). 이와 같은 조항은 사업자에 의한 자율적인 사업재편이 진전되지 못하는 경우 정부가 직접 사업재편을 추진할 수 있다는 재량적인 권한을 명시한 것이다. 실제 산업경쟁법에 근거하여 2015년 석유정제업과 철강산업에 대한 시장조사가 이루어졌고, 2016년에는 배합사료업의 시장조사 실시계획을 발표했다. 이들 산업은 모두 과당경쟁으로 평균 가동률이 50%에 불과하고 가격경쟁력이 낮은 것으로 평가되었다는 공통점이 지적되었다(김규판 외, 2016: 81-82).

일본 정부가 과당경쟁시장의 특성을 조사하여 공개한 것은 사업자들의 사업재편을 촉진하는 사실상의 행정지도와 강제적인 압력을 예고한 것이다.

한편 공적자금을 활용하여 과당경쟁시장을 재편하는 정부의 시장개입은 민주당 정부에서 제도화된 바 있다. 산업재생기구(INCJ)는 2009년 7월 2조 엔의 자본금으로 사업재편을 위해 출범한 관민투자펀드다. 2016년 현재 자본금은 3천억 엔으로 이 중 재무성이 95.33%의 주식을 보유하고 일본정책투자은행 이외 26개 민간기업이 공동출자했다(産業革新機構, 2016). 산업혁신기구는 환경, 생명공학 등 일본이 강점이 있는 분야의 연구개발 및 기술의 실용화 지원과 함께 사업재편 및 통합, 벤처 기업에 대한 투자와 더불어 인공지능, 사물인터넷, 건강 및 의료 분야 등의 신산업 부문에 대한 투자기관 역할을 수행하고 있다. 설립 이후 2016년까지 총 114개 사업에 총 9,849억 엔을 투자할 만큼 사업재편 및 기술혁신 부문에서 비중이 크다. 산업혁신기구는 2012년 소니, 도시바, 히타치 3사의 LCD 패널 사업을 통합해 70%의 지분을 가진 최대주주로 저팬디스플레이(JDI)를 설립함으로써 전자업계 산업재편에 관여한 바 있다. 최근에는 도시바 메모리사업의 우선협상자로 선정된 한미일 컨소시엄을 주도하면서 주목을 받기도 했다.

산업재생기구가 시장원칙에 따른 정책금융기관이라면, 재정투융자(FILP)는 정부가 산업정책 목적으로 직접 신용을 공급하는 정책수단이다. 일본 정부는 정책금융기관을 활용하여 전략산업 및 중소기업 육성 및 사회기반시설 투자 등의 정책수단으로 활용했지만 〈그림 2〉에서 보듯 1990년대 후반 재정투융자 금액은 일본 정부 예산의 80%를 차지할 정도로 비중이 커지면서 자원배분의 비효율성, 재정부담 증가 등의 문제가 제기되었다(변현수 외, 2016). 정책금융 개혁은 2001년 고이즈미 내각 출범 이후 '민간이 할 수 있는 일은 민간에게'라는 목표로 특수법인의 민영화, 우정국의 민영화와 함께 정책금융기관 재편 등을 추진하면서 감소해왔다. 재정투융자는 재정융자(fiscal loans), 산업투자(industrial investment), 정부보증(government gurantee) 등의 세 가지 목적으로 지출된다. 재정융자는 국채의 일종인 재정투융자채(FILP Bond)와 정부특별계정이 유보금으로 조성된 펀드를 지방정부, 정책금융기관 및 독립행정법인에 제공하는 것이다. 산업투자는 NTT, JT(Japan Tabacco) 등 정부소유 주식의 배당금을 활용하여 민간 부문의 자금조달에 어려움이 있는 정책성 프로젝트에 투자하거나 신용을 제공한다. 정부보증은 재정투융자 기관이 발행한 채권과 대출에 대해 정부가 보증을 제공하는 것이다. 주목할 점은 아베 내각 출범 이후 산업투자가 큰 폭으로 증가하고 있는 것이다. 1996년 이후 2011년까지 평균 산업투자 예산은 763억 엔으로 1998년 아시아 경제위기와 2009년 글로벌 경제위기, 그리고 동일본 대지진 이후인 2012년 각각 2,916억 엔, 2,683억, 4,059억 엔을 증액했다. 그런데 아베 내각 출범 이후인 2013년 이후 평균 산업투자액은 2,992억 엔으로 네 배 이상 증가했고 증액예산은 대부분 산업혁신(industrial innovation) 부문에 투자되었다.

마지막으로 정책혁신 측면의 변화 역시 중요하다. 경로이탈적인 정책혁신은 버블경제 붕괴 이후 20여 년간 지속되어온 경제개혁의 중요한 과제 중 하나라고 할 수 있다. 규제개혁은 과잉규제로 인해 기업의 혁신적인 경영이 위축되고 전략산업 육성을 가로막고 있다는 문제인식에서 출발한다. 구조화된 과잉규제를 해결하기 위해 아베 내각은 기업실증특례제도와 그레이존 해소제도를 산업강화법에 조문화하여 과감한 규제개혁을 추진하고 있다(제3장 제8조~제15

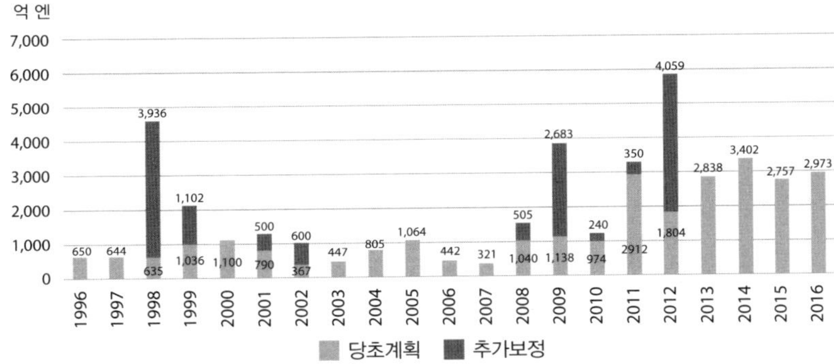

〈그림 2〉 일본 재정투융자 중 산업투자 금액 추이(1996~2016)

출처: Financial Bureau, MOF, FILP Report 2016 및 財務省理財局, 「産業投資について」(2013) 자료를 토대로 필자 작성.

조). 기업실증특례제도는 수익성과 사업전망 등 법규에서 정한 안전성 요건에 부합하는 기업별로 규제특례를 적용하는 제도다. 기업이 규제특례를 요구하면 사업담당부처(경제산업성)와 규제담당부처가 이를 검토하여 1개월 내에 규제특례조치를 통보하도록 하고 있다. 기업실증특례제도는 신사업 계획이 기존 규제와 충돌하는 경우 정부부처가 규제특례를 적극적으로 검토하는 것을 원칙으로, 안전성이 확인되었을 경우에는 전국적으로 규제 철폐 또는 완화할 수 있는 체계로 구성되었다.

기업실증특례제도가 신규 사업과 기존 규제가 상충하는 문제를 해결하는 것이라면, 그레이존 해소제도는 기존 규제에 적용되지 않는 새로운 사례에 적용되는 규제의 개혁조치다. 즉, 기업이 추진하는 신규 사업이 규제대상에 적용되는지 사업 소관부처(경제산업성)에 문의하면 소관부처가 일괄적으로 소관부처에 규제내용을 조회하여 통보하도록 함으로써 기존 비조치의견(no-action letter)과는 차별화된다. 아베 내각이 발표한 '미래투자전략 2017'은 '샌드박스 규제

(sandbox regulation reform)'를 국가전략으로 명시하고 국가전략특구에서 시행되는 혁신적인 신산업 활동에 대해서는 현행법의 규제를 적용하지 않음으로써 규제 없는(regulation-free) 환경에서 모험적인 투자와 연구를 지원하는 정책을 시행하고 있다.

정치주도 정책기구와 거버넌스

마지막으로 아베 내각 출범 이후 추진하고 있는 규제개혁, 전략산업 육성과 산업구조조정 등의 성장전략이 이전 정권과는 다른 성과를 거두고 있는 정책 능력(policy capacity)의 기반이 무엇인가에 관한 문제다. 1990년대 이후 경제발전을 주도하는 국가 능력의 변화는 신자유주의 시장경제를 지향하는 정책이념의 변화와 더불어 경제현실과 정치사회 구조 변화에 따른 정책 능력의 변화에 주목해왔다. 관계적 시각에서 정치적인 민주화가 진전되고 시민사회와 세계화하는 기업이 성장하면서 정부는 더는 이익정치에서 자유롭고 일관된 장기적인 경제정책을 실행할 수 있는 능력이 약화되었다. 특히 일본에서 소선거구제-비례대표 병립제도가 도입되고 파벌정치에 기반했던 이익유도정치가 약화되면서 일본의 경제정책과정에서 중위투표자의 이익정치에 대한 민감성이 증가되었다(Rosenbluth and Thies, 2010). 정치사회적인 변화에 따른 제도변화는 경제발전을 목적으로 하는 정부의 시장개입 권한과 기능을 축소시켰다. 일본과 동아시아의 경제위기 이후 추진된 경제개혁의 중점과제는 정부실패를 해소하는 규제개혁과 행정개혁이었다. 2001년 중앙성청 개혁으로 일본의 경제성장을 주도했던 대장성의 기능이 축소 재편되었고 산업정책의 선도기구였던 통산산업성(MITI)은 경제산업성(METI)으로 개편되면서 정부의 시장개입의 기능적 역할이 축소된 것이다.

그런데 아베 내각의 성장전략 정책기구의 가장 큰 변화는 총리중심의 정책 거버넌스가 강화되고 있다는 점이다. 아베 내각은 출범 직후 민주당 정부에서 폐지되었던 경제·재정자문회의를 부활하여 아베노믹스의 양적완화와 재정전략의 컨트롤타워로 활용했다. 경제재정자문회의가 부활된 것은 민주당 정부에서 정책과정에서 소외되었던 경산성 관료가 정책과정에 다시 참여하게 되었음을 의미한다. 〈표 5〉에서 보는 바와 같이 아베 내각은 '일본재흥전략(2013~2016)'과 '미래투자전략(2017)'을 입안하고 추진하기 위해 일본경제재생본부를 신설했다. 일본경제재생본부는 일본경제의 재생을 위해 경제·재정자문회의와 연계하여 엔고, 디플레이션에서 벗어나 강한 경제를 회복하기 위한 정책의 기획, 입안 및 종합 조정을 담당하는 사령탑으로 2012년 12월 26일 총리직속 기구로 설치되었다. 아베 총리를 본부장으로 본부장대리는 부총리, 부본부장은 경제재생담당대신(경제재정담당특명대신)과 내각관방장관이 담당하며 모든 국무대신을 위원으로 하고 있다. 2013년 1월 8일 첫 회의가 개최되어 2016년 6월 9일 미래전략회의로 개편될 때까지 26회의 회의를 개최했다.[7]

또 재흥전략의 실행점검, 고용, 인재, 교육, 국제진출, 혁신 등 산업별로 세부 정책과제 검토를 담당하는 산업경쟁력회의를 2013년 1월 23일 일본재생본부 산하에 설치했다. 산업경쟁력회의의 의장 역시 아베 총리가 담당하며 내각대신 이외 총리가 지명하는 민간

7 일본경제재생본부, http://www.kantei.go.jp/jp/singi/keizaisaisei/kaisai.html(검색일: 2017. 6. 20).

〈표 5〉 아베 내각의 성장전략 정책기구

구분	기능	구성	설치일시
일본경제재생본부	성장전략의 최고결정기구	총리(본부장), 내각대신	2012. 12
산업경쟁력회의	일본경제재생본부 산하기구	총리(의장), 내각대신, 민간위원	2013. 1
미래투자를 위한 관민대화	일본경제재생본부 산하기구	총리(의장), 내각대신, 민간위원	2015. 10
미래투자회의	산업경쟁력회의 및 미래투자를 위한 관민대화 통합	총리(의장), 내각대신	2016. 9
국가전략특구 자문회의	총리 자문기구(국가전략특구법 제5장)	총리(의장), 경제 관련 대신(4명), 민간위원(5명)	2013. 12
4차 산업혁명 관민회의	4차 산업정책 민관협력 기구	총리(의장), 내각대신, 민간위원	2016. 5
경제·재정 자문회의	거시경제정책 총괄기구	총리(의장), 내각대신, 민간위원	2012. 12

출처: 일본 내각부 홈페이지(http://www.cao.go.jp/council.html) 참조.

전문가가 참여하도록 했는데 일본경제재생본부가 내각대신 중심기구라면 산업경쟁력회의는 의원 9명 중 7명은 기업 CEO에서 임명되었다.[8]

'미래투자를 위한 관민대화'는 2015년 개점된 일본재흥계획의 추진을 위해 총리가 주관하는 정부-기업 협력회의다. 제1회 회의에서 아베 총리가 "기업 수익은 사상 최고를 기록했지만 투자의 증가가 충분하지 않다"고 언급하고 "산업계가 투자 확대의 구체적인 전

8 日本経済新聞, 2013. 1. 9. 산업경쟁력회의에 민간위원은 하세가와 야스치카(다케다약품 사장, 경제동우회 회장), 사카네 마사히로(고마츠 회장, 경단련 부회장), 사토 야스히로(미즈호FG 사장), 사카키바라 사다유키(도레이 회장), 미키타니 히로시(라쿠텐 사장), 니이나미 다케시(로손 사장), 아키야마 사키에(사키고포레이션 사장), 다케나카 헤이조(게이오대학 교수), 하시모토 가즈히토(도쿄대학대학원 교수) 등이다.

망을 보여 달라"고 주문한 것은 관민대화가 일본재흥전략의 정부 정책목표에 부응하는 기업의 투자확대에 대한 협의체임을 명시적으로 대변한다. 2016년 일본 정부가 2단계 성장전략으로 4차 산업혁명정책을 추진하면서 일본경제재생본부와 산업경쟁력회의, 미래투자를 위한 관민대화는 '미래투자회의'로 통합되었다. 아베 총리가 2013년 5월 29일 10회 산업경쟁력회의를 제외하면 총리주관 정책기구회의에 전부 참석한 것은 정책의지와 관심을 대변한다.[9]

총리주도의 정책 거버넌스와 함께 부처 간의 수평적인 협력 거버넌스도 체계화되었다. 산업정책이 효과적으로 실행되기 위해서는 부처 간의 협력이 필수적이라고 할 수 있다. 기본적으로 일본재흥전략을 경제재생본부가 주관함으로써 사실상 모든 부처가 성장전략 수립과정에 참여했다. 그리고 세부적인 정책과제를 추진하기 위해서 정책별로 관련 부처가 참여하는 하부위원회를 구성하여 이를 추진하도록 하고 있다. 2016년 4차 산업혁명을 위한 2단계 성장전략이 발표된 이후 경제산업성이 작성한 '신산업구조비전'(經濟産業省, 2017)을 실행하기 위해 산업경쟁력회의는 총리가 주관하는 '4차 산업혁명관민회의' 설치를 의결했다.[10] 관민회의는 유망산업의 새로운 플랫폼 구축을 위해 기술혁신에 부응하는 선도적인 규제개혁과 인재육성을 위한 계획 등을 검토하는 것으로, 이를 위해 하부위원회로 '인공지능기술전략회의,' '제4차산업혁명인재육성추진회의,' '로

9 일본경제재생본부 회의 26회, 미래투자회의 10회, 산업경쟁력회의 28회, 4차 산업혁명관민회의 5회가 개최되었다. 회의개최 및 회의요지는 http://www.kantei.go.jp/jp/singi/keizaisaisei/#news 참조.

10 首相官邸, 「第27回産業競争力会議」, http://www.kantei.go.jp/jp/singi/keizaisaisei/skkkaigi/dai27 /gijiyoushi.pdf(검색일: 2017. 5. 10).

봇혁명실현회의' 등의 하부위원회를 설치했다. 로봇혁명실현회의는 로봇산업육성을 위한 최상위 정책기구로 일본기계공업연합회, 전자정보기술산업협회, 일본전기공업회, 일본로봇공업회 등의 관련 사업자단체와 기업, 학회, 연구기관이 참여한다. 또 인공지능기술전략회의는 인공지능정책을 총괄하기 위해 2016년 4월에 설립된 기구다. 이 기구에는 총무성, 문부과학성, 경제산업성의 3개 부처 이외 정보통신연구기구(NICT), 이화학연구소(RIKEN), 산업기술종합연구소(AIST), 과학기술진흥기구(JST), 신에너지·산업기술종합개발기구(NEDO) 등의 기관이 참여하는 정책 거버넌스다(김규판 외, 2016: 143-154).

총리주도의 정책구조가 강화되고 부처 간의 수평적인 협력 거버넌스 및 관민협력 체계를 기반으로 추진되고 있는 아베 내각의 성장정책은 1990년대 후반 이후 '총리주도 지도체제' 또는 '정치주도 개혁'의 맥락에서 차별적인 특성을 보여준다. 관료주도 체제를 정치주도 체제로 전환시키기 위한 개혁은 하시모토 내각에서 시작된 정치경제 개혁의 핵심 과제였다(한의석, 2013: 145-172; 박성빈, 2010: 535-537). 전후 '55년 체제'하에서 내각-관료관계는 수상지도의 원칙, 합의제의 원칙과 관할의 원칙 등 '내각 운영 3원칙'에 의해 결정되었다(무네유키, 2015: 311-312). 내각 임면은 수상의 권한이지만 내각결정은 합의에 따라 직권을 행사하며, 각 성의 대신은 부처의 행정사무를 분담하여 관리하는 주임대신의 역할을 수행하는 것이다. 수상의 임면권한이 자민당의 파벌정치에 의해 행사될 수밖에 없는 구조적인 한계와 각의 안건이 사무차관회의에서 합의된 사항에 한정되었기 때문에 '관료는 주인이고 대신은 나그네'인 '관료내각제'라는 비판이 제기되었다.

하시모토 내각이 행정개혁을 추진한 것은 자민당 일당 우위 체제가 붕괴되어 수상이 여당 내에서 절대적인 영향력을 가지지 못함에 따라서 총리 지도체제를 확립할 필요성이 제기되었기 때문이다. 하시모토 내각은 행정개혁회의를 신설하고 중앙성청개혁, 재정개혁과 함께 수상발의권과 내각부를 신설하고 부대신·대신정부관제도를 도입함으로써 수상 지도체제를 강화했다. 그리고 고이즈미 총리는 하시모토 내각의 행정개혁을 경제개혁에 적극 활용했다. 2001년 성청개혁으로 신설된 내각부에는 과학기술회의, 중앙방재회의, 경제 및 재정정책에 대한 자문기구로 경제·재정자문회의가 설치되었는데 고이즈미 총리는 경제재정자문화의를 예산편성, 재정개혁과 우정산업 민영화 등의 개혁을 추진하는 핵심기구로 활용했다. 그러나 고이즈미 총리의 개혁은 '정치주도'를 위한 본질적인 제도개혁보다는 리더십을 활용한 결과였다(한의석, 2013: 129-131).

정치주도의 본격적인 제도개혁을 추진한 것은 민주당 정부였다. 2009년 '관료주도에서 정치주도로'를 정책공약으로 발표한 민주당은 정치주도 실현을 위한 제도개혁을 추진했다. 관료주도 정책결정의 제도적인 기반이었던 사무차관회의와 정책조사회를 폐지하여 정부 3역의 역할을 강화했다. 그 대신 2009년 9월 18일 총리관저의 기능을 강화하고 세금재정 및 경제운영의 기본방침 등에 대한 기획과 행정 각부 소관사무의 조정을 담당하는 국가전략실을 신설했다.

그러나 내각결의로 설치되어 법적 근거에 대한 논쟁이 지속되었고, 특히 부처 간의 정책권한과 기능에 대한 논란으로 갈등이 지속되었다(박성빈, 2010: 230-231). 2010년 2월 5일 각의 결정되어 국가전략실의 법적 근거가 포함된 '정치주도확립법안'이 제출되었지만 야당의 반대와 하토야마 사임 등으로 지체되어 결국 2011년 5월 내각회의에서 폐지가 결정되면서 법적 권한을 가진 기구로의 개편은 좌절되었다(한의석, 2013: 163). 그 대신 노다 내각은 2011년 10월 21일 세제개혁, 경제운영의 기본방침 등 국가의 중요한 정책을 총괄하는 기관으로 국가전략회의 설치를 의결했다. 국가전략회의는 노다 총리를 의장으로 부총리, 관방장관, 국가전략담당대신이 부의장을 담당하며 내각대신과 5명의 민간위원이 참여했다.[11] 국가전략회의는 2011년 발표된 노다 내각의 성장전략인 일본재생전략을 의결했고 산하에 에너지 자원정책과 지구온난화 대책 등을 논의하는 '에너지·환경회의'를 분과회의로 설치했다. 2012년 1월 25일에는 '프론티어분과회'를 신설하고 번영(중산층의 증가 성장전략), 행복(미래세대의 안심을 위한 사회보장), 예지(인재 육성과 우주정책, 과학기술), 평화(외교 및 해양정책) 등을 담당하는 4개 부회를 설치하여 운영했다(内閣官房国家戦略室, 2012).

하지만 민주당 내각의 리더십 부재와 제도적인 근거가 없는 정책기구 운영은 부처 간의 갈등과 정책혼선을 야기했다. 특히 관료와 자민당의 유착관계에 과민하게 반응하여 의사결정과정에서 배제했고 정책의 실행을 위한 내각-관료 간의 구체적인 협조체제를 갖추지 못함으로써 성장전략을 효과적으로 추진할 수 있는 능력이 취약할 수밖에 없었다. 이는 총리 및 내각부 산하에 재량적인 정책기구 및 자문기구를 설치하고 이를 통해 총리주도의 정책기획과 관련 부처 및 민관 정책 거버넌스를 통해 성장정책을 시행하는 아베 내각과

11 이와타 가즈마사(岩田一政) 일본경제연구소 이사장, 오가타 사다코(緒方貞子) JICA 고문, 고가 노부아키(古賀伸明) 일본노동조합총연합회 회장, 하세가와 야스치카(長谷川閑史) 다케다약품공업 사장, 요네쿠라 히로마사(米倉弘昌) 스미모토화학 회장 등이다.

는 상이한 특성이다.

결론 및 함의

'위기 돌파'를 표방하는 아베 2기 내각의 개혁은 안보, 경제, 사회 및 정치 전반에서 경로이탈적인 개혁을 실행하고 있다. 특히 장기불황의 극복과 경제성장을 목표로 하는 아베노믹스의 경제적인 성과는 가시적이다. 고이즈미 내각 이후 처음으로 6분기 연속으로 성장했고 개인소비와 기업투자 등 내수가 성장을 견인하면서 경제성장을 주도하고 있다. 기업의 설비투자와 가계의 소비지출이 큰 폭으로 상승하고 GDP가 증가하는 등 버블경제 붕괴 이후 추진되었던 경제개혁 과제가 가시적인 성과를 보이고 있다.

정부 개입에 의한 성장전략 이념이 아베 내각에서 처음 등장한 것은 아니다. 2000년대 초반 중국의 WTO 가입과 인구감소라는 구조적인 위기에 직면하여 고이즈미 내각은 전략산업의 육성과 산업구조조정을 통한 성장전략을 처음 검토했다. 고이즈미 내각 이후 아베 1기 내각, 후쿠다 내각, 아소 내각은 이전의 성장전략을 계승했다. 특히 민주당 정부는 대대적인 복지확대와 함께 동일본대지진 이후 종합적인 성장전략을 수립하여 추진하기도 했지만, 리더십 부재와 추진체계의 부재로 성과를 거두지 못했다.

아베 2기 내각은 양적완화, 재정투자와 함께 '일본재흥전략'을 성장전략으로 수립하여 추진하고 있다. 일본재흥전략의 목적은 과소투자, 과당경쟁, 과잉규제 등 일본경제의 3과 문제를 해소하고 신흥전략산업을 육성함으로써 지속적인 경제성장의 기반을 구축하는 것으로, 매년 경제현실과 정책성과를 반영하여 개정판을 발표하고 있으며, 2017년에는 2단계 성장전략으로 '미래투자전략'으로 이름을 바꾸어 추진하고 있다. 성장전략의 추진을 위해 2013년 신규로 제정된 산업경쟁법은 아베 내각의 성장전략의 추진을 위한 정부의 역할과 임무를 명시했다. 정부의 역할을 사업재편과 산업육성을 지원하는 것으로 규정했던 이전 법제와는 달리 산업경쟁법은 일본경제 부흥의 책임을 정부의 임무로 규정하고, 간접적인 지원수단 이외 직접적인 정책개입 근거와 정책수단을 포함함으로써 정부가 성장전략을 주도할 수 있는 권한을 명시했다. 이를 근거로 정부는 금융지원 등과 같은 직접적인 정책수단을 활용하여 경제적인 자원의 배분에 영향을 미칠 수 있었다. 일본경제재생본부와 같이 총리 및 내각부 산하에 설립된 정책기구는 총리가 성장전략의 기획과 집행, 성청 간의 정책조율과 관민 협력 거버넌스를 주관할 수 있는 제도적인 기반이다.

아베 내각이 추진하는 성장전략의 성과는 발전 이후 일본 모델에 대한 학문적 연구와 산업정책에 함의를 가진다. 첫째, 아베노믹스의 단절적인 성과가 정부주도의 시장개입에 의한 것이라면 경로의존적 발전국가의 경험적인 사례를 제공할 수 있다. 문재인 정부의 혁신주도 성장전략, 시진핑 체제가 추진하는 '중국제도 2025' 등 동아시아에서는 아시아노믹스(Asianomics)라고 할 수 있을 만큼 정부주도 산업정책이 지속되고 있다. 정부주도 산업정책은 한편으로 산업구조, 인구감소, 혁신역량 등의 국내적인 요인과 더불어 동아시아 각국의 전략산업이 경쟁적인 의존(competitive dependence)이라고 하는 비대칭적 상호의존 구조도 그 요인으로 작용하고 있다(윤대엽, 2015: 168-195; 윤대엽, 2016: 109-150). 또 안보적인 위기와 경제적인 상호의존의 모순이 심화되는 동아시아에서 경제성장을 위한 정부 역할의 변화는 중요한 쟁점이라고 할 수 있을 것이다.

제9장

TPP 추진을 통한 지역경제안보 이익 확보

이 글은 『동아연구』 제37권 1호(2018)에
「일본 TPP 추진의 정치경제: 일본의 국가정체성과
지역구상의 관점에서」란 제목으로 실린
필자의 논문을 수정·보완한 것이다.

최은미 崔恩美 | Choi, Eunmi

현재 국립외교원 일본연구센터 연구교수다. 한국외국어대학교를 졸업하고, 고려대학교 대학원에서 정치학 석사 및 박사 학위를 취득했다. 미국 미시간대학, 일본 와세다대학 방문연구원, 외교부 연구원 및 세종연구소 객원연구위원을 역임했다. ASAN 국제정세전망, 국방대 안보현안분석 등 국내외에서 연구 활동을 하고 있다. 「국가정체성을 통해 본 한일갈등 인식의 차이 연구」, 『아세아연구』(2018), 「갈등과 협력의 한일관계: 20년의 변화와 성찰(1998~2017)」, 『평화연구』(2018), 「일본 TPP 추진의 정치경제: 일본의 국가정체성과 지역 구상의 관점에서」, 『동아연구』(2018), 「한일간 역사교과서 문제에 대한 한국 시민사회의 대응 분석」, 『아시아연구』(2011), "Memory Politics and International Relations in East Asia," *International Area Review*(2010) 등 다수의 논문이 있다.

서론

이 글은 아베 정권의 주요 대외경제정책인 환태평양경제동반자협정(Trans-Pacific Partnership, TPP)의 사례를 통해 일본의 경제안보전략을 일본의 지역인식과 지역구상의 관점에서 알아보는 것을 목표로 한다.

미국과 일본이 주도하던 TPP에서 트럼프 대통령이 탈퇴를 공식 선언함에 따라 TPP의 추동력은 저하되었으며, '미국 없는 TPP'의 효과와 지속 추진에 대한 의구심이 증가했다. 일본 내부에서는 비판적 목소리가 높아졌고, 국제사회에서도 미국 없는 TPP에 대한 기대감이 낮아졌으며, TPP는 존폐 위기에 놓였다. 그러나 아베 수상은 '미국 빠진 TPP(TPP 11)'를 지속해나갈 것을 공표했으며, TPP는 일본의 적극적·주도적인 역할하에[1] '포괄적·점진적 환태평양경제동반자협정(Comprehensive and Progressive Trans-Pacific Partnership, CPTPP)'의 형태로 추진되고 있다. 대중국 압박정책이자 미일협력의 상징으로 여겨온 TPP에서 미국이 탈퇴한 이후에도 일본이 이를 적극적이고 주도적으로 추진하는 이유는 무엇인가? 그리고 보다 근본적으로 일본이 역내 주요한 경제교역 상대국인 중국[2]이 아닌 미국과

1 2017년 5월 30일, 아베 수상은 주요 장관급 회담을 열고, "7월 일본이 주최하는 TPP 11 실무급 회담이 속도를 내려면 의장국인 우리의 역할이 중요하다"고 말했다. 이후 7월 12~13일 미국을 제외한 11개의 TPP 참가국(일본, 베트남, 말레이시아, 호주, 멕시코, 캐나다, 뉴질랜드, 싱가포르, 브루나이, 칠레, 페루 등)은 일본 가나가와현에 모여 실무협의를 하고, 11월 11일 베트남에서 개최된 아시아·태평양경제협력체(APEC) 정상회의에서 핵심요소에 대한 합의를 발표했다.

2 최근 10년간 일본의 대(對)중국 수출량은 전체 수출량 중 약 20%에 달하여 미국과 거의 비슷한 수준에 이르렀다.

경제협력을 추진하고자 하는 이유는 무엇인가?

이와 같은 연구 질문에 대한 답을 찾기 위해 이 글에서는 일본의 국가정체성과 지역인식, 지역구상의 변천을 국제정치의 역사적 흐름 속에서 파악하고, 이를 통해 일본이 지역 내에서 스스로의 역할 규정을 어떻게 했는지 알아볼 것이다. 이를 기반으로 TPP 참가 결정과 지속 추진을 통하여 얻을 수 있는 일본의 국내외 경제·안보의 전략적 이익은 무엇인지를 알아보고자 한다.

구체적으로, 전후(戰後) 형성되어온 일본의 국가정체성과 지역인식 및 지역구상의 시기별 변천과정을 알아보고, TPP 참여와 지속 추진을 공식적으로 표명한 아베 정권의 지역인식과 지역구상을 파악해볼 것이다. 그리고 아베 정권의 대외정책 기조와 특징을 통해 대표적인 대외경제정책으로서 TPP 참여 및 추진 배경과 전개과정, 특히 미국의 탈퇴 이후 TPP 추진에서 일본의 역할에 주목할 것이다. 미국 탈퇴 이후의 TPP에 대한 연구가 상대적으로 많이 이루어지지 않은 시점에서 이와 같은 시도는 아베 시대의 일본과 미중경쟁의 격화 속에서 동아시아 국가들의 지역주의에 대한 이해의 폭을 넓히는 데 기여할 것이다.

일본의 지역인식과 지역구상

일본의 국가정체성과 지역인식

전후 일본의 국가정체성 형성 및 변모는 패전의 경험과 고도경제성장에 따른 풍요로운 삶의 향유, 장기불황의 늪, 그리고 중국의 부상에 따른 위협인지 등을 통해 이해할 수 있다. 패전 이후, 폐허로

변한 땅에서 형성된 서구에 대한 열등감과 부정적 정체성은 전후 일본이 극복해야 하는 대상이었으나, 이러한 정체성은 1960~1980년대 급속한 경제성장을 통해 긍정적으로 변하게 되었다. 눈부신 경제성장과 아시아 지역에서의 압도적인 존재감은 일본 국가정체성의 독특성과 차별성, 우월성을 강조했고, 이러한 사고방식은 현재까지도 많은 일본인의 사고 기저에 깔려 있다(김종태, 2012; 김필동, 2007). 비록 1990년대 버블경제가 붕괴되고, 저성장과 장기간의 경제불황을 겪었으나, 여전히 일본은 아시아 최대의 경제국이고,[3] 이에 따라 스스로를 아시아 지역에서 우월적 지위에 선 차별적 국가로 정체성을 형성해왔다.

일본의 국가정체성에 대한 논의는 '일본인론(日本人論)'이라는 용어로 다양하게 전개되었다.[4] 일본인론에 대해서는 메이지(明治) 시대부터 현대까지 일본인·일본문화·일본국의 성격을 역사, 문화, 심리적 관점에서 분석해온 많은 논의가 있는데, 그중에서도 패전 이후의 논의는 패전이라는 사회적·심리적 충격을 반영하고, 패전의 직접적인 원인을 넘어서 국민성의 결함에 대한 자기반성과 자기비판에 주목하고 있다(坂口安吾, 2007; 岡義武·木村健康·飯塚浩二, 1948).[5] 이러

3 일본의 인구는 아시아 전체 인구의 10%에 불과했으나, 지역 전체 GNP의 3분의 2를 점했으며, 경제규모는 당시 아시아의 두 번째 경제대국인 중국의 10배, 한국의 15배, 대만의 20배, 인도네시아의 30배, 그리고 싱가포르의 100배에 달하는 등(Pempel, 1999) 비교불가의 우위를 점했다.

4 메이지 시대부터 현대까지 이르는 다양한 일본인론에 대한 자세한 설명은 南博(1994) 참조.

5 그 외 문화인류학적 관점에서 일본인의 행동과 사고유형 등을 분석한 루스 베네딕트(Ruth F. Benedict)의 『국화와 칼』, 전후 일본의 변혁과 재건을 다룬 존 다우어의 『패배를 껴안고』 등이 대표적이다(Dower, 2000). 루스 베네딕트는 그의 저서에서 일본의 문화와 서양의 문화를 '수치의 문화'와 '죄의 문화'로 특징짓고

한 가운데 1960년대 안보조약개정과 소득배증정책, 도쿄올림픽 개최 등으로 일본은 서서히 국제사회에 진출하게 되었고, 1969년에는 세계 제2위의 GNP를 달성하는 등 경제적인 성장을 이루었다. 그리고 패전의 충격으로 인한 부정적 정체성과 열등감은 대국의식으로 서서히 변모해갔다. 1970년대에 들어서 일본인의 해외 진출이 점차 증대했고, 1980년대에 들어서면서 일본은 경제대국으로서의 입지를 다지게 되었다. 그리고 단기간에 이룬 일본의 경제적 성장에 대한 찬미가 이어졌다(Abegglen, 1958; Vogel, 1979). 이처럼 압도적인 경제적 우위와 경제력 향상으로 일본이 역내 강력한 영향력을 행사할 수 있는 환경이 조성되었고, 경제적 측면에서도 초강대국인 미국과 견줄 수 있는 세계적인 경제대국으로 부상함에 따라 미일 간의 역학관계도 보호자와 피보호자의 관계를 넘어 치열한 경쟁관계로 변화했다(윤덕민, 2013). 이러한 과정에서 일본의 지역에 대한 인식은 아시아라는 지리적 근접성을 넘어 경제적·안보적 영향력이 미치는 서구공간까지 확대되었다.

일본 지역구상의 변천

• 2000년대 이전 일본의 지역구상

전후 일본의 지역구상은 미일동맹에 기초하며, 현재까지도 일본 국가전략 전반에 내재해 있다. 요시다 독트린[6]으로 대변되는 외교전략을 토대로 전후 일본은 미국과의 군사·안보 협력을 기반으

일본문화의 이중성을 설명했다(Benedict, 1946).

6 연합군 총사령부 점령 아래 요시다 시게루(吉田茂) 수상이 주장한 일본의 외교노선으로 냉전 상황에서 미국과의 제휴를 외교의 기조로 하며, 안보문제는 미국에 의존하는 한편 경제발전에 국가역량을 집중하는 것을 특징으로 한다.

로 자국의 경제발전에 전력을 기울여왔고, 미국 주도의 자유주의와 상호의존의 국제질서에서 제2의 경제규모를 가진 국가로 성장할 수 있었다. 전쟁으로 황폐화된 경제와 산업의 부흥을 위해서는 미국의 세계전략에 편승하는 것이 최선이었고,[7] 이에 따라 일본은 미국을 제1의 동맹국이자, 대체불가의 존재로 여기게 되었다.

그러나 1950~1960년대에 들어서 일본의 외교정책은 기존의 미일관계를 기축으로 하되, 대미추종외교를 보완하며 동남아 국가들과의 정치적·경제적 연계를 중요시하는 움직임을 보이기 시작했다(이기완, 2011). 이 과정에서 1966년 4월 일본 주도의 동남아 개발각료회의, 12월 아시아개발은행(ADB) 등이 설립되었다. 그리고 1977년 8월 후쿠다독트린[8]을 계기로 동남아 지역과 좀 더 적극적인 협력이 이루어지게 되었다. 당시 동남아 국가들과의 협력은 주로 무역, 금융, 투자, 기술공여 및 정부개발원조(ODA) 등의 형태로 이루어졌는데, 1990년 일본기업의 전체 투자에서 그 비중이 60%에 달할 정도로 상당 부분을 차지했다. 이와 같은 일본의 대아시아 투자 및 역내 국가들 간 경제교류의 활성화는 아시아 국가들의 상호의존관계를 증진시켰으며, 미국과 일본의 쌍무관계 중심에서 역내 국가들 간의 상호관계 중심으로 변화시킴으로써 아시아 지역주의를 향한 토

7 요시다 총리가 국가의 기본인 외교를 미국의 영향력하에 두고 결정하는 것은 당시의 정치 상황에서는 최선이었다(岸信介, 1983).

8 필리핀에서 연설한 일본의 동남아시아 정책의 지침을 일컫는 것으로, "① 일본은 군사대국이 되지 않는다, ② 일본은 동남아시아 국가들과 마음과 마음을 어루만지는 관계를 구축한다, ③ 일본과 ASEAN 국가들은 대등한 파트너 관계에 있다"는 3대 대외원칙을 강조했다. 이후 일·ASEAN 정상회담, 외무장관회담 등이 개최되는 등 일본과 ASEAN 간의 협력관계가 시작되는 중요한 계기가 되었다(외무성 홈페이지, http://www.mofa.go.jp/mofaj/press/pr/wakaru/topics/vol64/index.html, 검색일: 2018. 3. 29).

대를 마련했다(김기석, 2005: 76). 특히 후쿠다독트린은 일본이 미국의 대아시아 정책에 편승하지 않고, 동남아 지역에 적극적으로 관여하겠다는 점을 명확히 했다는 점에서 전후 대미 추종외교의 일탈이자, 대동남아 접근정책의 분수령의 계기가 되었다고 평가받기도 한다(渋沢雅英, 1985).

한편 실질적으로 일본이 경제 분야애서 아시아 지역구상 토대를 마련하고 역할을 수행한 것은 1988년 10월 통산성(Ministry of International Trade and Industry, MITI)의 제안에 의한 1989년 아시아·태평양경제협력체(Asia-Pacific Economics Cooperation, APEC) 형성에서였다(Ashizawa, 2013).[9] 이후 일본은 1991년 아세안확대외교장관회의(ASEAN Post-Ministerial Conference, ASEAN-PMC)에서 아시아·태평양 지역에서의 안보 대화를 위한 다자주의적 협의체 창설, 1997년 아시아 금융위기에 따른 아시아통화기금(Asian Monetary Fund, AMF) 구상 제안, ASEAN+3 창설 주도, 1998년 신(新)미야자와 선언을 통해 300억 달러에 달하는 경제협력을 약속하며 ASEAN 10개국과 한·중·일 3개국 간 치앙마이이니셔티브(Chiang Mai Initiative, CMI) 제시 등 적극적인 역할을 담당했다. 일본의 이와 같은 노력은 미국과의 공조를 통한 자유주의 무역권의 확대를 위한 포석이자, 아세안 지역의 포괄 및 포용에 방점을 두고자 한 것이라 볼 수 있다.

이상을 통해 볼 때, 전후 일본은 미국과의 쌍무적 관계에서 아

9 1987년 1월 다무라 당시 통상산업대신은 호주 방문 시 일본, 미국, 캐나다, 호주, 뉴질랜드의 산업담당대신이 경제 상황, 산업구조조정, 기술개발, 중소기업 등에 관한 논의를 하는 '환태평양산업대신회합'을 제창하고, MITI 내에 '아시아·태평양무역개발연구회'의 설치를 통하여 1988년 AEPC의 모체가 되는 구상이 나왔다(経済産業省, 「APEC 設立経緯」, http://www.meti.go.jp/policy/trade_policy/apec/history/organize.html, 검색일: 2018. 1. 30).

시아·태평양지역으로 관심 영역과 지역인식을 확대하고, 지역구상을 구체화하며, 역내외 협력의 진전을 위한 자국의 적극적 역할을 증대해온 것을 알 수 있다. 주목할 점은, 일본의 적극적 역할은 일본이 미국과 견줄 수 있을 정도의 경제선진국으로서 자리매김한 이후의 경제 분야를 중심으로 한다는 점이고, 주로 주변국에 대한 공여의 형태로 이루어져왔다는 점이다. 더불어 일본이 추구한 협력의 지역적 범위는 한국 등 인접 국가들이 생각한 지리적 협력의 범위보다 더 넓은 '아시아·태평양'의 범위를 나타내고 있다는 점에 있다.

• 2000년대 이후 일본의 지역구상

① 중국의 부상과 일본의 대중인식

2000년대 이후 중국의 경제적·군사적 부상은 역내 국가들에 새로운 도전과 위기로 다가왔다. 특히 종래 아시아 지역에서 경제적 우위를 점하며 존재감을 과시해온 일본에게 중국의 부상은 긴장이자, 위협요인이었다. 급속한 성장에 따라 제기된 중국부상론은 장기화된 일본의 경제불황과 맞물리면서 2010년 경제규모 면에서 일본을 추월하며 중국은 명실공히 세계 2위 경제대국으로서 자리매김했다. 일본의 대중(對中) 무역수출비중 또한 증가하며 2000년대 이후 중국은 일본의 중요한 교역상대국이 되었다.

〈그림 1〉은 지난 20년간 일본의 대미(對美)·대중(對中)·대한(對韓) 수출순위의 변화를 나타낸 것이다. 이를 통해 알 수 있듯이, 일본에게 중국은 1995년 이전에는 상위 5개국 순위권 밖이었으나(6위), 2009년 미국을 앞서 일본의 최대수출상대국이 되었고, 이후에도 줄곧 미국과 1, 2위를 다투며 불과 20년 사이 일본경제에서 중요한 위치를 점하게 되었다.

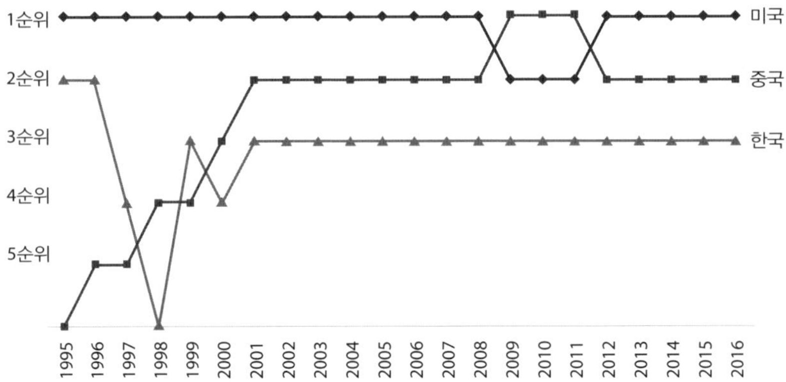

〈그림 1〉 일본의 대미(對美)·대중(對中)·대한(對韓) 수출순위 변화(1995~2016)

출처: 일본재무성 무역통계 연도별 수출상대국 상위 10개국 추이(1995~2016) 중 재구성.

지난 20년간 일본의 대미·대중 수출량을 살펴보면 〈그림 2〉와 같다. 〈그림 2〉에서 알 수 있듯이, 일본의 전체 수출량 중 중국이 차지하는 비율은 1995년 미국과 5배가량 차이가 났으나, 2000년대 후반에 들어서는 그 격차가 점점 좁혀져 2009년에는 미국을 제치고 일본 제1의 교역상대국이 된다. 2012년도에 들어서는 순위를 다시 미국에 내주게 되나, 이후의 교역량은 순위와 무관하게 그 격차가 크지 않다는 것을 알 수 있다. 더불어 1995년도에는 일본의 전체 수출량 중 5.1%에 불과했던 대중수출량이 2016년도에는 17.9%(2010년 19.8%)를 차지하며 비약적인 성장을 거둔 것을 알 수 있으며, 이는 곧 일본의 대중무역의존도가 과거에 비해 매우 높아졌음을 보여주고 있다. 이와 같은 중국의 급격한 경제성장과 더불어 당시의 센카쿠열도 주변 어선 출몰 등 중국과의 마찰은 일본에 있어 위협으로 다가왔다(임재환, 2016). 따라서 일본은 중국에 대한 안보·경제 위협이 고도화되는 가운데 일본은 중국을 견제하기 위한 방안을 고민하지 않을 수 없었다.

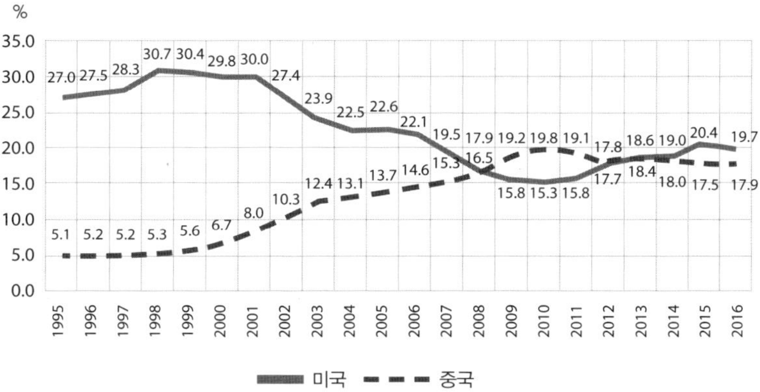

〈그림 2〉 일본의 대미(對美)·대중(對中) 수출비중(1995~2016)

출처: 일본재무성 무역통계 연도별 수출상대국 상위 10개국 추이(1995~2016) 중 재구성.

한편 2016년도 言論·NPO에서 시행한 일중여론조사에서는 일본의 대중·대미 인식에 대한 흥미로운 결과를 나타내는데, 이 중 몇 가지를 살펴보면 다음과 같다. 먼저 〈그림 3〉은 일중관계와 대미관계의 중요성을 나타내는 그래프로, 조사 결과 일본과 중국 양국 모두 '대미관계가 일중관계보다 중요하다'고 생각한 비율이 압도적으로 높게 나타났다. 이와 같은 결과는 동일한 보고서에서 일중관계의 중요성에 대한 질문에 70~80% 이상의 양국 국민이 일중관계의 중요성을 인지함에도 불구하고,[10] 미국이라는 변수가 개입할 경우, 상대국과의 관계보다 미국과의 관계가 더 중요시된다는 점에서 흥미롭다.

또한 〈그림 4〉에서 알 수 있듯이, 상대국과 미국에 대한 친근

10 2005년부터 2016년까지 일본과 중국 양국 국민에게 일중관계의 중요성에 대해 설문한 결과, 양국관계가 중요하다고 응답한 인원은 전체 평균 70~80%(일본-가장 낮은 시기: 2014년 70.6%, 가장 높은 시기: 2009년 82.1%), 중국-가장 낮은 시기: 2014년 65%, 가장 높은 시기: 2010년 92.5%)에 달했다.

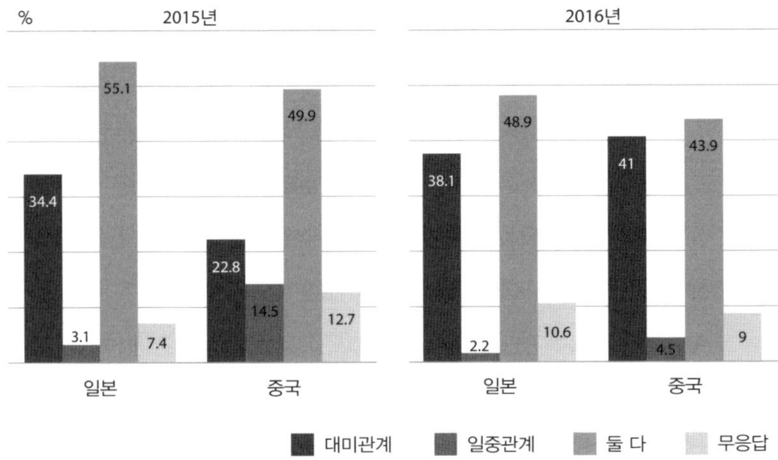

〈그림 3〉 일중관계와 대미관계의 중요성

출처: 言論·NPO(2016: 18) 자료를 토대로 필자 재구성.

감 조사도 양국 모두 '상대국보다 미국에 대한 친근감을 더 강하게 느낀다'고 대답한 비율이 월등히 높았으며, 일본이 중국보다 미국에 대한 친근감을 더 강하게 느끼는 것으로 나타났다. 중국 또한 일본보다 미국에 친근감을 더 강하게 느끼는 것으로는 나타났으나, 이 비중이 '양쪽 모두에게 친근감을 느끼지 않는다'는 것보다 낮게 나타났다는 점은 주목할 만하다. 즉, 중국은 미국에 대한 친근감은 일본보다는 적게 느끼지만, 미중관계의 중요성에 대해서는 인지하고 있다는 것을 알 수 있다. 또한 일본의 경우, 중국과의 관계에 대한 중요성은 인지하고 있으나, 대미관계와 비교했을 때 훨씬 미치지 못하는 수준이며, 친근감 또한 현저히 낮게 나타나고 있음을 알 수 있다. 이와 같은 일본의 대미·대중 인식은 일본의 지역구상 및 정책에도 반영된다.

〈그림 5〉는 세계를 주도(리드)할 국가 혹은 지역에 대해 일본

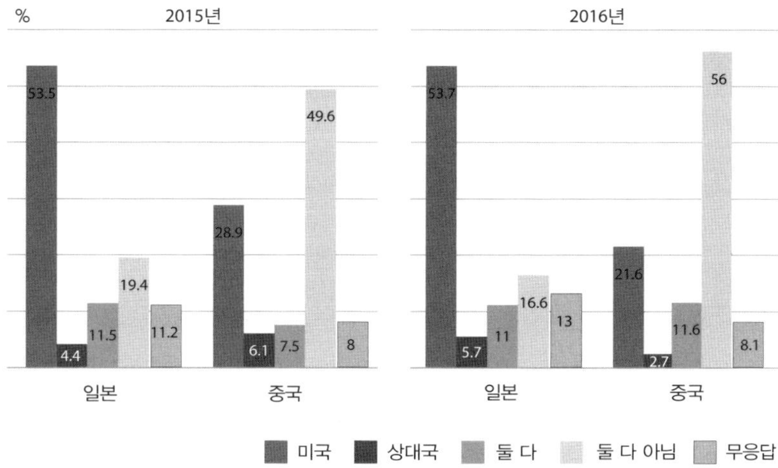

〈그림 4〉 일중 상대국과 미국에 대한 친근감

출처: 言論·NPO(2016:18) 자료를 토대로 필자 재구성.

과 중국 국민에게 질문한 것이다. 중국의 경우, 자국이 세계를 주도할 국가라고 답한 비중이 압도적으로 높은 반면에, 일본의 경우, 세계를 주도할 국가로서 미국을 자국보다 더 높게 생각하고 있는 것을 알 수 있다. 세계를 주도할 국가란, 타국에 대한 우월성을 의미하는 것이라고 볼 수 있는데, 일본은 자국이 일본외 역내외 국가들보다 우위에 있으나, 스스로를 미국보다는 낮게 평가하고 있다는 것을 알 수 있다.

이와 같은 조사 결과는 일본이 미국 중심의 세계질서에 편승하고, 미국의 지역구상에 적극 동조하는 것에 대한 이해를 돕는다. 즉, 일본의 인식 저변에 미국이 자국보다 우월하다는 것이 반영되어 있는 것이다. 하지만 미국 다음으로 세계를 주도할 수 있는 국가가 일본 스스로라고 답한 점을 볼 때, 미국이 없는 지역질서에서 일본이 주도적인 역할을 자임할 것이라는 예측을 가능하게 한다.

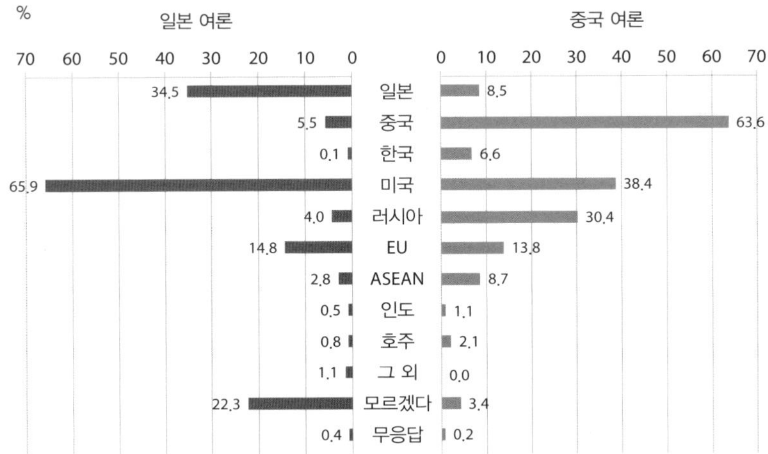

〈그림 5〉 일중공동여론조사: 세계를 주도(리드)할 국가 혹은 지역

출처: 言論·NPO(2016: 39).

② 일본의 지역구상

캠벨(Cambell, 1998)에 따르면, 국제관계에서 나타나는 위협은 모두 동등하게 위험으로 인식되는 것은 아니며, 특정 위협만이 위험으로 인식된다. 이 과정에서 자기정체성과 타자에 대한 정체성 인식이 중요하게 다루어지고, 기존의 인식이 바뀌기도 한다. 결국 국가정체성은 위험으로 인지되는 타자의 위협에 의해 확고하게 설정되고(하영선 외, 2005: 445), 국가의 대외정책은 타자와 구별되는 국가정체성을 반영한다. 2000년대 이후 본격화된 중국의 성장은 일본에 위험으로 인식되었으며, 그 결과 일본의 많은 정책은 중국의 부상에 대응하고, 역내외 국가들에 대한 자국의 영향력을 유지 및 확장하기 위한 목적과 연관되어 나타났다.

2002년 1월 고이즈미 수상은 '함께 걷고 함께 나아가는 공동체'라는 개념을 제시했으며, 2013년 12월 일본-ASEAN 특별정상회의에서 '동아시아공동체'[11] 건설을 지향하는 '도쿄선언'과 공동행동계획을 발표했다(外務省, 2006). 그리고 2005년 기존 ASEAN+3에 호주, 뉴질랜드, 인도를 포함하는 'ASEAN+6'에 입각한 동아시아정상회의(EAS)가 개최되었다. 이러한 일련의 과정은 일본이 중국의 부상을 견제하고, 영향력 강화를 억지하기 위한 노력의 일환이라고 볼 수 있다(윤덕민, 2013: 78-80).

2006년 아소 외무대신이 제시한[12] 일본, 호주, 인도, 미국을 잇는 '자유와 번영의 호(自由と繁栄の弧)'[13] 또한 이러한 일본의 대중견제 의도를 보여준다. 해당 연설에서 이 구상이 대중견제를 목적으로 함을 공식적으로 명시하고 있지는 않다. 하지만 일본국제문제연구소(JIIA)의 연구보고서(2007)에 제시된 바와 같이, '자유와 번영의 호' 구상은 중국의 경제성장과 무역에 대응하고, 대미관계의 강화를 배경으로 제시되었다. 이 보고서에는 '자유와 번영의 호' 구상이 궁극적으로 중국, 러시아와의 관계를 넘어 유럽 등을 포함한 국제적 관

11 고이즈미 총리의 '동아시아공동체 구상'은 아세안과 한·중·일, 호주, 뉴질랜드 등의 경제·안보 연대를 강화하는 것을 골자로 한다. 구체적인 협력 항목에는 유학생 적극 수용, 빈곤퇴치를 위한 경제 지원, 테러 및 대량파괴무기 확산 방지, 마약밀수 등 단속, 아세안 주변 해역에서 반발하는 해적에 대한 공동대책 등이 포함되어 있다.

12 '자유와 번영의 호'에 대한 아소 외무대신의 주요 연설은 2006년 11월 국제문제연구소 연설과 2007년 3월 일본국제포럼 연설이 있으며, 해당 용어가 처음 제시된 것은 2006년 11월이다(일본국제문제연구소 세미나 강연서, http://www.mofa.go.jp/mofaj/press/enzetsu/18/easo_1130.html, 검색일: 2018. 3. 21).

13 '자유와 번영의 호'는 일본과 자유, 민주주의, 기본적 인권, 법의 지배, 시장경제 등 보편적 가치관을 공유하는 미국, 호주, 인도, 유럽연합(EU), NATO 등과 협력하여 유라시아(Eurasia) 대륙의 정치적 안정과 경제적 번영을 달성하고, 보편적 가치의 실현을 통한 안정적인 지역형성을 목표로 한 외교비전이다(외무성 홈페이지 내 중점외교정책「자유와 번영의 호」 참조. http://www.mofa.go.jp/mofaj/gaiko/free_pros/index.html, 검색일: 2018. 3. 21).

점에서 다각적인 검토를 목표로 한다고 밝히고 있으나, 대중·대러 포위전략이라는 비판적 시각[14]에 대해서도 단기적 차원에서 부인할 수 없음을 인정하고 있다(日本国際問題研究所, 2007). 중국 또한 이 구상을 자국을 견제한다고 보고 일본 정부에 반발을 표명했다.[15]

한편 2009년 일본 민주당의 정권교체는 일본사회 및 국제사회의 변화를 야기했다. 하토야마 총리가 이끄는 민주당 정권은 '긴밀하고 대등한 미일관계'와 열린 지역협력원칙에 입각한 '동아시아공동체구상'을 발표했다.[16] 동아시아공동체구상이 제기된 배경에 대해서는 1997년 아시아 경제위기로 인한 동아시아공동체의 필요성 인식, 미국의 쇠퇴와 중국의 부상에 대한 대응, 하토야마 수상의 개인적 신념 등이 제시된다(이면우, 2011: 372-373). 그중에서도 기존의 구상이 중국을 경계의 대상으로 두고 ASEAN을 협력의 우선순위에

14 자유와 민주주의, 시장경제, 법의 지배, 인권존중 등의 가치를 강조하며 국제사회를 양분화하는 상황을 만들고, 동일한 가치를 공유하지 않는 중국, 러시아, 이란 등 일부 국가와 대립각을 세우는 것의 위험성 등에 대한 우려도 제시되었다(寺島実郎, 2007). 반면, 부상하는 중국의 영향력 확대에 대한 대응과 ASEAN+3, 동아시아정상회담 등에서 보편적 가치를 기치로 이념공동체를 지향하고 장기적으로 중국에까지 민주주의를 전파시킨다는 기대감도 제시되었다(神保謙, 2007).

15 2007년 11월 15일, 일본 중의원회의 질문서 제225호「자유와 번영의 호와 외교의 연속성에 관한 재질문주의서」에서는 중국이 자국을 포위하는 구상으로 여기고 반발하고 있음(6번 문항)을 밝히고 있다(衆議院,「自由と繁栄の弧と外交の連続性に関する再質問主意書」, http://www.shugiin.go.jp/internet/itdb_shitsumon.nsf/html/shitsumon/a168225.htm).

16 다만, 하토야마의 '동아시아공동체구상'은 필요성 및 중요성만 제시되었을 뿐, 구체적인 내용이 제시되지 않아(鳩山由紀夫, 2009) 매우 제한적이지만, 2009년 11월 싱가포르 연설을 통해 대략의 방향을 유추할 수 있다. 하토야마 수상은 동아시아 지역의 기능적 공동체망을 중첩적으로 만들 것을 주장하며 ① 번영을 위한 협력, ② 녹색 아시아를 위한 협력, ③ 생명을 위한 협력, ④ 우애의 바다를 위한 협력, ⑤ 인적 교류를 추진방향으로 제시했다(首相官邸, 2009).

두었다면, 민주당의 구상은 중국을 포함한 협력을 강조하고 있다는 점에 차이가 있다. 즉, 중국과 양자협의보다는 중국을 포함한 다자협의의 틀 속에서 중국의 위협을 감소시키기 위한 전략이라고 볼 수 있다.

2012년 12월 출범한 아베 정권은 중국위협론의 현실화를 직시하며 미일동맹과 대중견제전략을 표면화했다. 가시화된 센카쿠 영유권 문제는 일본과 중국 사이의 긴장을 어느 때보다 고조시켰고, 이는 아베 정권이 당면한 주요한 대외정책과제 중 하나가 되었다. 이와 같은 국제정치적 상황 속에서 치러진 중의원 총선거 과정에서 자민당은 국가안보기본법 제정, 국가안전보장회의 설치, 헌법개정 등 안보체제 강화, 영토·영해 주권에 대한 강력한 대응, 고노 담화 및 무라야마 담화 재검토, 근린제국조항 수정 등 과거사 문제에 대한 결연한 대응을 공약으로 내세웠다. 그리고 중국 시진핑 지도부의 영유권에 관한 물리적 압박, 과거사를 둘러싼 한중 양국의 대일(對日)연대, 안전보장 태세 정비, 중국의 해양에서의 자기주장 강화에 대해 중국을 '지금 여기 존재하는 위기'[17]로 상정하고, 강경한 '대중억지전략'을 선택했다(서승원, 2017: 290-293).

이와 같은 상황에서 아베 수상의 지역구상은 1차 아베 내각(2006. 9~2007. 9)의 '가치관외교'와 그 맥락을 같이하고 있다. 아베 수상은 2012년 요미우리신문과의 인터뷰(読売新聞, 2012. 12. 29)에서 아시아의 안정을 위협하는 요인으로서 북핵 문제와 중국의 위협을 꼽고

17 아베 수상은 2013년 3월 17일 방위대학 졸업식 훈시에서 일본에 대한 영토·영해·영공에 대한 도발을 '지금 여기에 존재하는 위기'로 표현했는데, 이는 중국에 의한 도발을 의미한다.

있으며, 이러한 위협에 대응하기 위해서는 양자관계뿐만 아니라, 지구 전체를 부감(俯瞰)하는 전략이 필요하다고 했다. 즉, 아베 내각에서는 미일동맹을 기축으로 인도, 호주 등 가치관을 공유하는 민주주의 국가들과의 제휴 강화를 목표로 하고 있으며, 이러한 과정을 통해 중국이 외교적인 압박을 느낄 수 있다고 본 것이다.

이처럼 아베 정권의 지역구상의 기저에는 중국에 대한 위협인식과 이에 대한 일본의 대응을 위시한 정책적·전략적 고려가 반영되어 있다. 아베 정권이 정책기조를 구체화하며 2013년 12월에 발표한 「국가안전보장전략에 대해서」에서 적극적 평화주의, 자유·민주주의, 기본적 인권, 법의 지배 등 보편적 가치의 수호, 해양국가의 정체성, 중국 등에 의한 세력균형의 변화, 센카쿠 인근의 영해·영공 침범 등을 언급한 것(国家安全保障会議, 2013)은 이를 잘 반영해주고 있다. 같은 맥락에서 아베 정권은 오바마 정권 시기 제시된 미국의 아시아 재균형전략에 적극 동조했다. 미국의 아시아 재균형전략은 미국의 패권에 도전하는 세력의 출현을 저지하는 것을 목표로 하며, 부상하는 중국에 대한 안보아키텍처와 TPP 경제협력의 두 가지 축으로 대응하고자 하는 것이다(서승원, 2017: 303).

이처럼 일본은 미국의 대아시아전략에 적극 협조하며, 관련국들과 안보·경제협력을 강화했다. 1차 아베 내각에서 제시된 '민주주의 안전보장 다이아몬드(이하 안보 다이아몬드)' 구상과 TPP 참가가 이를 잘 반영해주고 있다. 〈그림 6〉에서처럼 '안보 다이아몬드' 구상은 일본, 호주, 인도, 하와이(미국) 4개국을 마름모꼴로 연결하여 인도양에서 서태평양에 이르는 해양의 질서를 유지하자는 내용으로, 중국의 '진주목걸이 전략'과 대비되며, 중국을 견제하는 구상으로 평가되었다(안용현, 2014; 김민석, 2017). 비록 트럼프 행정부에 들어서는 '아

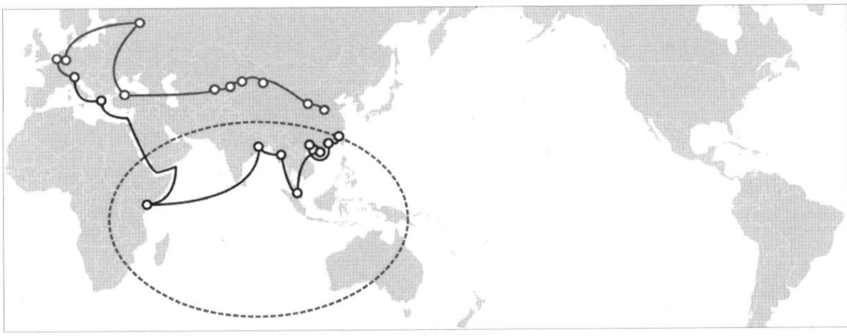

① 일본의 인도·태평양전략 vs. 중국의 육상·해상 실크로드

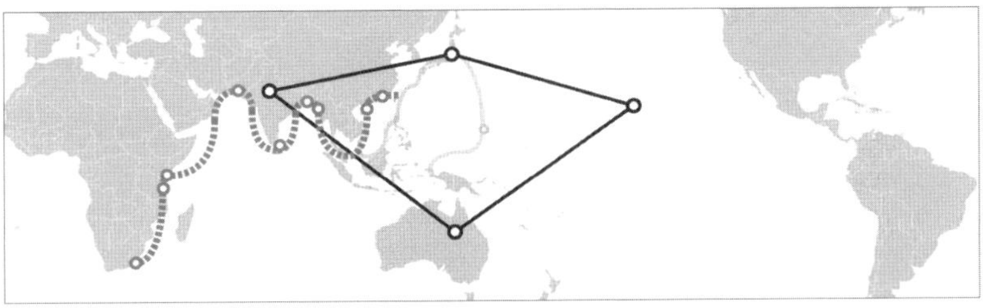

② 일본의 안보 다이아몬드 구상 vs. 중국의 진주목걸이 전략

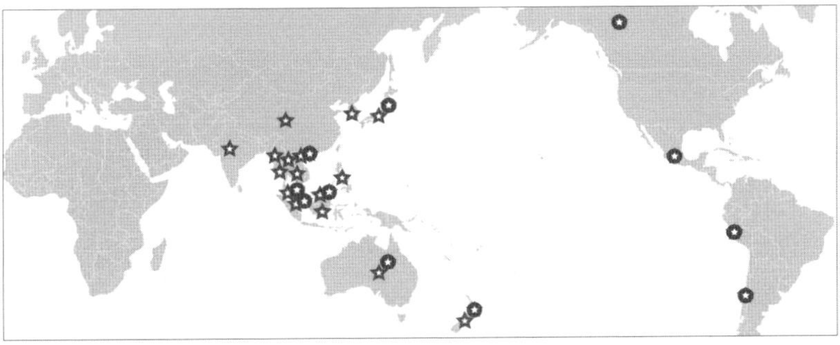

③ 일본의 TPP vs. 중국의 RCEP

〈그림 6〉 일본의 지역구상과 중국의 지역구상

출처: 각 구상을 토대로 필자가 재구성.

시아·태평양'이라는 개념보다 '인도·태평양'이라는 개념을 강조하고 있지만, 이는 '자유롭고 개방된 인도·태평양전략(自由で開かれたイ

ンド太平洋戦略)'[18]이라는 일본의 외교전략(外務省, 2017)과 맥락을 같이 한다.

〈그림 6〉은 중국의 안보·경제전략에 대응하는 일본의 안보·경제전략을 나타낸 것이다. 그림을 통해 알 수 있듯이, 중국의 구상과 일본의 구상은 중첩되는 부분이 많으며, 그 성격과 내용을 통해 볼 때 대립 양상을 띠고 있는 것을 알 수 있다. 한편 높은 수준의 시장개방을 요구하는 TPP는 중국이 참여하기 어려운 구조로 추진되며, 사실상 중국을 배제하는 정책으로 여겨진다. 비록 트럼프 행정부의 TPP 탈퇴 선언 이후 이전보다 그 동력을 상실하기는 했으나, 여전히 중국의 세력 확장을 견제하고자 하는 지역협력구상임에는 변함이 없다.

일본의 국가정체성과 지역구상의 변천

일본의 국가정체성은 격변하는 국제정치적 상황에서 주요한 역사적 사건들을 경험하며 변화되었다. 이를 시기별로 나누어 살펴보면 다음과 같다. 먼저 1960년대 이전 형성된 일본의 정체성은 전후 '패전국, 피해국'이라는 자기 인식에 기반하며 미국에 의해 형성된 전후 질서에 편입되어 미국과의 협력을 우선시한 대외전략을 수립했다. 미국은 아시아 지역에 '허브 앤 스포크(hub-and-spoke)' 시스템을 구축하며, 한국·일본·대만·필리핀·태국 등과 양자동맹관계를

18 아베 수상은 2016년 8월 케냐 나이로비에서 개최된 아프리카개발회의(TICAD)에서 처음 제안한 것으로 태평양에서 페르시아만에 이르는 인도·태평양지역을 '자유와 법치, 시장경제를 중시하는 장(場)으로 규정하고, 관련 국가들이 국제규범에 근거한 인프라 정비와 무역·투자, 해양안보 분야 등의 협력을 추진해나가자는 내용을 담고 있다.

형성했는데, 이러한 관계는 후대에도 지속적으로 국가관계에 영향을 미쳤다(최은미, 2010). 전후 폐허가 된 일본은 경제 및 안보 면에서 미국에 절대적으로 의존했고, 미국과의 긴밀한 양자관계를 우선시했다(전진호, 2005). 그리고 미국과의 안보협력하에 일본은 패전 후 피폐함을 빠르게 극복하며 눈부신 경제성장을 이루었다.

미국의 보호 아래 1960년대부터 1980년대까지 급속한 경제성장을 한 일본은 세계 제2의 경제대국으로 부상했고, 이에 따라 스스로 '경제선진국', '경제신흥국'으로 여겼다. 미국과의 관계 또한 기존의 보호국-피보호국의 관계를 넘어 상호간 경쟁할 수 있는 관계로 성장했다. 이러한 과정에서 확대된 주변국과의 관계는 주로 동남아지역과 이루어졌으며, 협력은 주로 ODA 형태로 이루어졌다. 이는 일본의 경제적 성장을 바탕으로 증대된 아시아 지역에서의 영향력 증대를 의미하는 것이다.[19]

그러나 1990년대 장기불황에 빠지면서 일본의 자국에 대한 인식은 '잃어버린 10년(失われた10年)'이라는 자조(自嘲)적 표현으로 표상된다. 성장가도를 달리던 일본경제가 장기간 침체에 빠지고, 자민당 일당 지배의 종식과 정계개편의 유동성, 한신대지진, 옴진리교 사건 등 일본의 정치·경제·사회, 나아가 가치체계와 윤리규범까지 뒤흔든 사건들이 발생하자 일본은 1990년대를 '잃어버린 10년'이라고 표현했다. 이는 당시 일본사회 내부의 불안정성과 혼란을 반영하는 것이며(김용복, 2011; 최은미, 2015), 중국의 경제적 부상과 국제사회

19 1969년 미국의 대아시아 원조가 각국에서 차지한 비율은 베트남 96%, 한국 64%, 태국 52%, 인도네시아 48%, 필리핀 32%, 말레이시아 15%, 대만 15%였으며, 같은 시기 일본의 대아시아 원조는 필리핀 65%, 대만 65%, 말레이시아 37%, 한국 31%, 인도네시아 21%였다(Crone, 1993: 508).

에서의 영향력이 확대됨에 따라 아시아에서 절대적 위치를 점하고 있던 자국의 위상에 대한 위협감을 느꼈던 것으로 볼 수 있다. 당시 일본이 AMF, ASEAN+3, CMI 등 동남아 지역 등과 적극적인 움직임을 보인 것은 역내 중국의 영향력 확대를 저지하고, 자국의 영향력을 강화하기 위한 노력의 일환이라고 볼 수 있다.

한편 2000년대 이후 일본의 경제는 장기불황 이전의 상황으로 완전히 회복되지는 못했으나, 불황기에 비해서는 상대적으로 안정감을 갖게 되었다. 그러나 2000년대부터 점증하는 중국의 부상은 일본으로 하여금 중국과의 관계 강화의 중요성과 더불어 경제·안보 위협감을 증대시켰다. 일본은 2004년 12월 「신방위계획대강」과 『2005 방위백서』에서 처음으로 중국을 위협으로 명시하며 중국의 군사력에 경계심을 표출했으며,[20] 이러한 경향은 최근까지도 지속적으로 나타나고 있다.[21] 일본 내 대표적인 중국전문가인 고쿠분 료세이(國分良成) 또한 일본의 대중위협과 중일 간의 우발적 충돌에 대한 우려를 표명한 바 있다(고쿠분 료세이, 2013). 일본의 이러한 대중 위협인식은 일본의 지역구상 및 대외정책에 영향을 미치는 주요한 요소가 되었다. 그리고 단극적 질서의 중심에 서 있던 미국이 상대적

20 『2005 방위백서』에서는 중국군의 동향에 대해 핵·미사일 전력과 해군·공군 전력의 근대화를 추진하고, 해양에서의 활동범위 확대를 도모하고 있으며, 중국의 해군·공군이 국토방위형에서 공격 및 방어 일체로의 전환을 시도하고 있는 만큼 군의 근대화 목표가 중국의 방어에 필요한 범위를 넘은 것이 아닌지 신중히 검토해야 한다고 지적하고 있다.

21 『2017 방위백서』에서도 일본은 "중국이 '평화적 발전'을 내세우면서도, 해양문제에 있어서 기존의 국제법 질서와는 상반되는 독자적인 주장에 근거해 힘을 배경으로 한 현상변경을 시도하는 등 고압적인 대응을 계속하고 있으며, 예측 불가능한 사태를 초래할 수 있는 위험한 행동도 보이고 있다"고 지적하고 있다. 또한 이와 같은 중국의 행동이 일본을 포함한 지역 및 국제사회의 안전보장 환경에 미치는 영향에 우려를 표명했다(防衛省, 2017).

으로 쇠퇴하고 있다는 논의와 더불어 중국의 부상과 그 성격에 관한 논란이 불거지면서 동아시아에서 세력전환(power shift)이 일어나고 있다는 담론이 급속하게 퍼져갔다(박철희, 2017). 이와 같은 국제정치적 흐름 속에서 동아시아 지역에서 현상변경을 시도하려는 중국과 이를 견제·억지하려는 일본의 의도가 경제·안보정책에 반영되어 나타났다. 〈표 1〉은 일본의 국가정체성과 지역구상의 변화를 시기적 흐름에 따라 나타낸 것이다.

〈표 1〉에서 알 수 있듯이, 일본의 국가정체성은 전후부터 1960년대 이전까지 '패전국/피해국'에서, 1960년대부터 1980년대의 경제성장기에 '경제선진국/경제신흥국'으로, 1990년대에서 2000년대 경제불황기에 '잃어버린 10년'으로, 그 이후 '보통국가·자유주의 수호자'로 스스로를 규정하며 변모해왔다. 이와 같은 상황에서 일본의 지역인식은 미국과의 관계 중심에서 한중일, 아세안 등 주변부까지 외연을 확장해나가는 모습을 볼 수 있었다. 또한 점증하는 대중위협인식은 경제 분야에서 경제 및 안보 분야까지 확장되었고, 일본의 대외전략 또한 경제 중심에서 안보영역까지 점차 그 범위를 넓혀가는 것을 알 수 있었다. 이와 같은 협력 노력은 일본의 AMF, ASEAN+3, CMI 형성을 위한 적극성, 동아시아공동체구상, 안보다이아몬드 전략, TPP 참여 등의 사례에서 찾아볼 수 있다.

요약하면, 국제정치의 큰 변화의 흐름 속에서 일본의 자기인식과 국가정체성은 전쟁 후 패전국·피해국에서 경제성장을 통한 우월성에 기반한 주변국을 이끌어갈 주도국, 그리고 중국의 위협에 대응하며 보편적 가치 추구와 자유주의 수호에 앞장서는 국가로 스스로 발전하고 변모해왔음을 알 수 있다. 그리고 이러한 정체성에 기반한 지역인식은 미국 중심에서 미국과의 동맹을 기반으로 한 아시아·태

〈표 1〉 일본의 국가정체성과 지역구상의 변화

구분	1960년대 이전	1960년대~1980년대	1990년대~2000년대	2000년대~2010년대	2010년대~현재
경제	전후	경제성장기	장기불황기	장기불황 이후	
자국인식	패전국 피해국	경제선진국 경제신흥국	잃어버린 10년	보통국가/ 자유주의 수호자	
대중인식	–	–	경제위협 ▶ 경제·안보 위협		
대외전략 변화	미일동맹				미국경사의 인도·태평양전략
대중정책	–	–	대중 견제–중국 포위·고립전략(민주당: 중국을 포함한 다자주의 틀 속 대중위협 감소)		
협력지역	미국	미국·동남아 ▶ 미국·동남아·한중일 ▶ 미국·동남아·태평양지역 확대			
협력분야	–	경제 분야 ▶ 경제·안보 분야 범위 확장			
주요 지역구상	–	–	AMF, ASEAN+3, CMI	EAS, ASEAN+6, 동아시아 공동체구상	안보 다이아몬드, TPP 등

출처: 필자 작성.

평양주의, 그리고 인도·태평양까지 범위가 확대되었고, 주변국과의 관계 또한 일미관계를 중요시하되 아시아 지역에서의 영향력을 강화하는 양상으로 전개되어왔다. 주요 협력 분야 또한 경제 분야에서 안보영역까지 확장되었음을 알 수 있다. 이러한 일본의 자국인식과 국가정체성, 지역구상이 TPP 참가와 TPP 11 추진에서 어떻게 나타났는지 좀 더 상세히 알아보도록 하겠다.

TPP를 통해 본 일본의 정치경제: 경제의 안보화, 안보의 경제화

TPP는 아시아·태평양지역의 경제통합을 목표로 공산품 및 농업 제품을 포함한 모든 품목의 관세를 철폐하고, 정부조달, 지적재산권, 노동규제, 금융·의료 서비스 등의 모든 비관세 장벽을 철폐하고 자유화하는 협정으로 2006년 뉴질랜드, 싱가포르, 칠레, 브루나이 4개국(P4) 체제로 출범했다. TPP는 출범 초기에는 국제적인 영향력이 크지 않았으나, 2008년 미국이 가입하면서 국제적인 주목을 받았다. 미국의 참여 이후 2008년 11월 호주, 페루, 베트남, 2010년 10월 말레이시아, 2012년 10월 캐나다, 멕시코가 가입을 선언했다. 일본은 2013년 이 협정에 가입했고, 이후 TPP는 세계 최대 자유무역협정으로 격상되었다(이상현 외, 2015). TPP는 2010년 3월 1차 회의를 시작으로 수차례에 걸친 각료회의를 거쳤고, 2015년 10월 5일 최종 타결되었다.[22]

일본에서 TPP 논의가 본격화된 것은 2010년 10월 1일 간 나오토 총리가 국회 소신표명연설에서 동아시아 지역외교에 대해 언급하며 TPP 교섭 참가 등의 검토를 통해 아시아·태평양자유무역권 구축을 목표로 한다고 밝히면서부터다(首相官邸, 2010). 주목할 점은, TPP 논의가 본격화된 시점이 중국과 센카쿠 열도 분쟁이 격화된 직후라는 점이다. 2010년 9월, 센카쿠 열도 주변 해상에서 일본의 해상보안청 순시선과 중국 어선이 충돌한 사건은 일본사회에서 보수이념의 제도화와 군사적 역할을 위한 논리적·실제적 근거를 제

22 TPP는 19차에 이르는 공식회의와 수차례의 각료회의 및 비공식 회의를 거쳐 타결되었는데, 그 주요 협정내용으로는 상품관세 및 비관세 장벽 철폐를 포함하여 상품관세 및 비관세 장벽 외에도 원산지규정, 무역구제, 동식물검역(SPS), 기술장벽(TBT), 투자, 국경 간 서비스무역, 금융서비스, 통신, 전자상거래, 정부조달, 경쟁, 국영기업, 지적재산권, 노동, 환경, 협력 및 역량 강화, 개발, 중소기업, 규제통합, 투명성, 행정 및 제도 조항, 분쟁해결, 예외 등 총 30개 장으로 구성되어 있다(이상현 외, 2015).

공함으로써 일본의 군사적 보통국가화 가속화와 미일동맹의 재편, 강화에 기여하는 결과를 초래했다(조양현, 2014: 223). 당시의 간 내각과 노다 내각이 TPP에 집중했던 것은 일본외교의 최우선 과제가 미일관계의 회복에 있었고, 미국의 TPP 참가 압력이 있었기 때문이었다. 2012년 8월 발표된 「아미티지-나이 보고서」에서는 중국의 군사력 증강에 맞서 미일의 공동대응의 필요성을 강조하고 있으며, 일본의 TPP 참가를 촉구하고 있는 점들이 이와 같은 상황을 잘 대변하고 있다(Armitage and Nye, 2012). 이와 같은 전략은 동아시아외교를 강조하면서도 경제통상 면에서는 중국이 아닌 미국과의 협력을 중시하는 양상을 보였다는 점에서 흥미롭다. 즉, 경제정책이 당시의 안보상황과 전략을 반영하고 있음을 보여주는 것이다.

이후, 11월 9일 각료회의에서 '포괄적 EPA에 관한 기본방침'[23] 발표를 통해 일본 통상정책의 기조변화를 공식화하고, TPP 논의가 진전되었다. 이어서 2011년 11월, 노다 수상이 APEC에서 개최된 정상회담에서 협의 의향을 대외적으로 표명했고, 2013년 3월 15일 아베 수상이 정식 참여를 선언했다. TPP는 P4의 확대판이며, 최종적으로는 APEC 회원국 대상의 아시아·태평양자유무역지대(Free Trade Area of the Asia-Pacific, FTAAP)를 지향하고 있다.

한편 TPP는 2016년 12월 출범한 미 트럼프 행정부가 탈퇴를

23 ① 전 품목을 대상으로 한 높은 수준의 FTA 추구, ② TPP 참가요건 조성, ③ 농업·규제 개혁 등의 선행을 핵심내용으로 하고 있다(内閣官房, 2010). 이는 2009년 12월 결정된 민주당 정권의 '신(新)성장전략'의 일환으로 기존 경제정책과 차별화된 전략이다. 또한 대외적으로는 기존 산업의 국제경쟁력을 활용하여 아시아·태평양지역의 고도성장 벨트에 참여하여 성장을 도모하며, 대내적으로는 기존 시스템에서 보호받고 있던 농업, 금융 등의 저경쟁력 산업을 재편할 수 있는 전략이기도 했다(최희식, 2011).

선언(2017. 1. 20: 탈퇴 선언, 1. 30: 공식 표명)함에 따라 존폐위기를 겪었으나, 일본이 지속 추진할 의사를 표명했으며(2017. 11. 11), 2018년 2월 현재는 일본 주도의 CPTPP의 형태로 추진되고[24] 있다(김양희, 2010; Drake-Brockman *et al.*, 2011; Gregory, 2018; New Zealand Foreign Affairs & Trade, 2006; Office of the United State Trade Representative, 2017).

일본의 TPP '참가'의 정치경제

일본이 TPP 참여를 정식으로 선언한 것은 자민당 정부에서지만, 논의를 시작한 것은 민주당 정부에서였다. 보다 정확히는 간 내각에서 논의를 본격화했으며,[25] 2011년 11월 미일정상회담에서 노다 총리가 TPP 교섭 참가 발표, 2013년 3월 15일 자민당 아베 총리가 일본의 TPP 참여를 공식선언했다.[26]

24 일본을 중심으로 베트남·브루나이·뉴질랜드·호주·싱가포르·말레이시아·멕시코·캐나다·페루·칠레 등 11개국이 참여하고 있으며, 참여국들은 이미 타결한 TPP 핵심 조항을 유지하면서 자유무역블록을 결성, 2018년 내 서명, 2018년 내 발효할 것에 합의했다(김길수, 2017).

25 2009년 집권한 민주당 하토야마 내각(2009. 9. 16~2010. 6. 8)에서는 TPP 논의가 구체적으로 이루어지지 않았으며, 주로 'ASEAN+6'의 동아시아공동체 건설을 핵심 대외전략으로 제시하며, 동북아 주변국과의 FTA에 관심을 표명했다(김영근, 2013; 김양희, 2010).

26 사실 아베 총리는 2012년 11월 중의원 선거에서 "성역 없는 관세 철폐를 전제로 하는 한 TPP 교섭 참가에 반대"한다는 공약을 제시했다. 이는 농업표 이탈을 우려한 자민당 내 반대가 거셌기 때문으로 판단된다. 특히 자민당 내 'TPP 참가 즉시 철회를 요구하는 회' 등을 중심으로 약 240명의 TPP 참가 교섭을 반대하는 자민당 의원들이 "참의원 선거전에 당이 양분되는 상황을 국민에게 보이면 안 된다"며 TPP 교섭 참가를 반대했다. 그러나 아베 총리는 무역활성화, 미일동맹 강화, 성장전략 추진을 위해 TPP 교섭 참가에는 긍정적 태도를 보였으며, 총리 취임 이후 TPP를 본격 추진했다. 그러나 TPP 참가를 공식선언한 이후에도 'TPP 대책위원회' 등을 설치하여 향후의 교섭을 감시하며, 일본 측의 핵심 주장이 받아들여지지 않으면 TPP 교섭으로부터 탈퇴도 불가피하다는 입장 또한 존재했다.

〈표 2〉 일본의 TPP 논의 전개과정

정당	내각(시기)	일시	주요 사항
민주당	간 내각 (2010. 6~ 2011. 9)	2010. 10. 1	간 나오토 총리 국회 소신표명연설, TPP 참가 검토 최초 발표
		2010. 11. 9	포괄적 EPA 기본방침/ 통상정책 기조변화 시도 및 공식화: 높은 수준의 FTA 추구, TPP 참가 여건 조성, 농업·규제개혁 선행
	노다 내각 (2011. 9~ 2012. 12)	2011. 11	노다 수상, 하와이 APEC에서 개최된 정상회담에서 협의 시작 의향 최초 표명 "TPP 교섭 참가를 위해 관계국과 협의에 들어가겠다."
자민당	2차 아베 내각 (2012. 12~ 2014. 12)	2012. 11	아베 수상, 중의원 선거에서 TPP 교섭 참가 반대 공약 제시
		2013. 3. 15	아베 수상, 미일정상회담 시, 일본 교섭 참가 공식선언
	3차 아베 내각 (2014. 12~ 2017. 11)	2016. 3	TPP 의결 및 국회 동의 신청
		2016. 11. 10	TPP 법안 중의원 통과
		2017. 4	아베 수상, TPP 지속추진 의사 표명
	4차 아베 내각 (2017. 11~ 현재)	2017. 11. 11	TPP 11 참가국 간 일본 주도의 CPTPP 추진(2018년 내 서명, 2019년 발효 합의)

출처: 필자 작성.

한편 간 내각의 TPP 참가 검토 발표는 일본 내부의 첨예한 의견대립을 불러일으켰다. TPP를 찬성하는 입장과 반대하는 입장이 극명하게 대립했다.[27] TPP가 높은 수준의 자유화, 새로운 비즈니스

27 TPP 참여에 대한 일본 내부의 논의에 대해서는 김호섭(2012), 김영근(2013),

형성 등을 목표로 하고 있어 자동차·전자 등 수출산업 관계자들은 가맹국의 관세율 삭감으로 인한 일본기업의 수출경쟁력이 강화될 것을 예상해 환영했으나, 값싼 수입품의 유입을 우려하는 농수산업, 국내 농업단체, 민주당 내부 등 관련 이해단체의 극심한 반발을 일으켰다. 또한 TPP가 관세 철폐뿐만 아니라, 투자와 제도 등 다양한 분야를 포함하고 있어 이에 따른 수익과 손실이 예상되는 측이 크게 대립했다. 또한 서비스·무역·투자 부문에서는 기업이 국제화하여 생산성을 향상시켜 장기적으로 경제성장을 기대할 수 있을 것으로 예상된 반면, 국내법·제도를 변경하거나, 대일 투자가가 일본 정부를 제소할 가능성에 대한 우려가 예상되었다.

먼저 TPP 참가를 찬성하는 입장에서는 첫째, TPP 참가가 일본의 수출 증가 및 성장과 고용 확대에 긍정적인 효과를 낳을 것이라고 주장한다.[28] 즉, 일본의 TPP 참가는 일본기업의 아시아·태평양지역에서의 해외 진출로 인해 고용효과를 창출한다는 것이다(山下一仁, 2013). 둘째, 기존 시스템에서 보호받고 있던 농업 및 금융산업을 재편하고, 뒤처지고 있는 제조업을 활성화시킨다고 본다. 아사카와 요시히로(浅川芳裕, 2012)는 TPP가 오히려 농업 분야의 대약진의 기회가 될 것이라고 주장한다. 셋째, 미국의 아태전략과 보조

박창건·김용민(2012) 참조.

28 2013년도 일본 정부에서 발표한 「일본의 TPP 가입이 경제에 미치는 영향」을 살펴보면, 수출 증가 등에 의한 3조 2천억 엔의 GDP 증대효과(0.66%)가 발생하고, 저가 농산품 수입으로 농림수산업 생산이 3조 엔 정도 감소하게 될 것이나, 다른 산업의 생산 증가 및 소비 확대가 이를 보전, 구체적인 경제효과는 소비에 의한 영향이 3조 엔(0.61%), 투자가 5천억 엔(0.09%), 수출 2조 6천억 엔(0.55%)의 GDP 증대효과, 수입 증가로 인한 GDP 감소효과는 2조 9천억 엔(0.6%)으로 파악되었다.

를 맞추며 미일동맹을 강화시킬 것으로 보았다(久保文明, 2015). 일본의 TPP 참가로 인한 미일동맹 강화에 대한 논의는 일본 정부에서 공공연히 제시되었으며(外務省 ホームページ), 일미회담에서 수차례 언급됨은 물론, 미국 측에서도 일본의 참가를 적극 독려했다(日本経済新聞, 2012. 11. 28).[29] 넷째, 무역투자 규칙 제정에 주도적 역할을 하는 것이 향후 일본의 이익이 된다고 보았다(김용복, 2013: 117-118). 일본 내각관방에서는 TPP 대책본부 홈페이지(内閣官房, TPP等政府対策本部)를 만들어 TPP의 효과에 대해서 설명하고 있으며, 일본의 TPP 참가가 경제적 효과 및 외교전략 측면에서도 중요한 의미를 갖는다고 보고 있다(内閣官房, 2012).

이 외에도 FTAAP 구상의 첫 단계, TPP 협정 참가국 간의 상호 관세 철폐로 인한 무역 증가, 일본 제품과 TPP 협정 참가국의 국내 제품과 비차별, 일본의 기술과 브랜드 유지, 해당지역 내 일본기업의 부당취급 방지, 무역 수속 혹은 사업가들의 출입국 수속 간편화에 따른 중소기업의 해외활동 원활화 등이 주요 이점으로 제시되었다.

반면 TPP 참가를 반대하는 입장에서는, 일본 GDP에서 수출이 차지하는 비중이 적기 때문에 개방과 수출 확대를 통한 경제성장은 잘못된 주장이며, 농업뿐만 아니라 서비스 및 금융 부문 또한 피해를 입을 것이며, 무엇보다도 동일본대지진으로 인해 경제부흥에

29 2012년 11월 28일 일본경제연구센터와 미국 브루킹스연구소는 「동북아시아의 변혁과 국제경제, 일미관계」라는 주제로 심포지엄을 열었다. 이 회의에서 미국 브루킹스연구소 동북아정책연구센터의 미레야 솔리스(Mireya Solis) 선임연구원은 "TPP에 일본이 참가하지 않는다면 미국은 큰 타격을 입을 것"이라고 주장했으며, 참가자들은 TPP가 일미동맹 강화에 불가결한 요소임에 의견을 같이했다.

저해요인으로 작용할 것이라고 주장한다. 노다 다케시(中野剛志, 2011; 2013)는 TPP의 실태는 일본 시장을 미국에 주는 것이고, 이로 인해 디플레이션의 심각화 초래, 고용악화, 의료제도에서 금융보험, 식품 안전위협 등 일본경제의 근간이 흔들리게 될 것이라고 경고한다. 이 외에도 원칙적으로 전 품목에 대한 관세를 즉시 철폐해야 하므로 농업쇠퇴, 자급률 저하, 안전하지 않은 식품 증가 및 식품의 안전기준 완화, 공적 의료보험 혜택 축소, 질 낮은 외국인 전문가 및 단순노동자의 대량 유입, 지방 공공사업의 개방에 따른 일자리 박탈 가능성, 외국인 투자가의 소송으로 국내 제도 변경 등으로 인한 국가주권 영향 등이 지적되었다(苫米地英人, 2016). 이러한 상황에서 일본 농민단체와 소비자 단체들이 TPP 반대에 목소리를 높였고, 정치권 내에서도 'TPP를 신중하게 생각하는 모임'이라는 초당파 의원 모임이 결성되었고, 야마다 요시히코(山田正彦) 전 농림수산상을 중심으로 한 200여 명의 의원이 반대서명을 제출하는 등 강경한 의지를 보였다.

이러한 국내적 대립에도 불구하고, TPP 참가를 위한 논의는 지속되었고, 아베 총리가 참가를 선언했다. 그 주요 요인을 살펴보면 다음과 같다. 먼저 국내 요인으로는 첫째, 통상정책의 새로운 기조 변화를 시도하기 위함이다. 앞서 알아보았듯, TPP는 P4의 확대판이자, 궁극적으로는 APEC 회원국 대상의 FTAAP 구축을 지향하고 있다. 따라서 일본의 TPP 참가는 '국가개방' 혹은 '제2의 개국'을 통해 경제활성화를 도모하기 위함이라고 볼 수 있다(김양희, 2010: 3). 또한 글로벌 금융위기와 동일본대지진 이후 일본경제의 돌파구와 새로운 성장전략이란 경제적 이익을 고려한 선택이라고 볼 수 있다(김용복, 2013: 133).

둘째, 농업 분야 등 국내저성장 분야의 구조개혁을 추진하기 위함이다.[30] 농업 분야는 역사적으로 일본보수주의의 기원이자, 이익유도정치의 한 축을 담당하며 성역으로 보호되어왔다. 그러나 낮은 생산성과 경쟁력 부족 등 개혁의 필요성이 꾸준히 제기되었다. 이를 위해 경쟁력 확보를 위한 농업 부문 개혁, 생산성을 높여 성장 분야로 전환하기 위한 금융과 통신, 의료 등 서비스 분야 개혁, 규제개혁 추진을 통한 비효율적인 제도와 관습의 변화 등이 제시되었다. 이러한 국내 개혁은 고통을 동반하지만, 일본이 경제성장을 목표로 하는 이상 피할 수 없는 일시적인 고통이자, 시장개방을 통한 경제성장을 하지 않으면 일본경제는 점점 축소될 것이라는 것이다(김호섭, 2012: 250). 즉, TPP 교섭 참가를 명분으로 국내 개혁을 추진하고자 한 것으로 볼 수 있다.[31]

대외적 요인으로는 첫째, 미국과의 관계 개선 및 동맹 강화를 위함이다. 당시 일본은 후텐마 기지 이전 문제로 악화된 미국과의 관계 개선을 도모하고, 이를 통해 국내의 정치적 기반을 강화하고 동아시아에서 영향력을 확보하고자 했다(박창건·김용민, 2012).[32] 미국은 TPP를 아시아 진출 전략의 일환으로 적극 추진한다는 전략을 세우고 있었다. 특히 미국은 TPP를 단순한 제품의 무역 개념을 넘어서 높은 수준의 통상질서를 환태평양지역에 구축하는 것에 관심이

30 2011년 11월 9일 내각부에서 발표한 '포괄적 EPA 기본방침'에서는 FTA 추진을 위해 농업 분야의 경쟁력 향상과 해외수요 확대 등 개혁이 불가피함을 지적하고 있다(内閣官房, 2010).

31 간 수상은 TPP 참가 표명과 동시에 규제개혁 등 국내 경제개혁을 적극적으로 실시할 뜻을 밝히고, 농업개혁을 위한 '농업구조개혁추진본부'를 설치한 것은 이러한 맥락이라고 볼 수 있다(최희식, 2011: 2).

32 박창건·김용민(2012)은 일본의 TPP 참가는 '어쩔 수 없는 찬성'이라고 보고 있는데, 그 이유로는 2010년 APEC 정상회의 의장국 역할을 원만하게 수행하고, 중국을 견제하며, 국내 산업구조 개혁을 가속화하려는 의도였다고 설명한다.

많았는데, 아시아의 성장을 자국의 번영으로 연계하고자 한 것이다. 이와 같은 전략적 목적 달성을 위해 미국은 단순히 물건의 수출입에 대한 관세 철폐뿐만이 아니라, 투자, 정부조달, 기준 인정, 경쟁정책, 지적재산권 등의 자유화를 위해 규정을 마련하는 '21세기형 자유화' 등에 큰 관심을 보였다. 미일정상회담에서 미국이 자동차뿐만이 아니라 보험 분야 등 서비스 산업에 관심을 표명한 것도 이러한 맥락에서 이해할 수 있다. 더욱이 중국이 관세자유화의 예외 인정 등으로 아시아 지역에 세력을 확대하는 국가자본주의를 견제하려는 것이 미국 TPP 전략의 주요 목적 중 하나였다. 이러한 목적하에 미국은 일본의 TPP 참가를 적극 독려했던 것으로 판단된다. 일본 또한 미일정상회담을 통해 TPP 교섭 참가를 본격적으로 추진하며 미국의 정책에 동조했다.[33]

둘째, 대중국 견제정책의 일환이다(作山巧, 2015; 2017). TPP는 미국의 아시아 중시정책이자 대중국 견제전략이고, 일본이 동조한 형태다. 사쿠야마 다쿠미는 아베 정권의 TPP 전략을 정치·경제전략으로 나누어서 설명하고 있는데, 그에 따르면 경제적 효과, 즉 일

33 일본의 TPP 참가 결정에는 미일정상회담이 기폭제가 된 것으로 보인다. 미일정상회담의 주요 내용은 다음과 같다. 「TPP에 대한 미일공동성명 개요」 ① 양 정부는 일본이 TPP 교섭에 참가하는 경우, 모든 품목이 교섭 대상이 되는 포괄적이고 높은 수준의 협정을 달성하는 것에 합의, ② 일정의 농산품(일본), 일정의 공업제품(미국)과 같이 양국 간 무역상 민감 품목의 존재를 인식하면서 양국 정부는 최종적인 결과를 교섭으로 정함, ③ TPP 교섭 참가에 있어서 일방적으로 모든 관세 철폐를 미리 약속하는 것을 요구하는 것이 아님을 확인, ④ 양 정부는 TPP 교섭 참가를 향한 협의를 계속하며, 자동차 부문이나 보험 부문에서의 현안 사항, 기타 비관세 조치에 대처함, ⑤ TPP가 고수준을 충족하기 위해서는 향후 해야 할 작업이 남아 있음. 이와 같은 내용을 통해 일본은 TPP 참가의 주요한 논점 중 하나인 '성역 없는 관세 철폐'의 장벽이 허물어졌다고 판단한 것으로 보인다. 그 외 경제적 요인에 대해서는 조정란(2017) 참조.

본수출 향상, 대미(對美) 자동차수출 증가는 크지 않다고 한다. 오히려 전략적 효과가 크다고 보는데, 구체적으로 중국, EU 등을 움직일 수 있는 지렛대 역할을 한다는 것이다(作山巧, 2017: 193-195). 실제로 2013년 3월 아베 수상이 TPP 참가를 표명한 이후에 같은 달(3월) 한중일 FTA 교섭이 시작되었고, 다음 달(4월) 일-EU FTA 교섭, 그 다음달(5월) 역내포괄적경제동반자협정(RCEP)의 동아시아 16개국의 FTA 교섭이 시작되었다. 또한 정치적 측면에서도 간 내각에서 TPP 참가 검토를 공식적으로 발표한 시기가 2010년 4월 후텐마 기지 문제로 일미관계가 악화되고, 같은 해 9월 센카쿠 열도 문제로 일중관계가 악화된 직후라는 점에서 TPP 참가를 언급한 것은 매우 정치적인 움직임으로 해석할 수 있다는 것이다.

1990년대 이후 중국의 부상은 일본에게 위기이자 위협으로 인식되었으며, 이러한 양상은 경제 분야에서 안보 분야까지 확대되었다. 일본은 중국을 견제하기 위한 하나의 수단으로 미국의 아시아 전략에 편승하게 된 것이다. TPP 참가를 공식선언한 아베 총리는 일본외교정책의 기축을 '미일동맹의 강화'와 '강한 일본'으로 요약했는데(外務省, 2013), 이는 방위력의 강화와 경제의 재생을 추구하는 동시에 광범위한 분야에서의 미일협력의 강화를 의미한다.[34] 일본의 TPP 참가 결정은 이러한 정책기조 위에 있다고 할 수 있는데(김용복, 2013), 결국 일본 정부는 TPP를 부상하는 중국을 견제할 수 있는 경제적·정치적 영향력을 상쇄할 수 있을 것이라고 본 것이다(Kim, 2013: 7).

이상을 통해 볼 때, 일본의 TPP 참가 결정은 국내적 이유와 대

34 더 상세한 내용은 임재환(2016) 참조.

외적 이유가 복합적으로 작용했으며, 그 기저에는 일본의 미국과의 관계 강화, 중국 견제, 자국의 영향력 확대라는 지역구상이 자리하고 있음을 알 수 있다.

일본 TPP '추진'의 정치경제: '미국 빠진 TPP(TPP 11)' 추진의 의미

미국이 탈퇴하기 전까지 TPP는 아시아·태평양을 아우르는 대규모 경제협정이라는 경제전략[35]과 최근 급격히 성장하고 있는 중국을 견제하기 위한 미국과 일본의 안보전략으로 이해되었다. 2000년대 들어 급속하게 성장하는 중국의 경제적·군사적 부상, 일본의 지위 하락, 미국의 아시아로의 회귀 등 새로운 국제환경에서 아시아·태평양 경제질서를 형성하는 데 주도적인 참여를 의미하는 TPP는 일본에 매우 중요한 선택으로 여겨졌다(Kim, 2013: 4). 그러나 트럼프 행정부가 2017년 1월 TPP 탈퇴를 표명함에 따라 미국과 일본이 주도했던 TPP 협정은 붕괴 위기를 맞았으며, 일본은 새로운 전략을 수립해야 하는 상황에 직면했다. 사실 일본은 트럼프 대통령이 행정명령에 서명하기 전인 2016년 11월 10일 TPP 법안이 중의원에서 통과되었고, 같은 해 12월 9일 참의원에서도 가결되었다. 이에 일본은 미국 의회에서 비준되면 곧이어 TPP를 출범할 계획이었으나, 주요 추진국인 미국이 탈퇴하면서 이와 같은 일련의 노력이 무산될 위기에 놓였다.

그러나 국내외의 우려와 회의적인 시선과는 달리, 아베 정권은

35 총 12개국(미국 포함)이 참여할 경우, 전 세계 GDP의 약 40%, 세계 교역량의 약 25%를 차지하는 세계 최대의 자유무역협정이 될 것으로 예측되었다(이상현 외, 2015: 3).

TPP를 지속 추진할 것을 결정했다. 그리고 일본의 주도적인 역할하에 미국을 제외한 11개국은 CPTPP를 추진할 것을 합의했다.

미국의 탈퇴에도 불구하고, 일본이 '지속적·적극적'으로 TPP를 추진해나가고자 하는 이유는 무엇인가? 일본에게 TPP는 어떤 의미인가? 일본이 TPP를 지속 추진할 것을 결정한 데에는 무엇보다도 미국의 탈퇴가 일본의 경제적·전략적 손실이 예상보다 크지 않으며,[36] TPP 추진이 미일 간 양자동맹 관계에 불협화음의 요소로 작용하지 않을 것이라는 판단을 했기 때문이라고 볼 수 있다. 즉, 미국 빠진 TPP가 일본에 여전히 정치적·안보적·경제적 전략이익을 가져오고, 역내외 자국의 영향력 축소를 막고, 경제·안보 등의 분야에서 유리한 조건을 형성할 수 있다고 판단한 것이다(최은미, 2017).

먼저 경제적 측면에서 TPP는 향후 미국이 입장을 선회하여 다시 참여할 경우 세계경제의 약 40%를 차지하는 자유무역경제권을 만들 수 있다. 일본 내에서도 상당 수준의 경제효과를 기대할 수 있을 것으로 여기고 있을 뿐만 아니라,[37] 아베노믹스의 성공을 위해서도 매우 중요한 성장전략이다. 특히 향후 인구감소로 내수시장이 축소되는 일본에 있어 많은 나라와의 자유무역협정(FTA) 체결을 통한 경제연계 강화를 위해서도 무엇보다도 중요한 정책인 것이다. 미국의 탈퇴로 규모는 줄어들지만 일본 입장에서는 'TPP 11'은 여전히 경제적 이익이 크다(김나은, 2017; 김영채, 2017; 川崎研一, 2017; 長崎研究所,

36 미국의 탈퇴 결정으로 TPP의 경제효과는 연간 4,920억 달러에서 1,470억 달러로 크게 줄어들지만, 과거 TPP 참가 의사를 밝힌 한국, 대만, 태국, 인도네시아, 필리핀 등 5개국을 포함하면 4,860억 달러의 경제효과가 발생하여 이전과 크게 차이가 없을 것으로 분석되었다(Petri and Plummer, 2017; Petri *et al.*, 2017).

37 일본 정부는 서비스와 투자 활성화를 포함하여 TPP 11의 경제효과로 8조 엔 이상의 GDP 상승, 46만 명 이상의 고용창출효과가 있을 것으로 전망했다.

2017).[38] 더욱이 TPP의 최종적인 목표는 FTAAP이고, FTAAP 구축작업의 기초가 되는 TPP를 통해 경제적인 이익을 취할 수 있다는 것이다(김호섭, 2012). 즉, TPP가 실질적으로 '미일 FTA'라고 여겨질 만큼 미국이 핵심요인이긴 했으나, 절대적인 요인은 아닌 것이다. 여기에 미국이 다시 TPP로 돌아온다면[39] 이로 인한 경제적 이익은 더욱 확대될 것이다.[40]

한편 정치·안보적 측면에서 일본의 TPP 참가는 미일동맹의 강화를 상징하며, 미국의 대아시아정책에 적극 동조하는 모습을 보임으로써 일본으로 하여금 미국과의 관계를 더욱 친밀하게 하는 의미가 있었다(作山巧, 2017). 그러나 미국 빠진 TPP를 지속 추진하는 것은 여전히 일본에게 정치·안보적으로 유의미하다.

첫째, 대중국 견제 및 대응체계를 마련할 수 있다. 중국이 일대일로(One belt, One road) 정책을 지속적으로 추진하며, 아세안과 RCEP에 총력을 기울이고 있는 상황에서 TPP 추진을 통해 이에 대한 견제를 할 수 있다는 것이다(정재민, 2017; Petroff, 2018). 즉, CPTPP

38 TPP가 일본의 GDP를 상승시키는 효과는 미국 포함 12개국인 경우 1.37%, 미국을 제외한 'TPP 11'일 때 1.11%로 집계되었다(川崎研一, 2017). 이는 미국이 협정에서 빠진다고 하더라도 참여국 간 합의한 규칙이 유지된다면 그 손실이 예상보다 크지 않다는 것을 의미한다. 따라서 지속적으로 성장하는 아시아 시장에서 외자규제 완화와 국유기업 우대 등 일본 기업이 진출하기에 알맞은 환경이 TPP를 통해 정비되어 경제적 이득을 취할 수 있을 것으로 본 것이다.

39 트럼프 대통령은 2018년 1월 25일 세계경제포럼이 열린 다보스에서 미 CNBC 방송 인터뷰에서 "우리가 실질적으로 더 나은 협상을 할 수 있다면 나는 TPP를 다시 하겠다"고 밝혔다(Pramuk, 2018).

40 일본은 CPTPP를 출범시킴으로써 21세기 무역규칙을 수립하는 데 주도권을 행사하는 한편, 일련의 교섭과정에서 20여 항목의 '동결조항'을 남겨둠으로써 향후 미국의 재참여 가능성을 열어두는 소기의 성과를 거두었다(이승주, 2017; 이종인, 2017).

는 역내 영향력을 강화하려는 중국을 저지하기 위한 움직임이라 볼 수 있다.

둘째, 트럼프 정권의 보호무역주의 속에서 일본이 법과 질서에 기반한 자유주의의 선봉에 서서 자유무역의 수호자임을 자처하며(헤럴드경제, 2017. 3. 19), 주도적으로 협정을 이끌어 참여국들 간 선구자적·지도자적 역할을 공고히 할 수 있다. IMF 라가르드(Christine Lagarde) 총재는 아사히신문과의 인터뷰를 통해 "일본이 지난 수십 년간의 세계성장을 이끌어온 주요한 역할을 해왔다"고 평가하며, "TPP 추진에 있어 일본의 지도력을 기대한다"고 밝혔다(朝日新聞, 2017. 11. 9). 이처럼 일본이 주도하는 CPTPP 협상에서 일본의 경제적 입지가 확대될 것이고, 일본 주도로 최종합의에 이르게 될 경우, 아시아·태평양지역에서 일본의 영향력이 상당히 커질 것이다(이종인, 2017; Mulgan, 2018). 한편 여기에는 일본의 '열린 지역주의'원칙[41]이 반영되었다고 볼 수 있다. 일본은 개방성, 투명성, 포괄성의 원칙하에 폭넓은 파트너의 참여와 그들과의 긴밀한 협력을 중시해왔으며, CPTPP 또한 이러한 일본의 입장을 반영하고 있는 것이라고 볼 수 있다.

셋째, 미국 없이도 TPP를 통한 실질적·잠재적 국익이 극대화된다면, 이는 아베 수상의 외교 리더십의 대표적인 성과로 볼 수 있을 것이다. CPTPP는 아시아·태평양지역을 아우르는 대형 자유무역협정이다. 비록 경제대국 미국이 제외되었지만, 세계 GDP의

41 열린 지역주의원칙은 일본이 동아시아 지역주의전략을 언급할 때마다 주창한 핵심 이념이자, 기본원칙으로 ASEAN, 한중일, 호주, 뉴질랜드, 인도를 포함한 대영역을 의미한다(이원덕, 2011).

12.9%, 세계 교역량의 14.9%, 세계 인구의 6.9%를 차지하는 거대 글로벌 경제권이 될 것으로 예상된다. 미국을 제외하고도 경제안보적 이익을 높이고, 미국과의 관계 또한 유지할 수 있다면 장기집권의 포석을 마련하기 위한 주요한 성과로서 내세울 수 있을 것이다.

결론

이 글은 TPP 사례를 통해 일본의 경제안보전략을 일본의 국가정체성과 지역구상의 관점에서 알아보고자 했다. 이와 같은 연구의 목적을 달성하기 위해 국제정치의 역사적 흐름 속에서 일본이 지역 내에서 스스로의 역할을 어떻게 규정·변화해왔으며, 지역인식 및 지역구상이 어떻게 달라져왔는지를 통해 TPP 참가 결정과 지속 추진을 통하여 얻을 수 있는 국내외 경제·안보의 전략적 이익은 무엇인지를 알아보고자 했다. 그리고 일본의 국가정체성은 패전 후, 패전국·피해국이라는 인식에서 압도적인 경제성장으로 인한 역내 주변국에 대한 우월의식, 장기간의 경제불황 및 중국의 부상에 따른 위협인지로 인한 역내외 자국의 영향력 강화를 위한 노력, 경제회복기 자유무역주의 수호자로 변모해왔음을 알 수 있었다. 그리고 이 과정에서 미국 중심의 사고에서 아시아·태평양, 인도·태평양지역으로 인식의 폭을 넓히고, 미국과의 관계 설정을 중시하면서도 주변국과의 관계 강화를 위해 적극적인 역할을 강화해온 것 또한 파악할 수 있었다. 이러한 지역인식과 지역구상이 일본의 TPP 참가 및 추진의 정치경제학적 의미로 자리하고 있음을 알 수 있었다.

제10장

원자력으로의 회귀와 에너지시장 자유화

이 글은 『아세아연구』 제61권 1호(2018)에
「에너지시장 자유화와 원자력 회귀를 중심으로」란
제목으로 실린 필자의 논문을 수정·보완한 것이다.

임은정 林恩廷 | Lim, Eunjung

현재 리츠메이칸대학 국제관계학부 조교수다. 미국 존스홉킨스대학에서 국제학 박사학위를 취득했다. 주요 저서로 『일본 파워엘리트에 대한 정책』(공저, 선인, 2016), 『에너지혁명과 일본인의 생활세계』(공저, 박문사, 2014)가 있으며, 「한중일 원자력 협력과 한국의 역할」, 『입법과 정책』(2017), "Multilateral Approach to the Back End of the Nuclear Fuel Cycle in the Asia-Pacific?" *Energy Policy*(2016), "Japan's Nuclear Trilemma," *Journal of Energy Security*(2016) 등 다수의 논문이 있다.

서론

2012년 12월 아베 신조(安倍晋三)가 총재직을 맡고 있던 자유민주당(이하 자민당)이 재집권에 성공함으로써 아베가 총리 관저로 돌아온 지도 어느덧 5년이 지났다. 아베 재집권 당시인 2012년 말 일본은 오랜 경기 침체와 저출산·고령화 및 인구감소, 후쿠시마 원자력발전소 사고(이하 후쿠시마 사고)와 막대한 피해 복구 작업 등으로 경제적으로나 사회적으로도 매우 힘든 상황에 처해 있었다. 그런 난국에서 총리직 복귀에 성공한 아베는 총리 재임 제1기 시절(2006. 9~2007. 9)과는 확연히 다른 정책 행보를 보여왔다. 1기 시절처럼 정치이념적인 성향을 전면에 내세우기보다는 '아베노믹스'라는 기치 아래 경제재건을 최우선으로 삼은 것이다(임은정, 2016: 178-180). 이 글에서 다루고자 하는 일본의 에너지 정책 역시 이러한 아베의 경제재건 최우선 정책에 기반을 두어 구성, 추진되고 있다고 볼 수 있다.

현재 한국도 에너지 정책의 전환을 꾀하고 있다. 문재인 정부 출범 이후 7개월여 만에 완성된 '제8차 전력수급 기본계획(2017~2031)'에서 한국 정부는 기존의 전원믹스, 즉 발전원(源) 구성에서 경제성을 최우선으로 한 결과 환경·안전에 대한 고려가 미흡했던 것을 주요 문제점 중 하나로 지적하며(산업통상자원부, 2017: 11-12), 앞으로 노후 원자력발전소와 석탄발전소를 폐쇄해나가고 가스발전 및 신재생에너지의 활용을 확충할 것을 제안하고 있다(산업통상자원부, 2017: 36-37). 결국 원자력과 석탄의 비중을 줄이고 가스와 신재생에너지의 비율을 높이겠다는 문재인 정부의 정책 방향은 한국이 후쿠시마 사고 이후 일본이 겪은 에너지 소비구조의 변화와 유사한 경험을 하게 될 것을 예고한다. 따라서 후쿠시마 사고 이후, 특히 일본의 아베 재집권 이후 에너지 정책을 분석하는 것이 현재 한국 상황에 참고가 될 것이라고 기대할 수 있다. 따라서 이 장에서는 아베 시대 에너지 정책의 가장 두드러진 변화라고 볼 수 있는 에너지 시장 자유화와 기존 원자력 정책으로의 회귀라는 두 가지에 초점을 맞추어 일본 에너지 정책의 방향을 짚어보려 한다.

다음 절에서는 아베가 재집권에 성공하기 전, 2009년 9월부터 2012년 12월까지 대략 3년 동안 집권한 민주당의 에너지 정책을 전반적으로 개괄한다. 이어서 전력·가스시장의 자유화가 진척되면서 드러나고 있는 변화들을 분석한 뒤, 원자력 재가동과 기존 원자력 정책으로 회귀하고 있는 배경에 대해 일본 국내 정치의 역학을 중심으로 분석한다. 특히 원자력으로의 회귀는 일견 납득하기 어려운 부분이 있기에, 이러한 정책 방향을 설정하게 된 일본 내의 정치·사회적인 상황을 분석함으로써 향후 일본 정부가 정책목표를 달성하는 데 있어 난관이 될 만한 요건들도 함께 생각해보도록 하겠다. 마지막으로 현재 일본의 에너지 정책이 한국에 시사하고 있는 바를 논하는 것으로 결론을 대신하고자 한다.

민주당 정권의 에너지 정책 개요

일본과 한국은 모두 고도산업화·고도도시화 사회로서 에너지 소비구조가 매우 흡사하다. 특히 화석연료의 의존도가 높은 것이 두드러진 특징이다. 2015년 기준으로 일본의 1차 에너지 공급은 석유 42%, 석탄 27%, 가스 23%, 수력과 기타 신재생 및 원자력 10% 미만으로 구성되었다(EIA, 2017b). 한편 한국의 1차 에너지 공급 구성은 동년도 기준으로 석유 41%, 석탄 31%, 가스 14%, 원자력 13%, 신재생이 대략 1% 정도다(EIA, 2017a).

일본의 에너지 수급 상황 및 전반적인 정책을 살펴보기에 가장 적합한 자료로는 경제산업성(経済産業省) 자원에너지청(資源エネルギー庁)이 매년 발간하고 있는 『에너지에 관한 연차 보고서(エネルギーに関する年次報告)』, 즉 『에너지 백서』를 꼽을 수 있다. 또한 2002년 6월에 제정된 '에너지정책기본법'에 의해 일본 정부가 에너지 정책의 기본 방향을 제시하기 위해 책정해온 『에너지 기본계획(エネルギー基本計画)』[1] 역시 중요한 자료다.

일본 정부는 『2010년도 에너지 백서』에서 일본을 포함한 경제개발협력기구(OECD) 주요 국가들의 에너지 안보 수준을 이하의 기준에 의해 비교 평가하고 있다. 그 평가 기준이 되는 것은 ① 1차 에너지의 자급률, ② 화석연료 수입처의 다양성, ③ 지정학적 요충지(choke point) 의존도로 인한 리스크, ④ 성(省) 에너지(省エネルギー) 수준을 나타내는 GDP원(原) 단위,[2] ⑤ 최대 원유 공급처로부터 원유 공급이 중단되었을 경우에 대한 대응력, ⑥ 에너지원(源)의 다양성,

1 일본 정부는 지금까지 총 네 차례에 걸쳐 기본계획을 책정했는데, 2003년 10월에 1차, 2007년 3월에 2차, 2010년 6월에 3차, 가장 최근에는 2014년 4월에 4차 계획이 마무리된 바 있다. 2018년 7월, 5차 계획이 발표되었다.

2 일본에서 흔히 쓰이고 있는 '성 에너지'란 결과로서 얻을 수 있는 에너지 출력량(물건의 생산량이나 온도, 빛, 거리 등)을 바꾸지 않고도 에너지 사용량을 절약하는 것을 일컫는 용어로서 한국에서는 '에너지 효율' 등으로 표현되는 개념이다. 일본에서는 성 에너지를 측정하는 방법으로 같은 업무당 사용되는 에너지 소비량을 측량하여 '에너지 소비원(原) 단위'라는 개념을 사용하는 경우가 많은데, 이러한 기술적·구조적 행동을 모두 포괄하여 나라 전체의 성 에너지 지표를 산출하기 위해 'GDP원 단위'라는 개념을 사용하고 있다(末広 茂, 2007: 1-2). 바꿔 말하면 단위 GDP 생산을 위해 필요한 에너지의 사용량이라고 할 수 있다.

⑦ 정전 시간, 이상 7가지다(資源エネルギー庁, 2010: 67-88).[3] 후쿠시마 원자력발전소 사고가 발생하기 전이면서 민주당 집권이 1년 남짓 지난 이후 발간된 『2010년도 에너지 백서』는 1980년대 이후 지속적으로 원자력 발전을 추진해온 결과 1차 에너지 부문에서의 자급률이 꾸준히 향상된 점을 높게 평가하면서도, 부존자원이 절대적으로 빈약하다는 자연적인 조건상 수입자원에 크게 의존할 수밖에 없는 구조적인 한계가 바뀌지 않고 있는 것을 강조하고 있다(資源エネルギー庁, 2010: 59-62).

특히 중동 석유의 의존도는 일본 에너지 정책을 구상하는 이들에게 만성적인 골칫거리가 아닐 수 없다. 1970년대 두 차례의 석유위기 이후 지속적인 노력으로 일본의 중동 석유 의존도가 낮아졌다고는 하지만, 2000년대에 들어서서 석유 가격이 반등함에 따라 중동 의존도 및 지정학적 요충지 의존도로 인한 리스크도 동반 상승했다. 이를 계기로 석유에 비해서 수입국의 국내정치적 및 지정학적 리스크가 적은 천연가스나 석탄으로 에너지원의 다변화를 꾀한 결과 공급분산화 측면은 향상된 면이 있었다고 일본 정부는 자평하고 있다(資源エネルギー庁, 2010: 62). 〈표 1〉은 2010년 일본의 에너지 안보를 이상의 7가지 기준으로 평가한 지표를 주요 OECD국들과 비교 정리한 것이다.

〈표 1〉에서 보다시피, 후쿠시마 사고 이전부터 일본은 에너지 효율 부문에서 타의 추종을 불허할 만큼 탁월한 우위를 보였다. 아

3 백서에서는 이 기준들을 종합하여 그래프로 나타낸 것을 '레이더 차트'라고 부르고 있는데, 2000년대 OECD 국가들의 평균을 100으로 놓고 그 차이를 지수화한 것을 지칭하는 것이다. 가장 높은 국가를 10으로 놓고, 다른 국가들의 수치를 상대 평가한 것이다.

〈표 1〉 2010년 일본의 에너지 안보에 대한 평가

구분	일본	주요국과의 비교			
1차 에너지 자급률	1.8	영국 10	중국 9.2	미국 7.0	한국 1.8
화석연료 수입처의 다양성	2.7	중국 6.8	프랑스 5.1	한국 3.0	미국 2.5
지정학적 요충지로 인한 리스크	0.2	영국 10	미국 1.4	중국 0.3	한국 0.2
GDP원 단위	10	영국 7.7	프랑스 5.6	중국 1.2	한국 3.1
원유 공급 중지 시 대응력	4.3	프랑스 10	독일 9.1	미국 7.5	한국 2.3
에너지원의 다양성	9.3	독일 8.2	미국 7.9	한국 7.1	중국 4.5
정전 시간	7.2	한국 10	독일 5.8	프랑스 3.7	미국 2.2

주: 각주 3 참조.
출처: 資源エネルギー庁(2010: 89–95)을 토대로 필자 재구성.

울러 상대적으로 에너지원의 다양성 부분에서도 다른 주요 OECD 국들에 비해 높은 평가를 받았다. 한편 1차 에너지의 자급률은 한국과 동일한 정도로 매우 낮으며, 특히 중동 석유 의존도가 높은 만큼 지정학적 요충지에서 벌어질 수 있는 유사 사태로 인한 리스크에 매우 취약한 구조를 보이고 있다. 따라서 2010년 당시 일본 정부는 자원의 자주적인 개발 등을 통해 에너지 자급률을 높이고, 수입처의 다변화를 통해 지정학적 리스크를 낮추며, 비축량의 재정비 등을 통해 에너지 공급의 안정성을 높이는 것 등을 향후 에너지 정책의 목표로 두고 있었다(資源エネルギー庁, 2010: 94).

또한 당시 민주당 정권은 재생에너지 보급 확대에도 박차를 가했다. 일본은 2002년 6월에 공표되고 2003년 4월부터 시행된 '전기사업자에 의한 신에너지 등의 이용에 관한 특별조치법(電気事業者による新エネルギー等の利用に関する特別措置法)'에 의하여 전기 생산에 일정량 이상을 재생에너지로 생산하는 재생에너지 공급의무화(Renewable Energy Portfolio Standard, RPS) 제도를 도입했는데, 민주당 집권 당시인 2010년에는 RPS 제도가 주를 이루면서도 재생에너지발전 보조금(Feed-in Tariff, FIT) 제도를 부분적으로 시행하고 있었다.[4] 『2010년도 에너지 백서』에서 일본 정부는 유럽의 사례를 언급하며 향후 재생에너지의 비약적인 발전을 위해서는 FIT 시스템을 확충할 필요성이 있음을 시사했고(資源エネルギー庁, 2010: 141-142), 실제로 2012년 7월 1일부터 '재생에너지 특별조치법(再生可能エネルギー特別措置法)'이 시행됨에 따라 FIT 제도를 전면적으로 도입했다.

그러나 이듬해인 2011년 3월 11일에 발생한 동일본대지진과 후쿠시마 사고로 일본의 에너지 사정이 전반적으로 요동치지 않을 수 없었다. 무엇보다 원자력발전소의 가동에 전면적인 차질이 생기면서 1차 에너지 공급 구성이 달라졌다. 석유를 예로 들면 후쿠시마 사고 이전인 2010년에는 석유가 1차 에너지 공급에서 대략 40%를 차지하여 1973년의 1차 석유 위기 당시 75.5% 정도를 차지하던 것에서 크게 떨어져 있었으나, 후쿠시마 사고가 발생한 2011년에는 다시 43.1%까지 증가했다(資源エネルギー庁, 2011: 103). 〈그림 1〉은 일본의 1차 에너지 공급 구성의 추이를 보여주고 있는데, 후쿠시마 사고 이후인 2012년에는 원자력 비중이 줄면서 이를 화석에너지로 대체하면서 화석에너지 의존도 비율이 늘어난 것을 알 수 있다. 특히 가스 소비의 증가가 두드러진다. 2015년에는 천연가스 소비가 4.4

4 2005년 태양광 발전을 위한 보조금이 지급 중단된 뒤부터 태양광 발전의 보급률이 현저하게 떨어지고 국제적으로도 보급률이 낮은 수준에 머물게 됨에 따라 경제산업성이 보조금 재도입을 추진, 2009년 1월부터 단계적으로 부활했다.

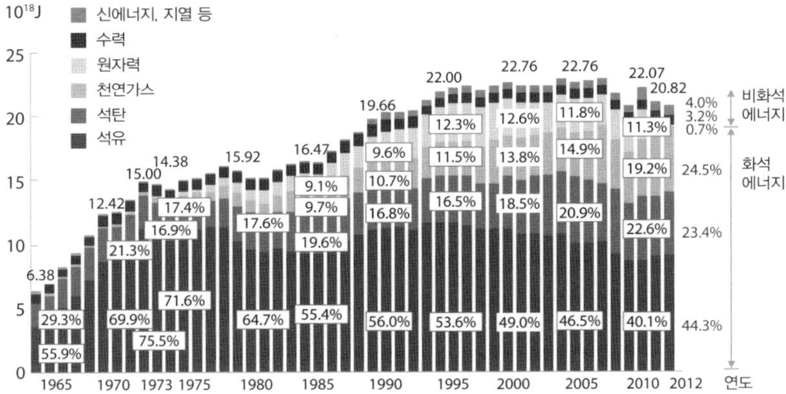

〈그림 1〉 일본 국내의 1차 에너지 공급의 역사적 추이

주: 단위: 줄(joule: J). 1kWh = 3.6MJ(million joule).
출처: 資源エネルギー庁(2013: 143, 그래프 211-3-1).

Tcf/y에 이르렀는데, 이는 10년 전과 비교하면 무려 42%가 증가한 것을 의미하며, 2009년과 2012년 사이에 가장 극적으로 증가했고, 증가분은 대부분 수입으로 충당되었다(EIA, 2017b).

한편 후쿠시마 사고라는 위기를 겪으며 당시 민주당 정부는 기존의 일본 에너지 정책 설정이 경제성과 에너지 안보를 최우선으로 삼았던 것을 반성하고 후쿠시마 사고 이후에는 환경친화성을 중요시하며 환경의 피해를 최소화할 수 있는 에너지 정책을 수립할 것을 강조한다(資源エネルギー庁, 2011). 이렇게 에너지 정책을 전면 재수정하려는 동안 2012년 12월 16일에 열린 중의원 총선거에서 민주당이 480석 중 57석을 확보하는 데 그치며 참패하면서, 민주당 정권은 막을 내리게 된다. 이 총선거에서 자민당은 294석을 확보하여 압도적인 승리를 거두었고, 일본유신회가 54석으로 대약진, 자민당의 오랜 연립 파트너인 공명당도 31석을 확보하며 일본의 정치구도가 다시금 보수진영의 절대 우위로 크게 뒤바뀌었다.

전력·가스시장 자유화

아베와 자민당이 재집권한 이후 일본의 에너지 분야에서 눈에 띄게 일어난 변화 중 하나는 전력·가스시장의 전면 자유화다. 물론 전력·가스시장의 전면 자유화가 아베 정권이기 때문에 달성된 것이라고 하는 것은 다소 무리가 있다. 두 부문의 자유화는 이미 1990년대부터 점차적으로 진행되어왔기 때문이다. 그러나 아베 정권이 경제 재건이라는 기치하에 내건 '아베노믹스'의 세 번째 화살,[5] 즉 '민간투자를 활성화할 수 있는 성장전략' 수립과의 연계성 차원에서도 전력·가스시장 전면 자유화에 속도를 낸 측면이 있다고 평가하는 것에는 큰 무리가 없다고 본다.

현재 일본 정부도 전력·가스시장을 둘러싼 상황이 중·장기적으로 다음과 같은 변화와 맞물릴 수 있다고 지적하고 있다(資源エネルギー庁, 2016b: 2). 첫째, 일본 인구의 변화, 즉 저출산·고령화 및 인구감소 등으로 인해 국내의 전력·가스 수요가 정체되고 전력·가스산업을 비롯한 일본경제의 성장세가 전반적으로 하락할 위험이 있으나, 둘째, 사물인터넷(Internet of Things, IoT) 기술이나 인공지능(Artificial Intelligence, AI) 기술 등의 기술혁신을 활용하여 새로운 서비스를 제공하거나 글로벌 시장 및 자유화로 인해 탄생된 새로운 국내시장이 탄생하는 등, 잠재적인 성장 요인들이 존재하는 만큼, 셋째, 이러한 분산화, 자유화, 기술혁신에 의해 전력·가스사업 분야에서 부가가치 창출의 구조 자체가 변할 가능성이 있다는 것이다. 일본

5 '아베노믹스'를 구성하는 세 개의 화살(3本の矢)이란 ① 파격적인 양적완화, ② 기동적인 재정정책, ③ 민간투자를 활성화할 수 있는 성장전략을 가리킨다.

정부가 전력·가스시장의 자유화를 민간투자 활성화 및 신성장 동력의 창출과 같은 선상에서 바라보고 있다는 것을 짐작하게 하는 대목이다. 이어서는 일본 전력·가스시장의 자유화가 어떻게 진행되었는지를 살펴보고 아베 시대 이후의 변화에 대해 살펴보도록 하자.

전력시장의 자유화

일본 전력시장 부문의 자유화는 1996년 4월 1차 개혁을 통해 시작되었는데 이를 통해 발전 부문에 신규 참여를 확대하기 위해 경쟁을 도입하면서 전력회사에 전력을 공급하는 발전사업자(Independent Power Producer, IPP)의 시장 참여가 가능해졌다. 2000년 3월 실시된 2차 개혁을 통해서는 대규모 공장이나 백화점, 사무 빌딩 등 20kV 또는 2,000kW 이상의 특별고압 사용자를 대상으로 소매시장을 부분적으로 개방, 이에 따라 일반전기사업자(General Electricity Utility, GEU)가 독점하고 있던 송전망을 특정규모전기사업자(Power Producer and Supplier, PPS)에게 개방하게 되었다. 2003년 4월 실시된 3차 개혁을 거치면서는 전기사업법 개정을 거쳐 전력거래소(Japan Electric Power Exchange, JEPX)가 설립되었고, 2004년 4월에는 계약 전력 500kW까지, 2005년 4월에는 계약 전력 50kW의 고압고객에게까지 송전망을 개방한 데 이어, 2008년 4월에 실시된 4차 개혁을 통해서는 도매시장 활성화와 경쟁 환경 개선을 꾀했다. 하지만 이렇게 발전 부문에 경쟁을 도입하고 소매 부문을 일부 자유화하여 시장경쟁원리를 도입해왔음에도 불구하고 기존 GEU에 의한 독점구조는 그다지 크게 바뀌지 않고 있었다(한국전력거래소 전력경제연구실, 2015: 10-13).

그러던 와중에 발생한 후쿠시마 사고는 일본 국민의 인식을 바꾸는 계기가 되었을 뿐만 아니라, 이어서 원전 가동이 중단됨에 따라 전력사업의 환경도 크게 바뀌게 되었다. 아베 재집권 이후에도 세 차례에 걸쳐 전기사업법을 개정하여[6] 2016년 4월부터는 마침내 일반 가정에서도 IPP로부터 전기 구매가 가능하도록 전면 자유화가 단행되었으며, 이로써 GEU에 의해 독점적으로 전기가 공급되었던 약 8조 엔가량의 전력시장이 경쟁체제로 전환된 것이다. 2020년 4월에는 송배전 부문이 발전 부문과 법적으로 분리될 계획이다.

전면 자유화 이후 아직까지는 대기업의 활약이 두드러지고 있다고 볼 수 있다. 자유화로부터 1년이 채 지나지 않은 2017년 2월 시점에서 신규 사업자의 총 전력공급(26억 6,400만 kWh) 중 약 70%를 도쿄가스(東京ガス), 오사카가스(大阪カス), JX 닛코 닛세키 에너지(JX日鉱日石エネルギー), KDDI, 쥬피터텔레콤(ジュピターテレコム, J:COM)의 5개 회사가 차지했는데(임지영, 2017: 18), 이(異)분야 간의 연계나 기존 에너지 기업들이 종합에너지기업으로 진화하는 현상이 계속될 것으로 일본 정부는 전망하고 있다(資源エネルギー庁, 2016b: 32-36). 한편 신규 사업자들도 계속 늘어나 2018년 1월 현재 등록된 소매전기사업자는 450개에 이르고 있으며,[7] 이 중 지자체와 연계하여 다양한 요금 메뉴나 서비스를 제공하고 있는 지역밀착형[8] 사업자의 증가가 눈

6 2013년 11월 1차 개정(법률 제74호), 2014년 6월 2차 개정(법률 제72호), 2015년 6월 3차 개정(법률 제17호).

7 사업자 목록은 자원에너지청 홈페이지에서 확인 가능. http://www. enecho. meti.go.jp/category/electricity_and_gas/electric/summary/retailers_list/(검색일: 2018. 1. 15).

8 경제산업성은 사업자의 사업지역 범위에 따라 ① 전국 전개형(4개 지역 이상), ② 도시권 중심형(2~3지역), ③ 에어리어 한정형(단일 지역), ④ 지역밀착형(단일 도도부현(都道府県)의 네 가지로 분류하고 있다.

에 띄었다(資源エネルギー庁, 2016b: 26).

그러나 전력소매시장이 전면 자유화되었다고 해서 얼마나 다수의 수요자가 기존에 사용하던 전력사업자를 변경할지는 더 지켜봐야 하는 상황이라고 할 수 있겠다. 2016년 9월에 실시된 여론조사에 따르면 '반년 이내에 변경할 수 있다'고 답변한 숫자가 전년도에 비해 다소 줄었을 뿐 아니라, '딱히 검토하고 있지 않다'는 의견도 여전히 40% 이상을 차지하고 있었는데, 그 이유로는 '변경시의 이점을 잘 모르겠어서'라는 의견과 '기존 사업자에 익숙한 게 좋아서'라는 답변이 주를 이룬다(資源エネルギー庁, 2017b: 27-28). 한국에서도 적극적으로 변경하는 소비자는 극히 일부에 머무를 수도 있을 것이라는 전망이 나온 바 있다(임지영, 2016: 30).

그런데 이런 회의론 속에서 지난 2017년의 변화는 주목할 만하다. 저압 분야에서 기존 사용 사업자를 신규 사업자로 변경한, 이른바 '스위칭(スイッチング)' 사례가 2017년 9월 현재 일본 전국에서 누적 459만 건가량으로 7.3%를,[9] 아울러 GEU에서 자사 내의 계약 변경에 의한 스위칭 사례가 313만 건으로 5% 정도를 기록, 합산하여 저압 수요자의 12.3% 정도가 사용 사업자를 변경했다는 통계가 집계되었다(資源エネルギー庁, 2017f: 1). 이는 같은 해인 2017년 1월의 해당 지표가 각각 3.9% 및 3.8%였던 것을 감안하면(資源エネルギー庁, 2017b: 2), 매우 빠른 속도의 변화라고 할 수 있겠는데, 그 결과 신

9 2016년 3월의 저압 부문 총 계약건수는 약 8,600만 건이었으나, 구 선택약관이나 공중 가로등 등의 계약은 실제 스위칭이 발생하기 힘들다고 상정하여 분모에서 제외. 2016년 3월 기준으로 일반가정 등 통상적인 계약건수가 약 6,253만 건인 것을 기준으로 계산. 아울러 동일 수요자에 의한 공급사업자의 변경이나 GEU의 규제요금·자유요금 간 계약 종류 변경의 경우 복수에 걸쳐 발생한 경우에는 스위칭으로 간주했음에 유의해야 한다(資源エネルギー庁, 2017f: 1).

(新)전력회사의 시장점유율도 빠르게 성장하고 있다(資源エネルギー庁, 2017f: 2-3).

가스시장의 자유화

한편 일본은 전력 부문의 자유화보다 1년 정도 앞선 1995년부터 도시가스 부문 자유화를 진행해왔다. 가스 부문은 전력 부문보다도 자연적으로 독점이 발생하기 더욱 유리할 수밖에 없는데, 일반가정 등의 최종수요자에게 가스를 공급하기 위해서는 도관을 정비하는 등의 보수·점검 서비스를 함께 제공해야 한다는 점과 연료 조달 측면에서도 신규 사업자에게 그 진입장벽이 높다는 것 등이 그 이유로 꼽힌다. 일본에서도 도시가스사업은 지역독점 구조하에 에너지 수요가 높은 도심부를 중심으로 발달해왔으나 자유화가 진행됨에 따라 도시 외곽의 대규모 가스 수요처에 대한 공급이 이뤄지는 등 공급 사업이 점차적으로 광역화되는 경향을 보였다(임지영, 2017: 19-21).

1차 개혁은 일본의 가스사업법이 1995년 6월에 개정됨에 따라 연간 계약수량 200만m^3 이상의 대규모 수요자에 대한 공급시장이 자유화되는 것으로 시작되었다. 1999년에 단행된 2차 개혁을 통해서는 요금인하를 인가제에서 신고제로 변경, 대규모 수요자의 자유화 범위가 연간계약수량 100만m^3 이상으로까지 확대되었으며, 3차 개혁에서는 자유화 범위가 연간계약수량 50만m^3 이상으로까지 확대되며 가스소매시장은 점차 자유화되어 일반가스공급자에 의한 지역독점은 점차 사라져갔다. 2017년 4월, 전력소매시장 전면 자유화와 더불어 가스소매시장 역시 전면 자유화됨에 따라 일반가스사업자 이외의 신규 사업자들도 가정 등을 상대로 한 가스 소매공급이 가능해졌다. 바꿔 말해 이제 일본에서는 소매요금제가 원칙적으로는 철폐되었는데, 수요자를 보호하는 차원에서 경쟁이 불충분하다고 판단되는 지역에 있어서는 규제요금 메뉴를 제공하는 등의 경과조치를 의무화하고 있다. 2022년 4월에는 도관 부문도 분리할 예정이다.

소매자유화에 의해 일반가정이나 상점, 사무실 등 약 2조 4천억 엔의 가스시장이 개방, 수요자 수는 대략 2,600만 건 정도로 추정되므로, 이미 자유화가 진행된 대규모 수요자 부문과 합계하면 대략 5조 엔가량의 가스시장에서 활발한 경쟁이 이루어짐으로써 비용이 절감되고 소비자의 편이가 향상될 것이라고 일본 정부는 기대하고 있다(資源エネルギー庁, 2017e: 14). 신규 사업자는 간토(関東) 지방을 중심으로 증가하고 있으며 가스사업자 변경을 신청한 스위칭 건수도 전력 부문과 마찬가지로 2017년에 괄목할 만한 성장을 보였는데, 2017년 3월에서 11월 사이 긴키(近畿) 지역을 중심으로 전국적으로 약 54만 4천 건의 스위칭 사례가 집계되었다(資源エネルギー庁, 2017g: 2). 아울러 가스사업자들 역시 지자체 등과 연계하여 지역과 밀착된 서비스를 제공하기 위해 힘쓰고 있다(資源エネルギー庁, 2016b: 26).

향후 전망

전력·가스 소매시장 자유화의 효과나 성패를 판단하는 것은 아직 시기상조이므로, 여기에서는 향후 방향성에 대해 타진해보는 것으로 소결을 맺고자 한다. 무엇보다 아베 정권은 전력·가스시장 전면 자유화를 통해 인프라 서비스 이용요금의 전반적인 하락과 에너지의 안정적인 공급을 모두 이루겠다는 계획이다. 이에 먼저 생각해볼 점은 후쿠시마 사고 이후 전기요금의 지속적인 상승이다. 일본의 전기요금은 1970년대 두 차례의 석유 위기를 겪으면서 급격하게

상승했지만, 1990년대 이후에는 점차 하락하여 1994년부터 2007년을 단순 비교할 경우 약 20% 하락했었다. 그러나 후쿠시마 사고 이후 원전이 전면 가동 중지되면서 수입 화석연료에 보다 높게 의존하게 됨에 따라 전기요금이 지속적으로 상승했다. 후쿠시마 사고 전인 2010년에는 kWh당 16엔 정도이던 전기요금(전력·전등 합산 요금)이 2년 후인 2013년에는 20엔 정도까지 상승한 것이다(資源エネルギー庁, 2014a: 11). 이런 전기요금의 지속적인 상승은 가계 재정에 부담을 줄 뿐만 아니라, 경제 재건을 최우선으로 내세워 신산업 분야의 개발 및 민간 경제 활동을 증진시키고자 하는 아베 정권의 정책 관점에서도 걸림돌일 수밖에 없었을 것이다.

이렇게 전기요금 부담이 높아져 있는 상황에서 전력·가스시장이 전면 자유화됨에 따라 앞으로 기존의 전력사업자와 가스사업자의 관계가 어떻게 변모될 것인지도 귀추가 주목된다. 갈수록 경쟁구도가 심화될 것으로 보이는데, 최근 기존의 전력사업자나 가스사업자들이 각자 전력·가스 서비스를 통합했을 때의 요금을 경쟁적으로 제시하고 있는 것이 이러한 분석을 뒷받침하고 있다. 예를 들어 간사이전력(関西電力)은 2016년 12월에 월간 가스사용량이 33㎥인 일반 가정의 경우, 오사카가스(大阪ガス)의 일반 요금과 비교하여 최대 8%까지 저렴한 요금제를 발표했고, 이에 대응한 오사카가스는 2017년 1월에 전기·가스 결합 계약의 경우 일반 요금보다 최대 7.5% 저렴한 요금제를 발표, 곧바로 간사이전력이 오사카가스의 일반 요금보다 최대 13% 저렴한 신규 요금제를 발표하여 대응하고자 했다(임지영, 2017: 25). 이러한 경쟁구도가 일본의 에너지 최종소비가들 입장에서는 가격의 합리화와 선택의 폭을 넓혀준다는 점에서 이점이 있겠으나 대규모 사업자들 간 경쟁이 심화되는 가운데 상대적으로 규

모가 작은 사업자들이 얼마나 성공할 수 있을지가 의문으로 남는다. 중소규모 사업자들이 성공하지 못하고 대규모 사업자들만 생존하게 되면 결국 전력·가스시장 전면 자유화 이전에 비해 일본의 에너지 구도가 혁신적으로 바뀔 것이라고 기대하기는 쉽지 않다.

결론적으로는 당분간 일본의 에너지시장이 가스에 절대적으로 의존하면서 원자력 재가동에 속력을 내는 쪽으로 가게 될 것이라고 전망할 수 있다. 대규모 사업자 간에는 신재생에너지보다는 가격 효율성이 뛰어난 화석연료가 선호될 것인데, 그나마 에너지 안보 및 환경 안보 측면을 고려할 때 석유나 석탄보다는 가스가 유리하고, 원자력발전소 설비를 갖춘 대규모 전력사업자 입장에서는 원자력 재가동을 선호하지 않을 수 없을 것이기 때문이다.

이러한 전망은 일본 정부가 2015년에 내놓은 『장기 에너지 수급 전망(長期エネルギー需給見通し)』에서도 제시되고 있는 목표치에 의해 뒷받침될 수 있다. 일본 정부는 상기 전망에서 '3E+S'[10] 정책 기조를 재확인하며 2030년까지 연간 경제성장률 1.7%를 유지하면서도 철저한 성 에너지를 통해 오히려 5,030만kl 정도의 에너지를 절약한다는 계획을 설정하고 있는데, 1차 에너지 공급 구성은 2030년도에 489만kl를 공급한다고 설정했을 때 대략 석유에서 30%, 석탄에서 25%, 천연가스에서 18%, LPG에서 3%가량을 충당하고, 원자력 발전에서 10~11%, 신재생에너지에서 13~14%가량을 공급하겠다는 구상이다. 이러한 목표치는 후쿠시마 사고 이후 크게 훼손된

10 '3E+S'란 에너지의 안정적 공급이라는 에너지 안보(Energy Security), 경제적 효율성의 향상에 의한 가격저감(Economic Efficiency), 환경적합성(Environment)의 3E에 안전성(Safety)을 더한 일본 에너지 기본계획의 근간을 이루는 가치를 지칭한다.

에너지 자급률을 24%대로 끌어올리겠다는 것으로, 전력 구성에 있어서는 대략 LNG 27%, 석탄 26%, 원자력 20~22%, 신재생에너지 22~24%, 석유 3%가량을 설정하고 있다(経済産業省, 2015: 2-7). 이렇듯 가스와 함께 원자력의 중요성이 재조명받게 된 만큼 뒤에서는 아베 정권이 일본의 기존 원자력 정책으로 회귀하게 된 배경에 대해 자세히 분석하도록 하겠다.

아베의 복귀와 원자력으로의 회귀

후쿠시마 사고가 발생한 뒤 당시 민주당 정권은 원전의 가동을 중지시키며 기존의 원자력 추진 정책에 대해 비판적인 입장으로 선회했었다. 사고 당시 수상이던 간 나오토(菅 直人) 총리는 2011년 7월에 열린 기자회견에서 "[일본이] 원자력 발전에 의존하지 않는 사회를 지향해야 한다는 생각에 이르게 되었다"고 언급하면서 계획적·단계적으로 원자력 의존도를 줄여나가 장래에는 원자력 발전 없이도 살아갈 수 있는 사회가 되어야 한다고 거론한 바 있다(首相官邸, 2011). 후임인 노다 요시히코(野田佳彦) 총리 역시 2012년 9월에 열린 에너지·환경회의에서 2030년대까지 '원전 제로'를 목표로 하는 '혁신적 에너지·환경전략(革新的エネルギー·環境戦略)'을 결정했는데(首相官邸, 2012), 이는 결국 정치적인 난관들에 부딪쳐 각료회의 결정까지는 가지 못했다.

후쿠시마 사고는 미증유의 재난이었지만 동시에 일본의 에너지 정책이 전면적으로 검토·수정될 수 있는 기회였기도 한 만큼, 당시 민주당 정부는 기존의 에너지 정책을 성역 없이 전면적으로 재검토할 것과 원자력 발전에 대해서는 중장기적으로 그 의존도를 가능한 한 낮추어가겠다는 정책 기조를 다지게 된다. 하지만 민주당 정권의 원자력 정책이 추진력을 얻지 못한 채 표류하는 동안 전술했다시피 민주당이 2012년 12월의 중의원 총선거에서 참패하며 일본의 장기적인 탈원전정책도 그 동력을 잃게 된다.

원자력에 대한 부정적인 여론

후쿠시마 사고로 일본 국민의 원자력에 대한 의견은 크게 바뀌었다. 아사히신문사(朝日新聞社)에서 실시한 여론조사에 따르면, 2007년에는 원자력 발전을 확대해야 한다는 의견이 13%, 현상유지 의견이 53%, 감축해야 한다는 의견이 21%, 중단해야 한다는 의견이 7%였던 데 반해, 후쿠시마 사고 한 달 후인 2011년 4월에는 확대 5%, 현상유지 51%, 감축 30%, 중단이 11%로 나타났다(朝日新聞, 2011). 원자력 발전의 감축 내지 중단을 원하는 부정적인 의견이 무려 10% 이상 증가한 것이다. 또한 아베 재집권 전인 2012년 7월 16일에는 '원전 안녕 10만인 집회(さようなら原発 10万人集会)'라는 원전 반대 집회가 도쿄에 소재한 요요기(代々木) 공원에서 열렸는데, 당시 주최 측은 약 17만 명이 참가했다고 밝힌 바 있다(日本経済新聞, 2012). 이 정도 수준의 대규모 집회는 전후 일본의 정치사에서 안보투쟁 이후 극히 드문 사례로 꼽힌다.

더욱 주목할 만한 것은 전기요금 상승이라는 일상생활과 밀접한 차원에서의 부담이 커져가고 있었음에도 불구하고, 일본 국민의 상당수가 후쿠시마 사고 이후 원자력에 대해 부정적인 의견으로 돌아서게 되었다는 사실이다. 일본 국민의 원자력 에너지에 대해 부정적인 시각은 여러 자료를 통해 확인할 수 있다. 특히 원자력의 재가

〈표 2〉 "앞으로 일본은 원자력 발전을 어떻게 이용해야 한다고 생각하십니까?"라는 질문에 대한 설문조사 결과

(단위: %)

구분	2014. 11	2015. 10	2016. 10
원자력 발전을 늘려야 한다	1.3	1.7	1.8
동일본대지진 이전의 원자력 발전의 상황을 유지해야 한다	8.8	10.1	8.3
원자력 발전을 당분간 이용하지만 서서히 중단해야 한다	47.8	47.9	45.2
원자력 발전은 즉시 중단해야 한다	16.2	14.8	16.9
그 외	1.9	1	1
잘 모름	20.6	22.9	23.7
해당사항 없음	3.5	1.7	3.2

주: 모든 경우 설문대상자 규모는 1,200명.
출처: 日本原子力文化財団(2017: 76).

동에 대한 일본 국민의 의견은 여론조사 기관의 정치적 성향과 상관없이 지속적으로 반대 여론이 높게 나타나고 있다(北田淳子, 2015: 31). 또한 아베가 재집권에 성공하고 원전 재가동을 추진해온 이후에도 지속적으로 재가동에 대해 반대 의견이 높게 나타나고 있는 점이 흥미롭다. 2017년 3월에 발표된 마이니치신문사(每日新聞社)가 실시한 여론조사에서는 55%가 반대 의견을 표함으로써, 찬성인 26%를 크게 웃돌았는데, 이는 2016년 조사에서 반대가 53%, 찬성이 30%였던 것보다도 더 차이가 벌어진 것이다(每日新聞, 2017. 3. 13).

한편 일본원자력문화재단이 정기적으로 실시하고 있는 여론조사 결과에 따르면, 궁극적으로는 서서히 탈원전 방향으로 나아가야 한다는 의견이 45% 이상으로 나타나고 있으며, 즉시 중단해야 한다는 의견 역시 16% 수준으로 드러나고 있다(표 2 참조). 이렇듯 일본 국민 전체적으로는 반대 의견이 높음에도 불구하고, 아베 정권이 원

전 재가동을 추진하게 된 것이 의아하지 않을 수 없을 것이다. 이를 이해하기 위해서는 후술하는 요인들에 대한 고찰이 필요하다.

원자력의 장점을 둘러싼 통념들

우선 원자력 에너지의 장점에 관한 통념을 짚고 넘어가지 않을 수 없다. 흔히 원자력 에너지의 큰 장점으로 아래 두 가지를 꼽는다. 첫째, 소위 '베이스 로드(base load)' 전력원(源)으로 평가될 수 있을 만큼 전력 공급의 안정성 측면에서 우위에 있다는 점이며, 둘째, 온실가스 배출량이 화석연료와 비교해서는 물론이거니와 재생에너지에 비교해서도 낮다는 점이다. 베이스 로드란 시간대와 상관없이 최소한으로 필요한 전력공급량을 일컫는 개념으로 '피크 로드(peak load)', 즉, 최대 수요 전력량과 대비되는 개념이다. 원자력 에너지의 가장 큰 장점은 재생에너지가 날씨나 시간대에 의해 전력생산량이 변화하는 데 반해 이러한 외부 조건의 변화에 상관없이 일정 정도의 전력량을 24시간 생산할 수 있다는 것으로, 고도산업화 사회이자 도시화 지수가 높고 현대화된 시설에 의존하는 일본 같은 국가에서는 가장 높게 평가될 수밖에 없는 장점이라고 할 수 있다. 더군다나 일본과 같이 다(多)국가 간 광역 전력망, 이른바 슈퍼그리드(super grid)에 연결되어 있지 않은 국가에서는 베이스 로드를 안정적으로 확보하는 것이 국가 안보와도 직결되는 문제로 여겨질 수밖에 없다. 이와는 반대로 재생에너지는 베이스 로드를 안정적으로 공급할 수 없다는 점이 가장 큰 약점으로 꼽힌다.

원자력 발전이 전면 중단된 23개월의 '원전 제로' 기간 동안,[11] 일본은 에너지 절약을 위해 분투하면서도 베이스 로드를 확보하기 위해 석탄 화력 발전의 가동을 최대화하고 천연가스 발전을 늘려서 전력량을 확보해왔다. 〈그림 2〉는 일본의 발전전력의 구성 추이를 나타내고 있는데, 원자력의 빈자리를 석탄과 가스가 대체하고 있었음을 알 수 있다.

그러나 화석연료에 의존도가 높아지면 높아질수록 에너지원 수입이 증가할 수밖에 없기에 2절에서 언급한 기준에 의한 에너지 안보에는 전혀 도움이 되지 않았을 뿐 아니라, 이산화탄소 배출이 늘어나면서 기후변화 대처 차원에서도 문제가 커지게 되었다. 4차 에너지 기본계획을 책정함에 있어서도 일본 정부는 후쿠시마 사고 이후 화석연료 수입의 증가로 인한 국부 유출 및 에너지 안보의 훼손, 온실가스 배출의 폭증 등을 후쿠시마 사고 이후의 가장 심각한 문제들로 지적하고 있다(資源エネルギー庁, 2014b: 4).

〈표 3〉은 일본 내에서의 1차 에너지 공급의 추이 및 향후 전망을 나타내고 있다. 아베가 재집권한 이후 2015년 8월 원전 제로 상태가 종결되면서 원자력 발전의 실적이 조금씩 늘어나고 있는 것을 알 수 있다. 아울러 원자력 발전이 재가동에 들어가면서 가장 영향을 받는 1차 에너지원은 석유와 가스라는 것도 명확히 드러나고 있다(青島 他, 2017: 6). 따라서 원자력이 재가동에 들어가고 신재생에너지의 활용이 늘어나면 GDP원 단위 및 자급률 수치가 호전되고 이산화탄소 배출량 역시 지속적으로 감소할 것이라는 전망이다(青島 他, 2017: 6). 이는 일본 정부 입장에서 보면 전술한 바 있는 일본 에너지 안보의 취약성과 환경 문제에 대한 우려 등을 감안할 때, 긍정적

11 일본은 2011년 후쿠시마 사고 이후 순차적으로 일본 내 모든 원자력발전소의 운전을 정지시켰는데, 2013년 9월 16일 후쿠이(福井) 4호기가 가동 중지됨에 따라 '원전 제로' 상태에 접어들었다. 2015년 8월 센다이(川内) 1호기가 재가동되면서 23개월간의 '원전 제로' 상태가 종료되었다.

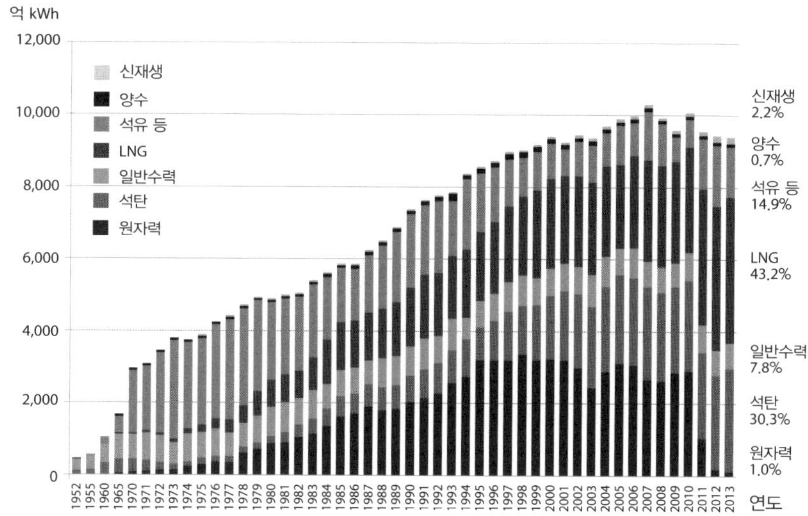

〈그림 2〉 일본의 발전전력량 추이(일반전기사업용)

출처: 資源エネルギー庁(2015: 150, 그래프 214-2-8).

으로 평가하지 않을 수 없는 부분이다.

하지만 여기에 언급한 원자력의 장점은 딱히 일본에만 해당되는 사항이 아니기 때문에 이것만으로는 아베 정권의 원자력 회귀를 충분히 설명할 수는 없다. 예를 들어 일본과 비슷한 정도의 국력과 경제력을 가진 또 다른 고도산업화 사회인 독일은 일본과는 대조적으로 후쿠시마 사고 이후 원전 감축을 위해 노력 중이다. 후쿠시마 사고를 계기로 독일 정부는 1980년 이전에 지은 8개의 원자로를 폐쇄할 것을 결정했으며, 나머지 9기의 원자로도 2022년까지는 모두 폐쇄할 것을 결정했다. 그 대신 독일은 꾸준히 재생에너지 비율을 높여 2015년 현재, 독일 국내에서 생산되는 전력의 30%는 재생에너지에서 충당하고 있다(EIA, 2016). 따라서 아베 정권이 기존 원자력 정책으로 회귀하게 된 배경을 이해하기 위해서는 일본의 국내 사정

〈표 3〉 일본 국내 1차 에너지 공급의 추이 및 전망

구분	실적				전망		전년도비 증가율		
	2010	2014	2015	2016	2017	2018	2016	2017	2018
1차 에너지 국내 공급 (Mtoe)	513.5	472.9	465.5	463.5	466.7	465.3	–0.4%	0.7%	–0.3%
석탄	119.2	124.4	123.7	121.9	122.5	122.6	–1.5%	0.5%	0.1%
석유	212.0	198.6	193.3	187.6	185.1	178.5	–3.0%	–1.3%	–3.6%
천연가스	95.7	118.9	113.0	114.7	114.8	110.5	1.5%	0.1%	–3.8%
LNG 수입(Mt)	70.6	89.1	83.6	84.7	82.8	81.0	1.4%	–2.3%	–2.2%
수력	17.2	17.1	17.7	16.3	16.7	16.9	–7.7%	2.3%	1.3%
원자력	60.7	0.0	2.0	3.7	6.7	14.0	91.3%	78.6%	109%
신재생 등	8.9	13.9	15.8	19.3	21.0	22.8	22.1%	8.4%	8.7%
자급률	17.8%	7.5%	8.5%	9.4%	10.7%	12.7%	0.9p	1.3p	2.0p
GDP原 단위 (FY2011=100)	105.2	93.4	90.7	89.2	88.3	87.0	–1.6%	–1.1%	–1.4%
에너지源당 CO_2 배출(Mt–CO_2)	1,131	1,186	1,150	1,144	1,132	1,104	–0.5%	–1.0%	–2.5%

주1. 표기된 모든 연도는 회기년도(Fiscal Year) 기준.
주2. 신재생에너지는 태양광, 풍력, 바이오매스, 태양열 등을 포함.
주3. 음영 표시는 전망한 수치.
주4. p는 포인트를 의미.
출처: 青島桃子 他(2017: 6, 표 4).

을 면밀히 살펴볼 필요가 있다.

원자력 회귀의 국내정치

전술했다시피 재집권에 성공한 아베는 1기 때와는 달리 이념적인 정체성을 드러내는 데 연연하기보다는 경제재건을 이룩하겠다는 것

을 전면에 내세웠다. 에너지 정책에 관하여는 에너지 절약 및 재생에너지 확충을 위한 방편 등을 모색하는 등의 방향을 꾀하고 있다는 점은 앞선 민주당 정권과 큰 차이가 없으나, 2기 아베 정권에서는 원자력발전소의 재가동을 점진적으로 추진하며 기존 일본의 원자력 정책으로 점차 회귀하고 있는 모습이다.

이를 두고 일본 내에서는 혁신 진영을 중심으로 비판의 목소리가 끊이지 않고 있으며(しんぶん赤旗, 2017), 해외에서조차 일본이 후쿠시마 사고의 교훈을 무시하고 있다는 비판도 나오고 있다(Burnic, 2014). 심지어 한국 언론 일부에서는 아베 정권의 원자력 회귀는 결국 일본의 핵무장 야욕 때문이 아니냐는 의심 섞인 우려의 목소리마저 나오기도 했다(YTN, 2015). 그러나 이런 이념적인 성향에 의한 비판보다는 아베 정권이 원자력을 두고 어떠한 손익계산을 했는지를 따져보는 것이 더 합당한 분석일 것이다.

원전 유치 지역의 보수성

결국 아베 정권 입장에서 재가동을 추진하게 된 배경을 이해하기 위해서는 일본 전체의 여론보다는 원자력발전소 유치 지역의 의견과 이 지역들과 중앙권력 사이의 관계를 살펴볼 필요가 있다. 〈표 4〉는 사고 발생 지역인 후쿠시마현(福島県) 지역을 제외하고 원자력발전소를 유치하고 있는 지방자치단체의 지난 3기 동안의 단체장 선거 결과를 정리한 것이다. 보다시피 후쿠시마 사고 바로 다음 선거에서 단체장이 교체된 곳은 오나가와정(女川町)과 도카이촌(東海村) 두 곳뿐이다(진하게 표시). 그 외의 지역에서는 모두 후쿠시마 사고 이전 단체장이 재선에 성공했다.

이를 통해 짐작할 수 있는 것은 원전 유치 지역의 보수성이다.

〈표 4〉 원자력발전소 유치 지역의 지방자치단체장 선거 결과 추이

원전 이름	소재지	선거일	당선자	선거일	당선자	선거일	당선자 (2018. 1. 현재 재임 중)
泊(도마리)	北海道古宇郡泊村	2008.1.20	牧野浩臣 (마키노 히로오미)	2012.1.15	牧野浩臣	2016.1.17	牧野浩臣
大間(오오마)	青森県下北郡大間町	2008.12.21	金沢満春 (가나자와 미츠하루)	2012.12.23	金沢満春	2017.1.15	金沢満春
東通 (히가시 도오리)	青森県下北郡東通村	2009.3.15	越善靖夫 (에치젠 야스오)	2013.3.17	越善靖夫	2017.3.19	越善靖夫
女川 (오나가와)	宮城県牡鹿郡女川町	2007.9.9	安住宣孝 (아즈미 노부타카)	2011.11.13	須田善明 (스다 요시아키)	2015.10.25	須田善明
	宮城県牡鹿郡石巻市	2009.4.19	亀山 紘(가메야마 히로시)	2013.4.21	亀山 紘	2017.4.23	亀山 紘
柏崎刈羽 (가시와자키 가리와)	新潟県柏崎市	2008.11.16	会田 洋 (아이다 히로시)	2012.11.18	会田 洋	2016.11.20	桜井雅浩(사쿠라이 마사히로)
	新潟県刈羽郡刈羽村	2008.11.16	品田宏夫 (시나다 히로오)	2012.11.18	品田宏夫	2016.11.20	品田宏夫
浜岡 (하마오카)	静岡県御前崎市	2008.4.13	石原茂雄(이시하라 시게오)	2012.4.15	石原茂雄	2016.4.10	柳沢重夫(야나기자와 시게오)
志賀 (시카)	石川県羽咋郡志賀町	2009.9.6	小泉勝(고이즈미 마사루)	2013.9.8	小泉 勝	2017.9.10	小泉 勝
敦賀 (쯔루가)	福井県敦賀市	2007.4.22	河瀬一治(가와세 카즈하루)	2011.4.24	河瀬一治	2015.4.26	渕上隆信(후치가미 다카노부)
美浜 (미하마)	福井県三方郡美浜町	2007.2.25	山口治太郎(야마구치 지타로)	2011.2.27	山口治太郎	2015.2.22	山口 治太郎
大飯 (오오이)	福井県大飯郡 おおい町	2007.4.22	時岡 忍 (도키오카 시노부)	2010.3.28	時岡 忍	2014.3.23	中塚 寛(나카츠카 히로시)
高浜 (다카하마)	福井県大飯郡高浜町	2008.4.27	野瀬 豊 (노세 유타카)	2012.4.22	野瀬 豊	2016.4.24	野瀬 豊
東海第二 (도카이 다이니)	茨城県那珂郡東海村	2009.9.13	村上達也 (무라카미 다츠야)	2013.9.8	山田 修 (야마다 오사무)	2017.8.27	山田 修
島根 (시마네)	島根県松江市	2009.4.19	松浦正敬(마츠우라 마사타카)	2013.4.21	松浦正敬	2017.4.16	松浦正敬
上関 (가미노세키)	山口県熊毛郡上関町	2007.9.30	柏原重海(가시와바라 시게미)	2011.9.25	柏原重海	2015.9.6	柏原重海
伊方 (이카타)	愛媛県西宇和郡 伊方町	2011.4.11	山下和彦(야마시다 가즈히코)	2014.4.13	山下和彦	2016.10.2	高門清彦(다카카도 기요히코)
玄海 (겐카이)	佐賀県東松浦郡 玄海町	2006.7.23	岸本英雄 (기시모토 히데오)	2010.7.11	岸本英雄	2014.8.3	岸本英雄
川内 (센다이)	鹿児島県薩摩川内市	2008.10.19	岩切秀雄 (이와키리 히데오)	2012.10.28	岩切秀雄	2016.10.23	岩切秀雄

주: 선거 닷컴(選挙ドットコム, http://go2senkyo.com/)에 게재되어 있는 선거결과에 관한 정보를 토대로 필자 작성.

물론 지방자치단체장 선거에서 원전 관련 문제만이 유권자의 판단 기준이 되는 것은 아니지만, 원자력발전소 유치 지역의 특수성, 후쿠시마 사고와의 시간적인 근접성 등을 고려한다면 두 곳을 제외한 모든 곳의 단체장이 사고 후에도 재선에 성공했다는 것은, 유치 지역 주민들의 보수성을 드러내는 한 가지 지표라고 보아도 무방하리라 생각한다. 원자력발전소는 아니지만, 재처리 공장, 농축 공장, 중·저준위 방사능폐기물 처분장 등, 핵연료주기 시설이 밀집되어 있는 아오모리현(青森県)의 롯카쇼촌(六ヶ所村)의 경우에도 후루가와 겐지(古川健治)[12] 촌장의 지명을 받아 정치적 입장이 크게 다르지 않은 도다 마모루(戸田 衛)가 2014년 6월에 촌장으로 당선된 바 있다.

결국 후쿠시마 사고에도 불구하고 원자력 시설 유치 지역 대부분이 원전 반대로 가지 않고, 기존의 정책을 계승하거나 오히려 원전 재가동을 적극적으로 지지하는 상황마저 펼쳐지고 있다. 가이누마(開沼)는 후쿠시마 지역이 원자력 시설을 유치하게 된 역사를 밝히면서 후쿠시마와 같은 지역이 오히려 적극적으로 원자력을 유치한 면이 있다고 지적하며, 이권구조와 맞물려 원자력 시설을 유치하고 있는 지자체들을 '겐시료쿠무라(原子カムラ)'[13]로 표현한 바 있다(2011). 이러한 '겐시료쿠무라'의 의견은 아베 재집권 이후인 2013년

12 1973년부터 1989년에 이르기까지 4기에 걸쳐 롯카쇼무라 촌장을 역임한 후루가와 이세마츠(古川伊勢松)의 남동생. 후루가와 형제는 롯카쇼무라가 원자력 시설을 유치하는 데 가장 앞장선 지역정치인들이다. 필자는 2012년 9월에 롯카쇼무라를 방문하여 후루가와 겐지 촌장을 면담한 바 있다.

13 본래 '겐시료쿠무라(原子力村)'란 일본 내에서 원자력 발전을 지지·추진해 왔던 산업계, 정부, 학계의 '무라(村)' 사회 같은 폐쇄적인 인맥을 비판적으로 표현한 용어였으나, 가이누마는 '무라' 부분을 가타가나 표기로 변경하여 원자력 유치 지역을 '겐시료쿠무라(原子カムラ)로 표현했다(開沼 博, 2011). 후쿠시마의 원전 유치의 정치경제적인 배경에 대한 분석으로는 임은정(2014) 참조.

에 아사히신문사에서 폐로과정 중에 있는 후쿠시마 제1원자력발전소를 제외하고 일본 전국의 상업용 원전 16개(계획, 건설 중인 것을 제외)로부터 반경 30km 이내에 위치한 21개 도부현(道府県)과 134개의 시정촌(市町村)의 단체장 155명을 상대로 실시한 설문조사를 통해서도 확인할 수 있다.[14] 전반적으로 원전이 위치한 지역과 인접한 지역의 단체장들은 재가동에 대해 부정적 혹은 중립적인 의견을 많이 내비친 반면, 원자력 시설이 위치한 해당 지자체의 단체장들 사이에서는 반대 의견보다는 중립 내지 찬성 의견이 높게 나타났다(朝日新聞, 2013).

이렇듯 일견 납득하기 어려워 보이는 현상은 크게 다음 두 가지를 설명할 수 있다. 첫째, 유치 지역의 재정 측면에서 원자력 산업의 기여도가 크다는 점이다. 일본에서는 다나카 가쿠에이(田中角栄) 총리 시절인 1974년, 발전용 시설의 설치를 용이하게 만들기 위하여, '발전용시설 주변지역정비법(発電用施設周辺地域整備法)', '전원개발 촉진세법(電源開発促進税法)', '전원개발촉진대책 특별회계법(電源開発促進対策 特別会計法)'의 소위 '전원 3법(電源三法)'이 제정되어, 발전소 유치 지역의 복지 향상과 재정에 기여한다는 법적 토대를 마련한 바 있다. 원전을 유치하고 있는 지방자치단체 21곳[6개의 시(市), 15개의 정촌(町村)]의 재정상황을 조사한 고이케의 연구에 따르면, 특히 정촌 지역에서 전원입지지역대책 교부금과 지방세(특히 고정자산세)가 세수의 기반이 되고 있다는 것이 원전 유치 지역 재정상황의 특징이라는 것을 알 수 있다(小池拓自, 2013: 6-7). 심지어 후쿠이(福井), 후쿠시

14 지자체장 155명 전원에게 설문지를 발송하는 방식으로 2013년 1월부터 2월 중순까지 실시했다.

마, 에히메(愛媛), 사가(佐賀), 시마네(島根), 시즈오카(静岡), 가고시마(鹿児島), 미야기(宮城), 니이가타(新潟), 이시가와(石川) 현(県)과 홋카이도(北海道)의 경우에는 핵연료세를 설정하여 발전용 원자로에 삽입되는 핵연료에 세금을 부과하고 있었다. 2010년 결산으로는 법정 외 세금의 합계가 516억 엔, 그중 원자력 관계는 405억 엔이었으며, 보통세이긴 하지만 핵연료세를 재원으로 하는 현이 원전입지 지자체나 주변 지자체에 제공하는 교부금이나 보조금 지급의 사례도 적지 않았으므로, 원전 운전이 정지됨에 따라 이러한 세금의 지급을 기대할 수 없게 된 것이다(小池拓自, 2015: 5).

둘째, 원자력 시설 유치 지역의 산업구조가 원자력 사업에 매우 의존적인 형태로 변화되었다는 점이다. 원전 유치 지역들은 일본 평균에 비해서 평균 소득이 높은 반면 전원 사업에 관련된 3차 산업 종사자가 많고, 지역 전체로 보더라도 산업 구성의 큰 부분이 전원 사업에 의존하고 있는데, 이러한 현상은 도시화된 지역에서보다는 정촌 지역에서 더욱 두드러진다(小池拓自, 2015: 7). 따라서 원자력 시설이 정상 가동되지 않으면 지자체의 세수가 줄어드는 것은 물론 지역의 경제활동마저 침체되는 등, 사회적으로도 큰 타격을 받는다고 추정할 수 있다.

따라서 아베 정권 입장에서는 불특정 다수의 혹은 정치화된 원전 반대세력의 원전 재가동 반대 의견보다 유치 지역 지자체들의 재정 악화와 지방 경기의 침체, 이로 인한 사회적인 불만 등이 정권의 손익 차원에서 더 실질적인 문제로 다가왔을 것이라고 판단된다.

쌓여가는 플루토늄 재고

마지막으로 아베 정권의 원자력 회귀의 배경이 된 요인으로는 일본 핵연료 주기 정책의 모순을 꼽을 수 있다. 일본은 '미·일원자력협력협정'을 1988년에 수정하며 농축 및 재처리 권한을 부여받은 뒤, 사용후 핵연료를 프랑스, 영국에 위탁하여 재처리해왔다.[15] 이로 인해 일본의 플루토늄 재고는 지속적으로 증가하여 2016년 말 현재, 일본이 국내외에 보유한 플루토늄 재고량은 무려 46.9톤에 이른다(内閣府 原子力政策担当室, 2017: 1). 이는 핵무장을 하지 않은 국가 중에서는 타의 추종을 불허할 정도의 많은 양으로, 쌓여만 가는 플루토늄 재고량 때문에 일본은 국제사회의 빈축을 사게 되었다.

일본이 핵연료 주기 정책을 놓고 본래 염두하고 있던 계획은 고속증식로(Fast-Breeding Reactor, FBR)를 통해 영구히 핵연료를 재활용하겠다는 것이었으나, 나트륨 냉각 고속로인 '몬주(もんじゅ)'의 개발이 천문학적인 투자에도 불구하고 이렇다 할 실적을 내지 못하고 진척이 없자 1990년대부터는 차선책으로 MOX(mixed-oxide, 혼합산화물) 연료를 기존의 원자로에서 연소시키는 이른바 플루써멀(Plu-thermal) 방식을 택해왔다.[16] 결국 ① 원자력 발전, ② 사용후 핵연료

15 재처리에 관해서는 원자력 공학자 사이에서도 의견이 분분하다. 미국 프린스턴 대학의 프랭크 본 히펠(Frank von Hippel) 교수나, 일본 원자력위원회의 부의장을 역임한 바 있는 스즈키 다츠지로(鈴木 達治郎) 박사 등은 한국에서도 널리 알려진 재처리 반대론자들이다. 이들이 재처리에 반대하는 가장 큰 이유는 재처리를 통해 핵무기의 원료가 되는 플루토늄이 생성되기 때문이다. 이는 기본적으로 미국의 정책이기도 하다. 미국은 '핵 비확산(non-proliferation)' 정책을 견지하며 사용 후 핵연료를 재처리하지 않고 직접처분(영어로는 open fuel cycle, once-through, direct disposal 등의 표현이 혼용)할 것을 주장해왔다. 한편 재처리를 지지하는 입장에서는 재처리를 통해 방사능 폐기물의 절대 부피가 줄고, 플루토늄을 재활용하면 자원 절약에도 도움이 된다는 점을 지지하는 근거로 들고 있다. 한국은 파이로 프로세싱(pyro-processing) 공법을 통해 사용 후 핵연료를 '재활용'(재처리라는 표현 사용을 의도적으로 기피하는 경향이 있음)하고자 미국과 공동으로 기술을 개발하고 있다.

16 플루써멀이란 플루토늄(plutonium)과 열중성자로(thermal neutron reactor)의

의 재처리, ③ 플루써멀 방식이 일본 원자력·핵연료 주기 정책을 구성하는 세 축으로, 어느 하나가 무너지면 나머지도 작동하지 못하게 되는 측면이 있다는 점에서 '삼위일체(trinity)'로 표현될 수 있다(Lim, 2016).

그러나 후쿠시마 사고 이후 원전 가동이 전면 중단되면서 일본의 원자력 발전을 둘러싼 문제는 매우 복잡해졌다. 임은정은 일본의 핵연료 주기 정책이 후쿠시마 사고 이후 다음과 같은 세 가지 모순이 상충하고 있는 상황에서 표류하고 있다고 지적하며, 이러한 상황을 '원자력 트릴레마(nuclear trilemma)'라고 규정한다(Lim, 2016). 트릴레마를 이루는 첫 번째 모순은 원전 재가동이 일정 수준에 이르지 못한 상태에서 플루토늄을 생성하는 재처리만을 추진하는 것은 국내외적으로 충분한 정당성을 얻고 있지 못하다는 점이다. 두 번째 모순은 재처리 시설을 가동하지 못한 채 원전 재가동만이 추진된다면 폐연료봉만 축적될 뿐이라는 점이다. 마지막 모순은 MOX 연료를 사용하는 원전의 재가동 없이 재처리만 한다면 결국 플루토늄 재고만 더 늘어나게 된다는 점이다.

이러한 세 가지 모순된 상황에 대해 아베는 일본의 기존 원자력 추진정책 노선을 계승하는 것으로 대응하고 있다. 이렇게 된 배경에 대해서는 일본이 핵무장 야욕을 포기하지 않기 때문이라는 등의 근거가 약한 음모론적인 해석보다는 현재 일본이 대안을 찾기 매우 곤란한 상황에 있기 때문이라고 보는 것이 타당한 분석일 것이다. 예를 들어 민주당 집권 시절 일본 원자력위원회가 사용후 핵연

합성어로, 플루토늄이 섞인 MOX 연료를 기존의 가압경수로 등에서 연소시키는 방법을 지칭한다.

료의 재처리는 경제적인 비용이 너무 크기 때문에 가급적 빨리 철회하는 것이 합리적이며, 현재 일본에 중간저장 시설이 없는 상태에서 재처리가 마치 그 대안으로 잘못 인식되고 있는 만큼 최대한 빨리 최종처분장을 결정지어야 한다고 결론을 내린 적도 있었으나(内閣府 原子力政策担当室, 2012: 17), 이러한 중앙정부의 인식은 즉각 롯카쇼촌의 반발에 부딪치고 말았다. 당시 후루가와 촌장은 "핵연료 주기 정책에 대한 세간의 비난이 거세지고 있는 것을 인지하고 있지만, 이제 와서 중지하게 된다면 매우 곤란하다. 사업의 중심이 되고 있는 재처리 공장도 99% 완성된 상태"라며 "핵연료 정책은 견지되어야 마땅하다"고 주장했다(中日新聞, 2012). 이렇듯 지방정부와 중앙정부의 의견이 크게 충돌한 뒤, 2012년 9월 각료회의에서 상기 사항을 결정하고자 했던 민주당 정권은 결국 재처리 철회 입장을 포기하게 되었다.

중앙정부의 발목을 잡고 있는 것 중 하나는 롯카쇼촌이 속해 있는 아오모리현과 롯카쇼촌이 재처리공장의 건설 대신 이 지역이 향후 사용후 핵연료의 최종처분장으로 사용할 수 없다는 확약을 역대 정권과 맺은 바 있다는 사실이다(毎日新聞, 2017. 8. 15).[17] 재처리공장이 계획대로 정상 가동하지 않는다면 롯카쇼촌이 실질적으로 중간저장 내지 최종처분장이 될 가능성이 있기 때문에 롯카쇼촌은 재처리공장의 가동 계획에 차질이 빚어져서는 안 된다는 입장이다. 이렇게 일본의 원자력 정책이 돌파구를 찾지 못한 상황에서 재집권한 아베 정권은 결국 기존의 원자력정책으로 회귀하게 되었으나, 전술

17 홋카이도의 경우에는 조례로서 최종처분장이 될 수 있는 가능성을 선제적으로 차단했다.

한 세 가지 모순에 비추어볼 때 일본이 계속 이러한 방향으로 간다면 앞으로 더 많은 플루토늄이 생성될 수 있다는 문제가 남아 있다(Acton, 2015; Lim, 2016). 또한 플루토늄 재고가 늘어날수록 일본을 불신하고 진의를 의심하는 주변 국가들뿐 아니라 직접처분 방식을 옹호하는 일본의 동맹인 미국으로부터도 국제적인 비난을 받지 않을 수 없게 될 가능성마저 있다(Iwata, 2015).

요컨대 일본 국민의 상당수가 전기요금 상승이라는 실질적인 부담에도 불구하고 비용 증가를 감내해가며 원전 재가동에 반대해 오긴 했지만, 에너지 안보의 훼손이나 온실가스 배출의 증가 등 환경 안보적인 이유, 전면 자유화 이후 경쟁이 치열해진 전력시장의 변화된 상황, 원자력 관련 시설 유치 지자체의 재정 악화 상황으로 인한 정치적인 압박, 플루토늄 재고 소진을 둘러싼 국내외의 정치적 비난 등이 더 강력한 압박으로 작용하며 아베 정권 이후 일본의 원자력정책은 다시금 후쿠시마 이전으로 회귀되었다고 결론지을 수 있다.

2018년 1월 현재 일본에서는 규슈전력(九州電力)의 센다이(川内) 1, 2호기와 간사이전력(関西電力)의 다카하마(高浜) 1, 2호기, 총 4기의 원자로가 가동 중이다.[18] 재가동에 이르기까지 심사 절차가 복잡하고 시간이 많이 걸린다는 점과, 정치적인 난관도[19] 여전히 남아 있다

18 재가동에 관한 자세한 상황은 전기사업자연합회(電気事業者連合会) 홈페이지(http://www.fepc.or.jp/theme/re-operation) 참조.

19 예를 들어 시코쿠전력(四国電力)이 운영하는 에히메현(愛媛県) 소재 이카타(伊方) 3호기의 재가동에 대해 정지를 요청한 히로시마현(広島県)과 에히메현 주민들의 가처분 신청에 대해, 히로시마 지방재판소는 2017년 3월 해당 가처분 신청을 기각했으나, 같은 해 12월 히로시마 고등재판소는 지방재판소의 결정을 뒤엎고 가동 중지를 명령했다.

는 점에서 재가동에 속력을 내기란 쉽지 않아 보인다. 그럼에도 상술한 이유들에 의해 당분간 일본은 원자력 발전 의존도를 다시 높이는 쪽으로 갈 수밖에 없을 것이라고 전망된다.

결론

이상에서는 아베 재집권 이후 일본 에너지 정책 분야에서 두드러진 변화라고 할 수 있는 전력·가스시장의 전면 자유화와 기존 원자력 정책으로의 회귀라는 흐름을 살펴보고 이런 정책 방향이 결정되게 된 일본의 내부적인 상황 등을 분석했다. 일본의 경제구조는 여러 모로 한국과 매우 흡사하다. 따라서 위에 분석한 일본의 현재 에너지 정책의 동향은 한국의 가까운 미래를 위해 시사하고 있는 바가 크다고 할 수 있다. 여기에서는 결론을 대신하여 현재 일본의 상황이 한국에 시사하고 있는 바에 대해서 간략하게 논하고자 한다.

첫째, 전력·가스시장의 자유화와 환경 안보 추구 사이의 괴리감이다. 앞서 지적한 바대로 일본의 에너지시장 자유화는 이제 시작단계이므로 그 성과는 앞으로 계속 두고 봐야 할 것이다. 그러나 전술한 바와 같이 아직까지는 시장자유화가 대기업에게 유리한 국면으로 진행되면서 신재생에너지보다는 가스나 원자력 같은 이산화탄소 배출이 적으면서도 상대적으로 가격 효율성이 좋은 에너지원을 선호하는 경향이 우세하게 나타나고 있다. 한국의 경우, 전력산업 중 발전 부문은 이미 개방되어 한국전력거래소에서 입찰이 진행되고 있으나 송배전망은 여전히 한국전력이 담당하고 있는데, 송배전망의 민영화를 둘러싼 논쟁은 수년간 계속되어왔다. 일각에서는 발전 부문의 자유화와 공급중심의 에너지 정책이 원전과 석탄 발전을 확대시켰고, 민간 에너지시장을 급격하게 성장시켜 성과주의·발전주의가 만연하게 됨에 따라 에너지 공기업들의 체질이 왜곡되었다는 의견도 제기되고 있다(송유나, 2018: 2). 한편 전면 자유화가 진행되면 전기요금이 폭등할 것이라는 우려가 끊임없이 제기되고 있다(김민재, 2016; 이상복, 2017). 따라서 문재인 정권이 추구하는 에너지 전환을 위해서는 기저전원에 대한 근본적 인식 변화와 함께 한국전력과 가스공사 등의 공기업의 공공적 역할 강화와 협력을 통한 공적 에너지 전환정책 수립이 필요하다는 주장이 제기되고 있다(송유나, 2018: 2). 에너지시장 자유화가 반드시 환경친화적이고 안전한 에너지로의 전환을 가져오지 않을 수 있다는 것을 현재 일본의 사례를 통해서 보고 있기 때문에 이러한 우려는 일견 타당해 보인다.

둘째, 원자력 발전이 에너지 안보에서 갖는 중요성과 탈원전 실현의 어려움이다. 문재인 정부는 취임 한 달 후인 2017년 6월 9일 원자력 안전위원회에서 한국의 최고령 원전인 고리 1호기를 '영구정지'하기로 결정한 데 이어 건설 중이던 신고리 5·6호기 건설의 일시 중단을 지시하고 공론화위원회를 구성하여 7월 24일부터 10월 24일까지 건설 재개 여부를 논의한 바 있다.[20] 아울러 2017년 7월 21일에는 "월성 1호기[21] 가동도 중단시킬 수 있다"며 2030년까지 설계수명이 만료되는 원전을 몇 기 더 폐쇄할 수 있다는 뜻을 밝히

20 청와대는 10월 20일 신고리 5·6호기 공론화위원회가 신고리 5·6호기의 공사를 재개할 것을 골자로 하는 정부권고안을 발표한 데 대해 "지난 3개월간 숙의를 거쳐 권고안을 제안해주신 공론화위원회의 뜻을 존중한다"고 밝혔다(이정애, 2017). 이를 두고 사회적 비용이 막대했다는 비판과 숙의 민주주의를 실험할 수 있었다는 긍정적인 평가가 엇갈리고 있다. 한편 문재인 정권이 후보 시절 신고리 5·6호기 건설 중단을 공약으로 내세운 만큼, 공약에서 후퇴했다는 비판도 있다.

기도 했다(이태훈, 2017). 후쿠시마 사고 이후 원자력 안전에 대한 대중의 우려가 커지고 한국 원자력 업계의 투명하지 못한 경영과 부패 스캔들이 수면에 드러나면서 원자력 업계에 대한 국민의 불신이 커진 것을 감안하면, 현재 문재인 정부의 탈원전정책은 큰 틀에서 혹은 장기적으로는 충분히 납득할 만한 부분이 있다.

하지만 일본 민주당 정권의 탈원전정책의 좌절과 아베 정권의 기존 원자력 정책으로의 회귀를 통해서도 드러났듯이 부존자원이 전무하다시피한 자원빈국인 한국 같은 국가에 원자력 발전은 베이스 로드 전원 확보 차원에서 결코 경시할 수 없는 에너지원이라고 할 수 있다. 더군다나 일본처럼 다국가 간 광역 전력망에 연결되지 않은 채 베이스 로드를 안정적으로 확보할 필요가 있는 한국에서 원자력 발전이 에너지 안보에 기여하는 바는 실로 크다고 하지 않을 수 없다. 또한 한국은 세계적으로도 유사 사례를 찾기 힘들 정도로 성공적으로 원자력 산업을 운영해온 경험이 있을 뿐만 아니라, 아시아·태평양 원자력협력협정의 사무국을 유치하고 있을 정도로 원자력의 국제협력에도 기여해왔다(임은정, 2017: 140). 원자력 분야의 협력을 통해 국제사회에서 신뢰와 외교 경험을 쌓아왔다는 역사적 사실마저 부정되어서는 안 될 것이다.

다만 원자력 발전의 지속성을 판단하는 데 있어서 대단히 중요한 것이 사용후 핵연료 처리 문제다. 현재 한국은 일본과는 달리 후행 핵연료주기를 완성하지 못하는 상황이고 중간 저장시설도 갖추

21 고리 1호기에 이어 한국의 두 번째 원자로로서 캐나다에서 수입한 가압중수로(CANDU)다(1977년 착공, 1983년 준공). 결국 월성 1호기는 2018년 6월 15일 조기 폐쇄가 결정되었다.

고 있지 못하기 때문에, 사용후 핵연료는 각 원자력발전소의 임시 수조 저장시설에 보관되어 있는 상황이다. 이로 인한 심각한 안전성 문제는 이미 학계에서 지적된 바 있다(Kang, 2017). 출구가 없는 상황에서 원자력 발전을 늘리는 것 역시 해답이 아니며 합리적인 비판을 이어가는 것이 중요하지만, 에너지 안보에 있어 절대적인 기여를 하고 있는 원자력의 의존도를 어느 정도 시간 내에 어디까지 낮출 수 있는지, 또 과연 어디까지 낮추는 것이 합리적인 것인지에 대해서는 전문적이면서도 면밀한 검토가 필요하다고 생각된다.

셋째, 문재인 정부가 원자력 의존도를 낮추고자 하는 대신 확충하려고 하는 가스 발전과 재생에너지로 인한 전력 생산 역시 다소 비판적으로 검토해볼 여지가 있다고 생각한다. 우선 가스의 경우는 한국 역시 일본과 마찬가지로 절대적으로 수입에 의존해야 하는 입장이기 때문에 가스 발전이 늘어나면 날수록 한국의 에너지 안보에도 위험요소가 증가하는 측면이 있는 것을 부정할 수 없다. 북미권의 셰일 가스 혁명으로 인해 가스 수입처의 지정학적 구도가 크게 변화하고 있는 상황이 한국의 지정학적 불리함을 다소 해소해주는 측면이 있기도 하지만, 가스 가격의 변동 예측이 어렵게 되었다는 점 등은 여전히 위험부담이 아닐 수 없다. 아울러 가스는 석유나 석탄에 비해서는 온실가스 배출량이 적다고는 하지만, 기후 변화나 미세먼지 대책 차원에서 생각해보아도 최상의 대안이 될 수는 없다.

마지막으로 재생에너지 역시 한국의 경우는 일본이 FIT 제도를 전면 도입한 2012년에 반대로 FIT 제도에서 RPS 제도로 전환했는데, 그 효과는 오히려 소규모 사업자에게는 장벽으로 작용하게 되어 현재 한국의 신재생에너지 분야의 진척 상황을 보면 다른 것보다 바이오매스만 편중되게 늘어난 것으로 나타나고 있다(Climate

Scorecard, 2017). 게다가 한국은 일본에 비해 보조금 지급 등도 상대적으로 제한적이기 때문에 재생에너지의 극적인 양적 확대를 기대하기에는 아직도 한계가 많다고 판단된다. 따라서 한국 정부는 수치적인 목표를 임의로 설정하기에 연연하기보다 총괄적인 에너지 수급 계획을 재정비하고 에너지 공급 시장의 구조적인 개혁 등도 함께 연구하며 정책 변환을 점진적으로 추진해나가야 할 것으로 보인다.

제11장

경제회생과 노동력 부족 극복을 위한 노동정책

이 글은 *Journal of Contemporary Asia*에
"Japan's Contested Labor Market Reform"이란
제목으로 실릴 예정인 필자의 논문을
수정·보완한 것이다.

송지연 宋枝燕 | Song, Jiyeoun

현재 서울대학교 국제대학원 부교수다. 고려대학교 정치외교학과를 졸업하고 같은 대학 대학원에서 석사를 취득, 2008년 미국 하버드대학교에서 정치학 박사학위를 취득했다. 주요 저서로 *Inequality in the Workplace: Labor Market Reform in Japan and Korea* (Cornell University Press, 2014), "Activating Women in the Labor Market: The Development of South Korea's Female-Friendly Employment and Labor Market Policies," *Korea Observer* (2016), "The Politics of Immigrant Incorporation Policies in Korea and Japan," *Asian Perspective* (2016), "Labor Markets, Care Regimes, and Foreign Care Worker Policies in East Asia," *Social Policy & Administration* (2015), "Japan's Regional Inequality in Hard Times," *Pacific Focus* (2015) 등 다수의 논문이 있다.

서론

2012년 12월 중의원 선거에서 압도적인 승리로 집권당에 복귀한 자유민주당(이하 자민당)과 아베 신조(安倍晋三) 총리는 1991년 버블경제 붕괴 이후 지속되고 있는 일본의 장기경제불황 '잃어버린 20년(失われた20年)'으로부터 벗어나는 것을 최우선 정책과제로 설정했다. 이를 달성하기 위해 아베 정부는 2013년 1월 대담한 양적완화 중심의 통화정책, 대규모 공공사업 추진을 통한 재정정책, 경제구조 개혁과 민간투자 촉진을 위한 성장전략이라는 세 개의 화살로 구성된 경제활성화 정책인 '아베노믹스(Abenomics)'를 야심차게 발표했다. 지난 5년간 추진되어온 아베노믹스의 성과와 관련해서 다양한 의견이 있지만 현재 나타나고 있는 경제지표로 평가한다면 일본은 완만한 경기회복 추세에 있다.[1] 일본 국내총생산(GDP)은 2016년 1분기 이후 2017년 3분기까지 지속적으로 성장하고 있고 〈그림 1〉에서 나타나듯이 실업률은 아베 정부가 집권한 이후 빠르게 감소하고 있는데 2016년 기준으로 일본은 OECD 회원국 가운데 가장 낮은 수준의 실업률을 기록하고 있다.[2] 최근 국내외 언론에 보도되고 있는 일본 기업의 인력난은 경기회복을 입증하는 또 다른 자료라고 할 수 있을 것이다.[3] 아베 정부는 아베노믹스 추진을 통해서 일본경제를 장기불

1 아베노믹스의 성과와 관련한 다양한 평가는 Lechevalier and Monfort(2018)와 Shibata(2017) 참조.

2 일본 국내총생산과 관련한 자료는 OECD Data(OECD 홈페이지, https://data.oecd.org/gdp/quarterly-gdp.htm#indicator-chart, 검색일: 2017. 12. 1) 참조.

3 일본의 구인배율(구직건수 대비 구인인원 비율)은 2012년에서 2017년 사이에 0.74%에서 1.52%로 증가했고, 정규직 근로자의 구인배율 역시 동일 기간 0.44%에서 1.01%로 증가했다(일본 정부 홈페이지, https://www.japan.go.jp/

〈그림 1〉 일본의 실업률(1990~2016)

출처: OECD 홈페이지 (www.oecd.org, 검색일: 2017. 12. 1).

황에서 구하고, 한 단계 더 나아가 미래를 위한 새로운 성장동력을 발굴하는 데 집중하고 있다. 이를 달성하기 위해 산업정책, 교육정책, 노동정책 등 여러 분야에 걸친 종합적인 경제성장전략을 제시하고 있는데, 특히 아베 정부가 추진하고 있는 노동시장정책은 일본의 급속한 저출산·고령화 현상으로 가속화되고 있는 생산가능인구 감소와 맞물려 더욱 큰 주목을 받고 있다.

일본경제 회생은 기업의 생산성 향상을 통한 경기회복과 지속가능한 성장동력을 확보하는 것이 최대의 관건이다. 이를 위해서 아베 정부는 기업이 다양한 고용계약과 근로조건을 활용하여 급변하는 경영환경에 신속하게 대응할 수 있도록 노동시장을 유연화(flexible labor market)하는 방향으로 노동시장정책을 추진하고 있다. 보수적

abenomics/about/, 검색일: 2017. 12. 9). 이는 일본 경기회복으로 인한 취업기회가 늘어나면서 나타나는 현상이라고 볼 수도 있지만, 경기회복과는 상관없이 저출산·고령화로 인한 인구감소와 생산인구 감소로 인한 노동력 부족 현상의 단면으로 볼 수도 있다.

가치에 기반을 둔 아베 정부가 장기경기침체에서 벗어나기 위해 기업에 더 유리한 노동시장정책을 추진해왔다는 점은 그리 놀랍지 않다. 하지만 아베 정부가 일과 가정 양립정책을 적극적으로 추진하고, 장시간 근로를 단축하며, 정규직 근로자와 비정규직 근로자 간 불평등을 줄이는 전략을 추진한다는 점은 다른 보수 정당의 노동시장정책과 비교했을 때 상당한 차별성을 보인다. 왜 아베 정부는 양립하기 어려워 보이는 기업친화적 노동시장 유연화정책과 근로자들에게 유리한 고용안정과 근로조건 개선을 동시에 추진하는가?

이 글에서는 아베 정부의 노동시장정책을 중요한 두 가지 목표를 달성하기 위한 종합적인 전략으로 살펴보고자 한다. 첫째, 아베 정부는 기업의 경영활동 개선과 생산성 향상을 통해 일본의 경기침체를 끝내고 지속가능한 경제성장 모델을 찾는 것에 우선순위를 두었다. 이를 위해 노동시장정책을 적극적으로 활용했는데 정규직 근로자 중심의 종신고용과 연공서열로 대표되는 일본의 경직된 노동시장(rigid labor market)을 유연화함으로써 기업의 노동비용 부담을 경감하고자 했다. 아베 정부가 추진한 대표적인 노동시장 유연화정책은 정규직 근로자의 해고조건을 명확하게 하여 분쟁 가능성을 줄이고, 고도의 전문직 종사자에 대한 초과근무수당 지급 예외를 인정함으로써 기업의 노동비용 부담을 줄이며, 기업이 좀 더 유연하게 파견근로자를 고용하는 것을 허용하는 방안을 들 수 있다. 아래에 상세하게 설명하겠지만 아베 정부가 야심차게 추진했던 노동시장 유연화정책은 정규직 근로자를 대상으로 하는 안은 거의 통과하지 못한 반면, 2015년 노동자파견법 개정을 통해서 비정규직 파견근로자에 대한 고용조건과 근무 형태를 유연화하는 방안은 더욱 가속화되었다.

둘째, 아베 정부의 노동시장정책은 '일본재흥전략(日本再興戰略, Japan is Back)'을 달성하기 위한 경제정책의 한 부분이면서 동시에 일본사회가 구조적으로 직면하고 있는 인구문제에 대응하기 위한 방안으로 적극적으로 활용되었다. 일본의 저출산·고령화 위기는 인구 감소로 인한 국내 시장수요 축소, 생산인구 감소로 인한 노동력 부족, 고령인구 증가로 인한 사회보장비용 급증 등 심각한 사회구조적 문제를 유발하고 있다. 물론 이러한 인구구조 변화는 아베 정부가 새롭게 당면한 과제라기보다는 이전의 자민당 정부와 민주당 정부 역시 공통적으로 고민한 문제들이다. 아베 정부의 노동시장정책에서 주목할 부분은 이전 정부와 달리 보다 심각한 위기의식 속에서 인구문제에 대한 종합적인 진단과 정책방안을 제시하고 있다는 점이다.

2절에서는 일본의 저출산·고령화로 가속화되고 있는 인구구조 변화를 파악하고 이로 인한 노동시장의 당면과제를 살펴본다. 3절에서는 아베 정부의 노동시장정책 주요 내용을 민주당 정부가 추진했던 노동시장정책과 이전 자민당 정부의 노동시장정책과 비교적 관점에서 분석한다. 4절에서는 아베 정부의 노동시장정책을 구체적으로 살펴보고 노동시장 유연화, 적극적인 노동력 공급정책, 노동시장 격차해소 측면을 중심으로 논의하고, 5절에서는 아베 정부의 노동시장정책을 간략히 평가하고 정책적 함의를 다룬다.

일본의 인구구조 변화와 노동시장

저출산·고령화는 대부분의 서구 선진국이 공통적으로 경험하고 있는 인구구조 변화지만, 일본은 급감하는 출산율과 급속한 고령화 속도로 더욱 큰 주목을 받고 있다. 일본의 출산율은 1971년 2.2명을 기록한 이후 지속적으로 감소해 2015년 기준으로 인구대체율 2.1명보다 훨씬 낮은 1.5명에 머무르고 있다. 이는 2000년대 초반 1.3명에 비해서는 조금 나아진 상황이지만 OECD 평균출산율 1.7명(2014년 기준)보다는 여전히 낮다.[4] 일본 정부는 급격한 출산율 하락을 경험한 1989년 '1.57 쇼크' 이후 저출산 문제에 심각한 위기의식을 가지고 적극적으로 대응하기 시작했다. 육아부담을 줄이고 여성의 일과 가정 양립을 도와주는 보육정책과 가족정책이 1990년대 중반 이후 엔젤플랜, 뉴엔젤플랜 등으로 구체화되었다. 하지만 이러한 정부의 노력에도 불구하고 일본의 출산율은 반등하지 못한 채 제자리에 머물러 있다. 출산율 감소는 유소년 인구감소를 가져오는데 〈그림 2〉에서 보여주듯이 일본의 총인구는 2010년 1억 2,800만 명을 정점으로 점차 줄어들고 있다.[5]

반면 일본의 고령인구는 빠른 속도로 증가하고 있는데 1970년 총인구의 7.07%에 불과하던 65세 이상 고령인구가 2016년 26.6%까지 늘어났다.[6] 그 결과 현재 일본은 세계 최고령 국가이고 이러한 인구 고령화는 저출산으로 더욱 심화되어 2050년에는 일본 총인구

4 OECD Data(https://data.oecd.org/pop/fertility-rates.htm, 검색일: 2017. 12. 1) 참조.

5 OECD Data(https://data.oecd.org/pop/population.htm#indicator-chart, 검색일: 2017. 12. 1) 참조.

6 1970년 일본 고령인구 자료는 OECD Data(https://data.oecd.org/pop/elderly-population.htm#indicator-chart, 검색일: 2017. 12. 1), 2016년 일본 고령인구 자료는 World Bank(https://data.worldbank.org/indicator/SP.POP.65UP.TO.ZS?locations=JP, 검색일: 2017. 12. 1) 참조.

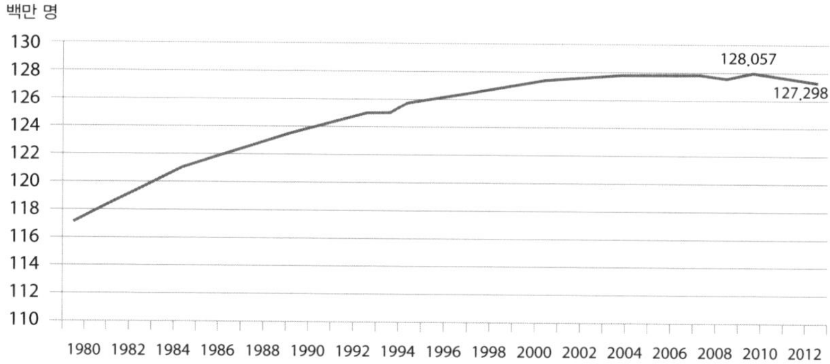

〈그림 2〉 일본의 총인구(1980~2013)

출처: OECD Data(https://data.oecd.org/pop/population.htm#indicator-chart, 검색일: 2017. 12. 1).

의 40%가 65세 이상 고령자라는 예측이 나오고 있다(OECD, 2016: 31). 인구고령화는 의료비와 노후연금 등 급증하는 사회보장비용에 대한 재정위기와 생산가능인구 감소로 인한 생산성 저하와 경제 활력 감소를 야기하고 있다. 특히 〈그림 3〉을 통해서 알 수 있듯이 일본은 1990년대 초반 이후 급격한 생산가능인구 감소를 경험하고 있는데 이는 일본경제가 당면하고 있는 심각한 노동력 부족을 보여준다.

생산현장의 인력난을 해소하기 위한 방안으로 일본 정부는 1989년 출입국관리정책을 개정하여 외국인 체류자격을 정비했고, 이를 계기로 중남미 일본계 이민자의 후손인 닛케이진(日系人)이 대규모로 노동시장에 유입되었다. 또한 1993년 저숙련 외국인 근로자를 대상으로 '외국인연수제도'를 도입하고 이를 2009년 '외국인기능실습제도'로 확대 개편하면서 저숙련 외국인 근로자를 활용하여 중소기업의 인력난을 부분적으로 해결하고 있다. 최근에는 인구 고령화로 급속하게 성장하고 있는 개호(노인간병) 부문에서 부족한 간호/간병 인력을 충원하기 위해 동남아시아 국가들과 경제협력협정(経済

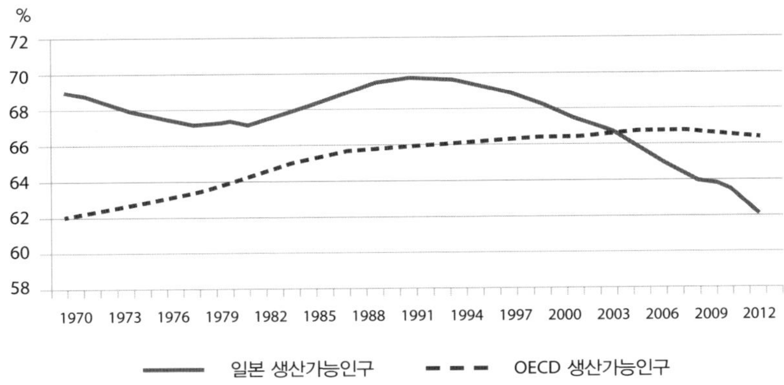

〈그림 3〉 일본의 생산가능인구(1970~2013)

출처: OECD Data(https://data.oecd.org/pop/working-age-population.htm, 검색일: 2017. 12. 3).

連携協定, Economic Partnership Agreement)을 체결하여 외국인 간호사와 간병인력에 문호를 개방하고 있다. 또한 2020년 도쿄올림픽 건설현장에 종사할 외국인 근로자 확대방안 역시 적극적으로 논의하고 있다(김명중, 2015).[7]

인구감소 특히 생산가능인구 감소에 대응하기 위한 전략으로 정치인, 학자, 오피니언 리더들은 이민자에 대한 적극적 문호개방을 통해서 인구구조의 변화 속도를 완만하게 조정하고 장기적으로는 인구증가를 가져오게 하는 방안을 고민하고 있다(Ogawa, 2011). 하지만 이러한 이민정책이라는 대안이 일본 정치권과 일반 국민의 전폭적인 지지를 받기에는 아직 시간이 필요하다는 것이 현실이다. 일

7 2015년 기준 일본에 거주하고 있는 외국인은 전체 인구의 1.8%를 기록하고 있다(Japan Statistical Yearbook 2017, http://www.stat.go.jp/english/data/nenkan/66nenkan/1431-02.htm, 검색일: 2017. 12. 3).

본의 외국인 근로자정책은 이들이 일본사회에 뿌리를 내리고 함께 생활하는 구성원이 아니라 고용계약기간 만료 이후 본국으로 돌아가는 방문자라는 인식에 전제를 두고 있다. 그리고 일본사회 구성원 대다수는 이민자 확대를 통해서 가져올 수 있는 경제적 효과에 대한 기대보다는 사회통합과 안전문제 등 부정적인 측면에 대한 우려를 중요하게 고려하고 있다. 따라서 최근의 다양한 노력에도 불구하고 이민정책은 일본의 생산가능인구 확보를 위한 주요 대안으로 고려되지는 못하고 있다.

이런 현실적인 제약조건에서 저출산·고령화로 인한 인구감소 시대에 일본 정부가 생산가능인구 확보를 위해 선택할 수 있는 전략은 노동시장에 참여하지 않은 인적자원을 최대한 동원하여 노동력 공급을 확대하는 방안으로 귀결될 것이다. 4절에서 다시 상세하게 설명하겠지만 일본 여성의 노동시장 참여율은 서구 선진국과 비교하면 여전히 낮은 수준이다. 따라서 아베 정부는 다양한 제도를 개선하고 인센티브를 제공함으로써 여성이 노동시장에 적극적으로 참여하도록 유도하고 이를 통해서 부족한 노동력을 해소하고 경제를 활성화하는 방안을 최우선으로 고려했다. 그리고 정규직 근로자와 비정규직 근로자의 종사상 지위에 따른 노동시장 불평등은 일차적으로는 비정규직 근로자가 경험하고 있는 고용 불안정, 저임금 등의 경제적인 문제를 야기하지만, 동시에 소비침체로 인한 일본경제의 활력 저하와 경제적 불안정으로 인한 청년 비정규직 근로자의 비혼, 만혼 그리고 저출산까지 중첩적으로 연결되는 사회구조적인 문제를 초래한다. 이러한 노동시장 불평등 문제 해소를 통해서 더욱 많은 인력이 노동시장에 적극적으로 참여하도록 하는 것 역시 아베 정부 노동시장정책의 주요 목표다.

아베 시대의 노동시장정책은 보수 정부의 중요한 정책적 가치인 경기 활성화와 경제성장을 달성하기 위한 전략이라고 볼 수도 있지만, 좀 더 근본적으로는 일본사회가 직면한 인구구조 변화라는 심각한 도전에 대응하기 위한 방안으로써 접근하고 있다. 이러한 관점에서 아베 정부가 추진하고 있는 노동시장정책은 노동시장 유연성 확대, 생산인구 감소 시대에 노동력 확보, 노동시장 격차 해소를 통한 지속가능한 일본경제의 성장모델 수립이라는 측면에서 정책목표와 방향성을 이해할 수 있을 것이다.

비교의 관점에서 살펴본 아베 정부의 노동시장정책

민주당 정부의 노동시장정책

'국민생활이 제일(国民の生活が第一)'이라는 슬로건 아래에서 2009년 정권교체에 성공한 민주당 정부는 이전의 보수적인 자민당 정부와 차별되는 사회경제정책을 추진해왔다. 민주당이 지지층을 점차 확대하던 시기는 고이즈미(小泉) 정부 시절에 추진한 신자유주의적 구조개혁의 여파로 '1억 총중류사회(1億総中流社会)'라는 일본사회 중산층에 대한 신화가 깨지고, '격차사회(格差社会)'라 불리는 경제적 불평등에 대한 문제의식이 점차 심화되던 상황이었다. 민주당은 국민이 일상에서 변화를 직접 느낄 수 있는 생활밀착형 정책 매니페스토를 2000년대 중반 이후 꾸준히 제안했고 이를 적극 활용하여 2009년 중의원 선거에서 승리할 수 있었다. 민주당 정부의 대표적인 생활중심 정치는 아동수당 지급, 호별농가보조금 지급, 고교교육 무상화 등을 들 수 있다(박명희, 2014: 132). 민주당은 노동시장정책에서는 자민당 정부가 1990년대 후반 이후 지속적으로 추진해오던 비정규직 근로자 대상의 노동시장 유연화 흐름을 되돌리는 것에 우선순위를 두었다. 하지만 민주당 정부의 짧은 집권기간과 2011년 3월 11일 발생한 동일본대지진의 여파로 민주당의 정책 실험은 그 성과를 보이기도 전에 막을 내리게 되었다.

민주당 정부의 노동시장정책과 관련해서 가장 주목할 부분은 자민당 정부가 추진하던 노동시장 유연화 흐름을 제한하고 비정규직 근로자에 대한 고용과 근로조건 보호를 위해서 노동자파견법과 노동계약법 개정을 추진했다는 점이다. 노동자파견법 개정의 경우 민주당 정부가 제안했던 원안은 2008년 글로벌 금융위기 이후 급속하게 악화되고 있던 파견근로자의 고용과 근무환경 개선을 위해서 제조업 부문의 파견근로자 고용을 금지하고 파견 사업체가 자사에 등록한 비정규직 파견근로자를 사용업체에 보내는 등록형 파견제도를 폐지하는 방안이었다.

그러나 보수 야당인 자민당과 재계의 반대로 원안보다 크게 후퇴한 초단기(30일 이내) 계약조건으로 파견근로자를 고용하는 것을 금지하는 수준에서 노동자파견법 개정안을 통과했다. 노동계약법 개정을 통해서는 5년 이상 근무한 유기계약 근로자의 경우 본인의 희망에 따라 무기계약으로 고용조건을 전환함으로써 계약직 근로자의 고용안정 확보를 목표로 했다.[8] 민주당 정부가 파견근로자, 계약직 근로자 등 비정규직 근로자의 고용과 근무환경 개선을 위해서 여러 정책을 추진한 것은 사실이지만 이러한 노력이 노동시장 유연

8 두 법안의 개정에 관한 정치적 논의와 합의과정에 대해서는 Song(forthcoming) 참조.

화 흐름을 되돌렸다고 보기는 어렵다. 그리고 민주당 정부의 노동시장정책은 일본경제가 직면하고 있는 인구구조 변화에 대한 위기의식을 직접적으로 반영했다기보다는 2000년대 초반 이후 자민당 정부가 추진했던 신자유주의적 개혁정책의 결과로 나타났던 노동시장 불평등을 해소하기 위한 방안과 더욱 밀접한 관련이 있다고 하겠다.

물론 민주당 정부 역시 2010년 6월 발표한 '신성장전략(新成長戦略)'을 통해 일본의 잃어버린 20년을 회복하고자 노력했으나 2011년 3.11 동일본대지진의 여파로 많은 정책이 구체화되지 못하고 사라졌다. 대지진에서 조금씩 회복되고 있던 시점인 2012년 7월 민주당 정부는 '일본재생전략(日本再生戦略)'이라는 슬로건 아래에서 '프런티어 국가(フロンティア国家)' 건설을 목표로 새로운 수요와 고용을 창출하는 경제 모델을 만들고자 노력했다. 민주당이 제안했던 새로운 경제 모델은 일본이 직면한 생산가능인구 감소에 적극적으로 대처하고 새로운 산업에 대응하기 위한 인재 육성과 인적자본 강화에 초점을 두었다. 특히 여성과 청년의 노동시장 참여확대를 이끌어내기 위해 여러 노동시장정책을 제안했다(国家戦略室, 2012: 14). 민주당이 추진한 고용전략은 생산가능인구인 15~64세 고용률을 2015년 77.4%, 2020년 80%까지 올리는 것을 목표로 25~44세 여성 고용률을 69.8%, 73%까지 각각 달성하고자 했다(国家戦略室, 2012: 52). 이를 지원하기 위한 방안으로 연차유급휴가, 장시간 근로관행 개선, 보육시설 확충 등 여성 근로자가 당면한 일과 가정 양립 문제를 해결하고자 노력했다(国家戦略室, 2012: 111-113). 그리고 노동시장 불평등 문제를 적극적으로 해소하기 위해 비정규직 근로자의 고용조건, 근무환경, 처우를 개선하고 이들에게 경력개발 기회를 제공함으로써 보다 안정적인 정규직으로의 전환을 지원했다(国家戦略室, 2012: 18-22).

하지만 이러한 고민을 담은 민주당 정부의 노동시장정책은 2012년 12월 중의원 선거 패배로 막을 내리게 되었다.

아베 시대의 노동시장정책: 저출산 · 고령화 위기에 대한 대응과 경제성장전략

2012년 12월 등장한 아베 정부의 노동시장정책은 민주당 정부와 다를 뿐만 아니라 이전 자민당 정부와 비교해서도 몇 가지 흥미로운 차이점이 있다. 아베 정부는 일본 경제를 장기불황에서 구하고 경제활성화를 위한 방안으로 노동시장정책을 수립했는데, 이를 위해 기업들이 급변하는 경영환경에 신속하게 대응할 수 있도록 규제를 완화하는 데 중점을 두고 있다. 이러한 노동시장 유연화는 아베 정부 집권 이전 자민당 정부의 노동시장정책과 비교해서 크게 다르지 않다. 하지만 아베 정부는 구체적인 정책목표를 설정하고, 이를 추진하기 위해 광범위한 정책수단을 전략적으로 활용한다는 측면에서 차별성이 있다.

아베 정부를 포함한 자민당 정부의 최우선 과제는 1990년대 초반 버블경제 붕괴 이후 지속되고 있는 일본의 장기경제불황을 해소하고 경기회복으로 들어서는 것과 지속가능한 경제성장 모델을 만드는 것이었다. 아베 정부의 노동시장정책은 일본재흥전략을 달성하기 위한 주요 정책수단으로 고려되었는데 이는 노동시장에 국한된 개별 정책으로 추진한 것이 아니라 경제 활성화라는 종합적인 전략하에서 추진되었다. 새로운 성장모델 수립을 통한 경제활성화 목표는 저출산·고령화로 야기되는 인구구조 변화에 대한 적극적인 대응 없이는 충분히 달성하기 어렵다는 측면에서 아베 정부의 노동시장정책은 생산인구 감소에 대한 전략으로도 중요한 의미가 있다. 아베 정부의 노동시장정책은 새로운 대안을 내놓은 것이 아니라 이전 정부들이 추진해오던 정책을 잘 모아서 종합적으로 추진했다는 평이 있지만, 그럼에도 다른 정책 영역들 간의 상호작용을 정확하게 인식하고 적극적으로 정책 드라이브로 추진했다는 점은 주목할 만하다. 아베노믹스의 한 축으로 노동시장을 접근하면서 아베 정부는 국내 소비 진작과 경기회복, 노동력 공급 확대를 통한 생산가능인구 확보, 저출산 문제 해결이라는 다양한 정책 과제를 달성하고자 했다.

아베노믹스와 노동시장정책: 유연성, 노동력 공급 확대, 노동시장 불평등 해소[9]

아베 정부는 2013년 6월 일본재흥전략을 발표한 이후 매년 새로운 경제정책의 중점과제와 우선순위를 명확하게 제시하고 있다. 2013년부터 2015년까지를 아베노믹스 1기로 구분한다면, 이 기간 동안 아베 정부는 일본경제를 장기불황에서 구하고 경제활성화를 위해 통화정책, 재정정책, 구조개혁에 중점을 두었다. 이러한 정책 방향은 2015년 9월 아베노믹스 2기 시작과 함께 새로운 전환점을 맞이하게 되는데 이후 일본 경제정책과 노동시장정책은 4차 산업혁명으로 대표되는 새로운 생산모델과 경제구조에 대한 대응전략과 이러한 변화에 적합한 근로방식개혁에 초점을 맞추고 있다. 또한 아베노믹스 2기는 임금인상을 통한 국내 소비 확대와 생산성 혁명을 통한 민간

9 이 절에서 다루는 아베 정부의 노동시장정책은 Song(forthcoming)의 내용을 수정 · 보완해서 작성했다.

투자 확대를 적극적으로 추진하고 있다.

아베 정부는 노동-자본-공공이익을 대표하는 전문가들이 참여하여 의견을 논의하고 조율하면서 노동시장정책을 수립했던 후생노동성(厚生労働省) 산하 심의회(審議会)를 활용하기보다는 총리실 직속 위원회를 통하여 중앙집권적인 정책결정과정을 중시했다. 그리고 기업의 경쟁력 강화와 생산성 향상이 주요 정책목표로 상정되면서 재계의 의견을 대변하는 경제산업성(經濟産業省)의 역할이 중시되었다(Kojima *et al.*, 2017: 4). 특히 총리실 직속 산업경쟁력회의(産業競争力会議)와 규제개혁회의(規制改革会議)에서 노동시장정책을 수립하는 데 주도적인 역할을 담당했는데 흥미롭게도 노동시장 개혁을 다루는 이들 위원회에는 노동계를 대표하는 인사가 전혀 참석하지 않았고 기업인들과 신자유주의적 경제학자들이 다수 참여하는 형태로 진행되었다(朝日新聞経済部, 2014: 222).

아베 정부 노동시장정책의 세 가지 흐름

아베노믹스 1기와 2기를 관통하는 노동시장정책으로는 노동시장 유연성, 노동력 공급 확대, 노동시장 불평등 해소를 들 수 있다. 첫 번째 특징은 일본 경제회생전략으로 노동시장의 수량적 유연성(numerical flexibility) 확대에 중점을 두고 있다는 점이다. 2012년 말 아베 정부가 집권하면서 경제회생 방안의 일환으로 정규직 근로자에 대한 해고규정 완화 논의가 시작되었다. 물론 미국 노동시장과 같이 정사원에 대한 전면적인 고용과 해고 자유화를 실시하는 것은 아니지만, 정사원에 대한 해고절차를 명확하게 하고 정당하지 못한 해고의 경우 복직을 강제하기보다는 금전적 보상제도를 도입한다는 측면에서 절차적인 부분에 중점을 둔 논의라고 볼 수 있다. 그럼에도 정규직 사원에 대한 고용안정은 일본 노동시장의 근간을 흔드는 파급력 있는 내용이기 때문에 해고규정 완화에 대한 논의는 중요한 정책적 함의를 가진다고 볼 수 있다. 또한 고도의 전문직 종사자들에 대한 초과근무수당 지급예외 규정을 추진함으로써 기업의 노동비용 부담을 덜어주는 방향으로 정책을 추진했다. 이러한 고용과 근로시간에 있어서 노동시장 유연성 확대는 아베 정부가 야심차게 추진했던 국가전략특구 정책과 함께 추진되었다. 아베 정부는 경제활성화 전략으로 민간 부문과 외국인 투자 증진을 주요 정책목표로 삼았고 이를 위해서 특구 내 유연한 고용형태와 근로시간을 도입하고자 했다. 그리고 외부 노동시장의 수량적 유연성을 높이기 위해서 활용되었던 노동자파견법 개정을 통해 기업이 경영환경에 따라 인적자원을 유연하게 이용할 수 있도록 했다.

둘째, 저출산·고령화 시대에 직면한 노동력 부족현상을 해결하기 위해 여성, 고령자, 청년층의 노동시장 참여를 확대하는 노동력 공급정책에 우선순위를 두었다. 특히 아베 정부는 2013년 '우머노믹스(womenomics)'를 내세우면서 여성들이 빛나고 활약할 수 있는 사회 건설을 정부의 주요 정책과제로 제시했다. 이는 노동시장에서 양성평등을 이룩하기 위해 추진한 정책이라기보다는 경제활성화를 위한 인적자원 활용 측면에서 아베 정부가 적극적으로 제안했다. 최근에는 2016년 '1억 총활약 플랜(1億総活躍プラン)'을 내세우면서 아베 정부의 주요 정책 대상이었던 여성의 노동시장 참여 확대와 더불어 일본사회 전체를 타깃으로 노동력 공급 확대를 추진했다. 이를 뒷받침하기 위한 방안으로 아베 정부는 2016년 '일하는 방식 개혁(働き方改革)' 정책제안을 통해 노동시장에 보다 유연하고 다양한 형태의 고용계약과 근로조건을 확대하는 방안을 모색하고 있다.

셋째, 아베 정부는 1990년대 이후 더욱 심각해지고 있는 노동시장 불평등 개선에 주목했다. 지난 20여 년의 경기침체 기간 동안 대다수의 일본 기업은 변화하는 경영환경에 신속하게 적응하고 노동비용을 절감하기 위해서 고용과 해고가 상대적으로 용이하고 임금 수준이 낮은 비정규직 근로자 비중을 꾸준히 늘려왔다(그림 4 참조). 일본 비정규직 근로자 규모는 2002년 전체 임금근로자의 29.4%에서 2016년 37.5%까지 증가했다.[10] 특히 비정규직 근로자 가운데 중년 기혼여성이 대다수를 차지하고 있는 파트타임·아르바이트 비중이 전체 비정규직 근로자의 69% 정도를 차지하고 있다.[11] 일본 가계소득 구성은 정규직 남성 근로자들이 생계비를 버는 주소득원(breadwinner)이고 중년 기혼여성은 비정규직으로 일하면서 가계의 부수입원으로 활동하는 경우가 일반적이었다.[12] 그렇기 때문에 대다수의 비정규직 근로자가 중년 여성들이었던 1990년대 초반까지는 고용 형태에 따른 노동시장 불평등 해소에 대한 정책적 관심은 상대적으로 낮았다. 하지만 점차 증가하는 청년층 비정규직 근로자의 확대는 노동시장 불평등을 더욱 심화시키고 경제 활력을 떨어뜨려 지속가능한 성장을 저해할 뿐만 아니라 비혼과 저출산을 야기하는 심각한 사회문제로 인식되었다. 이러한 다층적인 문제를 해결하기 위해서 아베 정부는 비정규직 근로자의 처우 개선을 위한 '동일노동

10 일본 총무성 통계국, 노동력조사 장기시계열 데이터, 표 10(http://www.stat.go.jp/data/roudou/longtime/03roudou.htm#hyo_2, 검색일: 2017. 12. 3) 참조.

11 일본 총무성 통계국, 노동력조사 장기시계열 데이터, 표 10(http://www.stat.go.jp/data/roudou/longtime/03roudou.htm#hyo_2, 검색일: 2017. 12. 3) 참조.

12 일본의 경우는 가계 수입구성을 맞벌이 수입모델(dual income model)이 아니라 정규직 남성 근로자와 비정규직 여성 근로자로 구성되는 1.5 수입 모델이라고 분류하는 경향이 높다.

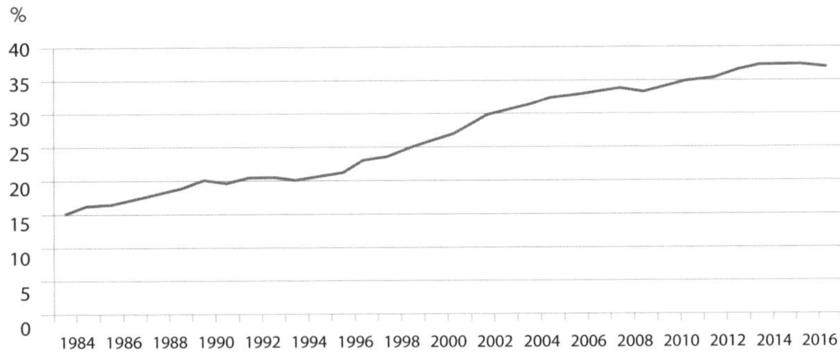

〈그림 4〉 일본의 비정규직 근로자 비중(1984~2017)

출처: 일본 총무성 통계국, 「취업구조기본조사」(자료: 1984~2001년); 일본 총무성 통계국, 「노동력 조사: 장기시계열 데이터」(자료: 2002~2017년).

동일임금 가이드라인(同一労働同一賃金ガイドライン)'을 제시하고 또한 기업의 경영성과를 근로자의 임금상승분으로 반영하도록 재계에 끊임없이 요청하고 있다.

이러한 아베 정부의 노동시장정책은 일본 경제회생과 인구감소 시대에 보다 효율적인 인적자원 활용을 위해서 추진되었다는 점에서 주목할 만하다. 물론 아베 정부의 노동시장정책이 모든 측면에서 성과를 가져온 것은 아니다. 그럼에도 현재 일본 경제와 사회가 직면한 문제를 정확하게 진단하고 이를 전방위적으로 해결하려고 시도하고 있다는 점은 높이 평가할 만하다.

노동시장 유연성 확대

아베 정부는 '일본산업재흥전략(日本産業再興プラン),' '전략시장창조전략(戦略市場創造プラン),' '국제전개전략(国際展開戦略)' 중심의 세 가지 액션플랜을 수립하고 일본 경제회생 전략의 한 축으로 노동시장정책을 발표했다. 일본경제의 입지경쟁력 강화를 위해 '국가전

략특구(国家戦略特区)'를 신설했는데, 특구 지정을 통해서 아베 정부는 대규모 규제완화와 민간 투자/해외기업 유치 확대를 목표로 했다(日本経済再生本部, 2013: 46). 노동시장정책과 관련해서는 아베 정부는 특구 내에 위치한 신규 기업, 외국 기업을 중심으로 근로자의 고용과 해고를 자유롭게 하고 기업의 수요에 따라서 근로형태와 근로시간을 조정할 수 있게 하는 방안을 주요한 인센티브로 활용하고자 했다. 그러나 이러한 아베 정부의 아이디어는 노동계와 언론의 강한 반발과 자민당 정치인과 정부 관료들의 반대로 제대로 추진되지 못했다(North, 2014: 5).

노동시장 유연화를 적극적으로 추진하면서 정규직 근로자를 대상으로 해고요건을 완화하고, 고도의 전문직 종사자를 대상으로 근로시간이 아닌 성과에 기반한 평가시스템 도입을 추진했다. 비정규직 근로자에 해당하는 내용으로는 노동자파견법 개정을 통해 사용업체의 파견근로자 고용기간 연장 허용, 비정규직 근로자의 경력 형성을 위한 정책 지원, 다양한 정사원제도 도입 등을 통해서 유연한 인력활용방안을 제시했다. 2012년 민주당 정부의 노동자파견법 개정 이후 2015년 6월 아베 정부는 다시 한 번 법안 개정을 추진하는데 이는 파견근로자들의 고용을 더욱 확대하는 방향으로 진행되었다.[13] 노동자파견법 개정 이전에는 사용기업이 특정 직책에 3년 동안 파견근로자를 고용할 수 있었지만, 2015년 노동자파견법 개정 이후는 기업이 근로자와 노동조합의 의견을 고려하여 3년마다 동일 직책에 새로운 파견근로자를 고용할 수 있도록 허용했다. 파견근로자 보호조항이 개정법안에 포함되어 있지만 실질적인 영향력을 발

13 아베 정부의 노동자파견법 개정과 관련한 상세한 논의는 Song(forthcoming) 참조.

휘하기 어렵다는 점에서 기업의 인적자원 활용에 유연성과 자율성을 부여한다고 볼 수 있다. '일하는 방식 개혁(働き方改革)' 역시 기업들이 추진하는 유연 근무를 적극적으로 지원하려는 추세다. 현재 아베 정부가 달성한 노동시장 유연화 성과는 비정규직 근로자, 특히 파견근로자를 대상으로 한 노동자파견법 개정의 경우 기업이 파견근로자를 적극적으로 활용할 수 있는 방향으로 진행되었지만, 아베 정부가 야심차게 추진했던 부당해고에 대한 금전적 보상제도 도입을[14] 통한 정규직 근로자 해고규제 완화, 고도의 전문직 종사자 대상의 성과연봉제 도입 등 정규직 근로자가 큰 영향을 받는 노동시장 유연화정책은 아직 제대로 진행되지 못하고 있는 것이 현실이다.[15]

적극적인 노동력 공급확대

2013년 일본재흥전략의 일환으로 발표된 아베 정부의 노동시장정책은 두 가지 중점 과제로 요약될 수 있다. 첫째, 일본 노동시장의 암묵적인 동의였던 종신고용을 포기하는 것은 아니지만 노동시장에서 직장 또는 직업 간 이동을 적극적으로 지원하고, 인력수급에 있어서 민간비지니스 그룹의 역할을 강화하며, 다양한 형태의 고용조건 활용을 통해 노동시장의 수요와 공급 불균형 문제를 해결하고

14 2013년부터 해고자에 대한 금전적 보상제도 도입을 본격적으로 논의하기 시작했는데, 이는 부당해고의 경우 복직보다는 금전적 보상을 통해서 노동계약을 정리하는 법안으로 요약할 수 있다. 부당해고에 대한 금전적 보상제도는 2000년대 초반부터 꾸준히 논의되어왔지만, 이전 정부에서도 구체적인 성과를 거두지 못하고 논의만 계속되고 있는 상황이다.

15 아베 정부는 일정금액(기준: 1,075만 엔) 이상의 급여를 받는 고임금 전문직 근로자의 초과근로시간에 대한 보상을 예외로 인정하는 법안을 오랜 논의 끝에 2018년 6월 29일 국회에서 통과했다.

자 했다. 둘째, 저출산 현상으로 일본이 직면하고 있는 노동력 부족 문제를 해결하기 위해서 1억 총활약 사회(1億総活躍社会)라는 슬로건 아래에 그동안 노동시장에 참여하지 않았던 여성, 청년층, 고령인구의 적극적 노동시장 참여를 독려하고 있다는 점이다. '한정정사원(限定正社員)' 등 다양한 고용형태의 도입을 통해서 정사원 중심의 고용시스템과 장시간 근로제도 아래에서는 노동시장에 참여하기 어려웠던 인력에 대한 지원 강화와 유연한 인적자원 활용방안을 고민하고 있다. 또한 인적자원 확보 방안으로 아베 정부는 새로운 경제성장 모델 수립과 추진을 위한 대학교육 강화와 글로벌 인재 양성까지 노동시장정책으로 인식하고 있다(日本経済再生本部, 2013: 16-17, 29-38).

아베 정부가 가장 먼저 주목했던 노동력 공급확대정책은 여성의 노동시장 참여 확대를 통한 경제성장 목표치 달성이다. 일본 여성의 고용률은 1980년 51.6%에서 2010년 60.2%까지 꾸준히 증가해왔지만, 서구 선진국과 비교한다면 여전히 낮은 수준에 머물러 있다.[16] 저출산·고령화 시대의 생산가능인구 감소로 인한 노동력 부족 문제를 해결하기 위해서 아베 정부는 아직 충분히 활성화되지 않은 여성 인력의 노동시장 참여 확대를 하나의 중요한 대안으로 파악했다. 여성 인력 활용 방안은 민주당 정부가 추진했던 정책과 연속성이 있는데, 민주당 정부는 집권 시기 동안 2020년까지 25~44세 여성의 취업률을 73%까지 끌어올리는 것을 주요 정책목표로 설정했다. 아베 정부는 이러한 여성의 노동시장 참여 확대를 달성하기 위

16 2010년 기준으로 덴마크의 여성 고용률은 71.1%, 독일의 여성 고용률은 66.2%를 기록하고 있다(OECD Data, "Employment Rate," https://data.oecd.org/emp/employment-rate.htm#indicator-chart, 검색일: 2017. 12. 3).

해서 보육시설 확충, 대기아동 감소 등 한층 더 구체적이고 종합적인 보육정책과 가족정책을 제시했고, 이를 통해 여성들이 일과 가정을 양립할 수 있도록 지원했다(日本経済再生本部, 2013: 33-34).

보수적인 아베 총리가 2013년 유엔총회 연설에서 '모든 여성이 빛나는 사회(女性が輝く社会)'를 언급했듯이 지난 6년 동안 아베 정부는 여성이 노동시장에 적극적으로 참여하는 다양한 방안을 추진하고 있다. 아베 정부는 2013년 '우머노믹스'를 통해서 여성의 노동시장 참여를 확대하고 사회 주요 부문에서 여성의 진입장벽을 낮추고자 노력했다. 여러 정책 제안 가운데 특히 주목할 만한 내용은 직장 내 다양성을 증진하기 위한 방안으로 직장 내 양성평등 확대와 여성의 경력단절 예방과 경력개발을 지원하고 있는데, 이전 정부와 비교해서 더 적극적인 여성 노동시장정책을 추진하고 있다.

아베 정부는 구체적인 여성인력 활성화를 위한 정책목표로 정부 고위직과 민간 기업의 관리자급 여성인력 확충에 중점을 두고 2020년까지 사회지도층에서 여성의 비율을 30%까지 올리겠다고 선언했다. 이는 2003년 고이즈미 정부에서 제안한 내용이지만 고이즈미 정부가 이러한 정책목표를 달성하기 위한 구체적인 정책수단을 제시하지는 않았던 반면, 아베 정부는 정부 조직과 기업에 다양한 인센티브를 제공하고 페널티를 부여함으로써 목표달성을 위해서 노력하고 있다(Song, 2015: 118-121). 흥미로운 부분은 아베 정부가 노동시장의 양성평등을 규범적인 차원에서 보는 것이 아니라 기업 조직 내 다양성 증진을 통한 이윤창출과 이익증대 극대화 측면을 강조함으로써 기업이 자발적으로 정부의 정책을 수용하도록 권장하고 있다. 특히 임신과 출산으로 인한 여성의 경력개발 단절 문제를 해결하기 위해서 보육정책과 육아정책에만 중점을 두기보다는 여성이 일과 가정을 양립하면서 일할 수 있는 사회 인프라 구축이라는 종합적인 전략으로 문제를 접근했다(오학수, 2015: 62).

아베 정부의 야심찬 여성 인력 활성화 방안인 '우머노믹스'는 저출산·고령화로 인한 생산현장 노동력 부족현상을 여성에 대한 다양한 인센티브 제공을 통한 노동공급 확대전략으로 파악할 수 있다. 아베 정부의 여성 노동시장정책은 여성 고용률을 2012년 62.7%에서 2016년 66.1%으로 높였다는 측면에서는 성공적이라 평가할 수도 있지만 서구 선진국에 비해서는 (2016년 기준으로 덴마크 여성 고용률은 72%, 독일 여성 고용률은 70.8%) 일본 여성의 노동시장 참여도는 여전히 낮은 수준이다.[17] 또한 대다수 여성은 고용이 불안하고 임금이 낮은 비정규직·시간제에 집중되어 있어 노동시장 불평등이 심화되고, 열심히 일하지만 경제적으로는 더욱 궁핍해지는 노동빈곤층(워킹푸어)으로 전락하는 사례도 많다.

아베 총리의 '우머노믹스' 연장선상에서 2014년 일본재흥전략에서 주목할 부분은 여성의 노동시장 참여 확대를 위해서 경력단절 예방을 위한 다양한 방과후 아동 프로그램 제공과 파트타임 기혼여성에게 유리했던 세제개혁을 통한 여성 노동력 공급 확대를 주도했다는 점이다. 그리고 '일하는 방식 개혁'으로 대표되는 일본의 장시간 근로관행 개선, 근로시간이 아닌 성과중심 평가방식, 노동분쟁 해결방안 도입, 다양한 형태의 정사원 제도 도입, 유연근무제 도입 등을 통해서 여성 근로자들이 일과 가정을 양립할 수 있는 다양

17 서구 선진국의 여성 고용률은 OECD 자료(OECD Data, "Employment Rate," https://data.oecd.org/emp/employment-rate.htm#indicator-chart, 검색일: 2017. 12. 3) 참조.

한 정책 지원방안을 제시했다(日本経済再生本部, 2014: 8-9). 이러한 여성 노동시장정책과 연계해서 아베 정부는 2015년부터 5년간을 저출산대책 집중기간으로 설정하여 저출산 해결과 여성의 일과 가정 양립 달성을 적극적으로 지원하고자 했다(日本経済再生本部, 2015: 13-14). 또한 성장제약 타개를 위한 고용환경 정비, 다양한 형태의 일하는 방식 도입, 특히 80시간 이상의 장시간 근로관행을 개선하고 여성과 고령자의 노동시장 참여를 독려하기 위해 보육제도 정비와 정년연장 등의 방안을 제시하고 있다(日本経済再生本部, 2016: 46). 이러한 정책 구상은 2016년 발표된 '1억 총활약 플랜(1億総活躍プラン)'으로 더욱 구체화되었다(日本経済再生本部, 2016: 172-173).

2015년 6월 30일에 발표한 아베노믹스 2기는 경제회생을 최우선 정책목표로 통화정책, 재정정책, 구조개혁을 추진한 아베노믹스 1기와 비교했을 때 몇 가지 중요한 차이가 있다. 우선 아베노믹스 2기는 임금인상을 통한 소비 확대, 생산성 혁명에 의한 민간투자 확대, 구조개혁을 통한 새로운 경제성장전략 수립이라는 새로운 정책목표를 설정했다. 그중에서도 새로운 세 개의 화살에 정책 우선순위를 두었는데 첫째, 희망을 가지는 강한 경제(목표: GDP 600조 엔 달성) 둘째, 꿈을 실현하는 육아 지원(목표: 출산율 1.8) 셋째, 안심할 수 있는 사회보장(목표: 개호이직 제로 달성)이라는 구체적인 정책목표를 제시했다. 첫 번째 새로운 화살은 아베노믹스 1기를 계승한 부분이라고 볼 수 있지만, 두 번째와 세 번째 새로운 화살은 직접적인 경제회생전략이라기보다는 일본이 직면하고 있는 저출산·고령화 위기를 대처하고 해결하기 위한 방안에 오히려 초점을 두고 있다고 하겠다. 이는 아베 정부가 노동시장정책을 기업의 경영활동을 지원하기 위한 방안으로만 고려하기보다는 일본 인구구조의 제약조건과 노동력 부족을 해결하기 위한 중장기적인 정책과제로 파악하고 있다는 점을 명확하게 보여준다. 이러한 두 번째와 세 번째 화살을 달성하기 위해서 장시간 근로조건 개선, 청년 고용안정, 근로자 처우 개선, 보육시설 대기아동 문제 해소 등이 아베노믹스 2기 동안에는 주요하게 논의되고 있다.

일본의 저출산·고령화 위기상황에서 노동시장과 인구문제를 적극적으로 대처하기 위해 아베 정부는 2015년 10월 1억 총활약 담당상을 설립하고 가토 가츠노부(加藤勝信) 장관을 임명했다. 일본은 2010년 인구조사 이후, 2015년 인구감소를 공식적으로 확인하게 되었는데 이러한 인구감소는 생산가능인구의 감소, 국내 소비 침체, 국내 경제규모 축소 등의 심각한 파급효과를 가져오는 구조적 제약으로 인식되었다. 일본 인구감소 추계치에 따르면 2015년 1억 2,700만 명, 2065년 8,800만 명, 2115년 5,100만 명 수준으로 줄어들 것이라는 암울한 전망을 보여준다.[18] 이러한 상황에서 1억 총활약 담당상이 추진할 구체적인 정책목표는 50년 이후에도 일본 총인구를 1억 명 수준으로 유지하는 것이고, 이를 위해서 노동시장 제도개선 그리고 보육정책과 육아정책을 수립하는 데 특별히 주목하고 있다.

아베 정부는 2016년 9월 이후 근로시간 단축과 유연한 고용형태 도입으로 대표되는 '일하는 방식 개혁'을 주도하면서 일과 가정의 양립 지원을 통해 근로자들이 출산과 육아에 부담을 느끼지 않으면서도 지속적으로 노동시장에 참여하는 방안을 고민하고 있다.[19]

18 일본 인구변화 추계치는 일본 국립사회보장·인구문제연구소 자료(国立社会保障·人口問題研究所, http://www.ipss.go.jp/index.asp, 검색일: 2018. 2. 17) 참조.

19 '일하는 방식 실현회의' 회의록과 자료는 일본 수상관저 홈페이지(http://www.kantei.go.jp/jp/singi/hatarakikata/, 검색일: 2018. 2. 17) 참조.

이러한 다양한 노력에도 불구하고 일본이 북유럽 방식의 육아정책과 보육정책을 갖춘 사회 인프라로 전환하기에는 제약이 많다. 우선 일본의 높은 부채비율은 보육정책과 육아정책을 추진하기에는 재정 확대의 부담이 있고, 급증하는 고령인구로 인한 연금, 의료 등 사회보장제도의 재정 확보 역시 정책 우선순위를 결정하는 데 어려운 문제를 던지고 있다.

노동시장 불평등 해소

앞에서 언급했듯이 일본 노동시장은 근로자의 종사상 지위에 따라서 정규직과 비정규직으로 나뉘는데 일본경제가 1990년대 초반 경기침체기로 들어선 이후 비정규직 근로자의 비중이 빠르게 증가하여 현재는 임금근로자의 40% 정도가 비정규직 근로자로 구성되어 있다. 물론 일본 노동시장에서 비정규직 근로자는 이전부터 다양한 맥락에서 활용되어왔다. 1960년대 경제성장 시기에는 많은 수의 비정규직 근로자들이 현장에서 경험을 쌓은 뒤 생산현장의 부족한 노동력을 메우기 위한 정규직으로 자연스럽게 전환되면서 높은 임금과 안정된 일자리를 누릴 수 있었다. 경기호황기인 1980년대 초반까지 일본 비정규직 근로자 비중은 전체 근로자의 약 15%였고, 이들 중 대다수는 파트타임·아르바이트로 일하는 중년 기혼여성들이었다.[20] 이들의 수입은 가계 주소득원인 배우자의 수입을 보조하는 부수입원인 경우가 많았기 때문에 정규직 근로자와 비정규직 근로자 간의 고용, 근로조건, 임금불평등 문제는 정치적·사회적으로

20 1984년 기준으로 일본의 비정규직 근로자는 15.3%를 차지했다(총무성 통계국(総務省統計局), 「취업구조기본조사(就業構造基本調査)」).

크게 주목받지 못했다.[21]

이러한 노동시장 불평등은 1990년대 초반 이후 지속되는 경기불황으로 양질의 일자리는 급감한 반면, 저임금과 불안정 고용으로 대표되는 비정규직 일자리가 늘어나면서 이 시기 취업을 준비하던 많은 수의 청년층이 안정적인 일자리를 가지는 것이 어렵게 되자 점차 심각한 사회문제로 대두되었다. 양질의 정규직 일자리와 비교해서 대다수의 비정규직 일자리는 고용안정성, 임금 수준, 사회복지 혜택이 열악하다. 일본 비정규직 근로자 평균임금은 정규직 근로자의 60% 정도에 불과하기 때문에 비정규직 근로자의 증가는 일본 경제 활력을 심각하게 저해하는 요인으로 파악되기도 한다(한국보건사회연구원, 2016: 3).[22]

또한 정규직과 비정규직 남성 근로자는 결혼율에 있어서도 큰 차이를 보이는데, 30대 정규직 남성 근로자는 2015년 66%가 결혼한 반면, 30대 비정규직 남성 근로자는 27%만 결혼했다는 통계에서 알 수 있듯이 노동시장에서의 안정적인 고용과 높은 임금이 결혼율과 상당한 상관관계가 있다는 것을 보여준다(Hoenig and Obe, 2016). 이러한 비정규직 근로자의 낮은 결혼율은 일본이 직면한 저출산 문제를 더욱 심각하게 만드는 요인이기 때문에 아베 정부는 노동시장 불평등을 단순한 경제문제로 파악하기보다는 저출산·고령화라는 인구문제에 대한 적극적인 해결책으로 인식하고 있다는 점을 다

21 일본 여성의 연령별 고용 형태에 관한 자료는 일본 총무성 통계국, 노동력조사 장기시계열 데이터, 표 9(http://www.stat.go.jp/data/roudou/longtime/03roudou.htm#hyo_2, 검색일: 2018. 4. 1)를 참조할 것.

22 일본 노동시장의 정규직 근로자와 비정규직 근로자 사이의 격차는 OECD Japan Policy Brief April 2017(https://www.oecd.org/japan/japan-improving-the-labour-market-outcomes-of-women.pdf, 검색일: 2017. 12. 3) 참조.

시 한 번 주목할 필요가 있다. 또한 여전히 상당수의 비정규직 근로자, 특히 파트타임 근로자는 기혼 중년여성이라는 점을 고려한다면 고용과 임금에서 불평등을 해소함으로써 더 많은 여성이 노동시장에 적극적으로 참여하는 것을 독려하는 방안으로 이 정책을 고려하고 있음을 알 수 있다(Kojima *et al.*, 2017: 4-5).

그리고 급변하는 노동시장과 기업환경에 대응하기 위한 방안으로 아베 정부는 '한정정사원'제도 도입을 제안하고 있다. 이는 기업의 적극적인 인적자원 활용을 위해서 다양한 형태의 고용과 근무 조건을 허용하는 동시에 근로자에게는 비정규직 업무에 비해서는 높은 수준의 고용보장과 근로환경을 제공함으로써 노동시장 불평등을 어느 정도 해소하고자 한다. 한정정사원은 정규직 근로자와 비정규직 근로자의 중간 정도에 위치해 있는데 이들은 정규직 수준의 고용안정성은 보장받지만 근로시간과 근로장소에 있어서 제한적인 조건으로 고용계약을 맺고 있는 근로자들이다. 일본 노동시장에서 전형적인 정사원의 고용형태인 장시간 근무와 회사의 필요에 따른 지방근무를 따르지 않는 대신, 개인의 선택에 따라서 지역, 시간, 업무영역을 한정하여 단시간 근무 또는 특정 지역한정 근무를 주요 고용조건으로 하고 있다. 이는 좀 더 유연한 근로 형태를 제공함으로써 여성 근로자의 육아부담에 대한 경감과 가족에 대한 간호와 간병 때문에 특정 지역을 벗어날 수 없는 근로자를 대상으로 활용되고 있다. 그렇지만 이들은 비정규직 근로자와 달리 고용안정성은 높은 편이지만, 급여와 승진 기회 등에서는 일반적인 정사원들과 비교하여 여전히 제약이 많다. 현재는 서비스 산업의 대기업들이 채택하고 있는 경향이 높은데, 대표적인 사례로는 유니클로(ユニクロ), 수키야(すき家) 등의 기업을 들 수 있다. 한정정사원제도는 보육, 육아, 간호, 간

병 부담 때문에 노동시장 참여가 어려운 여성과 중고령 인구를 대상으로 활용하는 경향이 높다. 한정정사원제도는 한편으로는 정규직 근로자와 비정규직 근로자 중간 수준의 고용과 임금을 보장함으로써 노동시장 불평등을 해소하고자 하는 정책적 목표도 있지만 앞서 언급한 일본사회가 직면한 노동력 부족 문제를 해소하기 위한 전략으로 동시에 추진하고 있다(Song, forthcoming).

노동시장 불평등 해소를 위한 또다른 방안으로 보수적인 아베 정부는 기업으로 하여금 '동일노동 동일임금 가이드라인' 원칙 아래에서 정규직 근로자와 비정규직 근로자의 임금수준 차이를 줄이려고 노력하고 경기회복에 따른 성과를 활용하여 기업의 임금인상을 촉구하고 있다. 이러한 정책은 근로자의 소득증가를 통한 소비진작과 이를 통한 경기활성화와 지속가능한 경제성장을 목표로 한다는 점에서 흥미로운 정책적 실험이라고 볼 수 있다(오학수, 2015: 62). 그러나 '동일노동 동일임금'이라는 노동시장 불평등을 해소하기 위한 중요한 가이드라인을 제시하기는 했지만 이러한 원칙이 실제 잘 지켜질 수 있는지는 이후 정책과 법안으로 구체화되는 방안을 살펴봐야 할 것이다.

청년층, 고령자, 외국인 인력

아베 정부는 생산인구 감소로 인한 노동력 부족 문제를 해결하기 위해서 여성의 노동시장 참여를 적극적으로 독려함과 동시에 청년층, 고령자, 외국인 인력을 활용하기 위한 다양한 방안을 고려하고 있다. 1980년대 이후 일본 청년층 노동시장에서 증가하고 있는 프리타(フリーター)를 대상으로 한 직업훈련을 강화함으로써 이들이 안정적인 정규직 일자리로 이동하는 것을 정책적으로 지원하고 있다.[23] 일본에서는 학교를 졸업함과 동시에 평생직장을 얻는 경우가 일반적이라고 알려져 있는데, 청년층이 프리타로 노동시장에 참가하는 기간이 길어질수록 이들이 정규직으로 이동하는 것이 현실적으로 어렵다는 점에서 직업훈련을 강화해 청년층 고용문제의 해결을 꾀하고 있다. 교육, 훈련, 근로에 참여하지 않는 니트(ニート or NEET)[24]를 대상으로는 심리상담과 직업훈련 등을 통해 이들의 규모를 축소하고 노동시장 참가를 증대하는 방안을 추진하고 있다(濱口桂一郎, 2013: 132-136, 173-174; Kamimura and Soma, 2013: 50; Toivonen, 2013). 이러한 정책은 아베 정부에서 처음 시도한 것이 아니라 고이즈미 정부 이후 자민당 정부에서 꾸준히 추진해오던 청년 노동정책이라는 측면에서 일관성이 있다고 볼 수 있다. 하지만 이전 자민당 정부와 비교해서 아베 정부는 프리타, 니트 등 특정한 그룹을 대상으로 한 청년 노동시장정책을 추진하기보다는 일본의 경제회생과 지속적인 경제성장전략의 한 축으로 청년 일자리 정책을 수립한다는 점에서 차별성이 있다.

이전 정부의 정책과 연속성이 강한 부분은 아베 정부 역시 고령자의 노동시장 참여 확대를 위해 지속적으로 노력하고 있다는 점이다. 아베 정부는 유연한 근무 형태와 근로시간을 도입함으로써 급증하는 일본 고령자들의 노동시장 참여를 더욱 장려하고 있다. 특히 고령화 사회에 적극적으로 대처하기 위해 2018년 2월 16일 발표한 「고령사회대책대강(高齢社会対策大綱)」에서 볼 수 있듯이 아베 정부는

23 일본 노동시장에서 프리타(フリーター)는 시간제, 임시직 등 불안정한 근로 형태로 노동시장에 참여하고 있는 15~34세 사이의 청년 근로자를 지칭한다.

24 NEET는 교육 또는 노동시장에 참여하지 않는 청년을 지칭하는 용어로 "not in education, employment or training"으로 설명된다.

65세 이상 고령자들이 경제활동에 좀 더 적극적으로 참여할 수 있는 환경을 만들고 공적연금 수급연령을 70세로 상향 조정하는 방안을 검토하고 있다(野田式, 2018). 이를 통해 아베 정부는 고령자를 활용한 노동력 부족 문제를 해소하는 동시에 급속한 고령화로 야기되는 사회보장 부담을 완화하는 방안을 고려하고 있다. 사실 일본의 고령자들은 다른 서구 선진국의 고령자들과 비교했을 때 은퇴 이후에도 적극적으로 노동시장에 참여하면서 경제활동을 하고 있다. 일본에서 65세 이상 고령자의 고용률은 22.3%로 OECD 국가 평균인 14.1%보다 높은 편이고, 특히 남성 고령자의 고용률은 30.9%에 달한다.[25] 일본의 고령자들이 왜 은퇴 이후에도 경제활동에 참여하는지 살펴보는 것은 이 글의 연구범위를 벗어나는 내용이지만 대부분의 고령자가 노후연금으로 생활하는 프랑스, 독일 등의 국가와 비교했을 때 상당수의 일본 고령자가 노동시장에 참여한다는 것은 흥미로운 현상이다.

마지막으로 새로운 노동력 공급 대상으로 아베 정부는 이전 정부와 비교했을 때 외국인 전문인력 활용과 일본 내 유학생들의 취업지원을 적극적으로 지원하고 있다. 이는 국내 노동인력 공급 부족과 연계되어 있고 동시에 지속가능한 경제성장을 위해 새로운 산업 발전과 경제구조 변화 시기에 대응할 수 있는 외국인 전문기술인력 확대고용을 목표로 하고 있다.[26] 앞서 언급한 국가전략특구와 관련해

25 OECD Stat(https://stats.oecd.org/Index.aspx?DataSetCode=LFS_SEXAGE_I_R, 검색일: 2017. 12. 3) 참조.

26 일본 정부가 '고도인재포인트제도'를 통해서 적극적으로 유치하고자 하는 외국인 인력은 다음 세 그룹의 전문기술인력으로 첫째, 고도학술연구활동 「高度專門職1号(イ)」, 둘째, 고도전문·기술활동 「高度專門職1号(ロ)」, 셋째 고도경영·관리활동 「高度專門職1号(ハ)」이다. 하지만 2017년 6월 재류외국인통계(在留外国

서 외국인 전문인력의 일본취업과 투자를 활성화하기 위하여 특구 내 외국인 가사도우미 고용을 예외적으로 허용하는 안이 논의 중이다. 최근에는 도쿄올림픽 관련 건설현장에서 부족한 노동력을 확보하기 위해서 외국인 건설인력 도입 확대를 추진하고 있다. 또한 일본사회에서 거부감이 높은 이민정책이라는 논의보다는 외국인 인적자원 활용이라는 제안으로 외국인 전문인력을 확보하는 동시에 국내의 불필요한 사회적 갈등과 논쟁을 줄이고자 노력하고 있다(Nikkei Asian Review, 2017).

아베 정부의 노동시장정책 평가

아베 정부는 경제회생과 저출산·고령화로 당면한 노동력 부족현상을 해소하기 위해 노동시장정책을 추진했다. 위에서 언급했듯이 아베 정부의 노동시장정책은 새로운 내용이라기보다는 기존에 논의해왔던 다양한 정책을 종합적인 패키지로 만들어 노동시장 유연화, 인적자원 활성화를 통한 노동력 공급 확대, 노동시장 불평등 해소를 주요 목표로 했다. 하지만 이전 정부와 비교해서 아베 정부는 일본사회가 직면한 인구감소 문제를 보다 심각하게 수용했고 이를 해결하기 위한 구체적인 정책방안을 제시했다. 여성의 노동시장 참여 확대를 추진하는 '우머노믹스,' '1억 총활약 플랜,' '일하는 형태의 개

人統計[旧登録外国人統計]) 체류 자격에 따른 분류를 살펴보면 첫 번째 그룹은 982명, 두 번째 그룹은 4,228명, 세 번째 그룹은 183명으로 전체 재류외국인 247만 1,458명의 0.218%에 머무르고 있는 것이 현실이다(일본 입국관리국 재류외국인통계 2017년 자료).

혁' 등 2012년 12월 아베 정부가 집권한 이후 추진한 노동시장정책은 노동력 부족을 해소하기 위한 노동력 공급 확대와 이를 통한 경기회복과 경제활성화에 목표를 두고 있다.

민주당 정부의 노동시장정책과 비교를 통해서 집권당의 차이가 정책 우선순위와 추진전략을 결정하는 데 중요한 변수라는 것을 앞서 언급했다. 아베 정부 이전 2009년에서 2012년까지 3년 동안 집권한 민주당 정부는 노동시장 유연성보다는 파견근로자와 계약직 근로자의 고용조건과 근로환경 개선에 중점을 두었다. 반면 보수적인 자민당이 주도한 아베 정부는 정규직 근로자와 비정규직 근로자 사이의 노동시장 불평등을 해소하기 위해 다양한 정책을 펼쳤지만, 우선순위는 노동시장 유연성과 다양성 확대를 통한 노동력 공급 확대와 노동력 부족 해소에 두었다. 또 다른 특징 중 하나는 아베 정부가 노동시장정책 상당수는 정부가 시행하는 강제규정이라기보다는 각 기업들이 자발적으로 참여하고 이러한 자발적 참여에 대해 정부의 인센티브를 제공하거나 인증하는 방식으로 진행되고 있다. 이러한 측면에서 아베 정부의 노동시장정책이 어느 정도 성과를 보이면서 실행될 수 있는지는 좀 더 지켜봐야 할 것 같다.

아베 정부의 노동시장과 고용정책은 일본의 산업정책과 경제재생전략이라는 큰 틀에서 국가적 정책목표를 달성하기 위한 수단으로 고려되고 있다. 특히 서비스 산업, IT, 의료/건강 등 새로운 성장동력으로 인식되고 있는 산업에 필요한 인적자원을 확보하기 위해서 고용과 교육의 일체적 개혁을 꾀하고 있다. 이러한 측면에서 아베 시대의 노동시장정책은 생산인구 감소라는 구조적 제약조건 아래에서 미래를 위한 커다란 전환을 준비하고 있다고 볼 수 있다. 물론 아베 정부의 노동시장정책 대다수는 아직 구체화되지 못하고 이전의 정책들을 모아둔 수준이라는 비판에서 자유롭지 못하다. 또한 아베 정부의 노동시장정책은 근본적인 정책변화를 지향하기보다는 수사적인 슬로건에 불과하다는 주장도 있다(Kojima *et al.*, 2017). 그럼에도 아베 시대의 노동시장정책에서 주목할 만한 내용은 일본의 경제와 산업구조 전환과 미래 성장전략의 한 축으로 노동시장정책을 다루었고 그 틀내에서 다양한 정책 제안을 제시했다는 점이다. 특히 4차 산업으로 축약되는 새로운 경제산업 구조의 변화와 더불어 일본이 직면하고 있는 인구구조의 변화로 야기되는 도전 과제들은 아베 정부가 해결해야 하는 과제이자 포스트 아베 시대에도 계속 고민하고 추진해야 하는 과제들이다.

제12장

지역재생과 소비 확대를 겨냥한 관광입국정책

조아라 趙아라 | Cho, Ara

현재 한국문화관광연구원 부연구위원이다. 서울대학교 대학원에서 지리학 박사학위를 취득했다. 주요 저서로 『관광으로 읽는 홋카이도』(서울대학교출판문화원, 2011)가 있으며, *Post-tsunami Recovery and Reconstruction: Rovernance Issues and Implications of the Great East Japan Earthquake* (Disasters, 2014), 「일본의 고령자 거주문제와 주거정책: Aging in Place를 중심으로」, 『대한지리학회지』(2013), 「다크투어리즘과 관광경험의 진정성」, 『한국지역지리학회지』(2012), 「재해 재건과 창조적 관광정책」, 『일본비평』(2012) 등 다수의 논문이 있다.

들어가며

2003년 일본 방문 캠페인(Visit Japan Campaign)이 시작되었을 당시 방일 외국인 수는 521만 명으로 일본인 해외여행자 수 1,330만 명의 절반에 불과했다. 그러나 2017년 방일 외국인 수는 2,869만 명을 넘어서면서 일본인 해외여행자 수 1,789만 명을 훨씬 웃돌게 되었다.[1] 2003년 고이즈미(小泉純一郎) 수상이 시정방침 연설에서 "현재 일본인 해외여행자가 연간 1,600만 명을 넘는 것에 반해, 방일 외국인이 약 500만 명에 그치고 있는" 대외적 문제를 지적했던 것을 고려하면, 지난 10여 년 동안 나타난 변화는 주목할 만하다. 방일 외국인 여행자 수는 글로벌 금융위기 및 동일본대지진으로 인해 침체를 겪은 이후 매해 높은 성장률을 갱신해왔다.[2]

이러한 관광객 수 증가는 세계 관광시장 변화와 긴밀히 연동되는 것이기도 하지만, 동시에 2012년 아베 정권하에서 추진한 일련의

1 방일 외국인 수는 JNTO(2018) 참조. 일본인 출국자 수는 法務省(2018) 참조.

2 참고로 방한 외국인 수 역시 최근 10여 년간 급증해왔는데(표 참조), 다만 최근 2년간 중동호흡기증후군(MERS)과 사드 배치 등 주요 이슈가 부각되면서 감소 추세를 보이고 있는 상황이다.

방한 외국인 여행자 수 추이 (단위: 만 명)

연도	방한 외국인 여행자 수		연도	방한 외국인 여행자 수	
	여행자 수	증감률(%)		여행자 수	증감률(%)
2005	602.3	-	2012	1,114.0	13.7
2006	615.5	2.2	2013	1,217.6	9.3
2007	644.8	4.8	2014	1,420.2	16.6
2008	689.1	6.9	2015	1,323.2	−6.8
2009	781.8	13.5	2016	1,724.2	30.3
2010	879.8	12.5	2017.7	776.1	−5.5
2011	979.5	11.3			

출처: 관광지식정보시스템 출입국관광통계.

〈표 1〉 방일 외국인 관광객 수 추이(2005~2017) (단위: 만 명)

연도	방일 외국인 관광객	
	관광객 수	증감률(%)
2005	672.8	9.6
2006	733.4	9.0
2007	834.7	13.8
2008	835.1	0.0
2009	679.0	−18.7
2010	861.1	26.8
2011	621.9	−27.8
2012	835.8	34.4
2013	1,036.4	24.0
2014	1,341.3	29.4
2015	1,973.7	47.1
2016	2,103.9	21.8
2017	2,869	19.3

주: 2017년 자료는 1~7월 추계치.
출처: 2005~2014년도는 観光庁(2015), 『観光白書』, 2015~2017년도는 JNTO, 『統計発表』.

국가전략 속에서 관광정책을 적극적으로 추진해온 결과이기도 하다. 이 글은 이러한 인식하에, 방일 외국인 관광객 수가 급증하기 시작한 2012년 이후 일본의 관광정책에 주목하여, 이 시기 '관광정책'의 특징이 무엇이며, 이러한 특징이 어떠한 맥락(context)에서 발생한 것인지 이해해보는 것을 목적으로 한다.

이를 위해 첫째, 전후 일본의 관광정책 기조 변화를 살펴본다. 둘째, 최근 일본에서 인바운드 시장이 주요 과제로 등장하게 된 시대적 배경을 파악한다. 셋째, 2000년대 이후 추진되어온 '관광입국' 정책을 분석하고 아베 정권 이후 관광정책의 경로의존적인 특징과 새롭게 전환되고 있는 특징을 밝히고, 우리나라 관광정책에 주는 시사점을 도출하고자 한다.

선행연구 검토

일본의 관광정책을 분석한 선행연구는 크게 세 가지로 유형화된다. 첫째, 일본의 관광시장을 분석하여 정책적 시사점을 제시하는 연구, 둘째, 지역 활성화 수단으로서 관광정책에 대한 연구, 셋째, 전후 일본 관광정책에 대한 통시적 연구다.

우선 일본 관광시장에 관한 연구는, 1980년대까지는 방일 관광시장보다는 일본인의 해외여행 및 국내여행 행태에 대한 연구가 주류를 이루었으나(中村哲·西村幸子·髙井典子, 2017; 김주영, 1989; 박병남, 2003), 관광입국정책이 추진되면서 방일 관광시장에 대한 연구가 증가하는 추세다(崔龍文, 2011; 吉田隆, 2013; 梅原克彦, 2015; 조아라, 2015).

한편, 일본의 지역 관광정책에 대한 연구는 꾸준히 지속되어왔는데, 관광지 형성에 관한 연구, 온천 관광지의 쇠퇴 및 활성화, 농산어촌의 그린 투어리즘, 중심상점가 및 도심 활성화 등 지역진흥 수단으로서 관광진흥에 대한 연구 등이 다수 진행되었다(井口貢 編, 2002; 溝尾良隆, 1994; 篠原重則, 2000). 한국에서도 일본의 관광정책에 주목하면서 관광 마치즈쿠리(まちづくり: 마을만들기)에 관한 연구가 다수 진행된 바 있다(권숙인, 2003; 염미경, 2000; 정근식, 1999).

관광정책에 대한 통시적 연구로는 전후 국토계획 속에서 관광의 역할 변화에 대한 연구, 관광법 형성 및 관광행정 전개과정에 대한 연구 등이 추진되어왔는데(香取幸一, 2012; 寺前秀一, 2008; 今村元議,

2007), 다만 관광정책 자체에 주목하여 시기적으로 주요 변화 및 특징을 살펴보는 연구는 부족한 편이다. 특히 최근 관광입국정책에 대해서는 정책사업에 관한 소개는 많으나, 관광시장의 변화 등 정책적 맥락에 기반하여 경로의존적인 특징이 무엇이며 변화된 것은 무엇인지에 관한 논의는 극히 미흡하다. 이 글은 이러한 측면에 주목하여 관광입국정책이 추진된 이후의 변화, 나아가 2012년 아베 정권이 들어선 이후의 이차적인 변화를 살펴보고자 한다.

관광입국[3]정책 이전의 관광정책

일본에서 인바운드 관광을 주요 국가적 과제로 다루기 시작한 것은 2003년 고이즈미 수상이 '관광입국 좌담회'를 개최하며 관광을 국가적 정책목표로 제시하면서부터라고 할 수 있다. 1980년대 이후 일본의 관광정책은 외국인 관광객을 유치하는 인바운드 관광정책보다는 아웃바운드 관광 및 국내관광에 중점을 두고 추진되어왔다. 지난 20여 년 동안 경제산업성(経済産業省)과 관광청(観光庁)에서 발간된 『통상백서(通商白書)』 및 『관광백서(観光白書)』를 살펴보면 이러한 정책적 전환을 명확히 알 수 있다.

3 '관광입국'이라는 표현은 고이즈미 총리가 "국제사회에서 일본의 위상에 걸맞도록 방일 외국인 관광객 수가 적은 상황을 극복하기 위해 관광에 적극 임하겠다"는 뜻을 명확히 밝히기 위해 국가 자존심 차원에서 다소 선언적으로 제시한 것이다. 이후 일본의 관광정책은 '인바운드 관광 유치'를 위해 전 국가적으로 성청이 협력하여 추진하는 태세를 갖춰가게 된다.

아웃바운드 관광정책의 변화: 통상정책에서 경제정책으로 전환

전후 일본은 외화유치 차원에서 인바운드 관광정책을 중시해 왔는데, 이러한 흐름이 전환된 것은 1980년대 무역마찰 때문이었다. 일본인 해외여행은 1964년 전면 자유화된 이후 급증하기 시작했는데, 특히 외화소지 제한이 1969~1972년에 걸쳐 단계적으로 완화되고, 국민소득 증가와 동시에 해외여행 상품 가격이 낮아지면서, 아웃바운드 관광객이 인바운드 관광객 수를 넘어서게 되었다(JATA, 2014). 석유위기의 영향은 있었으나, 국제관광여행은 순조롭게 확대되어 1975년에는 일본인 해외여행자 수는 495만 명, 방일 외국인 여행자 수는 233만 명으로 각각 과거 최고를 기록했다. 당시만 하더라도 여행수지 적자를 우려하는 목소리가 작지 않았는데, 1977년 『통상백서』는 "관광여행자 수가 해외도항자 수 전체의 80% 이상을 점하고 있다"고 지적하며 여행수지가 1969년을 기점으로 적자로 전환되었고 그 후도 적자 폭이 급속하게 확대되고 있다고 보고했다.

그러나 1980년대에는 일본의 대폭적인 무역흑자에서 기인한 구미와의 무역마찰을 배경으로, 방일 외국인 여행자 유치정책에 더해 일본인 해외여행을 촉진하는 정책이 적극 전개되었다(観光庁, 2014). 일본 운수성(현 국토교통성)은 1987년 일본인 해외여행자 수를 5년 안에 1,000만 명 수준으로 증가시키기 위한 '해외여행배증계획(海外旅行倍増計画)'을 수립했다.

1989년 발간된 『통상백서』는 일본인 해외여행 촉진의 의의에 대해 "국제상호이해의 증진에 기여할 뿐 아니라, 받아들이는 국가에서는 고용기회의 확대 및 관광 관련 산업의 발전 등에 의한 경제 진흥 및 외화획득에 기여하는 동시에, 일본 및 상대국의 국제수지 밸런스 개선에도 기여한다는 점에서, 향후 상호의존관계가 깊어지는

〈표 2〉 해외여행 배증계획의 주요 성과

구분	1986년	1987년	1988년	1990년	1991년
일본인 해외여행자 수(천 명) (전년대비 비율)	5,516 +11.5	6,829 +23.8	8,427 +23.4	9,663 +14.7	10,997 +13.8
일본인 출국률(%)	4.5	5.6	6.9	7.8	8.9
지방공항 출국자 비율(%)	12.0	12.1	12.8	13.7	15.2
지방공항발착 국제정기노선 수	31	34	42	50	58
일본인 외항여객여행자 수(천 명)	87	103	120	142	158
고교해외수학여행 참가인원(명)	29,597	36,658	50,961	56,309	54,485
해외여행촉진미션 파견 횟수(회)	1	2	2	1	3
여행수지(백만 달러)	△5,766	△8,663	△15,789	△19,347	△21,350
무역수지와의 비율(%)	6.1	8.9	16.6	25.1	33.5

출처: 運輸省(1991).

국제사회에서 일본의 안정적인 존립을 확보하기 위해 극히 중요해지고 있다"고 설명하고 있어서, 이 계획이 무역마찰 해소를 위한 것임을 분명히 하고 있다. 소위 '텐 밀리언 계획'이라 불리는 이 계획은 해외여행 촉진 캠페인, 해외의 일본인 관광객 수용태세 환경개선,[4] 해외여행자 안전대책[5] 등을 주요 사업으로 담고 있었다.

일본인 해외여행자 수는 1985년 플라자합의 이후 급격한 엔고에 힘입어 목표달성 시기를 1년 앞당긴 1990년 1,000만 명을 넘어

4 이러한 정책은 개발도상국 협력사업의 일환으로 추진된 바 있는데, 이는 국제사회에서 일본의 위상을 높이는 효과와 함께, 일본 기업의 해외 진출에 기여하는 효과를 창출한 것으로 평가되고 있다.

5 1997년 이집트 룩소르 테러(일본인 단체관광객 10명 사망), 2001년 9.11 테러, 2003년 중증급성호흡기증후군(SARS) 등으로 안전정책을 중요하게 다루어왔는데, 2004년 이라크에서 발생한 일본인 인질사건을 계기로 자기책임론 등이 등장하기도 했다.

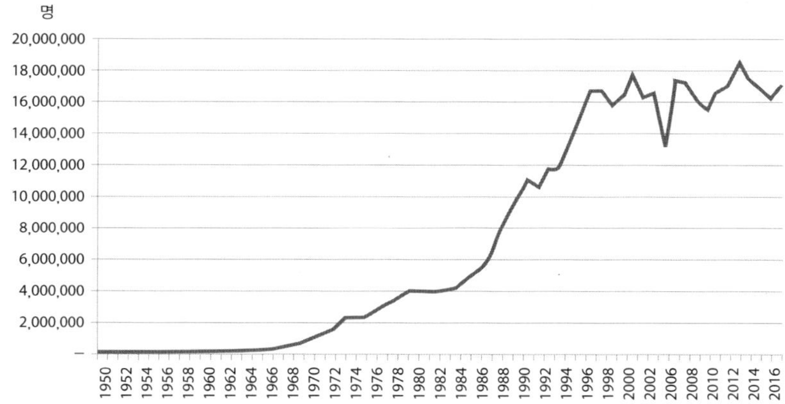

〈그림 1〉 일본인 해외여행자 수

출처: 法務省(각년도).

섰다. 이후 일본 정부는 소위 '관광교류확대계획(観光交流拡大計画-Two Way Tourism 21)'을 책정하여, 1990년대 전반에 걸쳐 양방향 관광교류 확대를 촉진하는 정책을 추진했다. 양방향 관광교류 촉진정책은 사실상 인바운드 정책으로 정책 방향이 서서히 전환되었음을 의미하는 것이었다. 2002년 발간된 『관광백서』에서는 해외여행과 방일여행의 불균형 문제를 처음으로 제기하고 있는데, 이후 일본의 관광정책은 인바운드 관광정책을 전면에 내세우게 되었다고 할 수 있다.

국내관광 진흥정책의 변화: 수요 측면 접근에서 지역개발 중시로

국내관광정책의 주요 변화를 전국종합개발계획을 중심으로 살펴보면 다음과 같다. '제1차 전국총합개발계획'에서는 산업노동자에 대한 관광 레크리에이션 장소를 제기하는 것이 관광정책의 목적이었다. 제1차 계획이 수요 중심의 정책이었다면, 제2차 계획 이후

〈표 3〉 일본 전국종합개발계획 중 관광정책

구분	개발방식	관광정책 목적	관광정책 방향	키워드
전국총합개발계획(1962)	거점개발구상	산업관광/관광개발의 지역적 조정	지역격차 축소(자연자원 입지형 관광개발)	사회관광 국민숙사
신전국총합개발계획(1969)	대규모 프로젝트	수요 대응/여가공간 확보/자원 보호	광역관광루트/대규모 개발/해양성 여가기지	레저/대규모 개발/국영공원
제3차 전국총합개발계획(1977)	정주권 구상	증가하는 여가 수요에 대응	국토관리정책·국민생활기반 정비정책	지방의시대/국제관광 문화도시
제4차 전국총합개발계획(1987)	교류 네트워크 구상	도시농촌 교류와 리조트 개발	리조트 지역정비(도시/산악/해양/농산촌)	리조트/교류 컨벤션 도시
21세기 국토의 그랜드 디자인(1998)	참가와 연대	지역연대축/다자연거주지역/광역국제교류권	지방권 외국인관광 유치/그린투어리즘·베리어프리	국제관광진흥 지역 연대축

출처: 조아라(2007).

는 국토개발 차원에서 관광정책이 접근되게 되는데, 이것이 바로 관광지 개발이었다. '신전국총합개발계획'은 고도경제성장에 따른 관광 수요 급증으로 대규모의 관광지 개발의 필요성을 지적했다. 한편 1973년 석유파동으로 안정성장기에 돌입한 뒤 책정된 제3차 전국총합개발계획은 정주구상이 핵심이 되었으며, 생활의 장에서 레크리에이션 공간 정비에 힘을 기울였고, 관광개발은 관심에서 다소 밀려났다.

대규모 관광개발이 다시 등장하게 된 것은 '제4차 전국총합개발계획'이었다. 당시 순조로운 경제 정세와 내수확대정책을 배경으로 책정된 제4차 전국총합개발계획에서는 교류 네트워크와 다극분

산형 국토 형성을 목표로 하여, 이를 실현하는 방침으로 대규모 리조트 개발 정비를 강조했다. 지역개발 수단으로서 관광의 중요성이 강조된 것이 바로 이 시기부터였다고 할 수 있다.

버블 붕괴 후 책정된 '국토의 그랜드 디자인'은 '지역의 자립 촉진과 아름다운 국토 창조'를 부제로 제시하여, 지역의 선택과 책임에 근거한 지역 만들기를 중시하고 있으며, 다양한 주체의 참여와 지역연대를 강조하고 있다.

관광입국정책 추진 배경: 국내외 관광시장 변화

세계 관광시장 변화: 관광수요 증대

일본은 2003년 관광입국정책을 적극 추진해왔으며, 이것이 일정한 성과를 거두고 있는 것은 명백한 사실이나, 한편으로 방일 외국인 여행자의 증가는 세계 관광시장의 변화 속에서 파악할 필요가 있다. 세계 관광시장은 지속적으로 증가하고 있으며(2017년 상반기 6% 증가), 현재 전 세계 GDP의 10%, 일자리의 10분의 1을 차지할 정도로 비중이 증가하고 있다(UNWTO, 2017a; 2017b) 특히 아시아·태평양 지역 관광시장의 성장률이 높게 나타나고 있는데, 그중 중국은 2000년 처음으로 해외여행객이 1,000만 명을 돌파한 이후 2014년 1억 명을 넘어설 정도로 급성장하고 있다(김현주·최경은, 2016).

관광시장 성장의 배경으로는 글로벌화 진전 및 아시아 각국의 경제성장, 정보통신 기술의 발달에 따른 여가문화 변화, 저가항공사(Low-cost carriers, LCC) 노선 확대에 따른 여행 편의성 확대 등 여러 요소를 지적할 수 있다. 세계 각국은 관광시장의 성장에 대응하여

〈표 4〉 일본인 국내숙박 관광여행 추이 (단위: 회, 박)

연도	1인당 국내관광 숙박여행	
	여행 횟수	숙박일수(1회 평균)
2006	1.71	2.74
2007	1.52	2.48
2008	1.52	2.37
2009	1.46	2.38
2010	1.32	2.09
2011	1.30	2.08
2012	1.35	2.14
2013	1.39	2.25
2014	1.26	2.06
2015	1.35	2.27
2016	1.39	2.28

출처: 観光庁(2015a); 観光庁(각년도).

관광의 경제적 효과를 극대화하기 위한 정책 마련에 고심하고 있는데, 이는 일본도 마찬가지라 할 수 있다.

일본 국내 관광시장 변화: 관광시장의 정체

관광입국정책은 관광정책의 초점이 '아웃바운드 및 국내관광'에서 '인바운드' 관광으로 변화되었음을 의미한다. 이러한 변화는 일본 국내의 경제적·사회적 환경, 즉 장기 불황 및 고령화 사회 속에서 이해할 필요가 있다. 일본은 지난 20년간 장기간의 불황을 겪어왔는데, 이와 함께 종신고용 시스템 붕괴에 따른 양극화 확산, 청년고용 문제 및 중산층 쇠퇴 등 사회적 과제에 직면해 있다.[6]

6 이에 대한 자세한 논의는 조아라(2015) 참조. 실질적인 경제지표를 살펴보면 일

일본인의 국내관광은 이러한 경제적·사회적 변화에 따라 정체되는 양상을 보이는데, 국내숙박 관광여행의 경우 2006년 1.71회에서 2017년 1.41회로 오히려 감소했으며, 숙박일 수도 2.74박에서 2.30박으로 감소했다.[7]

일본 인바운드 관광시장 변화와 특성: 시장의 양적 팽창과 행태 변화

국내관광이 정체를 보이는 것과는 달리 일본 인바운드 관광은 증가를 거듭하고 있다. 이러한 경향은 세계 관광시장의 성장에 기인한 것인 동시에 일본의 관광입국정책이 지난 15여 년간 일정 정도의 성과를 거둔 것이라 평가할 수 있다.

일본 인바운드 관광시장을 살펴보면, 흥미로운 점이 발견된다. 첫째, 방일시장에서도 중국이 제1시장으로 나타나고 있으나, 이와 더불어 국적 분포가 다양하게 나타나고 있다는 점이다.[8] 방일시장의 경우 중국인 관광객 수 자체는 방한시장보다 적으나 최근 비약적으로 증가하고 있으며, 한국, 대만뿐 아니라 미국, 호주 등 태평양 시장의 규모 및 성장률도 높게 나타난다.

둘째, 방일 외국인 관광객의 관광 행태를 살펴보면, '지역관광'

본이 과연 장기 불황기에 해당되는지는 이견이 존재한다. 그러나 장기불황이라는 인식이 전반에 확산되어 있었다는 점에서 사회적 불황기라 간주해도 될 것으로 생각된다.

7 2015년 1분기 일본인의 세대별 소비지출 내역을 살펴보면, 여행이 포함되어 있는 교양오락서비스 항목의 지출을 억제하는 비율이 명목 -8.6%, 실질 -11.7%로 상당히 많았음을 알 수 있다(전체 소비지출액은 명목 -4.5%, 실질 -7.0%)(総務省統計局, 2015).

8 방한시장의 경우, 방한 중국인 수 자체는 방일 중국인보다 많게 나타나는 반면, 제2시장 및 제3시장의 성장률은 최근 10여 년간 정체 또는 감소 추세이기 때문에, 방한시장의 경우 중국시장 집중도가 높게 나타나는 편이다.

〈표 5〉 방일 외국인 국적별 현황 (단위: 명, %)

순위	2016년			2017년		
	국가	방문객 수	비중	국가	방문객 수	비중
1	중국	6,373,564	26.51	중국	7,355,818	25.64
2	한국	5,090,302	21.17	한국	7,140,165	24.89
3	대만	4,167,512	17.34	대만	4,564,053	15.91
4	홍콩	1,839,193	7.65	홍콩	2,231,568	7.78
5	미국	1,242,719	5.17	미국	1,374,964	4.79
6	태국	901,525	3.75	태국	987,211	3.44
7	말레이시아	394,268	1.64	말레이시아	439,548	1.53
8	싱가포르	361,807	1.51	필리핀	424,121	1.48
9	필리핀	347,861	1.45	싱가포르	404,132	1.41
10	영국	292,458	1.22	인도네시아	352,330	1.23
전체		24,039,700	100.00		28,691,073	100.00

출처: JNTO (2018).

의 요소가 발견된다는 점이다. 「방일 외국인 소비동태조사」를 살펴보면, 쇼핑, 음식, 자연 등 관광의 3대 주요 요소 외에도, 일본의 현대 및 역사문화체험을 꼽고 있는 응답도 비교적 높게 나타난다. 이러한 실태에서 일본 여행에서는 료칸에서 머물며 일본 음식을 먹고 일본 문화를 체험하고, 자연 속에서 온천 입욕을 하고, 번화가를 걷다가 쇼핑을 하는 등 일정한 '지역'을 즐기는 시나리오가 존재함을 짐작할 수 있다. 이러한 경향은 방일여행에서 '향후 하고 싶은 것'에 대한 응답에서도 나타나는데(표 6 참조), 방일여행 이후 지역관광 주요 요소라 할 수 있는 문화체험에 대한 호응도가 높아지고 있음을 알 수 있다.

이러한 변화에 따라 인바운드 관광시장은 정체하고 있는 국내

〈표 6〉 방일 여행의 기대사항(복수응답) (단위: %)

항목	기대한 것	향후 하고 싶은 것
일식을 먹는 것	71.2	58.0
일본 술을 마시는 것	22.1	22.6
료칸에 숙박	22.0	28.4
온천 입욕	29.6	42.1
자연/경승지 관광	47.9	45.4
번화가 걷기	41.0	30.7
쇼핑	54.5	45.2
미술관/박물관	13.9	18.2
테마파크	16.4	22.2
스키/스노보드	4.2	17.1
기타 스포츠(골프 등)	1.8	6.9
무대감상	4.4	13.2
스포츠 관람(스모, 축구 등)	2.6	10.3
자연체험 투어, 농어촌 체험	6.2	16.2
사계절 체감	11.4	30.6
영화·애니메이션 연고지 탐방	4.9	11.0
일본의 역사/전통문화 체험	16.8	25.7
일본의 일상생활 체험	15.8	22.6
일본의 서브컬처 즐기기	10.4	15.0
치료 · 검진	1.9	3.9

출처: 観光庁(2017b).

관광시장의 대체시장인 동시에, 높은 성장잠재력을 지닌 주요 성장 동력으로 간주되기 시작했으며, 국가적 정책 분야로 그 위상이 변화하게 되었다.

‘관광입국’정책과 아베노믹스 관광정책

2000년대 관광입국정책

2003년 1월 고이즈미 전 수상은 ‘관광입국 좌담회’를 개최하며, 관광을 국가적 정책목표로 제시했는데, 이를 계기로 일본에서는 국가적 과제로 관광정책의 위상이 변화하기 시작했다. 2006년에는 ‘관광기본법’을 전면 개정한 ‘관광입국추진기본법’이 제정되었다. 이 법의 제정으로 관광은 21세기 일본의 중요한 정책 기둥으로 명확히 법률상으로 자리매김되었으며, ‘관광입국추진 기본계획’을 법정계획으로 수립하기 시작했다. 2008년에는 관광행정의 책임소재를 명확히 하고, 기능적이고 효율적인 관광정책을 추진하기 위해 관광청을 발족했다.

일본 정부가 관광입국을 적극 제창하게 된 배경은 세 가지로 요약된다. 첫째, 글로벌화에 의해 세계적으로 인구교류가 확대되고 있으나 일본은 그 과실을 획득하지 못하고 있다는 인식, 즉 일본인 해외여행자 수에 비해 방일 외국인 여행자 수가 절반에 불과한 현상에 대한 문제제기다. 둘째, 국내인구 감소로 인한 내수의 한계를 극복하기 위해 관광을 기축으로 한 지역재생을 시도하기 위함이다. 인구감소 시대로 진입함에 따라 인구성장을 전제로 한 국가전략의 수정이 불가피해졌기 때문이다. 셋째, 무엇보다 관광산업의 경제효과가 크다는 점을 인식하게 되면서 경제대책으로서 관광입국정책이 적극 추진되었다. 국가경제의 성장을 도모하기 위해 수립된 ‘신성장전략’ 등 일련의 국가정책 속에서 관광전략은 긴급 경제대책의 주요 수단으로 간주되었다.

관광입국 실현을 통해 “살기 좋고 방문하기 좋은 나라”를 만들

〈표 7〉 2007년 제정된 '관광입국추진 기본계획'의 정책목표에 대한 평가

구분	정책목표	정책 평가
방일 일본인 여행자 수	1,000만 명 (2010년)	2010년 861만 명. 2008년 금융위기, 엔고 진전, 동일본대지진 등으로 인해 목표 달성은 못함. 그러나 심각한 재난 등에서 반동이 빨랐다는 점에서 VJ 캠페인의 성과를 평가 가능
국제회의 개최 건수	5할 이상 증가 (2011년)	국제회의 개최 건수 252건을 상회하는 309건으로 높게 평가 가능(MICE 산업 육성은 높게 평가)
일본인 해외 여행자 수	2,000만 명 (2010년)	2010년 1,664만 명으로 목표 달성 어려움
국내 관광여행 소비액	30조 엔(2010년)	2009년 25.5조 엔으로 목표 달성 실패
국내여행 1인당 숙박 수	연간 4박(2010년)	2010년 2.12박으로 오히려 감소 연차유급휴가 취득률은 오히려 감소

출처: 観光庁(2013)에서 정리.

자는 제창이 이루어지면서 구체적인 목표와 함께 다양한 전략이 시행되었는데, 가장 역점을 두고 추진된 것이 관광 프로모션 캠페인인 VJ(Visit Japan) 캠페인이었다. VJ 캠페인은 국가·지방공공단체 및 민간이 공동으로 행하는 방일촉진 캠페인으로 2003년 본격적으로 실시되어 오늘날에 이르고 있다. 관광입국정책은 방일 외국인 및 국제회의 유치 측면에서 일정한 성과를 거둔 것으로 평가되는데, 특히 2011년 동일본대지진에 대한 대응에서 긍정적인 평가를 얻었으며, 2014년 방일 외국인여행자 수 1,000만 명을 조기 달성하면서 목표가 상향조정되었다.[9]

9 한편에서는 VJ 캠페인 외 '관광' 영역에서 적극적인 정책이 이뤄지지 않았다는

일본은 관광입국을 실현하기 위해 내각총리대신이 주관하고 관계행정기관이 참석하는 '관광입국추진각료회의(観光立国推進閣僚会議)'를 개최하여, '관광입국 실현을 위한 액션 프로그램'을 매년 정리하여 발표하고 있다. 관광입국전략은 총리대신이 강력한 이니셔티브를 지니고 추진하면서 부처 간 협력도 상당 부분 진행되고 있는 편이다. 관광입국추진본부에는 국토교통성(항공), 법무성(출입국심사), 외무성(사증), 문부과학성(문화재, 문화), 후생노동성(휴가, 숙박시설), 농림수산성(농어업), 경제산업성(콘텐츠, 산업), 환경성(국립공원, 에코투어리즘) 등 관광정책에 전 성청이 관여하고 있는 것이 특징이다.

2012년 이후 아베노믹스 관광정책

관광입국정책은 2012년 아베(安部晋三) 정권이 들어선 이후 일본경제 회복을 위한 이른바 아베노믹스 전략의 일환으로 더욱 힘을 얻게 된다. 아베노믹스 전략은 크게 금융정책, 재정정책, 성장전략으로 구성되어 있는데, 그중 일본경제의 재생을 위한 핵심전략이 바로 성장전략이며, 관광은 성장을 위한 주요 수단으로 자리매김되었다. 2013년 아베노믹스의 성장전략으로 '일본재흥전략(Japan is Back)'이 발표되었는데, 이 전략안에서 관광입국정책은 관광자원 등의 잠재력을 살려서 전 세계 관광객을 유치하는 것을 주요 목표로 설정했다. 구체적으로 2030년에는 외국인 관광객 3,000만 명을 달성함으로써, 관광수입에서 아시아 정상급이 되는 것을 목표로 제시했다.

한편, 전술했듯이 일본에서는 '관광입국추진 기본계획'이 5개년 법정계획으로 수립되고, 매년 실행계획으로써 '관광입국 실현

점에서 비판이 제기되고 있었다.

〈표 8〉 일본 관광입국추진 기본계획의 비전 및 목표

구분	관광입국추진 기본계획 (2012)	내일의 일본 관광비전(2016)
비전	관광으로 만드는 일본의 힘과 지역의 매력	세계가 방문하고 싶어지는 일본
계획기간	2012~2016	2016~2020
정책 방향	• 진재부흥 • 국민경제 발전 • 국제상호이해 증진 • 국민생활 안전 향상	• 관광자원의 매력을 극대화하여 지방창생의 초석으로 • 관광산업을 혁신하고, 국제경쟁력을 높여서, 우리나라의 기간산업으로 • 모든 여행자가 스트레스 없이 쾌적하게 관광을 만끽할 수 있는 환경으로
정책 목표	• 2016년 국내 여행소비액: 30조 엔 방일 외국인여행자 수: 1,800만 명 국제회의 개최건수: 50% 증가 일본인 해외여행자 수: 2천만 명 국내여행 1인당 숙박일 수: 2.5박 관광지역 만족도: 매우 만족 25%	• 2020년 / • 2030년 방일 외국인여행자 수: 4천만 명 / 6천만 명 방일 외국인 여행소비액: 8조 엔 / 15조 엔 지방부 외국인 연숙박자 수: 7천만 명 / 1억 3천만 명 외국인 재방문 수: 2,400만 명 / 3,600만 명 일본인 국내여행 소비액: 21조 엔 / 22조 엔

출처: 明日の日本を支える観光ビジョン構想会議(2016).

을 위한 액션 프로그램'이 수립되어, 기본계획과 실행계획의 체계가 보다 명확하게 설정되어 있다. 중장기 계획인 '관광입국추진 기본계획'(2012)과 '내일의 일본 관광비전'(2016)을 중심으로 살펴보면 다음과 같다.

〈표 9〉 일본 정부 중장기 관광계획 주요 내용

내일의 일본 관광 비전 주요 정책
• 시점 1: 관광자원의 매력을 높여서 지방창생의 원동력으로
–매력 있는 공공시설 개방: 아카사카, 교토의 영빈관 등의 공개 및 개방
–문화재의 보존 우선에서 관광객 시점에서의 이해 촉진, 활용으로 변화
–국립공원을 세계적인 수준의 내셔널 파크로
–2020년을 목표로 전국에 경관계획 수립
–지방 상점가 등의 관광수요 획득/전통공예품 등의 소비 확대
• 시점 2: 관광산업을 개혁하여 국제경쟁력을 높이며 일본 기본산업으로
–오래된 규제 재검토, 생산성 중심 관광산업
–민박 서비스 대응: 관련 규제/ 법제도 검토
–숙박시설 부족 해소, 다양한 수요에 맞춘 숙박시설 제공 위한 대처
–료칸 등의 투자 촉진
–료칸 등 공실의 활용
–인재양성, 다양한 수요 대응, 시설정비 등
–새로운 시장 개척, 장기체재와 소비확대 실시
–2020년까지 세계 수준의 DMO를 전국에 100개 형성
–관광지 재생/활성화 펀드, 규제완화 등 지속적인 관광마을 만들기 실현
–방일 프로모션의 전략적 고도화
–인바운드 관광촉진을 위한 대외발신 강화
–관광교육, 젊은층의 아웃바운드 활성화 등
• 시점 3: 모든 여행객의 쾌적한 관광환경 조성
–소프트 인프라 개선: 출입국심사, 통신/교통이용 환경, 캐쉬리스 관광 실현
–JR–pass 방일 후 구입가능화, 신칸센, 공항 등 관광지 접근성 강화 등
–다언어대응, 외국인환자 수입체제
–지방공항의 게이트웨이 기능 강화, LCC 취항 촉진, 크루즈선 수입의 확충
–휴가 제도 개선, 휴가 취득 분산화로 관광수요 평준화

출처: 明日の日本を支える観光ビジョン構想会議(2016).

관광입국추진 기본계획은 관광의 비전으로 '관광으로 만드는 일본의 힘과 지역의 매력'을 제시하며, 정책방향으로는 진재부흥, 국민경제 발전, 국제상호이해 증진, 국민생활 안전 향상을 제시하고 있다. 방일 관광객 1,900만 명 목표 조기달성에 힘입어 작성된 '내일의 일본 관광비전'은 '세계가 방문하고 싶어지는 일본'을 비전으로 제시하며, 관광자원 매력 증진, 관광산업의 기간산업화, 유니버설 디자인 관광환경 구축을 주요 정책추진 방향으로 제시하고 있다. 정책의 비전 및 목표는 주로 인바운드 관광객 유치에 초점을 두고 있는데, 이는 '관광소비를 통한 경제활성화'가 주요 지향점임을 보여준다.

'내일의 일본 관광비전'의 정책목표를 '관광입국추진 기본계획'의 목표와 비교하면, 인바운드 관광 편중이 보다 강화되고, 소비를 중시하고 있음을 알 수 있다. 새롭게 책정된 관광비전은 지난 3년간 전략적인 비자 완화, 세제제도 확충, 출입국관리체제 충실, 항공네트워크 확대 등을 단행하여 방일 외국인여행자 수를 두 배(약 2천만 명), 방일 외국인 여행소비액을 세 배(3조 5천억 엔)로 확대했다고 그 성과를 평가하며, 향후 2020년까지 방일 외국인여행자 수를 4천만 명, 여행소비액을 8조 엔으로 증가시키는 것을 목표로 제시한 바 있다.

주요 관광정책 분석

관광입국 중장기 계획 및 연도별로 수립되는 액션 프로그램(観光ビジョン実現プログラム)[10]을 살펴보면, 구체적인 정책 내용은 관광시장확대정책, 관광자원육성정책, 관광산업진흥(기반)정책 등 크게 세 가지 유형의 정책으로 분류 가능하다. 각 부문별 정책의 특징을 분석하면 다음과 같다.

10 '観光立国実現に向けたアクション·プログラム2015', '観光ビジョンの実現に向けたアクション·プログラム2017'.

• 관광시장확대정책: 국가 브랜드 관리 및 지방 프로모션 강화

관광시장확대정책은 방일 프로모션의 강화로 대변된다. 전술했듯이 2003년 이후 방일 캠페인이 꾸준히 추진되어왔으며, 2013년 이후에는 관광담당 부처뿐 아니라 경제산업성, 일본무역진흥기구 등이 함께 행동하는 '공동행동계획'이 책정되어 해외에 일관된 목소리로 일본 브랜드를 알리는 'All Japan' 체계를 수립했다. 방일 프로모션은 국가별 목표를 수립하고, 매년 목표 국가를 설정하는 등 세부적인 계획하에 진행되고 있는데, JNTO의 연간계획을 살펴보면(観光庁·JNTO, 2016), 주요 특징은 다음과 같이 요약된다.

첫째, 프로모션의 목표는 신규 방일 수요 창출, 지방 방문 유치, 지방에서 여행소비 확대를 주요 목표로 하고 있다는 점으로, '방일'뿐 아니라 '지방' 방문에 중점을 둔 프로모션이 진행되고 있다. 이를 위해 일본에 익숙하지 않은 시장의 경우는 골든 루트를 중심으로 프로모션을 실시하지만, 재방문 수요가 있는 시장에 대해서는 주고쿠, 시코쿠, 호쿠리쿠 등 골든 루트 및 인기 지역 이외의 프로모션을 강화하는 전략을 수립하고 있다. 이와 더불어 동일본대지진의 피해지였던 도호쿠 지역의 프로모션도 강화되고 있어서, '지방'이 핵심 키워드가 되고 있음을 알 수 있다.

둘째, 지방공항의 신규 취항에 맞춘 프로모션 강화로, 사실상 일본에서 방일이 아닌 일본 지방 방문을 프로모션 핵심으로 제시할 수 있었던 기반이 되는 것이 바로 지방도시와의 직항 확대라 할 수 있다.

셋째, 다양한 시장별로 그 특성에 맞춘 프로모션 전략을 시행하고 있다는 점이다. 동남아나 무슬림, 유럽으로 뭉뚱그리지 않고, 각 국가별 나아가 도시별 특성에 맞춘 프로모션 전략을 수립하고 있는

것이 강점이다. 또한 시장 확대 차원에서 '구미 및 호주' 등 무관심층을 공략하는 것을 주요 정책으로 내세우면서 일본 브랜드를 관리하고 있다.

• **지역자원개발정책: '아름다운 나라, 일본' 실현**

관광자원육성정책으로는 '아름다운 나라, 일본'을 실현하는 것을 목표로 역사자원의 활용 강화, 자연경관 및 도시경관 관리 강화 등이 적극 추진되고 있다. 광역적으로는 광역관광 루트 형성사업을 통해 외국인 관광객의 지방 방문을 강화하고, 일본판 DMO(Destination Management/Marketing Organization) 형성 및 육성 사업을[11] 통해 지방 관광 정책 및 사업에서 전문성을 강화하는 사업을 추진하고 있다.

아베 정권이 지향하고 있는 '강한' 일본을 달성하는 방안으로 관광정책은 '아름다운' 일본을 실현하는 것을 목표로 삼고 있다. 지방의 매력을 가꾸어 '일본'의 아름다움을 실현하겠다는 이러한 전략은 다양성을 존중하면서도 그 다양성을 국가다움이라는 틀 안에 가둔다는 점에서 이중적이다.[12] 관광입국 선언 이후 진행되고 있는 각

11 일본판 DMO 형성 사업은 지역관광의 주체가 되는 전문성을 갖춘 조직을 양성하는 사업으로, 광역 DMO, 지역연대 DMO, 지역 DMO 등으로 유형을 구분하여 추진하고 있다. DMO로 등록하기 위해서는 ① 다양한 관계자의 합의 형성, ② R&D 기능(데이터 지속 수집, 전략 책정, KPI 설정 및 PDCA 사이클 확립), ③ 관계자가 실시하는 관광 관련 사업과 전략의 정합성에 관한 조정 틀 만들기, 프로모션 실시, ④ 조직구조(법인, 책임자 명확화, 전문 인재 확보), ⑤ 안정적인 운영자금 확보(수익사업, 특정재원, 보조금, 위탁사업 등) 등의 요건을 확립할 필요가 있다. 등록될 경우 내각부의 지방창생추진교부금 지원 대상이 되는 동시에, 관광청 등 관계 성청으로 구성된 「일본판 DMO를 핵으로 하는 관광지역 만들기에 대한 관계성청 연대지원 팀」을 통해 중점적인 지원을 받게 된다.

12 지역다움과 국가다움에 대한 자세한 논의는 조아라(2008) 참조.

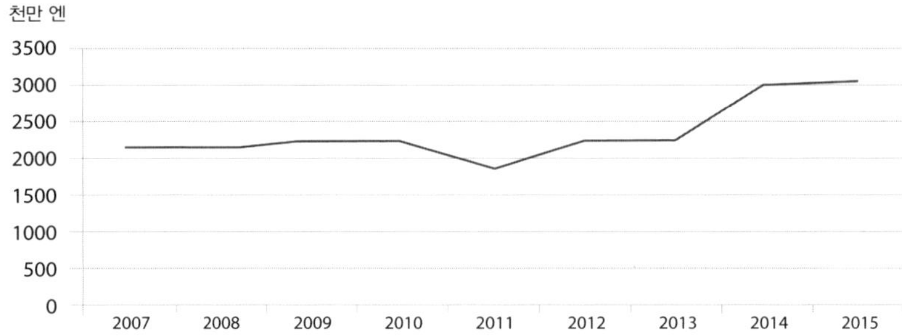

〈그림 2〉 중앙정부 관광예산 추이

출처: 観光庁(각년도),『観光庁関係予算概要』.

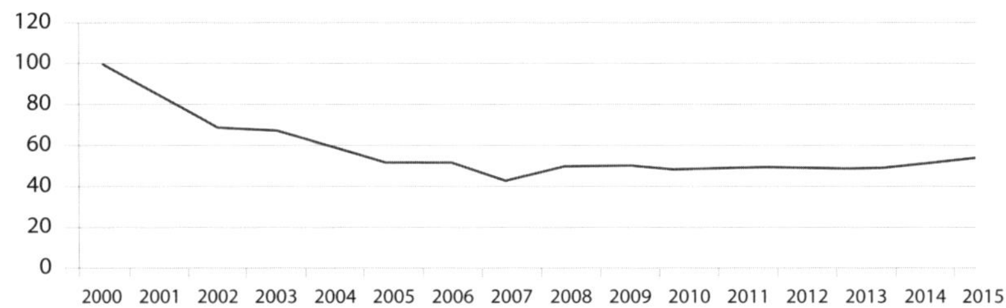

〈그림 3〉 도도부현 관광예산 추이

주: 2000년을 100으로 했을 때 연도별 관광예산 비중.
출처: 観光庁(각년도),『都道府県観光予算一覧』.

사업은 중앙 성청의 예산으로 집행되는 경향이 있는데, 이는 결국 중앙정부의 관여에 자유롭지 못함을 의미한다. 일본판 DMO 형성 사업 역시 관광 개발의 주체는 '지역'으로 설정되어 있지만 국가주도로 진행되고 있다는 점에서 정책추진의 과제가 존재한다.

지난 10여 년간 일본 광역자치단체와 중앙정부의 관광예산 추이를 살펴보면, 도도부현의 경우 고령화에 따른 복지예산의 규모가 커짐에 따라 관광예산은 축소 또는 정체되는 반면, 중앙정부의 관광예산은 급속히 증가하고 있음을 알 수 있다. 최근 관광정책의 영역이 경관관리 등 인프라 영역에서 지역문화 콘텐츠 등 소프트한 영역으로 확대됨에 따라, 지역다움이 국가다움에 귀속되는 문제는 가속화될 것으로 생각된다.

• **관광산업정책: 관광 소비 진작을 위한 경쟁력 강화**

지역의 관광산업의 경쟁력 강화를 위한 다양한 사업이 인바운드 관광유치와 연계되어 추진되고 있다. 먼저 숙박시설의 경우 지역별 수급문제 해결 및 지역 숙박업체의 경영 개선이 주요 과제로 제기되었다. 숙박시설의 하나인 료칸의 경우 여행 행태 변화에 부응하지 못하여, 2005~2014년 동안 25%가 감소한 것으로 나타나는 등 운영의 어려움을 겪고 있는 것으로 파악되는데(観光庁, 2016a: 70), 이와 대조적으로 방일 외국인 증가에 따라 도쿄 및 오사카 등 대도시권을 중심으로 숙박시설 가동률이 80%를 웃도는 등 객실 부족 현상이 발생하고 있다. 이에 숙박 수용 능력에 여유가 있는 료칸의 외국인 관광객 대응을 강화하는 사업이 추진 중이다.

교통 부문은 ① 서비스 편리성 향상 및 ② 2차 교통 충실 등의 정책이 어느 정도 가시적인 성과를 거두고 있다. 편리성 향상을 위해서 외국인 여행자의 이동 제약을 완화하기 위한 무선 LAN 환경 정비, 교통계 IC 카드 도입, 홈페이지 예약 시스템, 안내표지판 및 안내방송의 다언어화, 기획 승차권 개발, 역사 및 승강장의 유니버설 디자인 도입 등이 추진되고 있다.[13]

13 観光庁(2016a; 2016b) 등 참조. 이러한 사업에 대한 보조율은 사업에 따라 다소 다르지만 대체로 3분의 1 수준이며, 보조금을 받기 위해서는 각 지방의 운수국과 사업자 단체 등으로 구성된 회의(지방 블록별 연락회)에서 사업실시계획을 책정하여 제출해야 한다.

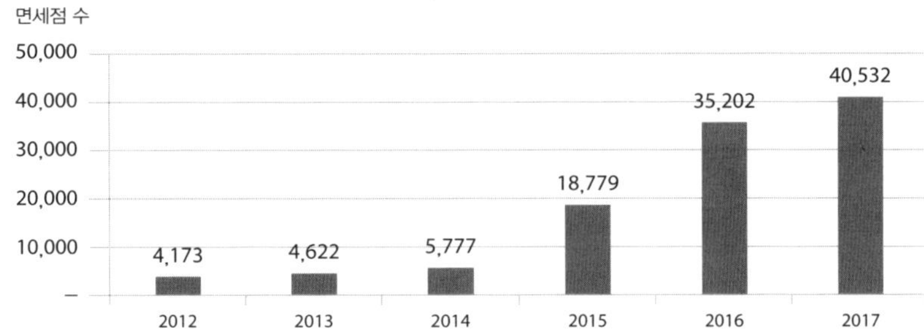

〈그림 4〉 일본 소비세 면세점 수 추이

주: 소비세 면세점(Tax Free)은 관세 면세점(Duty Free)과 차이가 있음.
출처: http://www.mlit.go.jp/kankocho/news01_000260.html.

한편 여행업의 경우 내국인의 여행수요가 완만히 감소하는 가운데, 인터넷 거래에 기반을 둔 OTA(Online Travel Agent)가 성장하면서, 여행업 대리업의 수가 지난 15년간 약 40%가 감소하는 등 어려움을 겪고 있다(観光庁c, 2016). 또한 인바운드 관광이 확대되면서 현지 수배 여행사(land operator)의 질적 관리가 주요 현안으로 등장했고, 이에 여행산업의 경쟁력을 확보하기 위한 제도 변화가 추진되고 있다.[14]

한편, 관광산업정책 중에서 가장 주목받았던 부문은 쇼핑관광이다. 일본 정부는 지난 2014년 10월 소비세 면세제도를 개정하여 면세 대상을 식품, 음료, 약품, 화장품 등 소모품으로 확대했다. 이에 따라 과자류나 지방 주류 등 지역특산품도 면세판매가 가능해졌다. 2016년 5월에는 일반상품에 대한 면세 대상 최저금액을 기존 1만 엔에서 5천 엔으로 낮추어, 단가가 낮은 물건도 면세로 구입할 수 있도록 기준을 완화했으며, 제도 개정과 함께 Japan Tax-Free Shop

14 여행업 관련 주요 내용은 조아라·이성태(2016) 참조.

로고를 개발하여 소비자를 대상으로 적극적인 프로모션을 시행하고 있다. 이에 2014년 4월 4,622개였던 소비세 면세점이 2017년 4월 4만 532개로 급증했다.

그러나 관광산업 정책효과가 지방에 집약되고 있다고는 보기 힘들다. 특히 2020 도쿄올림픽 등과 맞물려 대도시 집중 수혜 현상도 나타나고 있다. 숙박산업의 경우도 지방보다는 대도시권의 숙박 수급 문제 해결에 중점을 두고 있으며, 교통 부문 개선사업도 하네다 공항을 비롯하여 수도권 교통 편의성 강화에 집중되고 있는 상황이다. 다만 소비세면세점의 경우 3대 도시권에서 증가가 두드러지게 나타나자, 2015년 '지방의 면세점 수를 2020년까지 2만 점포 규모로 늘리는 것'을 목표로 설정하며, 이를 달성하기 위해 특히 상점가 등의 소비세면세점 운영을 촉진하기 위해 면세수속 카운터 제도를 신설하여, 38.5%가 3대 도시권이 아닌 지역에 분포하게 되는 등 성과를 거두고 있다.

결론

이 글은 방일 외국인 관광객 수가 급증하기 시작한 2012년 이후 관광정책의 특징을 살펴보고, 그 특징이 어떠한 맥락에서 발생한 것인지 이해하는 것을 목적으로 한 것으로, 결론은 다음과 같다.

첫째, 2003년 이후 관광입국정책이 추진되면서 일본의 관광정책은 인바운드 중심으로 본격 전환되었다. 이는 관광정책의 입장전환이라기보다는 대내외 경제, 사회적 변화에서 기인된 것이라고 이해하는 것이 바람직하다. 일본에서 관광정책을 '국가적 주요 과제'

로 다루고 있지만, 그럼에도 인바운드 관광시장은 관광정책뿐 아니라 경제 및 대외관계를 비롯한 다양한 요소의 영향을 받고 변화하고 있다. 최근 일본 인바운드 관광객의 급증은 오히려 동일본대지진 이후의 반등, 저가항공사 등과 맞물려 급증한 아시아·태평양 관광시장, 대외적 갈등 상황 및 세계 경제상황의 변화 등 다양한 요소 안에서 이해할 필요가 있다.

둘째, 일본 관광정책을 통시적으로 분석하면, '지역진흥'이라는 경로의존적 특성이 발견된다. 그동안 일본의 관광정책은 지역진흥정책의 일환으로 다루어왔는데, '지역관광'의 중요성은 오늘날도 동일하게 유지되고 있다. 인바운드 관광유치정책에서도 방문 목적지의 다양성은 주요 정책목표로 제시되고 있으며, 다양한 정책사업으로 이어지고 있다. 일본의 관광입국추진기본법은 "지역을 국제적인 관광지로 형성하는 것은 21세기 국가의 경제·사회의 발전을 위해 불가결한 중요 과제"라고 강조하고 있는데, 이러한 시점과도 일맥상통하다 할 수 있다. '지역'이라는 수사는 관광 중장기계획, 연도계획, 예산계획 등 다방면에서 등장하여 정책 전반에 걸쳐 제시되고 있다.

다만 관광정책으로 인해 진정한 지역관광이 활성화되었는가는 별도의 검토가 필요하다. 국가적 과제로 관광정책의 위상이 높아짐에 따라 중앙정부의 역할이 강해지면서, 오히려 광역자치단체의 역할이 축소되는 과제도 나타나고 있기 때문이다. 지역관광의 주요 목표가 '아름다운 나라, 일본' 만들기에 있는 만큼, 다양한 개성을 어떻게 양성할 수 있을 것인가 하는 과제도 남아 있다.

셋째, 아베 정권의 관광정책은 소비지향적 과제해결형 성격이 강하다. 아베 정권의 관광정책은 고이즈미 정권 이후 추진되어온 관광입국정책과 노선을 같이하고 있는데, 다만 이전의 관광입국정책이 다소 선언적인 또는 프로모션 중심의 정책이었다면, 아베 정권의 관광정책은 관광객의 '소비'를 확대함으로써 경제를 활성화하겠다는 한층 더 명시적인 목표를 세우고, 구체적인 과제 해결 중심의 정책 수단을 도모하고 있다는 점에서 차별적이다.

관광입국진흥회의를 토대로 매년 과제를 점검해가는 일본의 과제해결형 시스템은 우리나라 관광정책에 시사하는 바가 있다. 관광정책은 그 특성상 관광부처가 관여할 수 있는 부문이 한정적이므로, 부처 간 협력 시스템 구축이 요구된다. 법률 및 제도적 뒷받침뿐 아니라 비자, 항공, 교통 부문에 있어서 관광적 접근의 접목이 필요하기 때문이다.

그러나 한편으로 관광정책의 목표를 소비 확대에 두면서 발생하는 과제도 존재한다. 왜 외국인 여행자를 유치해야 하는가라는 질문의 답이 '소비'에만 있기 때문이다. 향후 사회적으로 관광객 유입에 따른 갈등 또는 비용이 발생했을 때, 관광정책 추진의 정당성은 사라질 수밖에 없으며, 경제성장의 동력으로 강조되다 보니, 관광이 경제적 문제로 환원되고 사람과 사람의 '교류'라는 관광 본연의 가치가 간과되기 쉬워지기 때문이다.[15] 우리나라 관광정책에 있어 어떠한 목표를 수립해야 하며 어떠한 역할을 부여해야 하는가에 대한 논의가 필요하다 하겠다.

15 그 전조 현상이라 볼 수 있는 것이 뉴스를 통해서 종종 전달되고 있는 일본인의 한인 관광객 습격 또는 거부 사건이라 할 수 있다("한국인 관광객 일 오사카서 또 봉변," 동아일보, 2017. 3. 2일자 등).

참고문헌

서론

김현철. 2015.『어떻게 돌파할 것인가: 저성장시대 기적의 생존전략』. 다산북스.

박영준. 2008.『제3의 일본: 21세기 일본 외교방위정책에 대한 재인식』. 한울아카데미.

박철희. 2014.『동아시아 세력전이와 일본 대외전략의 변화』. 동아시아재단.

박철희. 2016.『일본의 집단적 자위권 도입과 한반도』. 서울대학교출판문화원.

황영식. 2003.『맨눈으로 보는 일본』. 모티브.

安倍晋三. 2006.『美しい国へ』. 文春新書.

安倍晋三. 2012.『新しい国へ』. 文春新書.

五百旗頭真. 2014.『日本は衰退するのか』. 千倉書房.

渡辺治. 2013.『安倍政権と日本政治の新段階』. 旬報社.

Calder, Kent. 1988. "Japanese Foreign Economic Policy Formation: Explaining the Reactive State." *World Politics* XL(4): 517-541.

Curtis, Gerald, ed. 1993. *Japan's Foreign Policy after the Cold War: Coping with Change*. M.E. Sharpe.

Green, Michael. 2001. *Japan's Reluctant Realism*. Palgrave.

Inoguchi, Takashi. 1986. "Japan's Images and Options: Not a Challenger, but a Supporter." *The Journal of Japanese Studies* 12(1): 95-120.

Muramatsu, Michio and Ellis Krauss. 1987. "The Conservative Policy Line and the Development of Patterned Pluralism," in Kozo Yamamura and Yasukichi Yasuba, eds. *The Political Economy of Japan*, Vol. 1: *The Domestic Transformation*. Stanford University Press, pp. 516-554.

Samuels, Richard. 2007. *Securing Japan: Tokyo's Grand Strategy and the Future of East Asia*. Cornell University Press.

제1장

경제희. 2017.「일본 자민당의 집권은 보수적 유권자 결집의 결과인가」.『일본연구논총』 45: 91-122.

고선규. 2014. 「일본 아베정권의 보수우경화 경향과 향후 전망」. 『독도연구』 16: 311-336.

기노시타 치가야. 2014. 「아베 정권에서 일본은 우익화했는가」. 『실천문학』 116: 34-48.

김상준·김지강. 2013. 「일본 야당의 취약성: '조직정당'과 협소한 지지기반」. 『한국정당학회보』 12(1): 279-301.

김용복. 2015. 「일본의 연합정치와 자민당-공명당 선거연합」. 『다문화사회연구』 8(1): 255-289.

김용복. 2016. 「2000년대 일본의 장기불황과 정권 변동」. 『일본비평』 15: 84-111.

나카노 고이치. 2016. 『우경화하는 일본정치』. 김수희 옮김. AK 커뮤니케이션즈.

남기정 외. 2017. 『일본 정치의 구조 변동과 보수화: 정치적 표상과 생활세계의 실상』. 박문사.

박철희. 2011. 『자민당 정권과 전후체제의 변용』. 서울대학교출판문화원.

박철희. 2014. 「일본 정치 보수화의 삼중 구조」. 『일본비평』 10: 70-97.

신도 무네유키. 2015. 「정권 교체와 일본 관료제」. 『일본비평』 12: 308-327.

이면우. 2017. 「일본의 중의원총선거 결과와 그 영향」. 『세종정책브리핑』 2017-28.

이이범. 2015. 「아베 정권하의 일본 의원들의 보수성향 분석」. 『일본공간』 18: 96-132.

이이범. 2017. 「2017년 제48회 일본 총선과 정당시스템의 변화」. 『일본공간』 22: 196-220.

이정환. 2014. 「현대일본의 보수화 정치변동과 동아시아 국제관계」. 『의정연구』 20(1): 7-33.

이주경. 2014. 『자민당 정권의 정책변경 메커니즘』. 아연출판부.

이주경. 2016. 「일본 정치개혁 이후 자민당의 정책변경 분석: 정당-유권자 연계 설정과 정책과의 상관을 중심으로」. 『21세기정치학회보』 26(1): 213-238.

한의석. 2014. 「일본 정치의 변화와 정당-유권자 연계: 2000년대의 정당정치를 중심으로」. 『한국정치학회보』 45(4): 75-95.

青木 理. 2016. 『日本会議の正体』. 平凡社.

雨宮昭一. 1997. 『総力戦体制と地域政治: 既成勢力の自己革新と市町村の政治』. 岩波書店.

雨宮昭一. 2013. 『戦後の超え方: 歴史·地域·政治·思考』. 日本経済評論社.

李柱卿. 2016. 「中央地方マルチレベル(Multi-level)からみた自民党の政策と組織運営」. 『日本研究』 70: 93-120.

自由民主党. 『政策パンフレット』. https://www.jimin.jp/policy/pamphlet/(선거 각년).

自由民主党. 2005a. 「新理念(平成17年11月22日)」. https://www.jimin.jp/aboutus/declaration/#sec04(검색일: 2017. 4. 10).

自由民主党. 2005b. 「新綱領(平成17年11月22日)」. https://www.jimin.jp/aboutus/declaration/#sec04(검색일: 2017. 4. 10).

自由民主党. 2010.「新しい綱領 新たな出発: 夢と希望とほとりを持てる国·愛する日本をめざして(平成22年1月24日)」. https://www.jimin.jp/aboutus/declaration/#sec04(검색일: 2017. 4. 10).

自由民主党. 2011.「日本を立て直そう 日本をいちばんの国へ」.『政策パンプレット』.

総務省自治行政局選挙部. 2015.『地方選挙結果調』.

菅野 完. 2016.『日本会議の研究』. 扶桑社.

高安健将. 2014.「自民党の組織構造と首相の権力」.『選挙研究』30(2): 35-48.

竹中佳彦·遠藤 晶·ウィリ·ジョウ. 2015.「有権者の脱イデオロギーと安倍政治」.『レヴァイアサン』57: 25-46.

竹中治堅 編著. 2017.『二つの政権交代』. 勁草書房.

建林政彦. 2017.『政党政治の制度分析』. 千倉書房.

田中愛治·河野 勝·日野愛郎·飯田 健. 2009.『2009年, なぜ政権交代だったのか』. 勁草書房.

谷口将紀. 2015.「日本における左右対立(2013~2014年): 政治家·有権者調査を基に」.『レヴァイアサン』57: 9-24.

俵 義文. 2016.『日本会議の全貌 知られざる巨大組織の実態』. 花伝社.

塚田穂高. 2015.『宗教と政治の転轍点: 保守合同と政教一致の宗教社会学』. 花伝社.

塚田穂高 編著. 2017.『徹底検証 日本の右傾化』. 筑摩書房.

辻 陽. 2008.「政界再編と地方議会会派:「系列」は生きているのか」.『選挙研究』24(1): 38-52.

内閣府.「政府に対する要望」. https://survey.gov-online.go.jp/index.html(검색일: 2017. 12. 13).

中北浩爾. 2012.『現代日本の政党デモクラシー』. 岩波新書.

中北浩爾. 2014.『自民党政治の変容』. NHK出版.

中北浩爾. 2017.『自民党:「一強」の実像』. 中央公論新社.

野中尚人·青木 遥. 2016.『政策会議と議論なき国会』. 朝日新聞出版.

濱本真輔. 2015.「首相と党内統治: 人事と造反」.『選挙研究』31(2): 32-47.

平野 浩. 2015.『有権者の選択』. 木鐸社.

前田幸男·平野 浩. 2015.「有権者の心理過程における首相イメージ」.『選挙研究』31(2): 5-18.

牧原 出. 2013.『権力移行』. NHK出版.

牧原 出. 2016.『安倍一強の謎』. 朝日新聞出版.

待鳥聡史. 2015.「官邸権力の変容: 首相同姓データの包括的分析を手がかりに」.『選挙研究』31(2): 19-31.

薬師寺克行. 2016.『公明党』. 中央公論新社.

山田真裕. 2017.『二大政党制の崩壊と政権得担当能力の評価』. 木鐸社.

朝日新聞, 2015. 11. 30. "自民党員への朝日新聞社調査質問と回答."

공명당 관계자 인터뷰(일시: 2017. 8. 10).

내각부 소속 관료 인터뷰(일시: 2016. 1. 30).

자민당 도도부현 지부연합회 관계자 인터뷰(일시: 2015. 9. 28).

Budge, Ian, eds. 1987. *Ideology, Strategy and Party Change: Spatial Analyses of Post-war Election Programs in 19 democracies*. Cambridge University Press.

Kitschelt, Herbert and Steven I. Wilkinson. 2007. *Patrons, Clients and Policies: Patterns of Democratic Accountability and Political Competition*. Cambridge University Press.

Mair, Peter. 1987. *The Changing Irish Party System: Organization, Ideology and Electoral Competition*. Frances Pinter Publishers.

제2장

강경자. 2012.「현대 일본국 헌법 논의 구조: 군사적 국제공헌론과 인권 담론의 대항 구조를 중심으로」.『일본문화학보』55: 225-243.

김석근. 2016.「집단적 자위권, '안보법안'처리, 그리고 시민사회: 아베정권과 '평화헌법'은 어디로 가는가」.『문예비평』100: 148-163.

김재호. 1999.「전후일본에 있어서 헌법개정 논의의 전개과정과 쟁점」.『동서연구』11(2): 5-16.

김태홍. 2015.「일본의 '해석개헌'방식: 집단적 자위권의 해석개헌을 중심으로」.『공법학연구』16(1): 213-246.

남상욱. 2014.「아베 신조『아름다운 나라로』속의 '미'와 '국가'」.『일본비평』10: 164-189.

박영준. 2013.「'수정주의적 보통국가론'의 대두와 일본 외교: 자민당 아베 정권의 재출범과 한반도정책 전망」.『한국과 국제정치』29(1): 91-121.

박철희. 2008.「일본 정당들의 헌법개정안 시안 분석을 통해서 본 개헌 논의의 정치과정」.『일본연구논총』27: 65-92.

성황용. 1996.「일본의 헌법개정론」.『일본연구』11: 145-168.

야가사키 히데노리. 2003.「일본국 헌법제정 경위에 관한 연구」.『한국정치학회보』37(5): 219-239.

오미영. 2014.「집단적 자위권과 일본의 헌법해석변경에 관한 소고」.『법학연구』43: 639-663.

와타나베 오사무. 2008.「아베정권의 역사적 계보(3)」.『정세와 노동』31: 107-128.

와타나베 오사무, 정혜윤 옮김. 2007a/b, 2008.「아베정권의 역사적 계보」.『정세와 노동』28(88-118), 30(92-110), 31(107-128).

이경주. 2000.「헌법조사회와 평화주의: 일본의 개헌론에 대한 비판적 고찰」.『법학연구』3: 153-173.

이기완. 2013.「민족주의적 국가전략을 통해 본 아베 내각의 대외정책과 동향」.『국제정치연구』16(1): 126-142.
이명찬. 2014.「일본의 집단적자위권 행사용인과 국가노선의 대전환」.『일본연구논총』40: 155-189.
이지원. 2014.「일본의 우경화: '수정주의적 역사인식'과 아베식 '전후체제 탈각'의 한계」.『경제와 사회』101: 53-86.
전진호. 2007.「21세기 일본의 국가이념과 헌법조사회」.『일본연구논총』25: 1-31.
전황수. 2000.「일본의 헌법조사회발족과 개헌논의」.『한국과 국제정치』33: 301-330.
朝日新聞取材班. 2016.『この国を揺るがす男: 安倍晋三とは何者か』. 筑摩書房.
安倍晋三. 2006.『美しい国へ』. 文春新書.
塩田潮. 2016.『安倍晋三の憲法戦争』. プレジデント社.
高見勝利. 2017.『憲法改正とは何だろうか』. 岩波書店.
樋口陽一·小林節. 2016.『「憲法改正」の真実』. 集英社.
舛添要一. 2014.『憲法改正のオモテとウラ』. 講談社.
毎日新聞, 2018. 3. 30. https://mainichi.jp/articles/20180330/ddm/004/070/003000c(검색일: 2018. 4. 2).
読売新聞, 2017. 5. 3. http://www.yomiuri.co.jp/editorial/20170502-OYT1T50231.html(검색일: 2017. 8. 1).
読売新聞, 2017. 10. 23. http://www.yomiuri.co.jp/election/shugiin/2017/news/20171023-OYT1T50165.html(검색일: 2017. 11. 27).
관저 홈페이지 기자회견. http://www.kantei.go.jp/jp/pressconference/index.html/
자민당 정권공약. https://www.jimin.jp/policy/manifest/
Samuels, Richard J. 2007. *Securing Japan: Tokyo's Grand Strategy and the Future of East Asia*. Cornell University Press.

제3장

김순은. 2017.「일본의 지방창생정책」.『공공정책연구』33(2): 25-54.
마스다 히로야. 2015.『지방소멸: 인구감소로 연쇄붕괴하는 도시와 지방의 생존전략』. 김정환 옮김. 와이즈베리. (増田寛也. 2014.『地方消滅: 東京一極集中が招く人口急減』. 中央公論新社)
박승현. 2017.「'지방소멸'과 '지방창생': '재후'(災後)의 관점으로 본 '마스다 보고서'」.『일본비평』16: 158-183.
와타나베 오사무 외. 2010.『기로에 선 일본: 민주당 정권 신자유주의인가? 신복지국가인가?』. 이유철 옮김. 메이데이. (渡辺治 外. 2009.『新自由主義か 新福祉国家か 民主党政権下の日本の行方』. 旬報社)

이정환. 2016.『현대 일본의 분권개혁과 민관협동』. 서울대학교출판문화원.
이정환. 2017.「인구감소와 지속가능한 지방만들기: 지방소멸(地方消滅)을 둘러싼 논점」.『일본공간』21: 194-223.
채우석. 2016.「일본의 지방창생법과 국토개혁」.『토지공법연구』73(1): 109-129.
하혜영·김유정. 2016.「일본 지방창생(地方創生)정책의 의제형성과정과 정책결정내용에 대한 분석」.『의정논총』11(2): 271-299.
青木栄一. 2006.「国·都道府県·市町村」. 村松岐夫 編.『テキストブック地方自治』. 東洋経済新報社.
安藤範行. 2013.「地方公務員給与の削減と地方一般財源総額確保」.『立法と調査』338: 40-54.
安藤範行. 2014.「歳出特別枠·別枠加算の見直しと地方法人税の交付税原資化」.『立法と調査』349: 39-57.
石破茂. 2017.『日本列島創生論: 地方は国家の希望なり』. 新潮社.
岡田知弘. 2014.「さらなる「選択と集中」は地方都市の衰退を加速させる: 増田レポート「地域拠点都市」論批判」.『世界』861: 64-73.
小田切徳美. 2014.「「農村たたみ」に抗する田園回帰:「増田レポート」批判」.『世界』860: 188-200.
片山善博·小田切徳美. 2015.「対談 真の「地方創生」とは何か: 下請け構造から脱却し, 内発的な地域づくりへ」.『世界』869: 74-84.
鎌田素史. 2015.「地方創生の取組への財政支援」.『立法と調査』371: 18-29.
北山俊哉. 2006.「日本の地方自治の発展」. 村松岐夫 編.『テキストブック地方自治』. 東洋経済新報社.
小島功平. 2014.「国から地方への事務·権限の移譲等」.『立法と調査』352: 18-34.
小島功平. 2015.「地方創生·財政健全化の両立と地方一般財源総額確保」.『立法と調査』362: 41-55.
小島功平. 2016.「経済·財政再生計画に基づく財政健全化と本格化する地方創生」.『立法と調査』374: 40-54.
小峰隆夫. 2013.『日本経済論の罪と罰』. 日本経済新聞出版社.
齊藤由里恵. 2014.「政権交代と地方分権改革」. 小西砂千夫 編.『日本財政の現代史3』. 有斐閣.
佐藤研資. 2011.「中期財政フレームに基づき地方一般財源総額を確保」.『立法と調査』313: 36-45.
時事通信社 編. 2015.『全論点 人口急減と自治体消滅』. 時事通信出版局.
竹中平蔵. 2006.『構造改革の真実: 竹中平蔵大臣日誌』. 日本経済新聞社.
竹之内美砂子. 2012.「地方一般財源総額の維持と復旧·復興費用の別枠確保」.『立法と調査』325: 36-47.

中西渉. 2015.「地方創生をめぐる経緯と取組の概要」.『立法と調査』371: 3-17.

西尾勝. 1999.『未完の分権改革: 霞が関官僚と格闘した1300日』. 岩波書店.

日本経済再生本部. 2015.『日本再興戦略 2015』. 日本経済再生本部.

藤井聡. 2010.『公共事業が日本を救う』. 文藝春秋.

藤井聡. 2015.『超インフラ論 地方が甦る「四大交流圏」構想』. PHP研究所.

細井雅代. 2014.「小泉政権における地方分権改革と地方財政改革」. 小西砂千夫 編.『日本財政の現代史3』. 有斐閣.

槙満信. 2016.「地方消滅論をめぐる考察」.『鹿児島経済論集6』(1-4合併号): 37-61.

増田寛也. 2015.『東京消滅: 介護破綻と地方移住』. 中央公論新社.

増田寛也·冨山和彦. 2015.『地方消滅 創生戦略篇』. 中央公論新社.

増田寛也·河合雅司. 2015.『地方消滅と東京老化: 日本を再生する8つの提言』. ビジネス社.

まち·ひと·しごと創生本部. 2014a.『まち·ひと·しごと長期ビジョン』. まち·ひと·しごと創生本部.

まち·ひと·しごと創生本部. 2014b.『まち·ひと·しごと創生総合戦略』. まち·ひと·しごと創生本部.

まち·ひと·しごと創生本部. 2015.『まち·ひと·しごと創生総合戦略 改定 2015』. まち·ひと·しごと創生本部.

まち·ひと·しごと創生本部. 2016.『まち·ひと·しごと創生総合戦略 改定 2016』まち·ひと·しごと創生本部.

三角政勝. 2017.「財源不足が拡大する中での一般財源総額の確保」.『立法と調査』385: 38-52.

『日経ビジネス』

『日本経済新聞』

Calder, Kent. 1988. *Crisis and Compensation: Public Policy and Political Stability in Japan, 1949-1986*. Princeton University Press.

Dewit, Andrew and Sven Steinmo. 2002. "The Political Economy of Taxes and Redistribution in Japan." *Social Science Japan Journal* 5(2): 159-178.

Doi, Takero. 2004. "A Missing Link in Decentralization Reform in Japan." *PRI Discussion Paper Series* 04A-08: 1-55.

제4장

국방기술품질원. 2017.『2017 세계 방산시장 연감』. 국방기술품질원.

기타오카 신이치. 2009.『유엔과 일본외교』. 조진구 옮김. 전략과문화.

박홍영. 2018.「일본 ODA 정책: 검토와 비판」. 여시재.『Issue Brief』. 2018. 1. 19, pp. 1-8.

소에야 요시히데. 2006.『일본의 미들 파워 외교: 전후(戰後) 일본의 선택과 구상』. 박철희·윤수경 · 이나올 옮김. 오름.
윤익중·이성규. 2018.「러시아와 일본의 전략적 관계발전의 요인 분석(2012-2017): SWOT 분석을 적용하여」.『국제지역연구』21(5): 131-161.
이기완. 2009.『일본외교와 동아시아』. 매봉.
이기태. 2016a.「일본의 대동남아시아 능력구축지원과 해양안보」. 한국해양안보포럼.『E-저널』. 2016. 5. 10.
이기태. 2016b.「협력과 충돌의 대외전략: 일본의 아시아 외교를 중심으로」.『일본연구논총』44: 152-153.
정구종. 2016.『일본의 국가전략과 동아시아 안보』. 논형.
조양현. 2018.「트럼프 정부 1년차 미 · 일 관계 평가」.『주요국제문제분석』, 2017-65, pp. 1-22.
국민일보, 2018. 1. 1. "다시 손잡아 볼까...다가가는 아베-시진핑 '2018 해빙무드'."
데일리차이나, 2018. 5. 6. "중국 개혁개방 40년, 경제성장 기적 일궈내."
한겨레신문, 2015. 12. 2. "'눈엣가시' 중국 해양진출 견제…일본, 동남아국가와 방위협력 강화."
安倍晋三. 2013.『新しい国へ: 美しい国へ 完全版』. 文藝春秋.
外務省. 1957.『わが外交の近況』. 外務省.
外務省. 2014.「総合外交政策局女性参画推進室の設置(2014年4月21日)」. http://www.mofa.go.jp/mofaj/press/release/press22_000026.html(검색일: 2017. 12. 28).
外務省. 2015.「開発協力大綱について(2015年2月10日)」. http://www.mofa.go.jp/mofaj/gaiko/oda/files/000072774.pdf(검색일: 2017. 12. 28).
外務省. 2017a.『外交青書〈2017(平成29年版)〉』. 日経印刷.
外務省. 2017b.『女性が輝く世界をつくる(第2版)』. http://www.mofa.go.jp/mofaj/files/000216968.pdf#page=2(검색일: 2017. 12. 28).
外務省. 2018.「総理大臣の外国訪問一覧(2006(平成18)年10月から2018(平成30)年2月まで)」. http://www.mofa.go.jp/mofaj/kaidan/page24_000037.html(검색일: 2018. 3. 23).
首相官邸. 2013a.「日本再興戦略: JAPAN is BACK(平成25年6月14日)」. http://www.kantei.go.jp/jp/singi/keizaisaisei/pdf/saikou_jpn.pdf(검색일: 2017. 12. 28).
首相官邸. 2013b.「第68回国連総会における安倍内閣総理大臣一般討論演説(平成25年9月26日)」. https://www.kantei.go.jp/jp/96_abe/statement/2013/26generaldebate.html(검색일: 2018. 5. 8).
首相官邸. 2013c.「国家安全保障戦略について(平成25年12月17日)」. http://www.kantei.go.jp/jp/kakugikettei/2013/__icsFiles/afieldfile/2013/12/17/20131217-1_1.pdf(검색일: 2017. 12. 28).

首相官邸. 2014.「第69回国連総会における安倍内閣総理大臣一般討論演説(平成26年9月25日)」. https://www.kantei.go.jp/jp/96_abe/statement/2014/0925enzetsu.html(검색일: 2018. 5. 8).

首相官邸. 2016. https://www.kantei.go.jp/jp/97_abe/statement/2016/0321kunji.html(平成28年3月21日)」(검색일: 2018. 5. 8).

座談会. 2017.「日本外交の構想力が試されている」.『外交』45: 47-59.

鈴木美勝. 2017.『日本の戦略外交』. ちくま新書.

添谷芳秀. 2017.『日本の外交:「戦後」を読みとく』. ちくま学芸文庫.

内閣府. 2016.「南スーダン国際平和協力業務実施計画の変更(新任務の付与等), 2016. 11. 15」. http://www.pko.go.jp/pko_j/data/data02_pko_20161115.html(검색일: 2017. 12. 28).

宮城大蔵. 2016.『現代日本外交史: 冷戦後の模索, 首相たちの決断』. 中公新書.

藤田幸久. 2010.「ODA政策を再編「官から民」に重点」.『国際開発ジャーナル』2: 10-13.

朝日新聞, 2013. 6. 3. "アフリカ開発会議が閉幕 横浜宣言を採択."

朝日新聞, 2016. 8. 21. "アフリカ支援, 中国に対抗 TICAD初の現地開催."

朝日新聞, 2017. 12. 15. "日英, ミサイル共同研究."

産経新聞, 2017. 6. 29. "'世界平和のため貢献続ける' 安倍晋三首相, PKO法成立25周年シンポで."

제5장

김준섭. 2016.「신안보법제 성립의 의미에 관한 고찰: 집단적 자위권 행사 문제를 중심으로」.『일본학보』109: 217-233.

남창희. 2014.「일본의 해석개헌, 위협인가 자산인가?」.『국제정치논총』54(1): 297-232.

문은석. 2014.「아베 정권의 우경화와 동북아 안보 향배: 집단적 자위권 추진과 대응방향을 중심으로」.『일본문화연구』50: 85-103.

박영준. 2012.「군사력 관련 규범의 변화와 일본 안보정책 전망: "기반적 방위력" 개념, "우주의 평화적 이용원칙" 및 "무기수출 3원칙" 개정을 중심으로」.『한일군사문화연구』14: 3-30.

박영준. 2014.「일본 아베 정부의 안보정책변화와 한국의 대응방안: 수정주의적 내셔널리즘과 보통군사국가화」.『국방정책연구』30(1): 87-121.

박영준. 2015.「아베 정부의 보통군사국가화 평가: 국가안보전략서, 집단적 자위권, 미일가이드라인, 안보법제에 대한 종합적 해석」.『아세아연구』58(4): 6-41.

서승원. 2015.「일본 아베 정권의 집단적 자위권과 중국: 대중 억지 그리고 NO.2의 욕망」.『아세아연구』58(4): 72-102.

손열. 2010.「동맹과 공동체 사이의 일본: 21세기 권력이동과 재균형의 모색」.『일본연구논총』 31: 51-75.

시라이 사토시. 2017.『영속패전론: 전후 일본의 핵심』. 정선태 옮김. 이숲.

황세희. 2017.「일본외교와 적극적 평화주의: 요시다 노선의 대안으로서의 평가」.『한일군사문화연구』 23: 37-62.

安倍晋三. 2006.『美しい国へ』. 文春新書.

安倍晋三. 2014.『日本の決意』. 新潮社.

安倍晋三·岡崎久彦. 2004.『この国を守る決意』. 扶桑社.

外務省. 2013.「日米安全保障協議委員会共同発表ーより力強い同盟とより大きな責任の共有に向けて」. 2013年10月3日. http://www.mofa.go.jp/mofaj/files/000016027.pdf(검색일: 2018. 3. 21).

外務省. 2015.「日米共同ビジョン声明(2015年4月28日)」. http://www.mofa.go.jp/mofaj/na/na1/us/page3_001203.html(검색일: 2017. 8. 1).

外務省. 2016.「日本の安全保障政策 積極的平和主義」. http://www.mofa.go.jp/mofaj/p_pd/dpr/page1w_000072.html (검색일: 2017. 7. 31).

我部政明. 2002.『日米安保を考え直す』. 講談社.

沓脱和人. 2015.「集団的自衛権の行使容認をめぐる国会論議: 憲法解釈の変更と事態対処法制の改正」.『立法と調査』 372: 31-46.

黒崎将広. 2016.「『駆け付け警護』の法的枠組み: 自衛概念の多元性と法的基盤の多層性」.『国際問題』 648: 39-49.

坂元一哉. 2000.『日米同盟の絆』. 有斐閣.

参議院. 1978.「1972(昭和47)年10月14日 参議院決算委員会資料「集団的自衛権と憲法との関係」」.

参議院. 2016. 第192回,「本会議議事録(平成28年11月28日)」.

参議院. 2016. 第192回,「我が国及び国際社会の平和安全法制に関する特別委員会(平成27年8月25日)」.

参議院. 2017. 第193回,「外交防衛委員会議事録」(平成29年03月23日)(검색일: 2017. 7. 31).

首相官邸. 2008.「安全保障の法的基盤の再構築に関する懇談会報告書」. https://www.kantei.go.jp/jp/singi/anzenhosyou/houkokusho.pdf(검색일: 2017. 7. 14).

首相官邸. 2013.「国家安全保障戦略」. https://www.cas.go.jp/jp/siryou/131217anzenhoshou.html(검색일: 2017. 7. 14).

首相官邸. 2014.「集団的自衛権の行使を容認する閣議決定」. https://www.kantei.go.jp/jp/96_abe/statement/2014/0701kaiken.html(검색일: 2018. 3. 18).

首相官邸, 内閣府, 外務省, 防衛省. 2015.「「平和安全法制」概要 我が国及び国際社会 平和及び安全のための切れ目のない体制の整備」. http://www.cas.go.jp/jp/houan

/150515_1/siryou1.pdf(검색일: 2017. 11. 11).
首相官邸. 2017.「自衛隊の新任務「駆け付け警護」及び「宿営地の共同防護」」. http:// www.kantei.go.jp/jp/headline/keigo.html(검색일: 2017. 7. 10).
首相官邸. 2017.「「なぜ」,「いま」, 平和安全法制か?」. http://www.kantei.go.jp/jp/h-eadline/ heiwa_anzen.html(검색일: 2017. 8. 5).
自民党. 2017.「この国を守り抜く(自民党政策パンプレット)」. https://www.jimin.jp/election/results/sen_shu48/political_promise/(검색일 : 2018.3.2)
鈴木尊紘. 2011.「憲法9条と集団的自衛権: 国会答弁から集団的自衛権解釈の変遷を見る」.『レランレンス』31-47.
テレ朝ニュース. 2018. 3. 28. http://news.tv-asahi.co.jp/news_politics/articles/000123852.html(검색일: 2018. 3. 30).
内閣官房. 2014.「安全保障の法的基盤の再構築に関する懇談会報告書」. http://www.kantei. go.jp/jp/singi/anzenhosyou2/dai7/houkoku.pdf(검색일: 2017. 7. 14).
内閣法制局. 1972.「集団的自衛権と憲法との関係に関する政府資料」(昭和47年(1972年)10月14日参議院決算委員会提出資料).
防衛省. 1997. 日米防衛協力のための指針)」(http://www.mod.go.jp/j/presiding/treaty/sisin/sisin.html. (검색일 2018. 3. 2).
防衛省. 2014.「平成26年度以降に係る防衛計画の大綱について」及び「中期防衛力整備計画(平成26年度~平成30年度)について」. http://www.mod.go.jp/j/approach/agenda/guideline/2014/(검색일: 2017. 11. 8).
防衛省. 2015.「日米防衛協力のための指針」. http://www.mod.go.jp/j/approach/anpo/shishin/shishin_20150427j.html(검색일: 2017. 11. 12).
防衛省. 2016.「平成28年版防衛白書」. http://www.mod.go.jp/j/publication/wp/wp2016/w2016_00.html(검색일: 2017. 11. 12).
防衛省. 2017.「平成29年版防衛白書」. http://www.mod.go.jp/j/publication/wp/wp2017/w2017_00.html(검색일: 2017. 11. 12).
森聡. 2015.「安保法制の成立(1): 新法制の戦略的意義」. 東京財団. https://www.tkfd.or.jp/acl_users/credentials_cookie_auth/require_login?came_from=https%3A//www.tkfd.or.jp/research/nationalsecurity%3Fid%3D15(검색일: 2017. 12. 1).
時事通信. 2017. 4. 18.「在韓邦人, 自衛隊が救出も = 朝鮮半島有事で防衛相」.
Christensen, Thomas J. 1999. "China, the US-Japan Alliance, and the Security Dilemma in East Asia." *International Security* 23(4): 49-80.
Hughes, Christopher W. 2004. "Japan's Security Policy, the US-Japan Alliance, and the 'War on Terror': Incrementalism Confirmed or Radical leap?" *The Australian Journal of International Affairs* 58(4): 427-445.

Hughes, Christopher W. and Ellis S. Krauss. 2007. "Japan's New Security Agenda." *Survival* 49(21): 157-176.

Johnson, Chalmers. 1992. "Japan in Search of Normal State." *Daedalus* 121(4): 1-33.

Johnson, Chalmers and E. B. Keehn. 1995. "The Pentagon's Ossified Strategy." *Foreign Affairs* 74(4): 103-114.

Miller, John. 2002. "Japan Crosses the Rubicon?" *Asia-Pacific Security Studies* 1(1): 1-4.

Nye Jr., Joseph S. 1995. "The Case for Deep Engagement." *Foreign Affairs* 74(4): 90-102.

제6장

김준형. 2015. 「아베 정부의 안보정책 전환과 미국의 재균형전략: 한미일 관계를 중심으로」. 『아세아연구』 58(4): 42-71.

동북아역사재단 편. 2015. 『한중일 3국관계: 새로운 협력을 향하여』. 동북아역사재단.

류장융. 2015. 「아베폴리틱스와 한중일 관계」. 차재복·이희옥·이원덕 외. 『한중일 3국관계: 새로운 협력을 향하여』. 동북아역사재단.

모리 가즈코. 2006. 『중일관계: 전후에서 신시대로』. 조진구 옮김. 리북.

모리 가즈코. 2015. 「중일관계의 재정립과 한중일 3국관계」. 차재복·이희옥·이원덕 외. 『한중일 3국관계: 새로운 협력을 향하여』. 동북아역사재단.

민병원. 2006. 「세계정치와 동아시아 안보: 탈냉전시대의 안보개념 확대: 코펜하겐 학파, 안보문제화, 그리고 국제정치이론」. 『세계정치』 5: 13-62.

박병철·주인석. 「아베 정권의 아시아 안보전략과 한미일 동맹구도의 변화 전망」. 『통일전략』 16(1): 75-121.

박영준. 2006. 「탈냉전기 일본의 대국(大國) 구상: 보통국가론과 평화국가론의 국가구상 비교를 중심으로」. 『일본연구논총』 23: 69-111.

박영준. 2013. 「'수정주의적 보통국가론'의 대두와 일본 외교: 자민당 아베 정권의 재출범과 한반도정책 전망」. 『한국과 국제정치』 29(1): 91-121.

박영준. 2015. 「일본 아베 정부의 보통군사국가화 평가」. 『아세아연구』 58(4): 6-41.

박철희. 2011. 『자민당 정권과 전후 체제의 변용』. 서울대학교출판문화원.

박철희·박영준·서승원 외. 2014. 『동아시아 세력전이와 일본 대외전략의 변화』. 동아시아재단.

서승원. 2009. 「탈냉전기 일본의 중국정책과 그 전환」. 『아세아연구』 52(1): 145-177.

서승원. 2015. 「일본 아베 정권의 집단적 자위권과 중국」. 『아세아연구』 58(4): 72-102.

서승원. 2017. 「아베 정권 시기 일본의 대중국 전략적 사고에 대한 고찰: 관념화된 외교와 지정학 게임의 불편한 동거」. 『아세아연구』 60(2): 264-300.

손기섭. 2016. 「아베정권의 집단적 자위권 성립과 동북아」. 『국제정치연구』 19(2): 199-

220.
손 열. 2010. 「동맹과 공동체 사이의 일본: 21세기 권력이동과 재균형의 모색」. 『일본연구논총』 31: 51-75.

스테판 다나카. 2004, 『일본동양학의 구조』. 박영재·함동주 옮김. 문학과지성사.

신욱희. 2012. 「미중일 관계의 전망에 대한 이론적 검토: 통합적 이론으로서 위협균형/위협전이론」. 『아시아리뷰』 2(1): 7-30.

아마코 사토시. 2014. 『시진핑 시대의 중국 읽기. 중국과 일본의 대립』. 이용빈 옮김. 한울아카데미.

양보장. 2015. 「동북아 지역은 역사화의 '공생'을 어떻게 실현할 것인가」. 차재복·이희옥·이원덕 외. 『한중일 3국관계: 새로운 협력을 향하여』. 동북아역사재단.

오승희. 2017. 「중일 경쟁시대 일본의 중국인식과 중국정책」. 『아세아연구』 60(2): 184-221.

이기태·김두승. 2016. 「일본 아베정권의 대외전략과 대북전략」. 『KINU연구총서』 16-02. 통일연구원.

이명찬. 2013. 「센카쿠 제도를 둘러싼 중·일간 갈등과 동북아」. 『국제정치논총』 53(1): 255-293.

이승주. 2014. 「21세기 일본 외교전략의 변화」. 『한국정치외교사논총』 35(2): 275-306.

이원덕·임은정·이기태 외. 2016. 『일본 파워엘리트의 대한정책』. 선인.

이원덕. 2017. 「일본: 보통국가 일본과 경제의 대전환」. 이석·조병구 편. 『동북아 국제질서의 변화와 우리의 대응전략』. 한국개발연구원.

최희식. 2009. 「현대 일본의 아시아 외교전략: 내재적 접근에서 외재적 접근으로」. 『국제정치논총』 49(2): 33-58.

케너스 B. 파일. 2008. 『강대국 일본의 부활』. 이종삼 옮김. 한울아카데미.

安倍晋三. 2013. 『新しい国へ: 美しい国へ 完全版』. 文藝春秋.

安倍晋三. 2014. 『日本の決意』. 新潮社.

安倍晋三. 2017. 2. 17a. 193-衆-予算委員会-12号, 国会議事録検索システム, 338/507.

安倍晋三. 2017. 2. 17b. 193-衆-予算委員会-12号, 国会議事録検索システム, 360/507.

安倍晋三. 2017. 3. 24. 193-参-予算委員会-16号, 国会議事録検索システム, 460/520.

「外交」編集委員会. 2012-2018. 『外交』 Vol. 15, 18, 29, 33, 39, 41, 44, 46, 47, 48. 外務省.

外務省. 1957, 2007, 2013-2017a. 「わが外交の近況」. 「外交青書」. http://www.mofa.go.jp/mofaj/gaiko/bluebook/index.html(검색일: 2017. 12. 1).

外務省. 2013. 「Japan is Back」. http://www.mofa.go.jp/announce/pm/abe/us_20130222en.html(검색일: 2017. 12. 1).

外務省. 2017b. 「最近のインド情勢と日インド関係」. http://www.mofa.go.jp/mofaj/area/india/index.html(검색일: 2017. 12. 1).

外務省. 2017c. http://www.mofa.go.jp/mofaj/gaiko/bluebook/2017/html/chapter1_02.html(검색일: 2018. 2. 1).

首相官邸. 2012.「平成24年12月26日 基本方針」. http://www.kantei.go.jp/jp/kakugikettei/2012/1226kihonhousin.html(검색일: 2017. 12. 1).

首相官邸. 2017.「総理の発表」. http://www.kantei.go.jp/jp/primeminister/index.html(검색일: 2017. 12. 1).

添谷芳秀. 2015.『戦後70年談話の論点』. 日本経済新聞出版社.

添谷芳秀. 2016.『秩序変動と日本外交: 拡大と収縮の七〇年』. 慶應義塾大学出版会.

添谷芳秀. 2017.『日本の外交:「戦後」を読みとく』. 筑摩書房.

内閣府. 2001-2006.「外交に関する世論調査」. https://survey.gov-online.go.jp/index-gai.html(검색일: 2017. 12. 1).

21世紀構想懇談会. 2015.「20世紀を振り返り21世紀の世界秩序と日本の役割を構想するための有識者懇談会報告書」.

防衛省. 2016, 2017.『防衛白書』. http://www.mod.go.jp/(검색일: 2017. 12. 1).

Abe, Shinzo. 2015. 5. 21. "The Future of Asia: Be Innovative. Speech by Prime Minister Shinzo Abe at the Banquet of the 21st International Conference on the Future of Asia." http://japan.kantei.go.jp/97_abe/statement/201505/0521foaspeech.html (검색일: 2018. 2. 1).

Auslin, Michael and Michael J. Green. 2007. "Japan's Security Policy in East Asia." *Asian Economic Policy Review* 2(2): 208-222.

Berger, Thomas U., Mike M. Mochizuki, and Jitsuo Tsuchiyama, eds. 2007. *Japan in International Politics: The Foreign Policies of an Adaptive State*. Lynne Rienner Publishers.

Black, Lindsay. 2017. "Japan's Aspirations for Regional Leadership: Is the Goose Finally Cooked?" *Japanese Studies*, 1-20.

Cheung, Mong. 2017. "Japan's China Policy on Yasukuni under Abe(2012-2015): A Political Survival Interpretation." *Journal of Contemporary East Asia Studies* 6(1): 62-78.

Dobson, Hugo. 2017. "Is Japan Really Back? The "Abe Doctrine" and Global Governance." *Journal of Contemporary Asia* 47(2): 199-224.

Funabashi, Yoichi. 2017. 8. 10. "Have We Lost ASEAN to China?" *Japan Times*.

Gill, Bates. 2017. "The United States and Asia in 2016." *Asian Survey* 57(1): 10-20.

Green, Michael J. 2003. *Japan's Reluctant Realism: Foreign Policy Challenges in an Era of Uncertain Power*. Palgrave Macmillan.

Green, Michael J. and Benjamin L. Self. 1996. "Japan's Changing China Policy: From

Commercial Liberalism to Reluctant Realism." *Survival* 38(2): 35-58.

Green, Michael J. and Zack Cooper. 2014a. *Strategic Japan: New Approaches to Foreign Policy and the US-Japan Alliance*. Rowman & Littlefield.

Green, Michael J. and Zack Cooper. 2014b. "Revitalizing the Rebalance: How to Keep US Focus on Asia." *The Washington Quarterly* 37(3): 25-46.

Hagström, Linus and Karl Gustafsson. 2015. "The 'Abnormal' State: Identity, Norm/Exception and Japan." *European Journal of International Relations* 21(1): 122-145.

Hagström, Linus. 2015. "Japan and Identity Change: Why it Matters in International Relations." *The Pacific Review* 28(1): 1-22.

Hughes, Christopher W. 2009. "Japan's Response to China's Rise: Regional Engagement, Global Containment, Dangers of Collision." *International Affairs* 85(4): 837-856.

Hughes, Christopher W. 2015. *Japan's Foreign and Security Policy under the 'Abe Doctrine': New Dynamism or New Dead End?* Palgrave Macmillan.

Ikenberry, G. John and Michael Mastanduno. 2005. *International Relations Theory and the Asia-Pacific*. Columbia University Press.

Izumikawa, Yasuhiro. 2017. "Acting on the North Korea Playbook: Japan's Responses to North Korea's Provocations." *Asia Policy* 23(1): 90-96.

Jackson, Van. 2016. "Red Teaming the Rebalance: The Theory and Risks of US Asia Strategy." *Journal of Strategic Studies* 39(3): 365-388.

Kawashima, Shin. 2017. "Japan-US-China Relations during the Trump Administration and the Outlook for East Asia." *Asia-Pacific Review* 24(1): 23-36.

Klien, Susanne. 2002. *Rethinking Japan's Identity and International Role: An Intercultural Perspective*. Routledge.

Lam, Peng Er. 2017. "Japan in 2016: Domestic Political Stability, Greater External Uncertainty." *East Asian Policy* 9(1): 78-86.

Lande, Eivind. 2018. "Between Offensive and Defensive Realism: The Japanese Abe Government's Security Policy toward China." *Asian Security* 14(2): 172-192.

Li, Rex. 2018. "Identity Tensions and China-Japan-Korea Relations: Can Peace be Maintained in North East Asia?" in Kevin P. Clement, eds., *Identity, Trust, and Reconciliation in East Asia*. Palgrave Macmillan.

Moon, Chung-in and Seung-won Suh. 2008. "Identity Politics, Nationalism, and the Future of Northeast Asian Order," in G. John Ikenberry and Chung-in Moon, eds., *The United States and Northeast Asia: Debates, Issues, and New Order*. Rowman & Littlefield.

Moon, Chung-in and Seung-won Suh. 2015. "Historical Analogy and Demonization of Others: Memory of 1930s' Japanese Militarism and Its Contemporary Implications." *Korea Observer* 46(3): 423-459.

Nakanishi, Hiroshi. 2015. "Reorienting Japan? Security Transformation under the Second Abe Cabinet." *Asian Perspective* 39(3): 405-422.

O'Shea, Paul. 2014. "Overestimating the 'Power Shift': The US Role in the Failure of the Democratic Party of Japans 'Asia Pivot'." *Asian Perspective* 38(3): 435-459.

Shogo, Suzuki. 2007. "The Importance of 'Othering' in China's National Identity: Sino-Japanese Relations as a Stage of Identity Conflicts." *The Pacific Review* 20(1): 23-47.

Smith, Sheila A. 2017. "US-Japan Relations in a Trump Administration." *Asia Policy* 23(1): 13-20.

Tamaki, Taku. 2015. "The Persistence of Reified Asia as Reality in Japanese Foreign Policy Narratives." *The Pacific Review* 28(1): 23-45.

Wendt, Alexander. 1992. "Anarchy is What States Make of It: The Social Construction of Power Politics." *International Organization* 46(2): 391-425.

Wendt, Alexander. 1994. "Collective Identity Formation and the International State." *The American Political Science Review* 88(2): 384-396.

Yamaguchi, Noboru. 2017. "Reaffirming US Alliances in the Asia-Pacific: A Japanese Perspective." *Asia Policy* 24(1): 13-18.

Zhang, Muhui. 2018. "Proceeding in Hardship: The Trilateralism-bilateralism Nexus and the Institutional Evolution of China-Japan – South Korea Trilateralism." *The Pacific Review* 31(1): 57-75.

Zhao, Quansheng. 2016. "The Shift of US Strategy towards East Asia. *European Journal of East Asian Studies* 15(1): 5-33.

제7장

리처드 쿠. 2014. 『밸런스시트 불황으로 본 세계 경제』. 정성우·이창민 옮김. 어문학사.

류상윤·이지평. 2014. 「추가 양적완화 이후 아베노믹스, 넘어야 할 리스크들」. 『LG Business Insight』. LG경제연구원, pp. 25-26.

박상준. 2016. 『불황터널 진입하는 한국 탈출하는 일본』. 매경출판.

박영준. 2014. 「일본 아베정부의 안보정책 변화와 한국의 대응방안: 수정주의적 내셔널리즘과 보통군사국가화」. 『국방정책연구』 103: 87-121.

송석원·공정승. 2013. 「아베노믹스 1년의 평가와 한국경제」. 『한림일본학』 23: 255-256.

이정환. 2016.「아베노믹스와 소비세 인상 연기의 정치과정」. 『국제정치논총』 56(3):

243-245.

이창민. 2016.「아베노믹스를 통해 바라본 내수경기 활성화를 위한 정책과제」.『예산춘추』45: 36-43.

정진영. 2016.「마이너스 금리 시대 도래, 의미와 파장은?」.『POSRI 이슈리포트』. POSCO 경영연구원.

최희식. 2013.「아베노믹스의 정치경제학: 정책과 '잠복된 갈등'」.『의정연구』19(3): 177-185.

岡部光明. 2014.「経済政策アベノミクスの評価における２つの盲点: 期待依存と円安依存の限界」.『SFCディスカッション·ペーパ』2014-005: 3-6.

玄田有史 編著. 2017.『人手不足なのになぜ賃金が上がらないのか』. 慶応義塾大学出版会.

谷口洋志. 2015.「アベノミクスの経済政策」.『中央大学経済研究所ディスカッション·ペーパ』250: 1-2.

『東洋経済』. 6649号 2016年3月26日発売, pp. 54-57.

中名生隆. 2003.「構造改革を進めるために」.『知的資産創造』. 野村総合研究所. 2003-1: 4-7.

藤田勉. 2006.『安倍晋三の経済政策を読む』. インデックス·コミュニケーション.

増田貴司. 2009.「民主党新政権の経済政策の焦点」.『経営センサー』. 東レ経営研究所. 2009-10: 10-20.

Hayashi, Fumio and Edward C. Prescott. 2002. "The 1990s in Japan: A Lost Decade." *Review of Economic Dynamics* 5: 206-235.

Japan Inside. 2015.「아베노믹스 2탄(새로운 세 개의 화살) 발표 및 평가」.『금융브리프』24(44): 20-21.

Krugman, Paul R., Kathryn M. Dominquez, and Kenneth Rogoff. 1998. "It's Baaack: Japan's Slump and the Return of the Liquidity Trap." *Brookings Papers on Economic Activity* 1998(2): 137-205.

제8장

국민호. 2016.「전후 일본의 신자유주의 실험과 경제위기」.『현상과 인식』39(3): 69-109.

김규판 외. 2016.『아베노믹스 성장전략의 이행 성과와 과제』. 대외경제정책연구원.

박상영. 2015.「발전주의와 신자유주의의 혼재성에 대한 고찰」.『아태연구』22(4): 129-164.

박성빈. 2010.「민주당 정권 탄생 이후의 정책결정 과정의 특징과 변화: 예산편성과정에서 정치주도는 실현되었는가?」.『한국행정학보』44(3): 219-237.

변현수 외. 2016.「일본 정책금융기관의 역할분석 및 시사점」.『KDB 조사월보』4: 9-44.

빌 에모트. 2007.『일본 부활』. 유강은 옮김. 랜덤하우스.

사목공. 2010.「일본 산업구조비전의 주요 내용과 시사점」.『KIE 산업경제』, pp. 3-15.

신노 무네유키. 2015.「정권 교체와 일본 관료제: 두 번의 정권교체에서 나타나는 관료제와의 관계」.『일본비평』12: 308-327.

윤대엽. 2006.『중국과 일본의 전후 재발견의 정치: 시진핑 체제와 아베 내각의 비교』. 경제인문사회연구회.

윤대엽. 2012.「제도적 재량권과 산업정책의 정치: 1997년 외환위기 이후 산업관련 법제의 변화를 중심으로」.『한국정치연구』21(2): 195-222.

윤대엽. 2015.「역사인식, 발전전략, 정책이념과 한일 경제관계: 경쟁적 의존의 정치적 시각」.『일본비평』12: 50-71.

윤대엽. 2016.「대일 경제정책의 사회적 형성: 무역 불균형과 한국과 대만의 정책대응 비교」.『동아연구』35(1): 109-150.

이성우. 2013.「아메노믹스의 기원: 일본의 경제성장을 위한 의도된 물가상승전략에 대한 연구」.『평화연구』21(2): 217-266.

이정환. 2013.「일본 민주당 정권의 소비세 인상으로의 정책전환과 분열」.『한국정치학회보』47(2): 173-191.

정성춘·이형근. 2010.「일본 신성장전략의 주요 내용과 평가」.『KIEP 오늘의 세계경제』2010-18.

조재욱. 2009.「고이즈미 정권의 개혁정치와 평가」.『한국정치학회보』43(4): 255-274.

차병석. "日 국가전략실 유명무실, 법적 위상 불분명하고 업무도 중복."『한국경제신문』(2009. 11. 10).

한의석. 2013.「일본 민주당 정권의 정치주도론과 제도개혁의 좌절」.『한국정치학회보』12(3): 145-172.

安倍晋三. 2006.『美しい国へ』. 文春新書.

安倍晋三. 2013.『新しい国へ』. 文春新書.

有田賢太郎. 2013.「競争力強化と為替水準に関する考察: 円安は競争力強化に常に寄与するのか?」.『みずほ産業調査』42(2013-02).

經濟産業省. 2013.『産業競爭力强化法律案·理由』.

經濟産業省. 2017.「新産業構造ビジョン第4次産業革命をリドする日本の戦略」. http://www.meti.go.jp/committee/sankoushin/shin_sangyoukouzou/pdf/008_05_01.pdf(검색일: 2017. 7. 10).

国家戦略会議. 2012.「日本再生戦略:フロンティアを拓き, 共創の国へ」. http://www.kantei.go.jp/jp/headline/saisei.html(검색일: 2017. 4. 30).

財務省理財局. 2015.「産業投資について」. https://www.mof.go.jp/about_mof/councils/fiscal_system_council/sub-of_filp/proceedings/material/zaitoa251203/1.pdf.(검색

일: 2017. 7. 10)

産業革新機構. 2016.「事業報告 2016」. http://www.incj.co.jp/info/report.html(검색일: 2017. 6. 20).

首相官房. 2013.「日本再興戦略: Japan is Back」. 日本経済再生本部. https://www.kantei.go.jp/jp/singi/keizaisaisei/pdf/saikou_jpn.pdf(검색일: 2017. 12. 22).

首相官房. 2014.「日本再興戦略改正 2014: 未来への挑戦」. 日本経済再生本部. https://www.kantei.go.jp/jp/singi/keizaisaisei/pdf/honbun2JP.pdf(검색일: 2017. 1 2. 22).

首相官房. 2015.「日本再興戦略改正 2015: 未来への投資·生産性革命」. 日本経済再生本部. https://www.kantei.go.jp/jp/singi/keizaisaisei/pdf/dai1jp.pdf(검색일: 2017. 12. 22).

首相官房. 2016.「日本再興戦略改正 2016: 第4次産業革命に向けて」. 日本経済再生本部. https://www.kantei.go.jp/jp/singi/keizaisaisei/pdf/2016_zentaihombun.pdf(검색일: 2017. 12. 22).

首相官房. 2017.「未来への投資戦略」. 日本経済再生本部. https://www.kantei.go.jp/jp/singi/keizaisaisei/pdf/miraitousi2017_t.pdf(검색일: 2017. 12. 22).

内閣官房国家戦略室. 2012.「国家戦略会議について」. http://www.cao.go.jp/sasshin/kondan/meeting/2012/0612/pdf/s1.pdf(검색일: 2017. 4. 20).

日本再興戦略. 2016.「第4次産業革命に向け」.

Abdelal, Rawl, Mark Blyth, and Craig Parsons. 2010. *Constructing the International Economy*. Cornell University Press.

Abe, Shinzo. 2013. "Japan is Back." Policy Speech at CSIS(February 22).

Cabinet Office. 2016. "Achivements in Three Years of Abenomics." http://www5.cao.go.jp/keizai1/2016/achievements.pdf(검색일: 2017. 4. 1).

Chiavacci, David and Sebastien Lechevalier. 2017. "Japanese Political Economy Revisited: Diverse Corporate Change, Institutional Transformation, and Abenomics." *Japan Forum* 29(3): 299-311.

Corning, Gregory. 2015. *Japan and the Politics of Techno-Globalism*. Routledge.

Dobson, Hugo. 2016. "Is Japan Really Back? The Abe Doctrine and Global Governance." *Journal of Contemporary Asia* 47(2): 199-224.

Elder, Mark. 2003. "METI and Industrial Policy in Japan: Change and Continuity," in Schaede Ulrike and Willam Grimes, eds. *Japan's Managed Globalization: Adaptation to the Twenty-first Century*. M.E. Sharpe.

Hoshi, Takeo. "Two Decades of Stalled Reform: Why the Government's Growth Strategies All Look the Same." http://www.tokyofoundation.org/en/articles/2017/two-decades-of-stalled-reform(검색일: 2017. 5. 10).

Kaihara, Hiroshi. 2008. "Japan's Political Economy and Koizumi's Structural Reform: A Rise and Fall of Neoclassical Economic Reform in Japan." *East Asia* 25: 389-405.

Ministry of Finance. 2016. "Japan's Fiscal Condition."

Okimoto, Daniel I. 1989. *Between MITI and the Market: Japanese Industrial Policy for High Technology*. Stanford University Press.

Pekkanen, Robert. 2004. "After the Developmental State: Civil Society in Japan." *Journal of East Asian Studies* 4(3): 363-388.

Rodrik, Dani. 2006. "Goodbye Washington Consensus, Hello Washington Confusion? A Review of the World Bank's Economic Growth in the 1990s: Learning from a Decade of Reform." *Journal of Economic Literature* 44(4): 973-987.

Rodrik, Dani. 2008. "Normalizing Industrial Policy." World Bank Working Paper No.3. http://documents.worldbank.org/curated/en/524281468326684286/pdf/577030NWP0Box31UBLIC10gc1wp10031web.pdf(검색일: 2017. 11. 20).

Rosenbluth, Frances M. and Michael F. Thies. 2010. *Japan Transformed: Political Change and Economic Restructuring*. Princeton University Press.

Stephan O'rian, "The Flexible Developmental State: Globalization, Information Technology and the Celtic Tiger." *Politics and Society* 28(2): 157-193.

Stubbs, Richard. 2011. "Whatever Happened to the East Asian Developmental State: Unfolding Debate." *The Pacific Review* 22(1): 1-22.

Tabuchi, Hiroko. 2013. "In Japan, A Growth Strategy with Econes of the Past." *The New York Times* (June 12). https://nyti.ms/13CIbbU(검색일: 2017. 5. 20).

Vogel, Steve. 2006. *Japan Remodeled*. Cornell University Press.

Wong, John. "The Adaptive Developmental State in East Asia." *Journal of East Asian Studies* 4(3): 345-362.

제9장

고쿠분 료세이. 2013. 「일본과 중국: 협력인가? 대립인가?」. 문정인·서승원. 『일본은 지금 무엇을 생각하는가?』. 삼성경제연구소, pp. 193-242.

김기석. 2005. 「동아시아 지역주의와 일본 대외경제정책의 딜레마」. 『국가전략』 11(4): 9-97.

김길수. 2017. 「미국 뺀 새 TPP '자유무역 의지' 재확인...미국 인접국 캐나다 최후 승자 가능성」. 『글로벌이코노믹』(11월 20일). http://news.g-enews.com/view.php?ud=201711200707234139d6eb469fd3_1&md=20171120073021_I(검색일: 2017. 12. 1).

김나은. 2017. 「日 아베, 미국 뺀 TPP 추진한다... 5월 11개국 장관급 회의」. 『이투데이』

(4월 15일). http://www.etoday.co.kr/news/section/newsview.php?idxno=1480666#csidx648d1498685b4438bfc192748d7d7a9(검색일: 2017. 12. 10).
김민석. 2017.「[김민석의 Mr. 밀리터리] 중국 진주목걸이냐 미국 다이아몬드냐...한국의 선택은」.『중앙일보』(12월 15일). http://news.joins.com/article/22206435(검색일: 2018. 2. 1).
김양희. 2010.「일본의「포괄적 EPA 기본방침」에 대한 평가와 시사점: 일본의 환태평양 파트너십(TPP) 참가는 실현될 것인가」.『KIEP 오늘의 세계경제』10(28): 1-10.
김영근. 2013.「일본 민주당의 대외경제정책: 정권교체하의 변용과 지속」.『일본연구논총』38: 165-203.
김영채. 2017.「'숨 가쁜 추격'…위협적인 일본의 FTA행보」.『한국무역신문』(8월 10일). http://weeklytrade.co.kr/news/view.html?section=1&category=4&item=&no=31977(검색일: 2017. 12. 10).
김용복. 2011.「1990년대 이후 일본정치경제의 위기와 변화」.『국제정치논총』51(3): 11-233.
김용복. 2013.「일본 TPP 참여의 정치경제: 성장, 안보 그리고 동아시아」.『평화연구』21(1): 109-138.
김종태. 2012.「한국, 중국, 일본의 국가정체성과 서구관: 선진국담론, 일본인론, 신국가주의를 중심으로」.『동북아리뷰』4(1): 18-23.
김필동. 2007.『일본·일본인론의 재발견』. 재이앤씨.
김호섭. 2012.「일본의 TPP 정책에 관한 국내논의」.『일본연구논총』36: 236-257.
루스 베네딕트. 2008.『국화와 칼: 일본문화의 틀』. 김윤식·오인석 옮김. 을유문화사. (Ruth Benedict. 1946. *Chrysanthemums and the Sword: Pattern of Japanese Culture*. Houghton Mifflin)
박창건·김용민. 2012.「일본 TPP 참가 논의에 대한 정치경제적 함의: 어쩔 수 없는 찬성」.『신아세아』19(2): 264-267.
박철희. 2017.「국제정치이론으로 본 한일의 동아시아전략: 유사성과 편차」.『한국과 일본의 지역전략과 한일협력에 대한 함의』. 현대일본학회-화정평화재단-서울대학교 일본연구소 공동주최 2017 한일관계세미나 공개발표회 발표문. 2017. 11. 8. 서울대학교.
서승원. 2017.「아베 정권 시기 일본의 대중국 전략적 사고-관념화된 외교와 강대국간 지정학 게임의 불편한 동거」. 서승원 외.『중국은 우리에게 무엇인가』. 트리펍.
안용현. 2014.「시진핑 진주목걸이 外交 전략, 아베의 '안보 다이아몬드'와 충돌」.『조선닷컴』(9월 17일). http://news.chosun.com/site/data/html_dir/2014/09/17/2014091700245.html(검색일: 2018. 2. 1).
윤덕민. 2013.「중국의 부상과 일본의 대중전략」.『전략연구』59: 65-94.

이기완. 2011.「일본의 대 동남아 인식과 정책: 변화와 지속의 동학」.『국제정치연구』 14(1): 301-320.

이면우. 2011.『현대일본외교의 변용과 한일협력』. 한울아카데미.

이상현·김종인·정대희·안수정. 2015.「환태평양경제동반자협정(TPP) 타결, 농업분야 협상결과와 시사점」.『한국농촌경제연구원 농정포커스』 114: 1-23.

이승주. 2017.「불확실성 시대의 국제정치경제: 자유주의 국제질서의 위기?」.『국제정치논총』 57(4): 237-271.

이원덕. 2011.「일본의 동아시아 공동체전략과 한일관계」. 한상일·이종숙 편.『일본과 동아시아: 지역협력과 공동체 구상』. 동아시아연구원.

이종인. 2017.「일본이 주도하는 CPTPP 추진의 정책적 시사점」.『이슈 브리프』. IB 2017-14. 여의도연구원.

임재환. 2016.「일본의 위협인식의 변화와 방위체제의 재정비」. 박철희 편.『일본의 집단적 자위권 도입과 한반도』. 서울대학교출판문화원..

전진호. 2005.「일본의 대미 기축외교의 재정립: 추종과 자율의 사이에서」. 한상일·김영작 외.『일본형 시스템: 위기와 변화』. 일조각.

정재민. 2017.「트럼프 퇴장하니 아베가 선봉에」.『시사IN』(11월 29일). http://www.sisain.co.kr/?mod=news&act=articleView&idxno=30632(검색일: 2018. 2. 1).

조양현. 2014.「동아시아 파워밸런스의 변화와 일본외교: 일본 민주당 정권하의 중일관계」. 박철희 외.『일본 민주당 정권의 성공과 실패』. 서울대학교출판문화원.

조정란. 2017.「TPP와 일본 통상정책」. 인하대학교 정석물류통상연구원.『JRI 연구 시리즈』 2016-1: 1-62.

최은미. 2010.「미국의 외교정책이 전후처리에 미친 영향 연구: 독일과 일본의 전범처리와 국가간 배상 사례를 중심으로」.『동아연구』 58: 51-89.

최은미. 2015.「1990년대 일본 장기불황의 정치경제: 낮은 정책유연성과 경제개혁의 한계」. 고려대학교 박사학위 논문.

최은미. 2017.「자유주의 수호에 앞장선 일본」.『ASAN 국제정세 전망 2018 비자유주의 국제질서』. 아산정책연구원, pp. 51-55.

최희식. 2011.「TPP를 둘러싼 일본 국내 정치적 배경 분석 및 평가」.『코리아연구원 특별기획: TPP와 동아시아, 분석 및 제언』 36: 1-6.

하영선·김영호·김명섭 공편. 2005.『한국외교사와 국제정치학』. 성신여자대학교출판부.

헤럴드경제, 2017. 3. 19. "[獨-日정상 CeBIT 회동] 메르켈-아베「자유무역 수호」…트럼프의 보호무역에 견제구."

浅川芳裕. 2012.『TPPで日本は世界一の農業大国になる』. ストセラーズ.

岡義武·木村健康 · 飯塚浩二. 1948.『近代日本の特異性』. 白日書院.

外務省. 2006.「東アジア共同体構築に係る我が国の考え方」. http://www.mofa.go.jp/

mofaj/area/eas/pdfs/eas_02.pdf(검색일: 2018. 2. 1).
外務省. 2006.「「自由と繁栄の弧」をつくる」. 拡がる日本外交の地平. 外務大臣 麻生太郎. 日本国際問題研究所セミナー講演. http://www.mofa.go.jp/mofaj/press/enzetsu/18/easo_1130.html(검색일: 2018. 3. 21).
外務省. 2007.「我が国の重点外交政策「自由と繁栄の弧」」. http://www.mofa.go.jp/mofaj/gaiko/free_pros/index.html(검색일: 2018. 3. 21).
外務省. 2010.「ASEANと日本～アジアの平和と繁栄のために」.『わかる! 国際情勢』64. http://www.mofa.go.jp/mofaj/press/pr/wakaru/topics/vol64/index.html(검색일: 2018. 3. 29).
外務省. 2013.「日美首脳會談」. http://www.mofa.go.jp/mofaj/kaidan/s_abe2/vti_1302/us.html(검색일: 2018. 2. 1).
外務省. 2017.「外交淸書」. http://www.mofa.go.jp/mofaj/gaiko/bluebook/2017/html/index.html(검색일: 2018. 2. 1).
川崎研一. 2017.「台頭する地域統合の不確実性: 代替的な地域貿易協定シナリオの経済効果(Emergent Uncertainty in Regional Integration-Economic impacts of alternative RTA scenarios)」. GRIPS Discussion Paper, pp. 16-27.
岸信介. 1983.『岸信介回顧録: 保守合同と安保改正』. 広済堂出版.
久保文明. 2015.「総論: 米国外交政策の変容と日米関係の展望」. http://www2.jiia.or.jp/pdf/research/H27_US/14-kubo.pdf(검색일: 2018. 3. 30).
経済産業省.「APEC設立経緯」. http://www.meti.go.jp/policy/trade_policy/apec/history/organize.html(검색일: 2018. 1. 30).
言論·NPO. 2016.「第12回日中共同世論調査」(2016. 9. 23).
国家安全保障会議. 2013.「国家安全保障戦略について」.
財務省.「輸出相手国上位10カ国の推移(年度ベース)」. Trade Statistics of Japan. http://www.customs.go.jp/toukei/suii/html/data/fy4.pdf(검색일: 2018. 3. 21).
坂口安吾. 2007.『堕落論(平成19年) 改版』. 角川書店.
作山巧. 2015.『日本のTPP交渉参加の真実: その政策過程の解明』. 文眞堂.
作山巧. 2017.「食料·農業と日本のTPP戦略」.『明治大学社会科学研究所紀要』55(2): 189-199. https://www.meiji.ac.jp/sha_ken/kouen/6t5h7p000001d40e-att/1_sakuyama.pdf(검색일: 2018. 3. 30).
渋沢雅英. 1985.『日本はアジアか』. サイマル出版会.
衆議院.「「自由と繁栄の弧」と外交の連続性に関する再質問主意書」. http://www.shugiin.go.jp/internet/itdb_shitsumon.nsf/html/shitsumon/a168225.htm(검색일: 2018. 3. 21).
首相官邸. 2009.「鳩山総理によるアジア政策講演アジアへの新しいコミットメント:

東アジア共同体構想の実現に向けて」. http://www.kantei.go.jp/jp/hatoyama/statement/200911/15singapore.html(검색일: 2018. 2. 1).

首相官邸. 2010.「第176回国会における菅内閣総理大臣所信表明演説(2010年10月1日)」. https://www.kantei.go.jp/jp/kan/statement/201010/01syosin.html(검색일: 2018. 2. 1).

神保謙. 2007.「日本外交·安全保障政策アウトリーチ: '自由と繁栄の弧'·日豪·日印·日NATO関係について」. 経済産業研究所(RIETI).

寺島実郎. 2007.「麻生大臣,米中接近を直視せよ」.『文芸春秋』, pp. 322-331.

苫米地英人. 2013.『TPPが民主主義を破壊する!』. サイゾー.

苫米地英人. 2016.『TPPに隠された本当の恐怖~ついに明らかになった危険過ぎるシナリオ』. サイゾー.

内閣官房. 2010.「包括的経済連携に関する検討状況(2010年10月27日)」. http://www.mofa.go.jp/mofaj/gaiko/fta/pdfs/siryou20101106.pdf.

内閣官房. 2012.「説明資料(TPPをともに考える地域シンポジウム)(2012年3月)」. http://www.mofa.go.jp/mofaj/gaiko/tpp/index.html.

内閣官房.「TPP等政府対策本部」. https://www.cas.go.jp/jp/tpp/kouka/index.html(검색일: 2018. 3. 1).

長崎研究所. 2017.「アメリカTPP離脱の最大の「敗者」はアメリカ」.『長崎研究所論評集』.

中野剛志. 2011.『TPP亡国論』. 集英社.

中野剛志. 2013.『TPP黒い条約』. 集英社.

日本国際問題研究所. 2007.「政策提言: 黒海協力 日本の対黒海政策: 「自由と繁栄の弧」外交を求めて」(平成19年3月).

鳩山由紀夫. 2009.「私の政治哲學」.『VOICE』2009-9: 132-141.

防衛省. 2017.『平成29年版 防衛白書』. http://www.mod.go.jp/j/publication/wp/wp2017/w2017_00.html(검색일: 2018. 3. 30).

南博. 1994.『日本人論: 明治から今日まで』. 岩波書店.

山下一仁. 2013.「日本医師会様, もうTPP反対は止めてはどうですか?」. WEBRONZA. http://www.canon-igs.org/column/macroeconomics/20130226_1748.html(검색일: 2018. 3. 29).

山下一仁. 2013.「農協がTPPに反対する本当の理由: 農業人口250万人なのに異様な政治力」.『WEDGE』3月号. http://www.canon-igs.org/column/macroeconomics/20130308_1754.html(검색일: 2018. 3. 29).

日本経済新聞, 2012. 11. 28. "TPP, 日米同盟強化に不可欠」都内でシンポ." https://www.nikkei.com/article/DGXNASGM2806N_Y2A121C1FF1000/(검색일: 2018. 3. 29).

読売新聞, 2012. 12. 29. "首相インタビュー要旨集団自衛権行使は選択肢."

朝日新聞, 2017. 11. 9. "「TPP, 日本の指導力期待」IMF·ラガルド専務理事 WTO, ルール見直しも."

Abegglen, James G. 1958. *The Japanese Factory: Aspects of Its Social Organization*. Free Press.

Armitage, Richard L. and Joseph S. Nye. 2012. "The U.S-Japan Alliance: Anchoring Stability in Asia." A Report of the Crisis Japan Chair. https://csis-prod.s3.amazonaws.com/s3fs-public/legacy_files/files/publication/120810_Armitage_USJapanAlliance_Web.pdf(검색일: 2018. 3. 30).

Ashizawa, Kuniko. 2013. *Japan, the US, and Regional Institution-Building in the New Asia*. Palgrave Macmillan.

Campbell, David. 1998. *Writing Security: United States Foreign Policy and the Politics of Identity*. University of Minnesota Press.

Crone, Donald. 1993. "Does Hegemony Matter? The Regionalization of the Pacific Political Economy." *World Politics* 45(4): 501-525.

Dower, John W. 2000. *Embracing Defeat: Japan in the Wake of World War II*. W.W Norton&Company.

Drake-Brockman, Jane, Sherry Stephenson, and Robert Scollay. 2011. "The TPP-Opportunity for a New Approach to Services Trade and Investment Liberalisation?" PECC-ADBI Conference. "Services Trade: New Approaches for the 21st Century." Chinese University of Hong Kong.

Gregory, Julia. 2018. "Britain Exploring Membership of the TPP to Boost Trade after Brexit." *The Guardian*(January 3). https://www.theguardian.com/politics/2018/jan/03/britain-in-talks-to-join-the-tpp-to-boost-trade-after-brexit(검색일: 2018. 1. 8).

Kim, Jemma. 2013. "Japan's Choice: TPP Rule Setter or Follower?" *EAI Issue Briefing* 2: 1-10.

Mulgan, Aurelia George. 2018. "CPTPP a Boost for Japan's Regional Trade Leadership." East Asia Forum(2018. 2. 27). http://www.eastasiaforum.org/2018/02/27/cptpp-a-boost-for-japans-regional-trade-leadership/(검색일: 2018. 3. 30).

New Zealand Foreign Affairs & Trade. 2006. "Trans-Pacific Strategic Economic Partnership (TPSEP or P4)." https://www.mfat.govt.nz/en/about-us/who-we-are/treaties/trans-pacific-strategic-economic-partnership-tpsep-or-p4/(검색일: 2018. 1. 8).

Office of the United States Trade Representative. 2017. "The United States Officially Withdraws from the Trans-Pacific Partnership." https://ustr.gov/about-us/policy-offices/press-office/press-releases/2017/january/US-Withdraws-From-TPP(검색일: 2018. 1. 8).

Pempel, T. J. 1999. "Regional Ups, Regional Downs," in T. J. Pempel, ed. *The Politics of the Asian Economic Crisis*. Cornell University Press.

Petroff, Alanna. 2018. "The Pacific Trade Deal Trump Quit is Back on." CNN Money (January 23). http://money.cnn.com/2018/01/23/news/economy/trade-deal-tpp-agreement/index.html(검색일: 2018. 2. 1).

Petri, Peter A. and Michael G. Plummer. 2017. "US Must Get Back into the Game in the Asia Pacific"(October 23). Peterson Institute for International Economics. https://piie.com/commentary/op-eds/us-must-get-back-game-asia-pacific(검색일: 2018. 2. 1).

Petri, Peter A., Michael G. Plummer, Shujiro Urata, and Fan Zhai, 2017. "Going It Alone in the Asia-Pacific: Regional Trade Agreements without the United States." Working Paper 17-10. Peterson Institute for International Economics.

Pramuk, Jacob. 2018. "Trump: I Would Reconsider a Massive Pacific Trade Deal If It were 'Substantially Better'." CNBC(January 25). https://www.cnbc.com/2018/01/25/trump-says-he-would-reconsider-trans-pacific-partnership-trade-deal.html(검색일: 2018. 2. 1).

Vogal, Ezra F. 1979. *Japan As Number One: Lessons for America*. Harvard University Press.

제10장

김민재. 2016. "전기·가스 민간개방 부메랑…에너지 '요금폭탄' 우려." 『노컷뉴스』(6월 15일). http://www.nocutnews.co.kr/news/4608122#csidx8764d9b142d566199cce50da cc31568(검색일: 2018. 3. 11).

산업통상자원부. 2017. 『제8차 전력수급 기본계획(2017-2031)』. 산업통상자원부.

송유나. 2018. 「시장과의 타협이 아닌 에너지 산업의 공적재편을 선택해야: 에너지 전환 정책 평가와 제언」. 『사회공공연구원 이슈페이퍼』 2018-01호.

이상복. 2017. "전력 판매시장 개방, 민영화·요금인상과 무관." 『이투뉴스』(7월 14일). http://e2news.com/news/articleView.html?idxno=94435(검색일: 2018. 3. 10).

이정애. 2017. "청와대, 신고리 공사재개 「공론화위원회 뜻 존중." 『한겨레신문』(10월 20일). http://www.hani.co.kr/arti/politics/bluehouse/815332.html(검색일: 2018. 3. 10).

이태훈. 2017. “문재인 대통령, 탈원전 정책 가속도…‘2030년까지 원전 몇 개 더 폐쇄 가능’.” 『한국경제신문』(7월 22일). http://news.hankyung.com/article/2017072131111(검색일: 2017. 9. 15).
임은정. 2014. 「고도성장기 일본, 그리고 후쿠시마(福島): 원자력 도입을 둘러싼 정치경제에 대한 고찰」. 『일본연구논총』 39: 61-87.
임은정. 2016. 「아베 유신과 한반도: 제2기 아베 정권의 대전략과 대(對)한반도 정책」. 국민대학교 일본학연구소 편. 『일본 파워엘리트의 대한정책』. 선인.
임은정. 2017. 「한·중·일 원자력 협력과 한국의 역할」. 『입법과 정책』 9(2): 129-154.
임지영. 2016. 「일본 전력소매시장 자유화 추진 현황 및 향후 과제」. 『세계 에너지시장 인사이트』 16(31): 27-36.
임지영. 2017. 「일본 전력·가스 시장자유화 추진 현황」. 『세계 에너지시장 인사이트』 17(6): 17-26.
한국전력거래소 전력경제연구실. 2015. 『2015년 해외 전력시장 동향: 일본』. 전력거래소.
YTN. 2015. 「日 원전 재가동 ‘속속’…핵무장 ‘경계감’」. http://www.ytn.co.kr/_ln/0104_2015 02130833586389(검색일: 2017. 9. 11).
青島桃子·寄田保夫·有本久子·Kim Dongmin·柴田善弘·栁澤明·末広茂·大平智子·伊藤造吉. 2017. 『2018年度の日本の経済·エネルギー需給見通し』. エネルギー経済研究所.
開沼 博. 2011. 『「フクシマ」論 原子力ムラはなぜ生まれたのか』. 青土社.
北田淳子. 2015. 「再稼働への賛否と原子力発電についての認識: 2014年のINSS継 続調査から」. *Institute of Nuclear Safety System (INSS) Journal* 22: 27-46.
経済産業省. 2015. 『長期エネルギー需給見通し』. 経済産業省.
小池拓自. 2013. 「原発立地自治体の財政·経済問題」. 国立国会図書館 ISSUE BRIEF 767.
資源エネルギー庁. 2009. 『2009年度 エネルギーに関する年次報告』. 経済産業省.
資源エネルギー庁. 2010. 『2010年度 エネルギーに関する年次報告』. 経済産業省.
資源エネルギー庁. 2011. 『2011年度 エネルギーに関する年次報告』. 経済産業省.
資源エネルギー庁. 2012. 『2012年度 エネルギーに関する年次報告』. 経済産業省.
資源エネルギー庁. 2013. 『2013年度 エネルギーに関する年次報告』. 経済産業省.
資源エネルギー庁. 2014a. 『2014年度 エネルギーに関する年次報告』. 経済産業省.
資源エネルギー庁. 2014b. 『第4次エネルギー基本計画及び 今後の原子力政策の検討』. 経済産業省.
資源エネルギー庁. 2015. 『2015年度 エネルギーに関する年次報告』. 経済産業省.
資源エネルギー庁. 2016a. 『2016年度 エネルギーに関する年次報告』. 経済産業省.
資源エネルギー庁. 2016b. 「〈資料9〉 電力·ガス産業の将来像: システム改革後の電力·ガ

ス産業の在り方」. 経済産業省.

資源エネルギー庁. 2017a.『2017年度 エネルギーに関する年次報告』. 経済産業省.

資源エネルギー庁. 2017b.「〈資料3〉 4月 電力小売全面自由化の進捗状況」. 経済産業省.

資源エネルギー庁. 2017c.「〈資料3〉 7月 電力小売全面自由化の進捗状況」. 経済産業省.

資源エネルギー庁. 2017d.「〈資料3〉 10月 電力小売全面自由化の進捗状況」. 経済産業省.

資源エネルギー庁. 2017e.「ガスシステム改革の現状と展望」. 経済産業省.

資源エネルギー庁. 2017f.「〈資料3-1〉 12月 電力小売全面自由化の進捗状況」. 経済産業省.

資源エネルギー庁. 2017g.「〈資料3-2〉 12月 ガスの小売全面自由化の進捗状況」. 経済産業省.

首相官邸. 2011.「菅内閣総理大臣記者会見(7月13日)」. https://www.kantei.go.jp/jp/kan/statement/201107/13kaiken.html(검색일: 2018. 3. 10).

首相官邸. 2012.「エネルギー・環境会議」. https://www.kantei.go.jp/jp/noda/actions/201209 /14kaigi.html(검색일: 2018. 3. 10).

末広 茂. 2007.「省エネルギー指標としての GDP 原単位: GDP 原単位における国 際比較の問題点と部門別アプローチによる推計」. エネルギー経済研究所.

選挙ドットコム. http://go2senkyo.com(검색일: 2017. 9. 4).

内閣府 原子力政策担当室. 2012.「原子力発電・核燃料サイクル技術等検討小委員会(第5回) 議事録」. 内閣府.

内閣府 原子力政策担当室. 2016.「〈第24回原子力委員会 資料第1号〉 我が国のプルトニウム管理状況」. 内閣府.

内閣府 原子力政策担当室. 2017.「〈第27回原子力委員会 資料第2号〉 我が国のプルトニウム管理状況」. 内閣府.

日本原子力文化財団. 2017.「原子力利用に関する世論調査(2016年度)報告書」. 日本原子力文化財団.

朝日新聞. 2011. 4. 17. "原発「減らす・やめる」. 41% 朝日新聞世論調査." http://www.asahi.com/special/08003/TKY201104170324.html(검색일: 2017. 9. 4).

朝日新聞, 2013. 2. 24. "原発30キロ圏自治体の首長アンケート." http://www.asahi.com/special/energy/jichitai_enquete.html(검색일: 2017. 9. 4).

しんぶん赤旗, 2017. 10. 13. "原発, 問われる再稼働への態度." http://www.jcp.or.jp/akahata/aik17/2017-10-13/2017101305_01_1.html(검색일: 2018. 3. 10).

中日新聞, 2012. "《特報》「福島」後 村長の苦悩 核燃基地六ヶ所村." 電気事業連合会. http://www.fepc.or.jp/.

日本経済新聞, 2012. 7. 16. "脱原発「10万人集会」. 坂本龍一さんら参加." https:// www.nikkei.com/article/DGXNASDG16009_W2A710C1CC1000/(검색일: 2017. 9. 4).

毎日新聞, 2017. 3. 13. "本社世論調査 原発再稼働 反対55%賛成26%, 差拡大." https://mainichi.jp/articles/20170313/k00/00m/010/101000c(검색일: 2017. 9. 4).

毎日新聞, 2017. 8. 15. "核のごみ 県内で最終処分, 知事改めて否定 地図受け/青森."
https://mainichi.jp/articles/20170805/ddl/k02/010/032000c(검색일: 2017. 9. 11).

Acton, James. 2015. "Wagging the Plutonium Dog: Japanese Domestic Politics and Its International Security Implications." http://carnegieendowment.org/ 2015/9/29/ wagging-plutonium-dog-japanesedomestic-politics-and-its-international-security- implications-pub-61425(검색일: 2017. 9. 4).

Albright, David, Serena Kelleher-Vergantini, and Daniel Schnur. 2015. "Civil Plutonium Stocks Worldwide End of 2014." http://isis-online.org/studies/ category/global-stocks-of-nuclear-explosive-m aterial/(검색일: 2017. 9. 4).

Burnie, Shaun. 2014. "Japanese Governor Ito Ignores Lessons of Fukushima to Approve the Sendai Reactor Restarts." http://www.greenpeace.org/international/ en/news/Blogs/nuclear-reaction/jap anese-governor-ito-ignores-lessons-of-fuku/blog/51281/(검색일: 2017. 9. 4).

Central Intelligence Agency(CIA). 2018. "The World Factbook-JAPAN." https:// www.cia.gov/library/publications/the-world-factbook/geos/ja.html(검색일: 2018. 3. 1).

Climate Scorecard. 2017. "South Korea Renewable Energy." http://www.climatescorecard. org/ 2017/09/south-korea-renewable-energy/(검색일: 2018. 3. 1).

Energy Information Administration(EIA). 2016. "EIA Beta-Germany." https://www. eia.gov/beta/international/analysis.cfm?iso=DEU(검색일: 2018. 3. 10).

Energy Information Administration(EIA). 2017a. "EIA Beta-South Korea." https:// www.eia.gov/beta/international/analysis.cfm?iso=KOR(검색일: 2018. 3. 30).

Energy Information Administration(EIA). 2017b. "EIA Beta-Japan." https://www.eia. gov/beta/international/analysis.cfm?iso=JPN(검색일: 2018. 3. 30).

Iwata, Mari. 2015. "Japan's Plutonium Stockpile Creates a Nuclear Headache." *Wall Street Journal* (July 15). https://www.wsj.com/articles/japans-plutonium-stockpile-creates-a-nuclear-headache-1436934838(검색일: 2017. 9. 4).

Kang, Jungmin. 2017. "Vulnerability to Terrorism of Nuclear Spent Fuel: The South Korean Case." NAPSNet Special Reports (November 30). https://nautilus.org/ napsnet/naps net-special-reports/vulnerability-to-terrorism-of-nuclear-spent-fuel-the-south-kore an-case/(검색일: 2018. 3. 11).

Lim, Eunjung. 2016. "Japan's Nuclear Trilemma." *Journal of Energy Security*. http:// www. ensec.org/index.php?option=com_content&view=article&id=591:japansnucl eartri lemma&catid=131:esupdates&Itemid=414(검색일: 2017. 9. 4).

제11장

김규판·이형근·김승현·이정은. 2016. 『아베노믹스 성장전략의 이행 성과와 과제』. KIEP.

김명중. 2015. 「일본의 외국인 근로자 현황과 수용정책」. 『국제노동브리프』 2015-11: 96-112.

박명희. 2014. 「민주당의 생활자중심정치로의 시도와 좌절」. 진창수 · 신정화 편. 『일본 민주당 정권의 탄생과 붕괴』. 오름.

오학수. 2015. 「2015년 일본 노동시장 및 노사관계 전망」. 『국제노동브리프』 2015-2: 52-62.

한국보건사회연구원. 2016. 「일본의 여성고용정책」. 『글로벌 사회정책 브리프』 38: 1-5.

朝日新聞経済部. 2014. 『限界にっぽん』. 岩波書店.

国家戦略室. 2012. 『日本再生戦略』. 内閣官房.

日本経済再生本部. 2013. 『日本再興戦略』. 内閣官房.

日本経済再生本部. 2014. 『日本再興戦略』. 内閣官房.

日本経済再生本部. 2015. 『日本再興戦略』. 内閣官房.

日本経済再生本部. 2016. 『日本再興戦略』. 内閣官房.

野田武. 2018. "「65歳以上は高齢者」. 転換 大綱閣議決定." 『毎日新聞』(2月 16日).

濱口桂一郎. 2013. 『若者と労働』. 中央公論神社.

Dalton, Emma. 2017. "Womenomics, 'Equality' and Abe's Neo-liberal Strategy to Make Japanese Women Shine." *Social Science Japan Journal* 20(1): 95-105.

Genda, Yuji. 2017. "Why Are Wages Not Rising Despite the Labor Shortage?" nippon.com (August 14).

Gordon, Andrew. 2017. "New and Enduring Dual Structures of Employment in Japan: The Rise of Non-regular Labor, 1980s-2010s." *Social Science Japan Journal* 20(1): 9-36.

Hoenig, Henry, and Mitsuru Obe. 2016. "Why Japan's Economy is Laboring?" *Wall Street Journal* (April 8).

Japan Institute for Labour Policy and Training (JILPT). 2016. *Labor Situation in Japan and Its Analysis: General Overview 2015/2016*. JILPT.

Kamimura, Yasuhiro and Naoko Soma. 2013. "Active Labor Market Policies in Japan: A Shift Away from the Company-Centered Model?" *Journal of Asian Public Policy* 6(1): 42-59.

Kojima, Shinji, Scott North, and Charles Weathers. 2017. "Abe Shinzo's Campaign to Reform the Japanese Way of Work." *The Asia-Pacific Journal: Japan Focus* 15(23): 1-17.

Lechevalier, Sèbastien and Brieuc Monfort. 2018. "Abenomices: Has It Worked? Will It Ultimately Fail?" *Japan Forum* 30(2): 277-302.

Nikkei Asian Review. 2017. "Japan's Abe Eyes Workaround for Addressing Labor Shortage." *Nikkei Asian Review* (March 27).

North, Scott. 2014. "Limited Regular Employment and the Reform of Japan's Division of Labor." *Asia-Pacific Journal* 12(15): 1-22.

Ogawa, Naohiro. 2011. "Population Aging and Immigration in Japan." *Asian and Pacific Migration Journal* 20(2): 133-167.

OECD. 2016. *OECD Territorial Reviews: Japan*. OECD.

Shibata, Saori. 2017. "Re-packaging Old Policies? 'Abenomics' and the Lack of an Alternative Growth Model for Japan's Political Economy." *Japan Forum* 29(3): 399-422.

Shinkawa, Toshimitsu. 2012. "Substitutes for Immigrants? Social Policy Responses to Population Decrease in Japan." *American Behavioral Scientist* 56(8): 1123-1138.

Song, Jiyeoun. 2015. "Economic Empowerment of Women as the Third Arrow of Abenomics." *Journal of International Area Studies* 22(1): 113-128.

Song, Jiyeoun. forthcoming. "Japan's Contested Labor Market Reform." *Journal of Contemporary Asia.*

Toivonen, Tuukka. 2013. *Japan's Emerging Youth Policy: Getting Young Adults Back to Work*. Routledge.

Watanabe, Hiroaki Richard. forthcoming. "Labour Market Dualism and Diversification in Japan." *British Journal of Industrial Relations*. DOI: 10.1111/bjir.12258.

제12장

권숙인. 2003. 「유적에서 생활문화로: 현대 일본사회에서 문화관광의 새로운 전개」. 『비교문화연구』 9(1): 3-27.

김주영. 1989. 「일본인의 관광성향과 해외여행분석」. 경희대학교 경영대학원 석사학위논문.

김현주·최경은. 2016. 『중국 관광시장 및 시장분석』. 한국문화관광연구원.

박병남. 2003. 「일본의 국민관광정책과 휴가제도에 관한 연구: 연차유급휴가 취득률과의 관련을 중심으로」. 서강대학교 공공정책대학원 석사학위논문.

염미경. 2000. 「도서지역의 활성화와 정체성의 정치: 일본미이라쿠의 역사마을 만들기 사례를 중심으로」. 『한국사회학』 34: 747-782.

정근식. 1999. 「내성적 발전과 지역권력구조: 일본 오이타현 유후인의 정체성의 정치, 이해의 정치」. 『아시아태평양지역연구』 2(1): 217-251.

조아라. 2007. 「문화관광지의 지역성 재구성 과정: 일본 홋카이도 세 지방도시를 사례로」. 서울대학교 박사학위논문.
조아라. 2015. 『일본 관광시장 분석』. 한국문화관광연구원.
조아라·이성태. 2016. 『한일 국제관광정책 비교 분석』. 한국문화관광연구원.
한국문화관광연구원. 2017. 『2016년 외래관광객 실태조사』. 문화체육관광부.
井口貢 編. 2002. 『地域振興策としての観光振興』. ミネルヴァ書房.
今村元議. 2007. 「戦後わが国における観光政策に関する一試論: 地域·経済政策との関連で」. 『群馬大学社会情報学部研究論集』 14: 321-336.
梅原克彦. 2015. 「東南アジア諸国から秋田県, 東北地方への観光客誘致に関する考察: 訪日観光客の市場拡大に向けた3年間の取組み」. *Journal of the Institute for Asian Studies and Regional Collaboration* 1: 11-25.
香取幸一. 2012. 「国土総合開発法と観光政策に関する研究」. 『玉川大学学術リポジトリ論叢: 経営学部紀要』, 33-47(http://hdl.handle.net/11078/51).
呉羽正昭 · Funck Carolin·有馬貴之. 2017. 「インバウンド·ツーリズムの発展を地理学で考える」. 『日本地理学会発表要旨集』.
篠原重則. 2000. 『観光開発と山村振興の過程』. 古今書院.
崔龍文. 2011. 「訪日中国人観光客の観光行動: 団体パッケージツアーの事例分析を通じて」. 『観光科学研究』 4: 39-52.
寺前秀一. 2008. 「地域観光政策に関する考察」. 『地域政策研究』 11(1): 21-40.
中村哲·西村幸子·髙井典子. 2017. 「日本人の海外旅行の一般的意思決定に関するモデル」. 『玉川大学観光学部紀要』 4: 1-19.
溝尾良隆. 1994. 『観光を読む: 地域振興への提言』. 古今書院.
吉田隆. 2013. 「2002年~2010年にかけての訪日客動向分析」. 『日本国際観光学会論文集』 20: 123-127.
明日の日本を支える観光ビジョン構想会議. 2016. 「明日の日本を支える 観光ビジョン」.
運輸省. 1991. 『運輸白書』.
観光庁. 2012. 『観光立国推進基本計画』.
観光庁. 2013. 『平成24年度観光白書』.
観光庁. 2014. 『平成25年観光白書』.
観光庁. 2016a. 「訪日外国人旅行者受入基盤整備事業実施要領, 訪日外国人旅行者受入加速化事業実施要領」.
観光庁. 2016b. 「訪日外国人旅行者受入環境整備緊急対策事業実施要領」.
観光庁. 2016c. 『平成27年度観光白書』.
観光庁. 2016d. 「日本版DMOの形成·確立に向けた取組について」.
観光庁. 2017a. 「観光ビジョンの実現に向けたアクション·プログラム2017」.

観光庁. 2017b.「訪日外国人の消費動向: 平成26年年次報告書」.
観光庁. 2017c.『平成28年度観光白書』.
観光庁. 각년도.『都道府県観光予算一覧』.
観光庁. 각년도.『観光庁関係予算概要』.
観光庁. 각년도.『観光白書』.
観光庁·JNTO. 2016.「平成28年度市場別訪日プロモーション方針」.
経済産業省. 각년도.『通商白書』.
法務省. 각년도.『出入国管理統計統計表』.
総務省統計局. 2015.『家計調査速報』.
JATA. 2014.『海外渡航自由化50周年』.
JNTO. 2017.『国·地域別/目的別 訪日外客数』.
JNTO. 2018.『訪日外国人旅行者統計』.
JNTO. 각년도.『統計発表』.
UNWTO. 2017a. Why Tourism Matters.
UNWTO. 2017b. World Tourism Barometer.
관광지식정보시스템 출입국관광통계(https://www.tour.go.kr/)
일본 관광청 홈페이지(http://www.mlit.go.jp)

찾아보기